KB154518

네 곁에
무덤에 침을
뱉으마

네 무덤에 침을 뱉으마

1998년 11월 23일 초판 1쇄
2020년 12월 4일 개정합본판 3쇄

지은이 | 진중권

편   집 | 김희중, 이민재
디자인 | 모리스

종   이 | 세종페이퍼
제   작 | 영신사

펴낸이 | 장의덕
펴낸곳 | 도서출판 개마고원
등   록 | 1989년 9월 4일 제2-877호
주   소 | 경기도 고양시 일산동구 호수로 662 삼성라그빌 1018호
전   화 | 031-907-1012, 1018
팩   스 | 031-907-1044
이메일 | webmaster@kaema.co.kr

ISBN 978-89-5769-477-0 03300

네 무덤에 침을 뱉으마

진중권

사실 이 책은 오래전에 폐기됐어야 한다. 물론 극우 멘털리티는 사회가 존속하는 한 사라질 수 없지만, 그것이 사회의 주류 담론에까지 영향을 끼치는 상황은 분명 정상이 아니다. 그 비정상성이 역설적으로 이미 15살이나 된 이 책의 연명을 도운 셈이다. 두 번의 리버럴한 정권에 뒤이어 보수정권이 연속으로 집권하면서 사회는 다시 과거의 권위주의로 회귀하고 있다. 이런 현상을 반영이라도 하듯이, 전통적인 극우와 더불어 최근 인터넷과 SNS를 통해 '넷우익'이라는 새로운 극우세력이 기승을 부리고 있다. 전통적 극우와 새로운 극우는 멘털리티에서는 큰 차이가 없으나, 서로 구별되는 두 개의 현상으로 봐야 한다. 넷우익은 더 이상 '조직'이 아니라 '네트워크'로 구성되어 있으며, 디지털 시대의 특성에 맞추어 특유의 비장한 폭력성에 '유희 코드'를 부여하기 때문이다. 이에 대해서는 별도 연구가 이루어져야 할 것이다. 하지만 현재로서는 그 연구에 다시 들어갈 형편이 못 되므로, 그 동안 SNS를 통해 날린 간략한 분석을 여기에 첨가하고자 한다. 굳이 이 책이 필요 없는 시대가 빨리 왔으면 한다.

2013년 7월 22일
동양대 연구실에서 진중권

얼마 전 한 잡지의 편집회의에 갔다가 요즘 한창 이슈가 되고 있는 박정희 신드롬의 의미를 한번 짚어보자는 의견을 내서 채택이 됐어요. 박정희를 긍정적으로 평가하는 쪽과 비판하는 쪽의 찬반논쟁 형식으로 가기로 했죠. 찬성 쪽 대변자는 『월간조선』의 조갑제 기자로 했는데, 문제는 반대하는 쪽의 인선이 안 되는 거예요. 한국 현대사에서 박정희라는 인물이 차지하는 비중이 얼마나 큰데, 학계에서 박정희 전문가라 할 만한 인물이 선뜻 떠오르지 않는 겁니다. 그것은 결국 한국 정치학계나 역사학계가 손을 놓고 있다는 얘기 아닙니까.

어쭈. 『조선일보』에서 기자 노릇하는 이한우 씨, 언젠가 『상상』 좌담회에서 이렇게 말씀하셨죠? 정리하면 이런 얘기죠?

1. 박정희가 차지하는 비중이 "얼마나 큰데"…….
2. 어? 학계에는 "박정희 전문가"가 없네.
∴ 한국 "학계" 놓고 있나 봐.

첫째, 무슨 이유에선지 당신들한테는 박정희가 매우 중요한 모양이에요. 그래서 신문에 연재도 하고 대하소설도 쓰고 그러는데, 왜 그러는 거예요? 왜 그러고 싶어요? 유감스럽게도 우리는 그 이유를 모르겠어요. 얼마 전 『조선일보』에서 대학교수들을 상대로 설문조사 했죠? 거기서 박정희는 현대사의 중요한 인물로 꼽히지 못했죠? 대통령을 그렇게 오래 했는데 순위에도 못 들었다죠? 그게 학계의 분위기예요.

둘째, 사실 박정희라는 사람, 별로 전문적으로 연구할 가치가 있는 인물이 아녜요. 이인화가 자랑하는 "박정희 철학", 조갑제가 자랑하는 박정희의 "자주적 정치이념", 그의 심오한 사상이란 게 알고 보면 일제 파시스트 철학을 그대로 베낀 거예요. 참고로 말하면, 학계에서 파시즘에 대한 검토는 이미 오래 전에 끝난 상태예요. 새로운 쟁점이랄 게 없어요.

셋째, 따라서 "한국 정치학계와 역사학계"는 안 놀고 있을지 몰라요. 필시 국가와 민족을 위해 더 긴급하고 중요한 어떤 일에 몰두하고 있는 거예요. 따라서 이 괴상한 정치적 네크로필리아 때문에 바쁜 학계의 발목을 붙드는 건 망국의 지름길일 수가 있어요. 명심하세요.

3. 어? 『조선일보』엔 박정희 전문가가 있네.
4. 조갑제네.
∴ 우린 안 노네.

아, 그래요? 우리 안 놀고 있는 『조선일보』의 조갑제 "전문가"가 어떻게 놀고 있는지 한번 보기로 해요.

✢

군이 이러고 싶지는 않지만, 박정희가 "천재"라고들 주장하시니 참고로 "천재" 박정희의 사범학교 시절 성적표를 봅시다.

1학년 60등 / 90명
2학년 47등 / 80명
3학년 67등 / 74명
4학년 73등 / 73명
5학년 69등 / 70명

누가 봐도 잘했다고 할 수 없죠? "천재"의 성적표로 보기엔 무리가 있죠? 괜찮아요. 공부 좀 못하면 어떻습니까. 근데 이 성적을 우리 조갑제 "전문가"께서 어떻게 평가하시는지 한번 봅시다.

5학년 때만 장기결석을 41일이나 하고도 이 정도 점수를 받았다는 것은 그의 머리가 좋다는 증거가 되었다.

"꼴찌"도 박정희가 하면 이렇게 "머리가 좋다는 증거"가 되죠? 근데 "천재" 박정희는 왜 공부를 못했을까요?

황민화를 목적으로 한 학과교육을 충실히 하여 모범생이 되는 길은 포기하고 (…) 군사교육에만 열중

"꼴찌"도 박정희가 하면 이렇게 "황민화"를 거부하는 보이코트 투쟁,

민족해방투쟁의 일환이 되죠? 당시 대구사범의 커리큘럼을 봅시다.

심리, 논리, (…) 법제경제, 조선어, (…) 한문, 영어, 지리, 역사, 수학, (…) 박물, 물리, 화학, 농업, 상업, 공업, 도화, 수공, 음악, 체조(교련, 체조, 경기, 무도)

조선어, 영어, 수학 등을 공부하면 "황민화"가 되고, 자랑스런 황군이 되고 싶어 열심히 "교련"을 받으면 "독립투쟁"을 위한 실력 쌓기가 되죠?

박정희의 이런 선별적 수용이 '나는 민족혼을 너희들에게 팔지는 않겠다. 그 대신 군사문화의 실질은 적극적으로 배우겠다'는 계산에 의한 것이라면, 그의 꼴찌는 이유 있는 꼴찌

황군 훈련에 열중하느라 "꼴찌"하는 것도 박정희가 하면 "이유 있"게 되죠? 이를 위해 기자라는 분이 가정법("……이라면")까지 동원해 남의 맘속을 제멋대로 짜깁기하죠? 그리고 조선어, 산수, 영어를 공부하면 "민족혼"을 파는 거라더니,

"공부를 하여야 실력을 쌓아야 진짜 독립운동을 할 수 있다." (…) '실력만큼 독립운동을 할 수 있다'는 이런 현실주의적 생각은 박정희의 소신으로서도 굳어졌다.

이젠 공부를 해야 "진짜 독립운동을 할 수 있다"죠? 그게 "박정희의

소신"이었다죠? 근데 이런 "소신"을 가진 학동이 왜 "공부" 안 하고 "꼴찌"를 했대요?

박정희에게 대구사범이 가져다준 가장 큰 축복은 꼴찌로의 추락이었을지도 모른다.

"꼴찌"를 해도 박정희가 하면 이렇게 민족의 "축복"이 되죠? "복" 터졌죠. 경사 났네, 경사 났어. 왜 그럴까요?

그는 음지와 양지를 다같이 경험해 봄으로써 인간차별을 하지 않게 되고 인정의 기미를 파악하여 바닥 민심을 읽을 수 있는 방법을 터득했을 것이다.

"꼴찌로의 추락"도 박정희가 하면 "인간차별" 않고 "바닥 민심"을 읽는 심오한 뜻을 갖게 되죠? 그 학교는 특별히 "꼴찌"한 학생에겐 장"바닥 민심을 읽"어 오라는 숙제를 내줬던 모양이에요. 그러더니 한술 더 떠요.

이는 부잣집에서 태어난 뒤 일찍 출세하여 서민들의 숨결을 접할 기회를 상실함으로써 먹고 사는 문제의 엄숙함을 모르고 대통령직을 수행하려다 실패한 김영삼과 대조된다.

"꼴찌"도 박정희가 하면 김영삼보다 더 나을 이유가 되죠? 또 대구사범학교의

반쯤 죽이는 교육이 (…) 조선사람들의 혼을 빼앗아 충실한 황민으로 (…) 양성하겠다는 목적

을 갖고 있었다고 하더니,

그런 (…) 인격을 만들기 위해서는 지덕체 합일의 전인교육을 실시해야 했고 이것이 박정희형의 사람들을 배출

"황민화 교육"도 박정희가 받으면 이렇게 "전인교육"이 되죠? 근데 앞에서 뭐라 그랬죠?

박정희는 학업에서는 바닥을 기고 (…) 군사훈련과 체육에는 열성적으로 참여

했다고 그랬죠? 근데 "군사훈련"에 열중하느라 "학업에서 바닥을 기"었던 학생이라도 그게 박정희라면, "지덕체 합일의 전인교육"을 받은 걸로 쳐주자는 거죠? 그게 박정희라면, 그는 "학업"과 "군사훈련" 사이의 "균형감각을 가진 교양인이었다"고 보자는 거죠?

박정희는 군인칙유나 교육칙어가 지향하는 황민화에는 반감을 가졌지만, 이 칙유나 칙어가 담고 있는 동양적인 혼과 도덕관에는 동감했던 것 같다.

일제의 "군인칙유나 교육칙어"도 박정희가 외우면 "황민화"가 아니라 "동양적인 혼과 도덕관"이 되죠? 이를 위해 기자라는 분이 다시 추측("……것 같다")까지 집어넣고 있죠?

이 내용 자체는 화랑도의 세속 5계와 비슷하다.

황군의 군인칙유도 박정희가 읽으면 "화랑도"가 되죠?

교육칙어에 퇴계철학의 영향이 많이 들어가 있다.

일제의 교육칙어도 박정희가 외우면 "퇴계철학" 연구가 되죠? 이렇게 투철한 "민족혼"을 가졌다는 박정희가 만주군관학교에 가려고 공문서를 위조하고 손가락을 베어 혈서를 쓰고 일본에 충성을 맹세하는 편지를 쓰고, 난리를 쳤다죠? 왜 그랬대요? 그리고 박정희와 만군학교 동창생들이

일제에 의한 만주 침략에 있어서 첨병으로 뽑힌

수재들이었다고 자랑하셨죠? 그러니 이분들 일제의 주구走狗라 불러도 되겠죠?

우리는 지금 일계·만계와 함께 보이지 않는 민족투쟁을 전개하고 있다. 학교생활에 있어서 어떤 경우라도 그들에게 지면 안 된다. 알았나.

이 주구들이 '앞잡이 노릇 누가 더 잘하나' 만계滿係·일계日係와 벌인 충성경쟁이 느닷없이 "민족투쟁"으로 돌변하고 있죠?

박정희가 만군과 일군의 군복을 입고도 조선인임을 잊지 않았고

만군과 일군의 군복도 박정희가 입으면 이렇게 민족의상이 되죠?

박정희는 강창선 정도가 아니라 처음부터 남로당 대군공작부서의 지휘부와 연결되어 있었다.

이렇게 박정희의 인물 사이즈를 자랑하다가도, "박정희 또한 공산주의에 중독된 골수분자는 아니었다"는 거죠? "남로당 대군공작부서의 지휘부와 연결"되어 있어도 그게 박정희라면 "골수분자"가 아니라는 얘기죠?

박정희가 사회주의에 관심을 일정하게 가졌다 해도 (…) 민족해방문제와 관련해서였을 것이다.

빨갱이도 박정희가 하면 "민족해방문제와 관련"되죠? 또 한번 추측("……였을 것이다")을 동원해서 말이죠?

박정희 소령은 (…) 숙군수사기관에 체포되자마자 과감하게 공산주의와 절연

'살려달라'고 비는 것도 박정희가 하면 "과감"한 것이 되죠? "과감"하지 않으면 지가 어쩔 겁니까? '비겁하게'(?) 죽겠다고 할 겁니까?

요사이의 시각으로 친일, 반일, 반공, 좌익의 틀 속에 무리하게 넣고 **빼**다 보면 실존으로서의 인간은 실종되어버리는 것입니다.

아, 그래요? "친일"이건 "좌익"이건 박정희가 하면 그건 심오한 "실존"의 문제라는 얘기죠? 빨갱이라면 이를 박박 가는 조갑제 "전문가"께서 왜 이렇게 박정희한테는 관대하신 거죠? 다음은 재미 저널리스트 문명자 씨의 기사예요. 유신본당 김종필 씨도 좌익운동을 했대요.

서울대 국대안 파동에 참가해 경찰에 쫓기다 이를 피해 군에 입대한 김종필

조갑제 씨의 얘기를 들어봅시다.

김종필도 서울사대 3학년 재학중 이화여대생과 사귀다가 실연해 그 충격을 잊기 위해서 13연대에 사병으로 지원 입대

실연의 상처 때문에 군대에 갔다구요? 상처가 깊었나 보죠? 그 "충격을 잊기 위해" 아예 말뚝을 박았으니. 또,

박정희는 (…) 군내 남로당 조직원들의 이름들을 많이 털어 놓았다.

그런데도 "이 사람은 의리 남아男兒"라는 거죠? 다음은 조갑제 씨가 마구 흥분하면서 인용한 북한 『노동신문』의 8·15 저격 사건 관련기사 예요.

> 총탄세례를 받은 박정희는 비명을 지르며 뒤로 발랑 자빠졌다가 방탄 장치를 한 연탁 밑에 기어 들어가 간신히 목숨을 건지는 추태를 부리고

말하는 게 참 싸가지 없죠? 하지만 당시의 필름을 보면 정말로 연 탁 위에 각하의 모습이 안 보여요. 어디 가셨어요? 화장실에요? 하지 만 말이 너무 험하죠? 교양 있는 언어로 바꿔볼게요.

'불의의 저격을 받으신 박 대통령께서는 포효하시며 몸을 배후로 날려 반전시켰다가 차분하게 방탄장치를 한 연탁 밑에 낮은 포복자세 로 접근, 천우신조로 옥체를 보전하신 뒤 반격의 기회를 노리는 장관 을 연출하시고……'

만족하시겠어요? 그런데 이게 "박정희가 여러 번 죽음과 맞닥뜨렸 을 때 보여준 초인적 의연함"이라는 거죠?

> 곧잘 팬티차림으로 주저앉아 격식과 체면도 벗어던진 채 먹고 마시고 춤추곤 했다. (…) 박정희는 취하면 아무나 부둥켜안고 볼에 침이 묻을 만큼 입을 맞추는 버릇이 있었다.

누가 봐도 잘하는 짓 아니죠? 그런데 박정희는

취하면 한량이었다.

추태도 박정희가 부리면 이렇게 "한량"이 되죠? 보셨죠?

✧

☏(이게) 바로 『조선일보』가 자랑하는 박정희 "전문가", 조갑제 씨입니다. 지금 우리보고 ☏(이런) 분하고 "찬반논쟁"을 하란 말입니까? 제발 『조선일보』측 선수 좀 ∞(교체)해주세요. 유치해서 같이 못 놀아주겠어요. ☺☻☺(온 세상)이 다 웃어요. ◎◎(만취) 상태의 ☏(이) 분하고 "토론"이 가능하다고 보십니까? 뭐하자는 겁니까? Π(술상) 봐놓고 ∪(한 잔) ㄱ(꺽)자구요? ○(북) 치구 ▷◁(장구) 치구 ‼(젓가락) 두드리며 ♬(나나노) "먹고 마시고 춤추자"구요? ✿(벌건 대낮)에 ▽("팬티")차림으로요? "학계"가 ♨(목욕탕)입니까? ♡♡(쪽쪽) "입을 맞추"자구요? ⚢+⚢(호모)예요? 지금 우리랑 코미디 하자는 겁니까? 뭐 하시는 겁니까? ☽(달밤)에 체조하자는 겁니까?

이 "전문가"에 따르면, 급우에게 ✋(손찌검)하고, 약혼자 마구 ☞(패고) 붕어 잡느라 냇물에 💣(폭탄) 던지고, ★(별) 달아 줬더니 두두두두 🚃🚃(탱크) 몰아 권력 잡아서, 전국을 ▓(감옥)으로 만들고, 막걸리 마시던 국민 ▥(철창) 신세지우고, ✂(가위) 들고 ∭(헤어) 스타일 간섭하고, 👤(짧은 치마) 단속하고, 가난한 사람 ♫(쪽박) 깨고, 잔소리 싫다 ☢(핵무기) 개발하고, '한국식' 하겠다고 온 국민 井(우물) 안 ≤¨≥(개구리) 만들고, 만인의 ☏(손가락질) 받아가며 ∞(무한)히 정권 ⌒(연장)하며 조국의 앞날에 ☁(먹구름) 드리우다 결국 𝄪(벼락) 맞아 죽은 이 놀부가, 🏹(비)가 오나 ❄(눈)이 오나 쉬지 않고 ◖(조국)을 위해 헌신한 애국자요, 민족을 위해 ✝(십자가)를 진 그리스도요, 찬란한 민족의 ☀(태양)이래요. 난리도 아니죠?

『조선일보』가 🐚(보증)하는 조갑제 "전문가"뿐 아녜요. 이인화 ⓚ(1류)"예술가"도 난리 났어요. ◖(태극)마크 앞세우고 공중에 ☰☰☰(8괘)를 내던지며 미아리 운명철학 해요. 이한우 씨, 철학 전공하셨다고 ✌(듣)었는데, 그럼 아시겠네요. 그거 卐(나치) 철학이라는 거. 근데 왜 입 ⊖(다물고) 계세요? 지금 박정희 신드롬 이용해서요, ≈(구렁이) ▓(담) 넘어가듯 卐(파쇼) 이데올로기 선전하면서 외려 우리 ⧗(모래시계)들한테 반성하래요. "찬반토론" 하자구요? 이 ✍(어린이)요, 자기가 애써 △(산)처럼 부풀려 놓은 ≤¨≥(개구리) 배를 ↯(바늘)로 찔러 ✳(퐁) 터뜨렸다구요, 글쎄 ∫(뱀) 만난 ≤¨≥(개구리)처럼 그 ○(큰 입)이 ◦(요만해)지더니, 삐져서 내가 쓴 원고를 ✂(잘라) 버렸어요. "토론" ⊗(못)하겠대요. 배째시라고그려, 삼국시대래요. 이게 아빠 ≤¨≥(개구리) 숭배하는 ♫♫♫(올챙이들)이 하는 짓이예요. 그래서 제가 이 책을 쓰게 된 거예요.

　　그것은 결국 한국 정치학계나 역사학계가 손을 놓고 있다는 얘기 아닙니까.

　　☺(웃기지) ✕(마세요). ◖(한국) "정치학계나 역사학계"는 지금 다른 일로 좀 바쁜 모양이에요. 그래서 ☻(시간) 많아 늘 한가한 철학계의

학생이 대신해서, 이렇게 펜을 들었어요. 그리고 다른 사람 통해서 저에게 유감 표명하셨는데, 어디든 □(지면)을 통해서 정식으로 ✐(지적) 해주세요. ✉(편지)를 하셔도 좋구요. 그 좌담기사 차근차근 다시 한번 읽어 보세요. 전후맥락 못 잡고 횡설수설하는 게 누군지. 지금 최장집 교수님, 빨갱이로 모느라 무척 바쁘시죠? 그 분 논문 "발췌" "정리"해서 『조선일보』에 신느라고 말예요. 해석학 공부해서 그런 데에 써먹어요? 하이데거 공부해서 국가주의 뒷치닥거리해요? "국가를 정초하는" 게 근원적 진리라는 『예술작품의 기원』에 나오는 그 말 때문이에요? 어쨌든 기다릴게요. 빨갱이 사냥 끝나면 연락주세요.

머리말은 이만하면 됐어요. 어쨌든 이 책 작업하면서 정말 유쾌했어요. 즐거웠어요. 한국에 돌아가면 저도 이참에 아예 『조선일보』 구독할 거예요. 그거 엔터테인먼트 전문지 맞죠? 마지막으로 10·26 축하해요.

p.s.
그 날 『조선일보』 쉬나요? 명절인데…….

1998년 11월
진 중 권

01
내 무덤에 침을 뱉어라

02
박정희라는 신화

07
'좌빨' 사냥

08
변태하는 극우

이 책의 구성에 대하여

이 책은 그 동안 내가 『문학동네』 『인물과 사상』 『시사저널』 『고대 대학원 신문』 등 여러 매체에 기고했던 글과, 이번에 새로 쓴 글을 모아서 만든 것이다. 책을 만드는 과정에서 전에 썼던 글들을 상당 부분 수정·보완했고, 긴 글은 나누어 배치하기도 했다. 이 책은 전체 8개 장으로 이루어지는데, 각 장의 내용은 다음과 같다.

제1장의 주제는 조갑제의 『내 무덤에 침을 뱉어라』에 나타난 소위 '박정희 철학'의 본질을 밝히는 것이다. 먼저 「우익 소아병 연구」에서 나는 극우 멘털리티의 소아병적 증세를 치료하는 요법을 소개한다. 「우익 개구리, 무덤에 침을 뱉기 시작하다」는 조갑제의 소설을 패러디한 것이다. 「박정희 철학」에서는 본격적으로 조갑제의 소설에 나타난 서술을 근거로, 소위 박정희의 '근대화 이념'이라는 게 어디서 비롯되었으며, 어떤 특징을 갖고 있는지 보여주게 된다. 여기서 우리는 소위 '박정희 철학'이 결국은 일제 군국주의 파시스트 이데올로기의 복사판임을 확인할 수 있다.

제2장의 주제는 파시스트들의 '신화만들기'다. 먼저 「파시스트 미학」에서는 나치 미학의 일반적 특징을 알아보고, 이를 한국 극우파들의 미적 감성과 비교하게 된다. 「구리 박정희」는 나치의 '베토벤 신화

만들기'와 대한민국 우익 똘반의 '이순신 신화만들기', 그리고 '박정희 신화만들기'를 비교·분석한다. 나치 음악학자들의 베토벤 수용을 분석한 홍은정의 글에서 아이디어를 얻었다.

제3장의 주제는 파시스트 이데올로기의 요소인 가부장 독재다. 이 장의 텍스트는 이문열의 소설 『선택』이다. 먼저 「대한양계장」에서는 한국에 아직 광범위하게 남아 있는 봉건적 가부장제 이데올로기의 잔재를 분석하고 비판한다. 이어서 「'아버지' 신드롬」에서는 가부장제 이데올로기가 한갓 가정 내의 문제가 아니라 사회구조 전체의 문제라는 것을, 어느 여성이 아버지에게 보낸 사신私信을 텍스트로 삼아 실증한다. 아버지 신드롬과 박정희 신드롬 사이의 묘한 교차에 주목하라. 「아시아의 가부장」에서는 나아가 가부장 독재가 한국만의 문제가 아니라 전 아시아의 문제임이 밝혀진다. 여기서 가부장제 이데올로기가 실은 아시아 우익들의 신新대동아공영권 구상으로 이어진다는 충격적인 사실이 드러난다.

제4장의 주제는 전체주의 이데올로기다. 「이 사람을 보라!」에서는 귀순한 북한 황장엽이 쓴 "진짜 주체사상" 텍스트를 중심으로 전체주의 이데올로기의 특징을 살펴보게 된다. 이어 「이 사람들을 보라!」에서는 황장엽의 주체사상을 남한 극우파의 이데올로기와 비교하게 된다. 그 결과 양자 사이에 놀라운 유사성이 있음이 드러나고, 이로써 어떻게 황장엽과 대한민국 극우파들 사이의 그 기묘한 밀월관계가 가능한지 밝혀진다.

제5장의 주제는 기성 종교와 파시스트 정치신학의 관계다. 분석대상으로 삼은 텍스트는 박홍 신부와 남용우 목사가 편집한 『레드 바

이러스』라는 책이다. 먼저 「블랙 바이러스」에서는 자기를 주의 십자군으로 착각하는 몇몇 정신나간 기독교인들이 실제로 어떤 이데올로기를 대변하는지 폭로하게 된다. 이어서 「도미니앙기부스」에서는 박홍 신부의 '빨갱이 사냥'과 중세 도미니크 교단의 '이단사냥'을 비교하게 된다. 마지막 「호박 기독교」는 종교를 자기들의 국가에 종속시키려는 파시스트들의 호국기독교론이 가진 함정을 지적한다.

제6장은 박정희의 소위 '근대화 혁명'에 대한 평가다. 먼저 「박태지와 아이들」에서는 혁명가 박정희가 자신이 내세운 '혁명'의 이념을 어떻게 배반했는지 살펴보게 된다. 분석대상으로 삼은 텍스트는 박정희의 초기 연설을 모아놓은 '연설집'이다. 이어서 「개발독재」에서는 소위 '경제발전을 위해 독재가 불가피하다'는 개발독재론의 허구를 지적한다. 「인조인간 머신X」에서는 박정희 "인간개조" 사업이 추구하는 이상적 인간형이 과연 근대적 인간인지 묻는다. 여기서 박정희가 꿈꾼 인조인간이 실은 파시스트적·전체주의적 신민이었음이 드러나고, 이로써 새로운 인간형의 창출을 궁극목표로 삼았던 박정희 쿠데타가 수구반동혁명이었음이 입증된다. 「무궁화꽃이 피었습니다」는 핵전쟁을 찬양하는 국수주의 소설이 밀리언셀러가 되는 한국의 독서문화에 대한 비판이다.

제7장의 주제는 이단사냥 소동이다. 분석대상으로 고른 텍스트는 최장집 교수에 대한 『월간조선』 우종창의 "심층취재" 기사다. 「빨갱이 제조기」에서는 '월간제빵㈜'이 자랑하는 '빨갱이 제조기'의 논리구조를 해부한다. 여기서 『조선일보』의 사냥 논리가 학술용어를 주관적 가치평가어로 해석하는 범주오류에서 비롯된 해프닝이며, 이 웃지 못

할 소동이 실은 파시스트 특유의 괴상한 사회방언에 그 뿌리를 둔 것으로 드러난다. 「광신」에서는 헤어Hare 교수가 제시하는 판별법에 따라 『조선일보』 기자들을 과연 '광신자'로 볼 수 있는지 알아본다. 「자본예찬」은 이 국가주의자들이 가진 자본주의 경제에 대한 천박한 이해를 비웃는 글이다.

제8장은 초판이 나온 이후 '뉴라이트'들에 대해 쓴 글과 최근에 SNS에다 남긴 일베에 대한 생각을 묶은 것이다.

여기에 실린 내 글은 대부분 대한민국 우익들이 쓴 텍스트에서 뽑은 인용으로 가득차 있다. 이는 나의 텍스트 해체 전략과 관계 있다. 즉 나는 이들의 논리를, 이들 자신이 내세우는 논리로 반박하려는 거다. 이게 내 전략이다. 이들은 제 입으로 한 말을 제 입으로 뒤집는다. 이 자가 한 말을 저 자가 뒤집는다. 제정신이 아니다. 좌충우돌 난리도 아니다. 내 글은 비판이 아니다. 이들은 학적 '비판'의 대상이 될 주제가 못 된다. 그래서 난 이들을 '문학적 풍자'의 대상으로 삼았다. 이 책은 논문이 아니다. 난 이 책을 순문학으로 이해한다. 평론가들, 관심 좀 가져주세요.

파시스트들은 중세로 돌아간다. 그래서 이들의 미감도 중세적이다. 이들이 좋아하는 미학적 범주는 '숭고'다. 이들에겐 모든 게 비장하고, 모든 게 위대하고, 모든 게 숭고하다. 내가 파시스트를 싫어하는 데에는 여러 가지 이유가 있다. 하지만 그 중 가장 큰 이유는, 대체 이들에겐 유머감각이 없다는 거다. 움베르토 에코의 『장미의 이름』에 나오는 호르케를 생각해보라. 이 자는 '웃음'이 무기가 될 수 있다는 걸 안다. 그래서 아리스토텔레스의 희극론을 불태운다. 상승기 부르주아들, 즉 전투적 민주주의자들의 미학적 무기가 '희극성'이었다는 건 우연이 아니다. 그래서 나도 이 비장하고 숭고한 봉건 파시스트들을 퇴치하기 위해 '웃음'을, '골계미'를, '풍자'를 무기로 사용하기로 했다. 호르케처럼 이들은 웃음을 두려워한다.

조갑제의 말을 들어보자. "반공, 우익, 국가를 경멸하는 사람들 중에는 친공, 좌익, 반국가세력이 있습니다." 자기들 우습게 보지 말라는 얘기다. 얼마나 우스운가.

이 멍청한 극우파들은 내가 문학적으로 가공하기도 전에 이렇게 자기들이 먼저 웃겨버린다. 이러면서도 주관적으로는 늘 숭고하고 비장하다. 이 모순. 그러니 얼마나 우스운가. 난 그냥 이들이 제 입으로 했던 말, 여기 저기에서 주워 모아 늘어놓기만 하면 된다. 그러면 그 숭고한 이야기들이 내부에서 서로 모순을 일으키면서 자기들끼리 싸우다가 자진해서 우습게 무너진다. 여러분 보셨죠? 한강다리와 백화점이 자진해서 무너지는 거. 매사 이 자들처럼 하니까 그런 거예요. 그래서 이 자들 믿다가는 다리 건너다 말고 수영을 하거나 쇼핑하다가 쥐포가 되는 겁니다. 그래서 그런 일이 없도록 사전에 방지하려고, 이 자들이 쓴 텍스트들이 사람 잡기 전에 그걸 미리 해체시키려는 겁니다. 안전제일!

이게 내 전략이다. 전쟁과 군대 좋아하는 우리 극우파 학동들이 알아듣게 군사적 비유를 사용하면 이런 거다. 가령 우익 함대들의 위를 유유히 고공비행하며 노는 거다. 그럼 함대는 미친 듯이 낡아빠진 이데올로기의 대공포를 쏘아댄다. 반공소년 이승복-포, 몽고에서 수입한 징기스칸-포, 박홍이 방위성금으로 헌납한 레드바이러스-포, 김유신-포, 최명길-포. 하지만 어디 쥐포를 씹으며 유유히 고공비행을 하는 내 비행기에 그 낡은 무기들이 닿겠어요? 목표를 잃은 그 포탄들은 만유인력의 법칙에 따라 다시 고스란히 함대 위로 떨어지고, 그럼 불패의 영장 조갑제 제독이 지휘하는 우익 함대는 순식간에 침몰하는 거죠. 이때 우리의 용감한 몽골전사들, 즉 조갑제 제독, 이인화 함장, 우종창 함장, 이동욱 함장은 침몰하는 전함의 선수船首에 줄지어 서서 휘날리는 히노마루를 향해 마지막 경례를 붙이며 서서히 물속으로 사라진다. 이때에도 그들은 주관적으론 비장하다. 숭고하다. 그래서 객관적으로 우습다.

"전쟁의 본질"을 "이해"한다는 "1류 지식인" 『조선일보』의 기자 여러분. 전쟁, 이렇게 하는 겁니다. 미련하게 깡다구 갖고 하는 거 아녜요. 머리를 쓰세요. 국민의 혈세로 산 무기, 왜 낭비해요. 아깝게. 아껴 쓰세요. 총 한 방, 대포 한 방, 미사일 한 방 쏘지 않고, 상대방의 무기만 갖고도 얼마든지 이길 수 있어요. 근데 그 미련한 머리 갖고 "밤의 대통령"이 되어 대한민국의 "향방"을 "좌우"하겠다고요? 국민 여러분, 한번 봅시다. 이 "1류 지식인"들의 수준이 어떤지, 이제 본격적으로 들어가볼까요?

01

내 무덤에 침을 뱉어라

우익 소아병 연구
—"정희 소년"의 케이스

사실 내가 정치에 관심을 갖고 글을 쓰기 시작한 것은 아주 오래 전이다. 국민학교 3학년 때이니까, 1972년이었을 게다. 내 첫 정치저작은 10월유신에 관한 것이었다. 물론 내가 이렇게 조숙할 수 있었던 데에는 국민학생들을 일찍부터 정치현실에 눈뜨게 해준 학교측의 배려를 빼놓을 수 없다. 학교측에서 마련한 이 조기교육 프로그램 덕분에 우리는 헌법이 뭔지 모르면서도 무난히 유신헌법을 논할 수 있었던 것이다.

오랫동안 나는 이 논문의 존재에 대해 까맣게 잊고 있었다. 물론 그 내용도. 그렇게 한동안을 살아오다가, 요즈음에 들어서야 불현듯 그 때 내가 쓴 논문의 내용이 불쑥불쑥 생각난다. 친절하게도 희미한 나의 기억을 도와주는 사람들이 있어서다. 이인화와 조갑제. 이들의 글을 읽으면, 내가 당시에 썼던 글짓기의 내용이 부분 부분 떠오른다. 쉰내가 풀풀 나는 70년대 파시스트 이데올로기를 되살리려 발버둥치는 이 두 학동은, 일찍이 인간 진중권이 1972년에 9살의 나이로 했던 것을 이제야 하고 있는 것이다.

이 우익 소아병 증세는 어린이들이 급속하게 변화하는 현실에 적응하지 못해 그 무의식이 성장기의 특정 시기에 심리적으로 고착함으로써 발생하는 일종의 퇴행성 발달장애인데, 구체적 증상은 '역사 아끼기'라는 괴벽의 형태로 나타난다. 오늘은 특별히 어린이가 있는 가정을 위해 이런 발달장애를 미연에 방지하기 위한 방법을 가르쳐 드리려고 이 글을 쓴다. 이 글은 정치적 성격이 아니라 임상의학적 성격의 글이다. 나는 그저 사랑하는 댁의 자녀들이 행여 이 환자의 케이스처럼 그릇된 길로 들어서 "흥"겨운 술자리에서 변을 당하는 불상사가 없었으면 하는 바람뿐이다.

위인전

어느 질병이나 그렇듯이 소아병의 경우에도 철저한 예방이, 특히 발병 초기에 증세를 신속히 인지하는 게 무엇보다 중요하다. 대개 이런 어린이들의 초기 증세는 편중된 독서습관, 즉 '위인전' 위주의 독서습관으로 나타난다. 먼저 조갑제, 이인화 어린이의 "위인" 박정희 어린이의 독서습관을 보자.

> 정희 소년의 마음에 크게 감동을 주었던 나폴레옹의 전기 / 한두 번인가는 히틀러의 『나의 투쟁』인가 『플루타크 영웅전』인가 / 『삼국지』

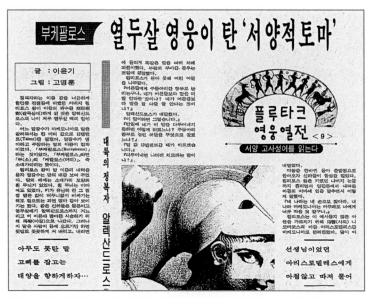

'영웅과 위인'을 앞세우는 틀거리 자체에 원시인과 신경증 환자가 공통으로 보여주는 주술적 사고와 자기도취가 숨어 있다.(『조선일보』, 1997년 6월 24일)

　"나폴레옹 전기" "『나의 투쟁』" "『플루타크 영웅전』". 이중 박정희를 "나폴레옹"으로 만드는 건 이인화가 하고 있고, 전국민에게 "플루타크 영웅"전 세례를 주는 일은 얼마 전까지 『조선일보』가 했다. 또 청소년에게 『삼국지』를 추천하는 일은 이문열이 하고 있다.

　근데 "히틀러의 『나의 투쟁』"이 박정희 어린이에게 끼친 결정적인 영향을 해명하는 작업만큼은 이상하게도 우익 똘반 학동 중 아무도 맡겠다고 나서지 않아, 할 수 없이 내가 하는 중이다. 박정희 소년은 나중에 딸에게도 자기 독서습관을 그대로 물려주었던 모양이다.

옆자리에 앉은 근혜에게 "너도 알렉산더 대왕 전기를 읽고 있지?"

이 어린이들이 위인전을 좋아하는 데에는 임상학적 이유가 있다. 말하자면 현실과 허구를 쉽게 구별하지 못하는 시기의 어린이들은, 위인전 속에 세상을 바꾸는 마술적인 힘이 있다고 믿는 경향이 있기 때문이다. 가령 조갑제 어린이의 케이스를 보자.

독일 통일의 원훈 비스마르크 전기가 한 권도 없는 독일이었다면 1990년의 독일통일이 이루어졌을까?

하하하. 별 걸 다 걱정한다. 물론이다. 정신세계가 동화의 시기에 고착된 이들은 이렇게 어른이 되어서도 여전히 전기의 마술적인 힘을 믿는다. 그리하여 열심히 위인전에 매달리고, 때로는 직접 창작을 시도할 의욕을 갖기도 한다. 『인간의 길』(이인화)*, 『내 무덤에 침을 뱉어라』(조갑제).

> • 유명 소설가로 대접받고, 한국 포스트모더니즘의 선구자이자 디지털 문화의 전도사로 행세하고 있는 이인화 씨. 예전에는 극우 논리의 전파에 열심이었다. 그의 1997년작 『인간의 길』은 박정희를 모델로 한 주인공을 선악을 넘어선 영웅으로 그린다. 근데 3부작이라던 이 책의 후속작은 여전히 나올 기미가 없다.

영웅전

위인전과 함께 이 학동들이 편식하기를 좋아하는 장르는 "영웅전"이다. 박정희 어린이의 케이스를 보자. 이 버릇이 얼마나 끈질기냐 하면 어른이 되어서도 쉽게 떨쳐버리지 못하는 모양이다. 그리하여 어깨에 말똥 세 개를 달도록 박 대령은 일본 역사의 영웅들 이야기를 읽고 큰 감명을 받았다고 한다.

발육이 정상적인 아동의 경우 이런 유의 독서는 아무리 늦어도 고교시절 만화방에서 졸업을 하기 마련이다. 어쨌든 박 대령에게 "큰 감명"을 준 얘기란 이런 거다.

오이시 요시오는 (…) 주군의 원수를 갚기 위해 46명의 동지들을 규합한다. 이들은 눈 덮인 심야에 주군을 죽게 했던 봉건영주 요시나카의 집으로 돌입하여 그의 목을 베고 주군의 무덤 앞에 목을 바친 뒤에 자수하여 모두 할복자살했다.

만약 댁의 아이가 이런 얘기를 들으며 닭똥 같은 눈물을 흘리거든, 발달장애를 의심하고 전문의를 찾으라. 가령 이문열의 경우는 부모의 소홀로 이 시기를 놓쳐 아직까지 그 증세로 고통받는 대표적 케이스다.

자신이 충성을 서약했던 대상이 옳다고 믿는 바를 위해 기꺼이 피를 뿌리고 죽어간 수많은 충신절사들

영웅전을 밝히는 데에도 임상학적 이유가 있다. 보통 위인전 속의 인물은 못 하는 게 없는 수퍼맨으로 묘사된다. 그리하여 현실과 허구를 잘 구별 못 하는 어린이들은 자연스레 인간사가 몽땅 영웅에 의해 움직여진다고 믿게 된다. 이 소아병적 경향이 성장과정에서 현실원리를 통해 극복되지 못하면, 다 자란 어른이 되어서도 이런 만화 같은

얘기를 하게 된다.

세계는 신의 의지에 의해 움직이는데 신의 의지를 대행하면서 인간을
지배하는 자가 영웅이고

암, 그렇고 말고. 그리고 지구가 이렇게 아무 일 없이 돌아가는 건
물론 클라크(=수퍼맨) 덕분이고. 우익 소아병 환자들. 이렇게 얘기하
면 아마 『超人口樂口傳(쵸인구락구뎐)』을 쓰려들 게다.

폭력성

니뽄노日本の 시노비가 구사死の美學, 에이유슈기英雄主義로 각색된 이 위
인전들이 어린이들에게 어떤 정서적 영향을 끼치는지를 이 증세로 고
생하는 한 피해자는 이렇게 요약한다.

소년은 권력, 군대, 정복, 지배, 남자다움을 동경하게 된다.

이해를 돕기 위해 이웃나라 일본에서 발생한 중증환자의 케이스를
사진으로 제시한다. 이러한 폭력성이 어린이들의 정신세계를 사로잡
으면, 이미 교화는 불가능해지기 시작한다. 주일학교 교사인 나도 더
이상 돕지 못한다. 왜냐하면 교회에 와서 성경말씀을 들어도

박정희 소년은 다윗이 골리앗에게 돌을 던져 죽이는 구약의 장면을 특

히 좋아했다.

이 지경이 되기 때문이다. 그리고 그 시기 특유의 모방충동은 "소년 다윗이 거인 골리앗"을 잡는 이야기를 금방 실천으로 옮기게 된다. 정희 소년은

반에서 가장 키가 컸던 권해도는 체구나 나이가 위인데도 뺨을 후려쳤어요.

이 아동이 급장이라는 완장을 차고 있던 시절, 학급의 살벌했던 분위기다. 얼마나 완장 위세를 부렸으면 글쎄

박정희가 급장을 지냈던 3학년 때부터 6학년까지 급우들 가운데 그로부터 맞아 보지 않은 아이들이 드물 정도였습니다.

"박정희가" 대통령을 "지냈던" 1960년대부터 1970년대까지 대한민국의 살벌한 분위기를 연상시킨다. 못된 싹은 이렇게 일찍부터 싹트기 시작하는 것이다. 이때 부모의 역할이 중요하다. 이렇게 아들이 못된 짓을 하고 돌아다니는데도

부모와 형제들로부터 귀여움을 듬뿍 받고 자란 것이 박정희였다.

이렇게 '오냐, 오냐' 하며 키웠으니 애가 기가 살아 설칠 수밖에. 이때

들인 버릇은 평생을 가게 된다.

특히 어머니의 어릴 때 사랑은 박정희가 성장하여 숱한 난관을 뚫고 나갈 수 있도록 한 용기와 의지의 원천

"성장하여"서도 떼깡을 부릴 수 있었던 "원천"이 바로 다 "어릴 때" 어머니가 들어준 역성 탓이었다는 얘기다. 이런 아동들을 제때에 치료하지 못하고 방치하면 특히 청소년기에는 더욱더 위험하다. 청소년기에 이런 아동의 증상은 대개

우익의 미학? "좌익에는 남성적 매력이 없다"고 외쳤던 미시마 유키오.(『조선일보』, 1998년 3월 17일자)

학업에서는 바닥을 기고 (…) 군사훈련과 체육에는 열성적으로 참여

하는 식으로 나타난다. 말하자면 "학과교육을 충실히 하여 모범생이 되는 길은 포기하고" "군사교육에"만 "열심"을 보이는 것이다. 이때 박정희 학동의 부모가 그에게 조그만 관심을 가져주었더라도, 훗날 이 나라의 학생들이 교련이니 뭐니 해서 난데없이 이 고약한 취미를 흉내내느라 시간을 낭비하지 않아도 되었을 것이다. 부모들은 가끔 자

녀의 소지품을 살펴보라. 왜냐하면

> 박정희는 '아이구치'라고 불리는 작은 칼을 갖고 다녔다 (…) 대구사범
> 이 대구고보 운동장에서 축구시합을 하여 1대0으로 대구고보에 이겼
> 다. 응원 나왔던 대구고보의 주먹들이 화가 나서 (…) 교문 앞에서 기
> 다리고 있었다. 이때 박정희가 붕대로 주먹을 감더니 아이구치를 꺼내
> 들고 '한판 붙자'고 나서자

　설혹 청소년기를 별일 없이 무사히 넘겨도 폭력성은 사라지지 않는
법이다. 그리하여 이런 아동들은 애정을 표현할 때도 매우 독특한 방
식을 택하게 된다.

> 이현란(=박의 애인)과의 싸움은 박정희가 손찌검을 하는 정도로 발전
> 하여

　어느 정도로 집요하게 따라다니며 사랑했냐 하면, "이현란이 멍이
든 얼굴을 하고 옆집으로 피신한 적도 있"을 정도였다. 이걸로도 모자
라 "그녀에 대한 열정은 더욱 더 절박해졌다"니, 행여 헤어지지 않았
다면 반죽음을 만들어 놓을 작정이었던 게다. 이렇게 위인전과 영웅
전만 읽으며 자란

> 소년은 권력, 군대, 정복, 지배, 남자다움을 동경하게

되고, 그 결과 가정에서도 "권력"을 잡고 여자를 "군대"식으로 "정복"하여 "지배"하려다가, 안 되면 이렇게 "남자다움"을 자랑하는 사태에까지 이르게 된다. 이렇게 수많은 가정을 파탄으로 내모는 가정폭력도 이미 그 싹은 어린 시절부터 시작되는 것이다. 그러므로 첫째도 예방, 둘째도 예방, 예방이 중요하다.

기리義理

이렇게 자란 아이는 외롭다. 그리하여 인간사회에 통용되는 선악의 규준을 배워야 할 어린 나이에 벌써부터 세계를 독특한 눈으로 보기 시작한다.

이 소년은 벌써부터 사물을 선과 악이란 기준으로 보지 않고 있다.

이런 증세를 보이는 환자들은 후에 선악을 초월한 약육강식의 세계, 즉 야쿠자 세계에 입문하여, "내 말이라면 무조건 굴복"하게 만들 "전략적 발상"이나 하면서 살아가기 쉽다. 증상은 일찍부터 시작된다.

박정희가 보통학교 4학년 때였다. 박정희는 자신의 사랑방에서 김삼수와 놀다가 의형제를 맺는 의식을 치른다.

최근 정신의학계에서는 어린이의 정신장애를 발견하고 치료하는 데에 미술요법을 이용하고 있다. 어린이들에게 그림을 그리게 한 후,

거기서 후에 심각한 정신장애로 발전할 수 있는 증상을 미리 발견하여 치료를 하는 방법이다. 우익 소아병에 걸린 아동들은 그림을 그릴 때도 독특한 점이 있다. 보통의 어린이들처럼 도화지나 크레파스가 아니라, 색다른 재료를 선호한다. 가령,

> 먹물 먹인 실을 바늘에 달고 팔뚝에 약간 꿰면 평생 지워지지 않는 문신이 되지요. 우리는 서로 오른팔에 문신을 새기고 팔을 걸고 맹세를 했지요.

당장 댁의 자녀의 팔에 혹시 "좁쌀만 한 푸른 반점"이 있는지 보라. 만약 있으면, 박정희가 다니던 "보통학교"가 아니라 심리치료를 전문으로 하는 '특수학교'로 당장 전학을 보내라.

외로운 아이들은 이렇게 끼리끼리 모여, "선과 악" 대신에 '기리義理'를 생명으로 삼는 야쿠자처럼 살아가게 된다. 물론 '기리'를 생명으로 삼는다고 정말 의리가 있다는 게 아니다. 일찍이 "선과 악이란 기준"을 포기한 자들은 언제든지 동료와 조직을 배신할 수가 있다. 사나이 박정희의 공산당 시절 얘기다.

> 박정희는 자신이 알고 있는 군내 남로당 조직원들의 이름들을 많이 털어 놓았다. 특히 (…) 사관학교 내의 남로당 세포에 대해 많은 정보를 제공했다.

'기리'의 사나이가 동료의 이름들을 "많이 털어 놓았"다는 거다. 이

때 이름이 "털"린 그 사람들, 어떻게 되었을까? 다 죽었을까? 어쨌든 구차하게 제 한 목숨 구하려 동료를 배반하다니, 앞에 "할복자살" 얘기를 듣고 "감동" 먹었다는 것도 결국 헛"감동"이었던 셈이다.

부시도武士道

결국 이런 아이들은 원만한 사회생활을 하는 데에 커다란 지장이 있기 마련이다. 박정희 어린이의 케이스는 그 전형적인 예다. 선생으로 일하던 그는 워낙 적성에 안 맞았던지 진로를 고민하다가 결국 일본군에 입대한다. 왜?

긴 칼 차고 싶어서 갔지.

"작은 칼"이 아니라 "긴 칼"을 찰 수 있다니 어린 마음이 얼마나 설레었겠는가. 더욱 더 좋은 것은 "작은 칼"은 신고기간에 내놓아야 할 불법무기였지만, "긴 칼"은 국가에서 공인하고 봉급까지 주는 합법적 무기가 아닌가. 게다가 이왕 충성할 바에는 일개 야쿠자 조직보다 국가에 충성하면 심지어 보람까지 있지 않은가. 어차피

내선일체의 정신은 조선인과 일본인이 하나가 되어 미영귀축을 몰아내자는 것이 아닌가.

하지만 일본군 아무나 시켜주지 않았다. 조국(=일본)을 향한 충성

을 증명해야 했다. "어떻게 하면 만주군관학교 사람들이 환영할 수밖에 없"을까 고민하던 박정희는

> 바로 옆에 있던 학생 시험용지를 펴더니 면도칼을 새끼손가락에 갖다 대는 것이었다. (…) 손가락을 찔러 피를 내는 것이었다.

혈서를 썼다는 것이다. 또 그가 만주군관학교에 보낸 편지는 얼마나 명문이었던지 그 "애국정신"을 기리느라 "만주일보"에 소개까지 되었다. 어쨌든 "면도칼" 하나로 그는 "작은 칼"을 "긴 칼"로 바꿔차고, 후에 일본육사의 "모범생"이 된다. 면도칼로 손을 베는 버릇이 있는 어린이의 부모들은 미리부터 세심한 주의를 요한다.

일본육사에서 그는 매일 "오케다 신사"를 "참배"하면서 "군인칙유"라는 걸 외우며 소일했는데, 거기서 그는 "무사도 정신의 정수를 발견"한다. 이런 거다.

> 무사도란, 즉 죽는 것이다.

하지만 그는 동료를 팔아 제 한 몸 살림으로써 결국 이 "무사도 정신의 정수"를 배반하고 만다. 거기서도 헛 배웠던 것이다.

정치군인

이렇게 어린 시절부터 "선과 악의 기준"을 초월한 아동들은 쉽게 배

신을 하는 버릇 때문에, 진정한 무인이 되기에는 애초에 어울리지가 않는다. 게다가 남 쥐어패는 용기와 제 배를 가르는 용기는 성격이 좀 다른 것이기 때문이다. 그래서 이들은 다시 엉뚱한 꿈을 꾸게 되고, 이 꿈이 바로 한국 근현대사의 악몽이 되고 만다. 정치 쪽으로 나가 보면 어떨까? 특히 박정희 소년이 수학했던 만군에는 그런 사람들이 몽땅 모여 있었다.

만군 인맥의 공통점은 (…) 정치지향으로 상징된다.

나치의 이상적 인간형, 생활형태로서의 정치군인politischer Soldat als Lebensform들이 거기 다 모여 있었다는 것이다. 병세가 이 정도까지 진행되면 말기라고 볼 수 있는데, 구체적인 증상은 다음과 같다.

'우정 어린 구타'로 맺어진 끈끈한 인간관계 (…) 젊은 남자들 사이에서는 끈끈한 구타라는 피부접촉이 예기치 않은 효과를 내기도 하는 것이다.

즉 사랑은 "손찌검"으로, "우정"은 "구타"라는 "끈끈한" "피부접촉"으로 표현하는 괴상한 도착증을 보이는 것이다. "우정 어린 구타로 맺어진" 일본의 야쿠자 조직, "젊은 남자들 사이"의 "끈끈한" "인간관계"로 맺어진 나치 의형제단Männerbrüderschaft은 이 증세가 집단적으로 발병한 희귀한 케이스로 이미 임상학계에 보고되어 있다.

이런 증상은 한편으론 우리의 잘못된 언어습관에 그 뿌리가 있는 것으로 사료된다. 가령 우리에게는 화가 나서 자식이나 제자를 때리면서 그걸 '사랑의 매'라 부르는 언어습관이 있다. 이때 사리분별이 부족한 어린이들은 "구타"와 "손찌검"도 "사랑"과 "우정"을 표현하는 한 방법이라고 믿어버리게 된다. 이 시기의 체험이 무의식 속에 깊이 각인되면, 다 자라서도 치고받으며 애정 표현을 하게 되는 것이다. 이렇게 자라난 문제아들이 훗날 정권이라도 잡는 날엔 불행한 사태가 벌어진다. 왜냐하면 이들은 연설할 때마다 늘 이렇게 말하기 때문이다. '친애親愛하는 국민 여러분……'.

따라서 부모들은 아이의 잘못을 교정할 때에 되도록이면 폭력을 사용하지 않는 게 좋겠다. 그리고 실수로 때리더라도 그게 "사랑의 매"였다고 변명하지 말고 솔직히 화가 나서 그랬다고 고백하고 용서를 비는 게 좋다. 어른들의 잘못된 언어습관이 이렇게 자녀들을 애증 표현의 도착증으로 몰아넣을 수가 있다.

군대, 정치수단

조갑제는 인간관계가 "'우정 어린 구타'로" "끈끈"하게 "맺어"지는 장면을 생중계해준다. 국민의 알 권리를 위해 조갑제 기자가 그 현장에 나가 있다. 현장 나와주세요.

기골이 장대한 방원철은 주먹으로 따귀를 갈기기 시작했다. 김재풍은 옆으로 쓰러졌다. 박정희는 달랐다. 주먹을 받고 몸이 옆으로 밀렸다가도 금방 원래 자세로 돌아와서 딱 버티고 서서 다음 타격을 기다리는 것이었다.

이 사나이들은 잦은 "구타"로 인한 "예기치 않은 효과"에 시달리게 된다. 타격이 가해질 때에는 "옆으로 쓰러"짐으로써 충격을 완화하는 게 좋다. 하지만 "박정희는 달랐다". 용수철처럼 "딱 버티고 서서" 맞았으니, 어찌 후유증이 없겠는가. 이런 사람은 특히 두뇌 중추부의 판단능력에 장애가 생겨, 사물의 용도 파악에 상당한 지장을 받게 된다. 그리하여,

군대를 단순히 전쟁의 수단으로 보지 않고 정치의 수단으로 보게 되는

중대한 해석학적 착오를 일으키게 되는데, 우리 나라 역사에 유난히 군인 출신의 정치가가 많았던 불행한 사태도 따지고 보면 바로 이 착란증에서 비롯된 것이다.

두뇌의 손상은 간혹 방향감각을 제어하는 뇌신경에까지 영향을 미치기도 한다. 이 경우 군인들이 눈 앞의 적이 아닌 등 뒤의 제 국민을 향해 총을 난사하는 불상사가 일어나기도 했다. 세계적으로 희귀한 이 케이스의 사례는 1980년 대한민국의 광주라는 도시에서 보고된 바 있다. 언젠가 『조선일보』에서 당시 이 난동에 참가했던 한 병사의 수기를 실었는데, 거기서 그는 '우리는 시민군에게 당했다'고 말했다. 말하자면 정상적 판단능력의 교란으로 피해자와 가해자를 혼동하기에까지 이른 것이다. 그럼 광주시민 여러분을 몽땅 감옥에 집어넣을까요?

• 현재 『중앙일보』 논설
위원으로 19대 대통령
후보인 박근혜 후보의
'국민면접' 토론에도 나
온 그다. 방위 시절 김
지하를 읽다가 삽자루
를 맞았다는 그는 『조
선일보』가 "신문 이상
의 그 무엇"이자 "밤의
대통령"이자 "강력한 사
회적 지배력"이라고 말
했다.

대뇌의 손상으로 인한 판단능력의 장애는 아동의
자아정체성 확립에도 커다란 지장을 주게 된다. 가
령 이인화 어린이의 경우는 『내가 누구인지 말할 수
있는 자는 누구인가』라며, 제 정체성 문제의 해결을
남에게 의존하는 증세를 보이고 있다. 심지어 자신
이 파시스트이면서도 '파시스트가 나쁘다'고 믿는 분
열증세까지 보이고 있다. 병세가 이 정도로까지 진
행되면, 이미 의학적 견지에서 치유는 불가능해지기
시작한다. 정진홍•이 『조선일보』를 옹호하는 "미련한
일"을 알면서 하는 것도 "(방위)" 시절 "살아 있음을 확인"하려다 맞았
다는 그 "삽자루"의 후유증으로 보인다.

다시 박정희 어린이의 케이스로 돌아오자. 그 역시 자아정체성의 문
제로 상당히 고생을 했다고 한다. 가령 '친일파 → 공산주의자 → 파
시스트'로 시시각각 변하면서, 자기가 충성해야 할 국가와 민족을 여
러 번 바꾸며 살았던 박정희 어린이. 나중엔 정체성 문제로 고민하기
가 번거롭고 귀찮았던지 이를 도착증적으로 해결한다. 즉, 아예 자기
를 변수가 아니라 상수로 놓는 거다. 이로써 '내가 곧 국가'라는, "국가
주의"라는 이름의 중대한 정신착란이 시작된다. 그는 자신의 군주정
이 '공화국'(3공)이라고 착각을 했는데, 이 착란증은 이미 그가 만주벌
판에서 독립군 때려잡던 시절의 모방충동에 그 뿌리가 있다고 한다.

그가 딛고 있었던 만주국이 우선 일제 관동군의 작품이 아니던가.

그의 절대왕정은 일제 관동군의 작품이었던 괴뢰정부 만주국이 그 모델이었던 것이다. 20세기 후반에 일제의 괴뢰정부 만주국을 모방한 것이 바로 우리 현대사의 불행이었고, 그 불행의 단초는 이렇게 아주 사소한 소아병적 경향에서 비롯되었던 것이다.

이성의 파괴

구타의 후유증이 더 진전되면, A=A라는 동일률을 무시하고 A=~A를 공리로 받아들이는 등 논리적 이성이 완전히 파괴되는 상태에까지 이르게 된다. 가령 '동무'라는 말을 처음 듣고, "동양적·무사적 서열의식과 예절에 철저"해서 "나이와 계급을 무시하고 맞먹으려 드는 공산주의적 인간관계에 생래적인 거부감을 느"꼈던 그 사람이, 동시에

반에서 가장 키가 컸던 권해도는 (…) 나이가 위인데도 뺨을 후려쳤어요.

세상에. 자기가 아니면 안 된다며, 헌법을 이리저리 뜯어고치고 부정선거를 해가면서 18년이나 해먹었던 그 사람의 입에서 나오는 소리가

그(=이승만)에겐 동정할 여지가 전혀 없소. 12년이나 해먹었으면 그만이지 4선까지 노려 부정선거를 했다니 될 말이기나 하오? 우선 그, 자기 아니면 안 된다는 사고방식이 돼먹지 않았어요.

두뇌손상의 후유증이 이 정도 되면 환자는 더 이상 가망이 없으니, 가족들은 쓸데없이 의사를 찾아다니느라 시간과 정력을 낭비하지 말기 바란다. 이를 그냥 하나의 기정사실로 받아들이는 마음의 준비를 갖추는 게 좋다.

문제는 예방이다. 이 모든 착란증이 애정과 "우정"을 "손찌검"과 "구타"로 표현하는 습관에서 비롯된 육체적 후유증이라면, 이런 불상사를 막는 예방의 길은 애정표현으로부터 아동의 두뇌를 보호하는 데에 있음은 굳이 말할 필요도 없다. 따라서 부모는 자녀가 친구를 만나러 나갈 때에는 꼭 입에 고무로 된 마우스피스를 끼워주고, 머리에는 헤드기어를 착용시켜 내보내기 바란다.

걱정은 딸 가진 부모인데, 시집을 보낼 때에 혼수목록에 반드시 몸을 보호할 호신구를 포함시키기 바란다. 특히 신혼 초는 애정을 격렬히 표현하는 극히 위험한 시기임을 명심하라. 호신구는 태권도용, 권투용, 검도용 등 여러 가지가 있는데, 사위의 취미생활을 미리 살펴 맞는 것으로 준비하는 게 좋다. 가령 박정희 사위의

취미란에는 검도라고 되어 있다.

게다가 "사격 (…) 에 뛰어났다"고 하니 방탄조끼도 하나 마련해주는 게 좋겠다. 이게 다 여러분의 자녀를 학교폭력과 가정폭력에서 보호하고, 나아가서는 국가와 민족의 밝은 미래를 위하는 길이다.

문제는 '교육'

자, 이 모든 불행한 사태가 어디서 비롯되었는가? 아주 사소한 불찰에서, 말하자면 어린 시절의 잘못된 독서습관에서 비롯된 것이다. 따라서 이런 불행한 사태를 방지하려면, 자녀들에게 위인전과 영웅전 외에 우화나 동화 등 다양한 읽을거리를 제공함으로써 지적 편식을 바로잡고, 아동이 균형잡힌 지식과 건전한 도덕을 지니도록 옆에서 늘 지켜볼 필요가 있다. 또 '사랑의 매'에 호소하지 말고 대화로써 잘못을 교정해줄 필요가 있다. 그렇지 않으면 아동들은 폭력을 문제 해결의 수단으로 삼고, 심지어 애정표현의 수단으로 삼는 도착증에 시달리게 된다. 이 점에 주의하고 칼의 종류와 용도를 잘 설명해주고 외출시에 꼭 방신구를 착용하도록 지도하면, 당신의 사랑하는 자녀가 괴팍한 파시스트 괴물이 되는 것을 사전에 막을 수 있을 것이다.

일단 우익 소아병에 걸린 환자는 주위 사람을 괴롭힐 뿐 아니라 본인 자신도 상당히 괴로움을 겪는다고 한다. 내가 이 글을 쓰게 된 직접적 동기가 실은 이 증상으로 평생을 고생했던 이 환자의 처절한 유언이었다. 서울 광림교회 김선도 목사님의 증언에 따르면,

이화여대 강당에서 열린 기독교 교육자 대회에 참석한 박 의장은 축사를 통해서 "나도 주일학교에 다녔는데 요사이는 다니고 있지 않다. 여러분들이 교육을 잘 해주어서 나 같은 사람이 생기지 않도록 해달라"고 당부하더라는 것이다.

마침 어린이 주일학교 유아반 교사직을 맡고 있던 나는 이 이야기를 듣는 순간 가슴이 찢어지는 듯한 연민의 정을 느꼈다. 아울러 복음을 전하는 교사로서 커다란 의무감과 책임감을 느꼈다. 그래서 이 글을 쓰게 되었던 것이다.

여러분들이 교육을 잘 해주어서 나 같은 사람이 생기지 않도록 해달라.

여러분들은 이 말을 미래의 당신의 자녀가 여러분들께 드리는 처절한 호소로 알고 새겨듣기 바란다. 문제는 "교육"이다. 아동기의 올바른 정서교육을 통해 그 환자의 소원대로 "다시는 이 나라에" 그와 같은 "불운한 군인이 없도록 합시다".

그리고 이건 좀 사적인 얘긴데, 다 늙은 나이에 이런 퇴행성 발달장애 증세로 고통받고 있는 분들은 나이를 불문하고 이제라도 꼭 교회 어린이 주일학교 유아반(사무엘반)에 나가기 바란다. 주님은 백 마리의 양보다 길 잃은 한 마리의 양을 더 사랑하신다. 성경공부 끝나면 사탕도 준다.

우익 개구리,
무덤에 침을 뱉기 시작하다

그게 사실은 이런 얘기예요. 옛날에 까만 선글라스 낀 참개구리가 살았대요.*

무지개마을의 왕이었대요. 일찍이 부인은 저 늪 속 깊숙한 곳에 사는 메기한테 빼앗기고, 홀아비가 되어 아이들을 혼자 키우며 살았대요. 근데 이 아이들이 올챙이적 시절부터 말귀를 잘 못 알아들었대요. 누굴 닮았겠어요? 제 아비 꼭 빼닮았죠. 어려서 그렇거니, 철 들면 괜찮아지겠지 했는데, 꼬리가 들어가고 네 다리가 나오도록 애들이 철이 안 드는 게 아니겠어요? 그래서 동네방네 돌아다니며 제 아비의 얼굴에 침 뱉는 짓만 하는 것이었어요.**

제발 '내 얼굴에 침뱉지 마라, 침뱉지 마라' 얘기를 해도, '예' 하고 돌아서서는 금방 여기저기에 침을 탁

• 이 이야기는 앞에서 본 임상적 케이스와 같은 증세로 고생하는 자녀를 둔 부모들을 위한 것이다. 위인전과 함께 다음에 나오는 것과 같은 동화와 우화 등을 함께 권장함으로써 자녀들의 정신세계가 균형을 유지하도록 지도해주시기 바란다.

•• "이 자들이(=부하들)이 나만 이 깊은 감옥(=청와대)에 처넣고 저희들은 마음대로 뛰어다니며 사사건건 말썽만 부리니." (박정희)

탁 뱉는 것이었어요.

이렇게 자식들 덕분에 애를 끓던 이 참개구리는 마침내 속병을 얻어 매일 술로 소일하게 되었대요. 그게 다 누구 때문이겠어요. 못된 자식들 때문이죠. 그래도 이 개구리 가족의 맏형은 철이 좀 들었나봐요. 아버지 고생하시는 걸 더 볼 수 없었던지, 어느 날 밥 먹다 말고 밥상을 걷어차며 형제들에게 말했대요. "아부지, 이 개구리밥 같은 놈들을 데리고 정치를 하시니, 집안 꼴이 이게 뭡니까."*

*"각하, 이 따위 버러지 같은 자식을 데리고 정치를 하니 똑바로 되겠습니까?"(김재규)

그리고 홧김에 포크를 던졌는데, 근데 그게 글쎄 아빠 개구리의 부푼 배에 가서 꽂힌 거예요. 큰언니가 입을 조그맣게 오그리며, "웬일이니." 아빠 개구리는 피를 흘리며 걱정스레 주위에 몰려든 자식들에게 말했어요. "난, 괜찮아."

이때였어요. 누군가 방문을 벌컥 열고 씩씩거리며 들어왔어요. 교내 폭력써클에 가입해 애비 속 무던히 썩이던 대머리 둘째언니였어요. "어느 새끼가 울 아버지 죽였어?" 겁먹은 표정으로 서로 눈치를 보던 동생들은 슬며시 턱으로 첫째언니를 가리켰대요. 그러자 대머리 개구리, 첫째언니를 골목으로 끌고 나가 손 좀 봐줬대요. 반죽음을 만들어놨대요. 하지만 그런다고 어디 아빠 개구리가 다시 살아나시겠어요? 상처가 너무 깊어 아빠 개구리 이제 돌아가시게 되었어요.

'이 녀석들, 내가 죽으면 대체 무슨 짓을 하고 돌아다닐까?' 걱정이 되었겠죠? 그래서 자식들에게 말했대요. "얘들아, 이제 아비 죽는다. 내가 죽더라도 계속 못된 짓 해라, 응?" "나 같은 사람 되라, 응?" "다시 나 같은 싸움 개구리가 나와야 한다, 응?" 워낙 말귀를 못 알아들

54 네 무덤에 침을 뱉으마

으니까 이렇게 얘기하면 좀 착하게 살까 해서요. 이 녀석들이 과연 알아들었을까? 혹시 내가 죽은 다음에도 아비 얼굴에 침 뱉는 짓 하고 다니지 않을까? 걱정이 돼서 이렇게 말했대요. "내 무덤에 침 뱉어라. 알았지?" "예—." 자식 개구리들은 합창을 했대요. 그리고 아빠 개구리는 숨을 거두셨대요.

못된 짓하던 자식 개구리들, 그때서야 뉘우쳤어요. 교회 다니던 눈 큰 개구리. 그 큰 눈에 호박만 한 눈물을 그렁그렁 매달고 "형님들, 우리가 죄를 지었어요. 하나님이 보내주신 아빠를 우리가 제대로 받들지 못한 거예요. 우리 반성해요" 하면서 커다란 울음주머니를 부풀리며 꺼이꺼이 우는 것이었어요. 막내 올챙이도 막 따라서 울었어요. "맞아요. 우리 이제 회개의 고백, 죄의 고백해요." 그래서 온 집안, 온 동네가 울음바다가 되어버렸어요. "아부지~, 아부지~" 온 마을이 통성기도회장이 되었어요.

"우리 아빠 뜻 따라요. 계속 못된 짓 해요. 아빠 같은 사람 돼요. 아빠 같은 싸움 개구리가 다시 나와야 해요." 턱 긴 개구리, 남편의 허리를 쿡 찔렀어요. 허리 찔린 이마 넓은 개구리, 느낀 바 있었어요. "그래. 아부지 같은 쌈개구리가 되고 말 거야." 옆의 귀 큰 개구리도 한마음이었어요. 개구리들은 아빠를 커다란 강물 옆에 고이 묻었어요. "우리, 아빠 뜻대로 아빠 무덤에 침 뱉어요." 무덤에 빙 둘러서서 개구리들은 침을 탁탁 뱉었대요. 이때 제일 열심이었던 게 바로 늘 스캔들을 몰고 다니던 그 유명한 입 큰 개구리였어요. 그 큰 입에 침을 잔뜩 모았으니 얼마나 많았겠어요. 마침 '지존일보'에 다니는 개구리가 있었어요. 아예 신문에 광고를 냈어요. "울 아빠 무덤에 침 뱉어주세요."

그러니 오죽 했겠어요. 그 소원 들어주느라 아빠 무덤은 늘 끈끈한 침으로 덮여 있었대요. 게다가 늘 스트레스를 받고 살았던 무지개마을엔 워낙 흡연자가 많아 침에 섞여 나오는 그……

✧

　원래 선글라스 낀 개구리는 왕이 될 종자가 아니었어요. 마을이 혼란한 틈을 타고 어영부영 왕이 되었어요. 그러니 뭐 내세울 게 있어야죠. 그래서 자기 말 들으면 삐쩍 마른 사람들 피둥피둥 살찌게 해주겠다고 말했어요. 선글라스 낀 참개구리는 자기처럼 하면 살찐다고 사람들에게 "지도"했어요. 숨을 크게 들이마시고, 입을 다무세요. 속으로 꽉 누르면 다시 틈이 좀 있을 거예요. 입을 다시 살짝 열고 힘차게 들이마시세요. 아니나 다를까? 정말 몸이 마구마구 부풀어 오르는 게 아니겠어요? 선글라스 낀 개구리는 신이 났고, 마을 사람들도 신이 났어요.

　그런데 그 사이에 마을에 큰일이 있었어요. 선글라스 낀 개구리의 잔뜩 부푼 배가 그만 터져버린 것이었어요. '퐁' 소리와 함께. 어찌된 일인지 마을 사람들도 아직 자세히 모른대요. 뭐, 집안일인데, 누가 알겠어요. 어쨌든 풍선처럼 부풀어 오르던 그의 헛된 꿈도 이로써 퐁 터져버린 셈인데, 마을 사람들은 꿈 다 꾸지 못하고 죽은 이 불쌍한 개구리를 큰 강물 옆에 고이 묻었대요. 근데 이 개구리는 꿈을 못 다 이룬 게 한이 되었던지, 가끔 비오는 날 밤에 이 근처를 지나는 사람들은 이상한 목소리를 듣는다고 해요. 내 배에 침 발라줘, 내 배에 침

발라줘…….

그리고 사람들은 그냥 그 개구리가 시켰던 대로 계속했대요. 숨을 크게 들이마시고, 입을 다물고, 속으로 꽉 누른 후, 다시 틈이 생기면 입을 다시 열고 힘차게 들이마시고. 한동안은 몸이 마구마구 부풀어 오르는 것이었어요. 신이 난 개구리들은 이 참에 세계에서 제일 큰 개구리가 되기로 작정했어요. 옆에서 풀을 뜯는 저 황소만 한 개구리가 되자. 그래서 또 다시 숨을 크게 들이마시고, 입을 다물고, 속으로 꽉 누른 후, 다시 틈이 생기면 입을 다시 열고 힘

희극영화 〈독재자〉에서 히틀러로 분장한 찰리 채플린. 저 지구의 모양의 풍선을 하늘로 둥둥 띄우며 세계 정복을 꿈꾸던 그. 그러나 풍선은 '퐁' 하고 터져버린다.(사진은 기사 안의 특정 사실과 관계없음. 정말 없음.)

차게 들이마시고…… 그러던 어느 날 '펑' 하고 터졌다는 얘기예요. 프랑스의 유명한 일간지 『피가로Le Figaro』에 실렸던 동화예요.

그런데도 아직 정신 못 차리는 개구리들 있어요. 그 참개구리 가족들이에요. 그래도 '아빠 개구리가 계실 때에는 배 안 터졌는데' '마구마구 불어났는데', 이러는 거예요. 그리고 아직도 아빠 타령을 하고 있어요. 특히 아빠가 돌아가신 시월 스무엿새가 되면, 참개구리 가족은 단체로 울음바다가 돼요. 그날 비라도 내리면 분위기는 더 청승맞

죠. '비가 오면 생각나는 개구리……' 아빠가 이 노래를 좋아하셨거든
요. 참개구리 가족은 지금도 아빠를 살려내자며 꺼이꺼이 통성기도
를 하고 있어요. 우연히 그 근처를 지나던 어느 이름 없는 시인이 이
를 시로 읊어 곡을 붙였어요. 다들 아실 거예요. 함께 불러봐요.

> 개굴 개굴 개구리 노래를 한다
> 아들 손주 며느리 다 모여서
> 밤새도록 하여도 듣는 이 없네
> 듣는 사람 없어도 날이 밝도록
> 개굴 개굴 개구리 노래를 한다
> 개굴 개굴 개구리 목청도 좋다

우리 참개구리 가족들, 정말 목청도 좋죠?

❖

개구리가 시끄러워도 짜증 내지 마세요. 10월 지나면 뭐가 오죠?
예, 맞아요. 11월이 오죠. 그럼 11월이 지나면요? 물론 12월이 오죠.
12월은 겨울이에요. 개구리들, 이제 겨울잠에 들어갈 때가 온 거예요.
금방 조용해질 거예요. 벌써부터 헛소리를 '삐약 삐약' 하죠? 그게 다
졸려서 그런 거예요. 개구리는요, 온도가 낮아지면 체온이 떨어져 혈
액순환이 원활히 안 된대요. 그럼 뇌에 혈액공급이 안 돼서 두뇌기능
이 떨어진대요. 하긴 안 그래도 개구리의 두뇌 용량이 되면 얼마나 되

겠어요? 10cc? 근데도 이런 개구리 말에 홀딱 넘어가는 맹꽁이들이 있나 봐요. 그럼 어떻게 되는지 아세요? 큰일나요. 이솝이라는 분이 쓰신 우화예요.

아버지 개구리가 떠난 무지개마을은 평화롭게 잘살고 있었어요. 옛날 아버지가 길 닦는답시고 이웃마을에서 빌어온 돈이 불어나 마을금고가 저당 잡히긴 했어도, 별일 없이 잘들 살고 있었어요. 근데 동면에 들어간 줄 알았던 참개구리 가족들이 가죽잠바를 입고 다시 나타난 거예요. 무당개구리를 앞세워 '메기가 온다, 메기가 온다. 우리 동네에 메기 첩자가 있다'고 떠들면서요. 그리고 동네살림 늘리려면 다시 '왕'을 두어야 한다고 동네방네 떠들고 다니는 거예요. '왕'만 있으면 메기도 때려잡고 마을금고도 다시 찾을 수 있다나요? 그래서 온 마을이 무당개구리의 집전 아래 하나님께 기도를 했어요. '하나님, 왕을 보내주세요. 솔로몬의 지혜와 다윗의 용기를 가진 개구리를 보내주세요.'

마침 하나님이 안 주무시고 계시다가 이 기도를 들으셨어요. 내 참, 내가 머리를 달아주었을 땐 써먹으라고 달아준 거지, 악세사리로 달고 다니라고 주었나? 이렇게 못마땅하게 생각하시면서도 어찌 이 간절한 기도를 못 들은 척하시겠어요? 그래서 먼저 하늘에서 커다란 통나무를 툭 던져 주셨어요. 휘잉 하고 내려와 퐁당 하고 무지개 연못에 떨어졌어요. 천지가 개벽할 듯한 굉음에 놀란 개구리들, 한편으로는 기쁘고, 다른 한편으로는 두려운 마음으로 지도자를 맞았지요. 처음엔 좀 쫄았대요. 자기들이랑 좀 다르게 생겼거든요.

근데 이 지도자가 '통'이었어요. 아무 명령도 안 하고, 하루 종일 물에 둥둥 떠다니며 물놀이나 하는 것이었어요. 이게 어찌된 일이죠? 국민의 알 권리를 위해 '지존일보'의 기자 개구리들이 취재를 나갔어요. 가서 발로 툭 건드렸어요. 아무 반응도 없었어요. 막 기어올랐어요. 그래도 좋대요. 폴짝폴짝 뛰며 그 위에서 발로 막 밟았어요. 그래도 좋대요. 아무 생각 없대요. '지존일보', '월간막가' 개구리들. 신나서 신문에 막 갈겼어요. 이 '왕' 가짜다. 우린 진짜 '왕'을 원한다. 우리에게 왕을 다오. 왕이 아니면 죽음을 다오. 난리법석을 쳤어요. 이때 두각을 나타낸 것도 역시 입 큰 개구리였어요. 그 큰 입을 활짝 벌려

  - 왕, 왕

댔으니 얼마나 시끄러웠겠어요.

  이걸 내려다보신 하나님. 할 수 없군, 진짜 '왕'을 보내주지. 하늘에서 커다란 황소개구리를 땅으로 내려 보내셨어요. 무지개 연못에 내려온 황소개구리, 먼저 주위를 좍 둘러보았어요. 아무도 안 보이는 게 아니겠어요? 어디 갔지? 모두들 긴장해 몸을 숨기고 있었던 거예요. 잠시 후 잔잔한 수면 위로 동그란 개구리 눈이 하나 둘씩 나타나기 시작했어요. 마지막으로 겁 많은 눈 큰 개구리의 대문짝만 한 눈이 반쯤 수면 위로 드러났어요. 과연 어떤 분일까? 궁금했겠죠? 이때 "힘과 용기"를 자랑하는 간 큰 개구리들. '웰컴 임금님' 플랜카드를 만들어 가지고, 임금님께 앞다투어 아부하러 달려갔어요. 그리고 이로써 임금님은 지상에서 첫 식사를 맛있게 즐길 수 있었지요.

  대한국민학교 우익 똘반 어린이 여러분. 재미있었어요? 여기에 나오는 참개구리들이 누군지 아시겠어요?

개굴(예!), 개개굴(그럼요!), 개로개로(일본물 먹은 개구리), 뤼빅뤼빅(하바드 연수 마친 개구리), 크꽉크꽉(독일철학 공부한 개구리), 개개로로굴굴굴굴 (그것도 몰라요?), 개개객가르르(에이 개구리를 뭘로 봐요), 개굴개로로로 만득('혹시 만득이······?').

박정희 철학

『영원한 제국』? 최근 아주 우연한 기회에 나는 이인화가 느닷없이 조선왕조 정조대왕의 얘기를 끄집어낸 이유를 알게 되었다. 정답은 조갑제가 『조선일보』에 열심히 쓰고 있는 그 소설 속에 들어 있었다. 우익 소아병 환자들. 나이가 들어 장가를 가도 아직 유아기 아동의 모방충동을 그대로 갖고 있다. 박정희가 식민지 시대 일본 사무라이를 흉내냈다면, 우리 우익 소아병 환자들은 다시 이 원숭이를 그대로 흉내내고 있다. 자, 그 사건의 발단은 이렇다. 조갑제의 말이다. 박정희가 읽었다는 일본 역사교과서의 내용이다.

일본 역사의 영웅들 사이에 이퇴계와 이율곡, <u>영조와 정조</u>, 한국병합 이야기가 끼어 있다. 이 교과서는 이율곡을 설명하면서 그가 선조 때 김효원과 심의겸 사이의 당파싸움을 막아보려고 했으나 실패함으로써 "정권을 잡기 위하여 상대에게 죄를 뒤집어씌우고 정치를 어지럽히는 폐해가 생겨 지금도 조선인들 사이에는 노소남북의 차별이 존재한다"고 지적했다.

조선조 양반문화에 대한 일면적으로 부정적인 해석. 이런 걸 학계에서는 "식민사관"이라 부른다. 자고로 조선인들은 단결력이 없었다. 특히 조선조의 양반들은 자기들끼리 치고 받고 싸우느라 국가를 망쳤다. 이 그릇된 민족성이 조센징의 유전인자에 박혀 있다. 그래서 우리에게 나라를 빼앗긴 것이다. 따라서 식민지 지배의 책임은 일본의 제국주의적 탐욕에 있는 게 아니다. 근본적으로는 조선인 자신의 무능에 있다. 이런 얘기다.

그러는 사무라이들도 잘한 거 하나 없단다. 양반들은 자기들끼리만 치고받았지. 헤이안平安시대 이후 권력 잡은 사무라이들은 자기들끼리만 죽인 게 아니라 멀쩡히 논에서 일하는 농민들 끌어다가 병사 만들어 서로 치고받고 싸우다 죽게 만들었다. 일본 역사책 좀 들여다보라. 피가 줄줄 떨어진다. 그 사무라이 문화, 삼국시대 한국에서 그쪽으로 건너간 모양인데, 그 후 한국은 중화적 교양의 세례를 받아 문명화되었다. 그래서 임진왜란 때 쳐들어온 왜군 중 일부는 그 문화적 수준 차이에 감동 먹어 귀화하기도 했다. 또 쇄국정책? 자기들은 안 했나? 제 국민들 무모한 전쟁에 끌어넣어 수백만이나 죽게 만들고, 전국을 초토화시키고, 원자폭탄을 두 개나 먹은 주제에. 어쨌든 여기서 우리는 세 가지 사실을 알 수 있다.

박정희의 역사관

첫째, 박정희는 정권을 잡은 후 이승만의 자유당, 민주당의 정치인들, 나중엔 모든 지식인을 조선조 무능한 양반의 후예로 규정하고 규탄했다. 왜? 간단하다. 그러니 저들을 믿지 말고 '나를 따르라'는 얘기다. 물론 자유당과 민주당 정치인들은 비판받아 마땅하다. 문제는 그 비판의 의도와 관점이다. "조선조의 양반정치 행태에 대한 경멸과 증오심"을 가졌던 박정희. 그의 반反지식인 논리는 실은 그가 일제시대 때 읽었던 일본 역사교과서, 즉 식민사관에 뿌리를 두고 있다. 그가 툭하면 "우리 민족의 나쁜 근성" 운운하며 자기가 이를 뜯어고치겠다고 했을 때, 사실 그는 일제가 우리에게 했던 것과 똑같은 짓을 하고 있었던 거다. 박정희의 역사관은 한마디로 식민사관이다. 그가 어디서 어떤 교육을 받았는지 생각하면 이는 당연한 일이다.

둘째, 조갑제 역시 얼마 되지도 않는 역사 지식을 이리저리 재단하여, 대한민국의 지식인들을 난데없이 "주자학자"로 둔갑시키는 마술을 부린다. 그리고 지식인들에게 역사상 한민족이 잘못한 모든 죄를 뒤집어씌우고 험한 욕을 퍼부어댄다. 이 히스테리컬한 반反지식인적 경향도 알고 보면 박정희, 아니 박정희가 읽은 제국주의 일본 교과서의 식민사관에 그 뿌리가 있다. 양반, 물론 비판받아야 한다. 하지만 문제는 비판의 관점이다. 조갑제가 양반문화와 한국의 지식인을 비판하는 관점은 철저하게 일본 우익 파시스트들의 관점이다. 한마디로 정권은 문인이 아니라 영광스런 다이니뽄데이고꾸大日本帝國에서처럼 사무라이가 잡아야 한다는 것이다.

셋째, 이인화가 『영원한 제국』을 써서 난데없이 왕권중심주의를 옹호하고 나섰을 때, 이 역시 뿌리는 박정희가 읽은 이 일본 역사교과서에 있었던 것이다. 말하자면 『영원한 제국』의 이야기는 실은 일제의 역사교과서에서 시작된 거다. 이인화는 『인간의 길』을 쓰기 훨씬 전에 벌써 박정희주의자로서 그를 흉내내기로 작정을 하고 있었던 거다. 여기서 그의 『영원한 제국』이 괘씸하게도 처음부터 박정희 찬양 프로그램과 밀접한 관련이 있었음이 드러난다. 그는 독자들을 속였다. 나는 그를 비난한다. 보라.

이 교과서는 또 "영·정조 시대에 두 현군이 당파싸움을 누르려고 노력했으나 후대에 가서는 수포로 돌아갔다"고 기술하고 있다.

이게 일본 제국주의자들이 쓴 역사교과서 속의 한국 역사다. 그리하여 우리 나라는 결국 일본에 먹혔고, 그게 다 왕권이 미약해서 그랬다. 따라서 "영·정조"처럼 강력한 지도력을 가지고 모든 권한을 한 몸에 집중시켜야 한다. 그런 의미에서 한 몸에 강력한 전제권력을 모아놓았던 박정희의 독재는 정당하다. 이런 얘기다.

식민사관을 가지고 있었던 박정희. 그는 조선조 양반문화를 일방적·일면적으로 무차별 폭격하느라 "영남 남인"을 빼주지 않았다. 여기서 이인화는 난처한 상황에 빠진다. 박정희를 우상화하려니 제 조상이 울고, 가문을 위하려니 박정희가 운다. 그는 『영원한 제국』을 써서 이 모순을 해결한다. 우리 조상들은 비록 당파싸움한 양반이지만, 다른 파들과 달리 나랏님을 위해 싸운 왕권주의자였다. 따라서 우리 가문의 당파싸움은 애국이다. 이런 엉큼한 소설을 대한민국 독자들은, 영·정조 시대의 조선이 "세계의 선진국"이었다는 그의 입에 발린 정치 선전에 홀려, 기분 좋게 읽고 넘어갔던 거다. 가문에서 비석을 세워줄 만하다. 대한민국 독자들, 제발 정신 좀 차리라.

박정희의 정치관

이렇게 박정희와 그의 똘마니들의 역사관은 본질적으로 일제 식민 사관에서 비롯된 것이다. 이어서 그 교과서에는 드디어 가장 중요한 대목이 나온다. 일본 제국주의 사학자들이 학문의 객관성을 위장하느라 오래 참고 참았던 그 얘기, 하고 싶어 입이 근질근질거렸던 바로 그 얘기다. 보라.

'조선의 국정'이란 항목은 "우리나라에서는 정한론까지 대두할 정도 인데도 조선은 여전히 쇄국양이의 방침을 계속하고 있었다"로 시작된 다.

얼마나 한심한가. 그래서 우리가 너희를 먹을 수밖에 없었다. "정한 론"이 대두하고 있는 그 시절에, 너희들은 팔자 좋게 문 걸어 잠그고 "쇄국양이"鎖國攘夷 하지 않았느냐. 이는 너희들이 자력으로 문호개방 을 할 능력이 없었음을 보여준다. 이게 너희들에게는 애초에 근대화 를 할 개혁 능력이 없었다는 증거다. 따라서 한발 앞선 우리 일본이 너희들을 근대화시킬 수밖에 없었다. 다른 대안은 없었다. 오늘의 한국을 만든 게 누군가? 한국 근대화의 초석을 놓은 게 누군가? 일본이다. 그러니 우리에게 감사하라. 정희 소년은 바로 이런 걸 읽고 자기의 역사관을 형성했던 것이다. 이인화가 이걸 어떻게 써먹는지 보자.

> 이러한 열망이 사회의 어떤 영역에서도 구체적인 출구를 발견할 수 없는 상황에서, 이 열망에 부응할 국가개조의 과제는 (…) 군인에 의해 착수되어야 했다. 다른 대안은 없었다.

그러니 그의 독재에 감사하라. 일본 극우파가 식민지배를 정당화했던 것과 똑같은 논리로, 이인화는 여기서 박정희의 파시스트 지배를 정당화하고 있다. "다른 대안은 없었다". 이게 현해탄 양쪽에서 손을 잡은 한일 양국의 극우파들 논리다. 나치도 마찬가지였다. 바이마르 공화국은 무능했다. 이런 상황에서 국가개조의 과제는 나치에 의해 착수되어야 했다. 다른 대안은 없었다. 대안은 없다. 영웅적으로 저지르라. 이게 바로 파시스트들이 말하는 영웅적 현실주의heroischer Realismus다.

박정희의 국가관

이제 조갑제가 제 입으로 하는 얘기를 중심으로 하여, 대한민국 우익이 자랑하는 소위 "박정희 철학"이라는 게 어떻게 형성되고, 어떤 요소로 구성되었는지 구체적으로 살펴보기로 하자. 박정희가 일제의 주구 노릇하던 시절 입에 달고 다니며 외우던 영광스런 황군의 군인칙유다.

> 나라에 대한 충성, 부모에 대한 효도, 형제간의 의리, 부부간의 상애,
> 붕우간의 상신

전형적인 봉건 이데올로기다. 여기서 우리는 일본군대의 성격을 알 수 있다. 20세기에 이런 가치를 추구하는 군대는 봉건 파시스트 군대밖에 없다. 조갑제는 좀 미안했던지 "이 내용 자체는 화랑도의 세속 5계와 비슷하다"고 뺑끼를 친다. 황군의 "군인칙유"도 알고 보면 "화랑도의 세속 5계"와 다르지 않다는 거다. 설사 그렇다 한들 20세기에 1300년이나 묵은 이 낡은 도덕을 떠드는 건 파시스트들밖에 없다. 대한민국 국민이 20세기 후반에 난데없이 "국기에 대한 맹세"를 하며 "충효"를 외쳐야 했던 건 박정희가 일본군대에서 받은 이 훌륭한 파시스트 교양 덕분이다.

박정희의 국가관은 파시스트 국가주의다. 조갑제는 "국가주의"라는 말을 칭찬으로 생각한다. 그리하여 자기가 박정희의 이념을 충실히 따르는 "실천하는 국가주의자"라 자랑한다. 그는 '국가주의=애국주의'라고 슬쩍 사기를 친다. 속지 마라. Statism과 patriotism은 전혀 다른 개념이다. '국가주의'란 한마디로 개인을 국가에 종속시키는 전체주의 이데올로기다. 굳이 이런 못된 생각 갖지 않아도 '애국'은 얼마든지 할 수 있다. 외려 20세기에 이 따위 국가주의 이데올로기를 떠드는 자들이야말로 망국의 선봉이다. 가령 독일의 국가주의자 나치와 일본의 국가주의자, 즉 천황절대주의자들을 생각해보라. 이들이 저지

른 짓이 과연 애국일까?

국가주의자들에게 '국가'는 신이다. 그들에게 국가는 신성불가침의 것이다. 그래서 그들은 자기가 충성을 다해야 할 국가의 본질에 대해서는 묻지 않는다. 그건 신성모독이다. 국가는 아무래도 좋다. 국가에는 그저 아무 생각도 없이 "충성"을 바치면 될 일이다. 설혹 그 국가가 제 나라, 제 민족을 억압하는 제국주의 국가라 하더라도, 상관없다. 국가는 국가, 어디까지나 충성을 바쳐야 하는 존재다. 국가주의자 박정희가 젊은 시절 만군과 일군이 되어 제국주의 일본에 충성을 바칠 수 있었던 것은 아마 이 때문이었으리라.

박정희의 교육관

군부독재 시대의 학교를 생각해보라. 시커먼 제복에 빡빡 깎은 머리, 국민교육헌장 암송, 휘날리는 태극기에 '국기에 대한 맹세', 시도 때도 없이 노력동원勞力動員, 군대식 경례, 복장 단속, 구타, 기합, 제식훈련, 총검술, 검열. 원조 일본에도 없는 이런 교육제도를 20세기 후반까지 온존·유지·발전시킨 게 바로 대한민국 극우 파시스트들이다. 이걸 대체 어디서 배웠을까? 식민지 시대 군국주의 일본 파시스트 교육을 본뜬 거다. 박정희가 자랑하는 "국민교육헌장"이 일제의 파시스트 "교육칙어"를 베낀 것임은 이미 널리 알려져 있다. 박정희가 다니던 대구사범의 풍경이다.

농장에서는 농사를 지었으며, 연병장에서는 총검술

어린 학생들에게 "교련"이라는 이름의 군사훈련을 시키는 발상, 어린 학생들에게 국가를 위해 노력동원을 강요하는 발상은 바로 여기서 비롯된 것이다.

대구사범 4,5학년생들은 24일 대구 80연대에 입소했다. 지난 해에 이은 2주간의 훈련이 시작되었다.

대학생들의 문무대 교육, 전방입소 교육의 아이디어는 바로 여기서 나온 것이다.

박정희 (…) 는 교육칙어도 달달 외워야 했다.

학생들에게 국민교육헌장을 달달 외우게 하고 노트에 수십 번씩 베껴 쓰게 하는 발상도 바로 여기서 비롯된 것이다.

'반쯤 죽이는 교육'이 물론 정치적으로는 조선사람들의 혼을 빼앗아 충실한 황민으로 개조하기 위한 첨병을 양성하겠다는 목적을 갖고 있었지만

학생들을 "반쯤 죽"여 놓는 우리의 "교육"문화도 결국 식민지 시대의 파시스트 교육에 그 뿌리가 닿아 있다는 얘기다. 땡볕에 픽픽 쓰러져 나가도록 조회를 서거나 사열을 받게 했던 박정희의 "반쯤 죽이는 교육"도 물론 학생들 개개인의 발전을 위한 게 아니었다. 박정희라

는 황제의 "충실한 황민으로 개조하기 위한" 것이었음은 우익 파시스트들도 부정하지 않을 게다. 외려 자랑할지도 모르겠다.

5·16과 2·26

박정희주의자들은 박정희를 자꾸 나폴레옹과 비교하는데, 정말 가소롭기 짝이 없는 얘기다. 그 이유란 게 듣고 보면 박정희가 나폴레옹의 전기를 읽고, 그를 존경했다는 것뿐이다. 링컨의 전기를 읽고 그를 존경한다고 내가 곧 링컨이 되는 것은 아니다. 게다가 박정희 쿠데타의 원조는 나폴레옹이 아니다. 진짜 원조는 일본에 있다.

2월 26일 도쿄에서 발생한 청년장교들의 쿠데타 기도를 가리킨다. 이들은 곧 진압되었는데 박정희는 나중에 2·26 사건을 연구하여 5·16 거사 때 참고했다.

말하자면 식민지 시대에 정신나간 일본 극우파 청년장교들이 일으킨 쿠데타를 보고, 거기서 아이디어를 얻었다는 얘기다. 이 쿠데타의 성격이 어떤 것이었는지는, 그걸 일으킨 자들이 어떤 놈들이었는지 보면 알 수 있다. "박정희가 일본 청년 장교들이 일으킨 5·15 사건과 2·26 사건을 들먹이며 찬사를 늘어놓자" 친구이자 당시 『부산일보』 주필이던 황용주가

너 무슨 소릴 하노. 놈들은 천황절대주의자들이고 퀘퀘묵은 국수주의

내 무덤에 침을 뱉어라!

□
222
□

제8부 激浪속으로

⑲ 道義 대 氣魄 논쟁

자신이 뒤집어 엎으려고 했던 이승만 (李承晩) 정권이 학생 시위로 넘어가는 것을 바라보는 박정희 소장의 심정은 복잡했다. 4·19 이전에 박정희를 만났을 때 친구 황용주(黃龍珠·당시 부산일보 주필)가 전국으로 번지고 있는 학생 시위를 설명해주면 박 소장은 『예이, 솔찬 안난다』고 내뱉었다고 한다. 학생들에게 선수(先手)를 빼앗기게 되었다는 안타까움의 표현이었다.

이낙선(李洛善)이 작성한 『5·16혁명 참여자 증언록』에 따르면 4월19일 유혈 사태로 서울, 부산 등지에 비상계엄령이 선포되자 그날 밤 부산 동래에 있는 박정희 관사였던 김동하(金東河)의 헌병 상륙 사단장을 찾아갔다. 박정희는 학생들이 반 주필으로 일어났으니 그들을 뒷받침해줘야겠다고 말했다는 것이다. 4월28일 밤 박정희는 관사로 찾아온 유원식(柳原植) 대령이 『이제 혁명을 해야 할 때입니다』라고 하자 『혁명이 됐는데 또 무슨 혁명을 하자는 거냐』고 핀잔을 주었다.

박정희는 이승만 정권 이후 황용주를 만나자 대통령 『아이』요, 학생들을 때문에 다 됐다고 했다. 황용주는 놀리듯이 말했다고 한다.

『봐라, 쇠뿔도 단 김에 빼라카네···.』

소설가 이병주(李炳注)가 주필 겸 편집국장으로 있던 국제신보의 4월27일자 사설(此說)은 『『大統領의 悲劇!』 그러

일 수 없다는 사실을 우리는 깊이 인식해야 하고 끝내 그렇게 되도록 피차(彼此)의 성의가 있어야 되리라고 믿는다.』

며칠 뒤 박정희는 이병주, 황용주와 어음빌 술자리에서 이렇게 말했다.

『두 주필의 사설을 읽었는데 황용주의 논단(論斷)은 명쾌한데 이 주필의 논리는 석연하지 못하더란 말요. 아마 이 주필은 정(情)이 너무 많은 것이 아닐까요. 『맘기도 한 영감이었지만 막상 떠나겠다고 하니 언짢은 기분이 듭네요. 그 기

◇국제신보 주필 겸 편집국장 시절의 이병주.

나 組織의 運命과는 바꿀 수 없었다는 게 이유였다. 『지금 이 대통령의 공죄(功罪)를 논할 시기가 아니다. 공(功)을 배거(枚擧)하기 위해서도 신중해야 하며 죄를 따지기 위해서도 신중해야 한다. 문제가 되는 것은 어쩌면 평생을 조국광

"日 국수주의자의 기백을 배워야 하네"

황용주가 끼어들어 『그렇게 말하면 쓰나?』며 나무랐다.

『물론 엉터리 운동가도 더러 있었겠지. 그러나 싸잡아 독립운동한 사람을 그런 식으로 보면 안돼. 진짜 독립운동한 사람들도 많아. 그 사람들 따분에 민족의 체면을 유지해온 것이 아닌가.』

『민족의 체면을 유지했다고?』

박정희는 흥분했다.

『해방 직후 우후죽순(雨後竹筍)처럼 정담이 생겨나고 나라 망신시킨 자들이 누군데, 독립운동했습네 하고 나선 자들이 아닌가.』

『그건 또 문제가 다르지 않는가.』

『문제가 다르다는 거고, 독립운동을 함께 하고 모두를 담파써름한 하고 있었던 거 아니가. 그 습성이 해방직후의 혼란으로 이어진 건 아닌가. 그런데도 민족의 체면을 유지했다고?』

『그런 식으로 문제를 세우면 되나, 내 말은···.』

이 때 동석(同席)했던 박정희의 대구 사범 동기(同期) 조증출(曺增出)이 『누 그들 이말라면 나는 가겠다』고 일어서는 바람에 논쟁이 중단되었다. 이병주는 이 같은 자리에서 있었던 황용주와 박정희의 논쟁 좀 다른 한 토막을 기록했다.

《박정희가 일본 헌병장교임이 일으킨 5·15사건, 2·26사건을 탈멸이면서 환사인 넘어빠지 할 주필이 『너, 무슨 소릴 하노. 놈들은 천황절대주의자들이고 계케묵은 국수주의자들이다. 그놈들이 일본을 망쳤다는 사실을 모르고 하는 소리가냐고』 반박했다.

『일본의 군인이 천황절대주의자 하는 게 왜 나쁘나. 그리고 국수주의가 어째서 나쁜가.』

박용주가 『그것은 고루한 생각으로서 세계 평화에 해독이 된다』고 반박하자 박정희는 열을 올렸다.

『그럼 장조대 같은 소릴 하고 있으니까 글 쓰는 놈들을 믿을 수가 없다. 일본이 망한 게 뭐꼬. 지금 잘 해 나가고 있지

"일본의 군인이 천황절대주의자 하는 게 왜 나쁜가. 그리고 국수주의가 어째서 나쁜가."(박정희)

자들이다. 그놈들이 일본을 망쳤다는 사실을 모르고 하는 소리가!

물론 알고도 하는 소리다. 그게 2000만 아시아인을 죽이고, 수백만 제 동포 희생시키고, 결국 원자폭탄 두 개 받아 제 조국 "일본을 망

쳤"던 "천황절대주의자들" "퀘퀘묵은 국수주의자들"이었다는 건 이미 박정희도 알고 있다. 외려 그게 "뭐가 나쁘냐"고 묻는다.

여기에서 드러나듯이 한마디로 박정희의 5·16 정신은 우익 파시스트 쿠데타 정신이었다. 여기서 우리는 한 가지 사실을 알 수 있다. 박정희는 혁명 초에 마치 자유민주주의의 수호자나 되는 것처럼 민주주의적 혁명이념과 공약을 내세웠지만, 그게 다 뻔뻔한 거짓말이었다는 사실이다. 아마 4·19 혁명으로 고양된 국민들의 민주의식과 미국의 인정을 받느라고 할 수 없이 그래야 했을 거다. 나중에 10월유신과 함께 갑자기 파시스트로 돌변한 게 아니다. 그는 처음부터 파시스트였다.

3공화국과 만주국

단순한 군부독재와 국가주의 파시즘 사이에는 차이가 있다. 군부독재자들은 정권을 잡는 것 이상의 욕심이 없다. 그들은 군대를 정권 유지의 수단으로 이용할 뿐이다. 반면 파시스트들은 그 이상을 원한다. 그들에게 중요한 것은 정권 그 자체가 아니라, 온 나라와 국민을 자기들의 형상대로 복제하는 것이다. 그리하여 이들은 툭하면 "국가개조"니 "인간개조"를 떠든다. 이렇게 국가와 인간을 개조하는 대역사이기에, 그들은 자기들의 권력장악을 '쿠데타'가 아니라 "혁명"이라고 부른다. 그렇다면 박정희는 과연 이 혁명(?)정신을 어디서 배웠을까?

군대를 단순히 전쟁의 수단으로 보지 않고 정치의 수단으로 보게 되

1937년 만주로 진격하는 용맹한 몽골전사 일본황군. 조갑제의 눈으로 보면 대한민국 근대화의 아버지들이다. "군대를 단순히 전쟁의 수단으로 보지 않고 정치의 수단으로 보게 되는 쪽으로의 시각 변화는 자연스럽게 이루어졌을 것이다. 그가 딛고 있던 만주국이 우선 일제 관동군의 작품이 아니던가."(조갑제)

는 쪽으로의 시각변화는 자연스럽게 이루어졌을 것이다. 그가 딛고 있던 만주국이 우선 일제 관동군의 작품이 아니던가.

관동군이 괴뢰국 만주국을 세우는 것을 보고 배웠다는 얘기다.

군대를 (…) 국가개조의 방법으로 보는 생각

그리고

국가개조의 수단으로서 총구의 역할

이 모든 것을 그는 일제 군국주의 파시스트들에게서 배웠다. 만주 군관학교, 일본육사, 관동군의 만주국, 일본 청년 장교들의 파시스트 쿠데타. 여기가 바로 박정희 혁명정신의 요람이다. 근데 박정희 똘마니들은 이를 "근대화 혁명"이라 부른다. 웃기는 얘기다. 세상 어느 곳에서도 파시스트 쿠데타를 "혁명"이라고, 더구나 "근대화 혁명"이라고 부르지 않는다.

메이지 유신과 10월유신

자, 이제 박정희의 제2의 쿠데타에 대해 알아보자. 조갑제는 두 사람 다 쿠데타를 두 번 했다는 것과 결혼도 두 번 했다는 것을, '박정희=나폴레옹'이라는 억지의 중요한 근거로 꼽는다. 웃기는 얘기다. 양자 사이에는 아주 중요한 차이가 있다. 가령 나폴레옹의 제2쿠데타는 왕당파를 몰아냈다. 그럼 박정희의 제2쿠데타는 누구를 몰아냈을까? 재미있게도 그것은 재귀적再歸的 쿠데타, 자기 자신을 몰아내는 쿠데타였다. 말하자면 10년 넘게 권좌에 앉아 있었던 자기 자신을 몰아내고, 그 자리에 다시 자기가 앉기 위한 쿠데타였다는 얘기다.

왜 이런 장난을 해야 했을까? 이게 혁명이었을까? 그럴 리 없다. 권력을 잡은 건 변함없이 자기였으니까. 하지만 폭력적으로 헌정을 뒤엎었으니, 동시에 그건 혁명이 아닌가. 대체 이를 뭐라 부른다? 이 난처한 상황에서 그를 구해준 것 역시 일본이었다.

근대화를 위한 일대 개혁을 "혁명"이라 부르자니 천황가가 단절된 것이 아니기 때문에 곤란했다. 오히려 오래된 나라 일본을 새롭게 탈바꿈시킨다는 의미에서 "유신"이 적정한 표현이라고 본 것이다. 박정희도 (…) 1972년 10월 17일의 조치는 정권의 연속성을 유지시키면서 국가의 체질을 바꾼다는 점에서 유신이라 호칭했던 것이다.

이렇게 10월유신의 아이디어는 일본 메이지 유신을 베낀 것이었다. "정권의 연속성을 유지시키면서 국가의 체질을 바꾼다". 어쨌든 바로 이 시기부터 대한민국은 그야말로 "국가의 체질"이 바뀌면서 그나마 있었던 자유민주주의의 형식조차 내팽개치고 전 사회가 파시스트 병영화의 길로 나아가게 된다. 국민의 민주의식과 미국의 간섭 때문에 오랫동안 감추어져 있었던 박정희의 파시스트적 본질이 공공연히 드러나기 시작하는 거다.

농촌진흥과 새마을운동

'새벽종이 울렸네, 새 아침이 밝았네……' 박정희 하면 당장 떠오르는 것은 바로 이 노래와 함께 열심히 논에 들어가 모내기 하는 흉내를 냈던 밀짚모자의 대통령 모습이다. 아예 논에 들어간 참에 계속 모를 내며 "농민의 아들"로 살았으면, 아무 일 없을 뻔했다. 흔히 박정희의 위대한 업적이라고 얘기하는 이 '새마을운동'이라는 것이 어디에서 비롯된 발상인지 조갑제의 말을 들어보자.

운동의 이념은 박정희 대통령의 새마을이 자조, 자립, 협동, 충효애국이고 그것의 집약적 표현이 국민교육헌장이었던 데 대해서 우가키 총독의 농촌진흥은 자립, 근검, 협동공영, 충군애국과 교육칙어였다.

즉 혁명적 민족주의 세력, 조선 좌익의 준동을 막기 위해 우가키 총독이 실시한 "농촌진흥"운동이 바로 "새마을운동"의 모태였다는 것이다. 말하자면 그 요란했던 "새마을운동"은 일제 군국주의 파시스트들이 더러운 정치적 목적으로 실시한 농촌개혁운동의 연장선상에 서있다는 것이다.

교양인 박정희

마지막으로 "지덕체 합일의 전인" 박정희, "균형감각을 가진 교양인" 박정희가 그 세련된(?) 교양을 어디서 쌓았는지 보기로 하자.

일본육사에서는 한문공부를 많이 시켰다.

지금 『조선일보』에서 왜 그렇게 열심히 한자혼용운동을 하는지 여기서 드러난다. 한글전용이냐, 한문혼용이냐 하는 문제는 그 자체로 충분히 논의할 가치가 있는 것이다. 하지만 괘씸한 것은 이 문제제기를 하는 『조선일보』측의 정치적 의도다. 뒤에서 살펴보겠지만, 그건 '문명충돌론'이라는 신대동아공영론과 관계가 있다.

일본의 장교는 동양적인 교양과 무사도 정신을 지켜가야 한다는 뜻에서 중국의 고전을 읽게 하고 서도를 배우게 하여 편지도 반드시 모필로 쓰도록 하였다. 화혼양재, 즉 서양의 기술을 도입하되 어디까지나 일본의 정신을 바탕으로 한다는 주체적인 근대화의 전략이 깔려 있었다.

보라. 이들이 서양에서 도입하려 한 것은 오직 "기술"뿐이다. 민주주의와 같은 정치제도가 아니다. 이들이 말하는 "일본의 정신"이란 건 민주주의 정신이 아닌 수천 년 묵은 낡은 봉건 이데올로기를 말한다. 여기서 "화혼양재"和魂洋才, 즉 이들이 말하는 "주체적인 근대화의 전략"이라는 것이 무엇을 의미하는지 드러난다. "일본의 정신"+"서양의 기술"=근대적으로 무장한 천황절대주의 군국주의 파시즘.

결국 박정희가 받았다는 교양교육이란 건 바로 이 파시스트 전쟁기계를 만드는 데에 필요한 만큼의 교양이었다는 얘기다. 왜 군인들에게 붓글씨를 쓰게 했을까? 그들의 개인적 미적 취향을 위해서? 아니다. 왜 군인들에게 "동양의 고전"을 읽혔을까? 개인적 인격도야를 위해서? 아니다. 밀려오는 서구 민주주의의 위협 앞에서 호전적인 "일본의 정신", 야마토세이신大和精神을 유지하기 위해서였다. 바로 이것이 박정희가 받은 교양의 정체다.

이것이 박정희의 역사관·정치관·국가관이다. 그가 "국가개조"와 "인간개조"라는 목적을 달성하기 위해 동원한 수단들, 그리고 그의 똘마니들이 자랑하는 그의 교양이 대체 어디에 뿌리를 두고 있는지 알 수 있다. 그들 자신의 말에 따르면, 소위 '박정희 철학'을 이루는 모든 요소는 그가 어린 시절에 받았던 식민지 세뇌교육, 만군과 일군 시절에 배우고 체험했던 군국주의 파시스트 이데올로기에서 비롯되었다는 얘기다. 물론 한 가지 남은 게 있다. '경제개발 5개년 계획'. 근데 조갑제의 말에 따르면, 이는 대단히 유감스럽게도 박정희가 조선조의 양반과 동일시해놓고 무능하고 부패했다고 온갖 욕을 퍼부었던 민간 과도정부에서 수립해놓은 것이었다고 한다.

반동혁명

그럼 박정희 쿠데타의 본질은 무엇이었을까? 나폴레옹의 것과 같은 근대화 혁명? 아니면 일본 천황절대주의자나 히틀러 나치들의 반동혁명? 이인화의 자백(『인간의 길』)을 들어보자.

> 허정훈(=박정희)을 만들어낸 영남 남인의 지역적 기반은 그에게 자본가 계급의 무능함에 대한 투철한 인식을 심어준다. (…) 자본가 계급은 어떤 권력기구 아래에서도 중세의 봉건적 귀족 계급, 즉 사대부가 누렸던 것과 같은 자족적이고 독립적인 정치권력을 획득할 수 없는 것이다.

만약 박정희가 "귀족 파괴자" 나폴레옹이었다면, 마땅히 "사대부"와 같은 봉건잔재를 쓸어버렸어야 한다. 근대화 혁명의 '주체'는 자본가 계급이고, 양반 같은 봉건귀족은 혁명의 '대상'이니까. 근데 위의 글을 읽어보라. 세상이 물구나무서 있다. "영남 남인" 사대부들이 "자본가 계급"에게 한 수 가르쳐주고 있다. 봉건잔당이 혁명의 주체가 되어 "무능"한 "자본가 계급"을 훈계하고 있다. 이걸 어떻게 이해해야 할까?

'민족의 恨' 근대화로 승화시켰다

●내 무덤에 침을 뱉어라
조갑제 지음
조선일보사·각 8,500원

월간 조선 조갑제(趙甲濟) 편집장이 조선일보에 연재 중인 박정희(朴正熙) 전기 「내 무덤에 침을 뱉어라」가 단행본으로 나왔다. 1차분으로 「초인의 노래」「전쟁과 사랑」「혁명 전야」 3권. 저자가 10여년에 걸친 방대한 취재를 통해 수립한 「근대화·혁명가 박정희」론 서장(序章)이다. 저자는 박정희를 가리켜 『민족의 한(恨)을 자신의 에너지로 승화시켜 근대화로써 그 한을 푼 혁명가였다』고 규정했다.

첫 권 「초인의 노래」는 10.26 현장 중심으로 박정희의 마지막 하루를 다각도로 조명했다. 이 전기는 주인공의 최후에서 막을 열어 그 생애의 극적(劇的) 사실성을 확대했다. 긴박했던 역사의 며칠이 지나면 시인 구상(具常)의 진혼시와 함께 프롤로그가 비장하게 끝난다. 이 전기는 마치 암전(暗轉) 뒤에 다시 새 무대 장치로 막을 여는 연극처럼 주인공의 출생으로 들어가서 연대기순으로 전개된다. 박정희는 모친의 낙태 시도로 인해 자칫 세상의 빛을 보지 못했을 운명이었는데, 그의 출생 1주일전 러시아에서 볼세비키 혁명이 성공했다. 「전쟁과 혁명이 세계를 진동시키는 가운데 어렵게 태어난 한 생명이 한반도와 한민족의 운명을 바꾸는 주인공이 될 지를 누가 짐작이나 했겠는가.」

박정희 전기 序章… 10여년간 취재
주변인물-사전 통해 '입체적 조명'

이 전기는 박정희의 생애를 일직선으로 따라가다가 관련 인물들 증언과 시대사적 사건을 수시로 등장시켜 입체적 박정희 읽기를 시도했다. 저자는 소년 박정희의 시점으로 그의 내면을 포착하기 위해 박정희가 구미보통학교에서 배웠던 교과서를 구해 읽었다. 특히 「국사」 교과서에서 박정희가 얻었을 역사관도 유추해보고, 그의 통학길과 고향 주변을 직접 답사했다. 박정희의 족적을 최대한 밟아본 기록인 셈이다. 심지어 저자는 김재규가 궁정동에서 사용하다가 고장을 일으킨 권총과 같은 종류도 구해 직접 조작해서 그 원인을 규명할 정도였다.

◇조갑제 편집장

둘째 권 「전쟁과 사랑」은 대구사범 시절에서 만주군관학교 장교, 6.25로 이어지는 시대를 다룬다. 저자는 박정희가 대구사범 시절엔 반골 기질과 소박함을 동시에 키웠고, 만주 장교 시절엔 「국가 개조 수단으로서 군대의 역할」을 깨달았다고 요약했다. 6.25는 박정희에게 복권과 아울러 육영수와의 만남을 가져다 주기도 했다.

셋째 권 「혁명 전야」는 1951년부터 5.16 전야까지 다뤘다. 혁명 동지가 될 수많은 인물들과의 만남으로 인해 전기의 가독성이 높아진다. 박정희가 혁명 지도자가 될 수 있었던 인간적 요인을 풀이했다. 저자의 단호한 단문체는 단구(短軀)였지만 강인했던 박정희 이미지를 연상케한다.

<朴海鉉기자·hhpark@chosun.com>

"朴正熙 연구에 생애를 건 趙甲濟 기자의 大河실록, 傳記문학의 새 지평을 열다"?(『조선일보』, 1998년 11월 12일)

자본주의는 보다 공정한 국가적 인간의 이해 아래에 종속되어야 한다.

한마디로 자기 문중 사람들, 봉건잔당 "영남 남인"들이 들고 일어나서 "자본주의"를, 박정희라는 "공정한 국가적 인간"의 이해 아래에 "종속"시켰다는 것이다. 기가 막힐 노릇이다. 이렇게 뒤집어진 근대화 혁명도 있단 말인가?

한국의 근대화 혁명

이어서 그는 말한다.

한국의 자본가 계급과 시민사회의 힘이 임계치에 도달했을 때 이같은

허정훈의 국가주의는 민중에 의해 타도된다.

옳은 말이다. 근데 이렇게 "자본가 계급" "시민사회" "민중"이 "국가주의"를 "타도"하는 정치학적 사건을 이인화는 무엇이라 부를까? 폭동? 사태? 소요? 소동? 난동? 광란? 시위? 데모? 지랄? 이인화. 조갑제. 무식해서 잘 모르는 모양인데, 바로 이런 걸 정치학에서는 "근대화 혁명"이라 부른다. 시민계급이 민중과 연대하여 봉건귀족과 연합한 독재자를 몰아내는 것, 이게 바로 근대화 혁명이다. 못 믿겠으면 정치학 사전을 뒤져보라. 한국 정치학의 대표주자인 최장집 교수는 "6월항쟁이 프랑스 대혁명에 비유될 수 있다면 노동자 대투쟁은 1848년 혁명 (…) 에 비유될 수 있다"라고 말한다. 이건 학계의 상식이다.'

따라서 고전적 정의에 따르면, 한국의 "근대화 혁명"은 4·19에서 시작하여 1979년 박정희의 몰락을 가져온 부마항쟁, 80년 광주항쟁, 87년 6월항쟁으로 이어지는 한국 민중의 민주화운동을 가리킨다. 그러니까 사기 좀 그만 치는 게 좋겠다. 그만큼 뜯어먹었으면 됐지, 더 훔쳐 갈 게 없어 이젠 민중에게서 "근대화 혁명"의 공까지 훔쳐 가겠다는 건가? 그런 뻔뻔한 인간을 전문용어로 생도生盜, 즉 '날도둑놈'이라 부른다.

• 『조선일보』의 우종창 기자에게. 최장집 교수의 이 발언을 문제 삼았죠? 그러는 당신 전공이 대체 뭐예요? 어느 학자가 박정희보고 나폴레옹이래요? 그 정신나간 분 성함 좀 가르쳐 주세요. 조갑제 "학자"예요? 이인화 "학자"예요? 그거 누구한테 배웠어요? 누구한테 들었어요? 『조선일보』가 교수들 대상으로 실시한 설문조사에서 박정희는 순위에도 못 들었죠? 왜 그랬을까요? 박정희가 "근대화 혁명가"라면 어떻게 이런 일이 있을 수 있을까요? 지식인들이 썩어서 그런다구요? 조선조 이래의 못된 "주자학적" 근성을 "유전인자"처럼 간직해온 "암세포"라서 그런다구요? 그래서 『조선일보』가 지식인을 대신해서 아예 학문까지 하려고 결심했나요? 그 머리 가지구요? 잠시 후에 다시 봐요.

02

박정희라는 신화

파시스트 미학

얼마 전 일본에서는 2차대전을 일으킨 전범戰犯 도조 히데끼를 영웅으로 묘사한 영화 〈푸라이도pride〉가 개봉되었다. 포스터를 보고 폭소를 터뜨렸다. 난리가 났다. "아직 투쟁은 끝나지 않았다いまだ闘い、終わらず". 장하다, 니뽄우요꾸日本右翼. '아직 정신은 차리지 않았다いまだ氣、取り直さず.' 어쨌든 이 영화 한 편으로 일본인들은 자기들의 정신연령을 세계만방에 폭로하고야 말았다. 이 해프닝에서 우리는 아인슈타인도 미처 발견하지 못한, E=mc²이라는 공식보다 훨씬 더 중요한, 한 가지 물리학적 진리를 귀납할 수 있다. 즉, 원자폭탄 두 개의 파괴력도 돌대가리를 깨(우치)지는 못한다는 사실이다.

운명의 '인간 도라마'

"알려지지 않은 역사의 국면을 선열鮮烈히 묘사하여 전후 일본의 심

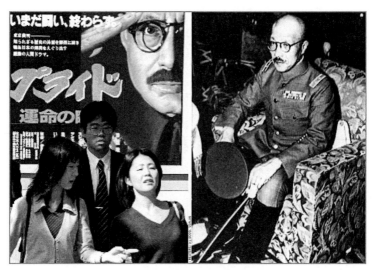

영화 〈푸라이도〉에 관한 『슈피겔』지의 기사: "조국의 자랑. 영화 하나가 도쿄의 애국자들을 열광시키고 외국을 흥분시켰다. 1941년부터 1944년까지 수상이었던 도조 장군, 일본의 패전 이후 전범으로 사형을 선고받아 처형되었던 도조가 비극적 영웅으로 변용(變容)되었다." "국제법상 전시의 살인은 합법이다. 이긴 나라에서는 살인자가 영웅이 된다."(일본의 어느 우익)

연深淵을 끄집어내 보이는 감동의 인간 도라마." 가른 배의 틈으로 비집어 나오는 흉측한 물건처럼, 이 "인간 도라마"는 그야말로 일본 우익의 뱃속에 든 그 추악한 속셈을 날것 그대로 "끄집어내" 보여준다. 이렇게 "인간 도라마" 좋아하는 게 우익들의 미학적 특징이다. 그들은 말한다.

도쿄재판에서 맞서 가장 잘 싸운 이는 도조였다는 것이다. 이것만으로도 도조를 한 사람의 인간으로 그리는 데 충분하다.

도조, 간바레. 영화 〈푸라이도〉의 부제는 "운명의 순간"이다. 왜 극우파들은 이렇게 "운명"을 좋아할까? 이유가 있다. 생각해보라. '누군가 신경에 거슬리는 녀석이 있어 한방 날렸다. 근데 알고보니 그게 핵주먹 마이크 타이슨이었다. 그래서, 에구에구, 그날 난 비 오는 날 먼지 나도록 맞았다.' 이럴 순 없잖은가. 그러므로 이 또라이가 영웅이 되려면, 비 오는 날 먼지가 나리라는 기상학적 변괴를 미리 알고도 "인간의 길"을 갔다고 해야 한다. 이인화의 박정희가 술 먹다 총 맞아 죽을 걸 뻔히 알면서 한강교를 건넜듯이 말이다. 그래야 숭고해진다. 그래야 비극의 주인공이 된다.

  우리의 도조는 죽음을 걸고 고독한 싸움에 힘쓴다.

  장하다, 도조. 한 가지 의문이 남는다. 질 게 뻔한데, 왜 그런 무모한 결정을 내리는 걸까? 이를 설명해주는 게 바로 "운명"이다. '그건 알 수 없는 "운명"의 힘이었다.' 이 논리에는 두 가지 장점이 있다.

  먼저 도조와 같은 전범들은 이로써 "운명"을 피하지 않고 적극적으로 받아들인 비극의 주인공이 될 수가 있다.

  프랑스에서는 알랭 들롱을 '역풍을 향해 눈 하나 깜짝 않고 서 있는 남자'라 한다 들었다. 이 작품에서 도조는 도쿄재판 당시 진실로 역풍을 향해 일어선 불굴의 전사이고 고독하게 싸우는 모습이 멋있다.

  둘째, 동시에 일본인들은 2000만 아시아인을 죽음으로 몰아넣은 그 미친 전쟁의 책임에서 자유로워질 수가 있다. '전쟁, 그것은 운명의

탓이다.'

국제법상 전시의 살인은 합법이다. 이긴 나라에서는 살인자가 영웅이 된다. 그러므로 전쟁이란 것이 더욱 무서운 것이다.

학살의 책임은 전쟁에 있다. 나쁜 것은 전쟁이다. 그 무서운 전쟁을 누가 시작했는가? 물론 '운명'이라는 놈이다. 따라서

지금은 당사자가 아닌 우리에게 전쟁피해에 대해서 용서받을 의무 따위가 존재하지 않는다.

아직까지 사과를 거부하면서, 흉악한 전범들을 야스쿠니 신사에 모셔놓고 떠받드는 일본 우익 멘털리티의 저변에 깔려 있는 건 바로 이 파시스트 운명철학이다.

변태적 유미주의

파시스트 운명철학과 짝을 이루는 게 바로 변태적 유미주의, 즉 죽음의 미학이다. 이 봉건낭만주의는 파시스트 이데올로기 속에서 각별한 역할을 한다. 가령 가미가제神風를 생각해보라. 이들은 자기들이 '왜' 죽어야 하는지 따져보지 않고, 그저 '어떻게' 죽을까만 고민한다. 그렇게 하도록 교육받았다. '내 죽음이 정말 나라를 위한 것인가?' 이런 골치 아픈 고민은 권력을 잡은 우리에게 맡겨 두고, 너희들은 그

저 시키는 대로 '멋있게' 죽기만 해라. 2차대전 당시 일본 군부는 병사들에게 포로가 되느니 차라리 자결을 하라고 강요하면서 이를 '옥쇄玉碎'라는 말로 미화한 바 있다. 죽음의 미학. 여기에는 이렇게 실제의 강요된 죽음을 "순절"로 은폐하는 묘한 효능이 있다.

　대중들에게 그릇된 대의를 위해 목숨을 버리라 선동할 때, 이 변태적 유미주의는 막강한 힘을 발휘한다. 첫째, '죽음의 미학'은 단순무식한 파시스트 대중들을, '내가 목숨을 바치려는 이 대의가 옳은 것인가' 하는 번잡한 내용적 고민에서 해방시켜준다. 둘째, 이 변태적 유미주의의 예술적 형식은 그릇된 이념에 바쳐진 무의미한 개죽음을 숭고한 영웅의 죽음으로 변용시킴으로써, 대중들로 하여금 묘한 미적 도취 상태에서 쉽게 목숨을 내던지게 한다. 셋째, 죽음의 미학은 이 인간 도라마의 또라이 관객들은 물론 이 도라마를 연기하는 또라이 배우들까지도 "감동"시킨다. 즉, 개죽음을 하면서도 온 집안이 두루 감동을 먹는 것이다. 원래 쉽게 감동을 먹는 게 단순무식한 파시스트 또라이들의 특징이다.

　〈푸라이도－운명의 순간〉의 각본을 읽고, 세상에 역풍을 불러일으킬 수 있는 작품이라고 감동했다.

　물론 남들에게 죽으라고 강요했던 그 "패장"들은 정작 삶에 미련이 남았는지 "옥쇄"도 않고 요리조리 말도 안 되는 변명을 늘어놓으며 구차하게 목숨을 구걸하다 결국 교수대에 목이 대롱대롱 걸렸다. 남에게 변태적 낭만주의를 강요한 이 자들의 최후를 보라. 하나도 낭만적이지 않다.

수동성과 적극성

파시스트 운명철학과 변태적 유미주의. 이 두 요소가 국적을 달리하는 모든 파시스트 이데올로기의 국제적 공통성이다. 이 둘 사이엔 밀접한 관련이 있다. 극단적 수동성과 극단적 적극성의 변태적 결합이라 할까. 한편으로 파시즘은 대중들에게 극단적인 수동성을 요구한다. 즉, 정치적 탄압기구를 동원해 대중들의 정치참여와 개인적 의사표현을 가능한 한 억압하는 것이다. 이로써 국가의 모든 중요한 결정(가령 전쟁 결의)에서 대중들의 참여는 배제되고, 이 대중적 합의의 공백 상태에서 독재자와 그 일당들에 의해 국가의 방향과 목적이 설정된다. 파시스트 운명철학은 바로 이 현실을 대중들에게 "운명"으로서, 즉 "인간"의 실존적 조건으로서 받아들이라는 파시스트들의 요구의 철학적 표현이다. '쇼가나이(할 수 없지)…….'

다른 한편, 일단 자기들 마음대로 국가적 목표를 결정하면, 이제 파시스트들은 이 헛된 망상을 실현하기 위해 대중을 동원할 필요가 생기게 된다. 이제 이들은 극단적으로 수동적이었던 대중들에게 극단적 적극성과 자발성을 요구하게 된다. 이를 위해 이들은 신화와 미신을 동원해 자기들의 이데올로기를 종교의 수준으로 신성하게 끌어올리고, 이 "미신"을 믿고 희생하는 자를 "충신절사들"로 찬양하고, 이들의 죽음을 숭고한 아름다움으로 치장함으로써, 대중들의 변태적 死의 충동, 즉 정치적 순교의 충동을 자극한다. 이때 동원되는 것이 바로 파시스트 죽음의 미학이다. 다시 말해 변태적 유미주의는 파시스트 종교예술의 본질적 특징이다. 다음에 거론할 몇 가지 파시스트 미학의 특성들은 모두 이 두 요소와 직·간접적으로 관련이 있다.

예술적 세계관

파시스트의 세계관은 예술적이다. 물론 이들이 고상한 미적 취향("세련된 균형감각")을 가졌다는 얘기가 아니다. 그들의 미적 취향은 유치한 키치의 수준을 넘지 못한다. 파시스트의 세계관이 예술적이라는 얘기는, 그들이 현실과 허구를 마구 넘나든다는 뜻에서다. 물론 '진리'를 위해서가 아니다. 대중들로 하여금 허구를 현실로 착각하게 만들기 위해서다. 파시스트들의 황당한 논리는 논리적으로 정당할 수 있는 성격의 것이 아니다. 이 때문에 이들은 자기들의 세계관을 정당화하는 데 예술적 수단, 즉 허구에 의존하는 경향을 보인다. 가령 조갑제와 이인화의 글을 읽어보라. 만화다. 이들은 자기들의 세계관을 형성하는 데 과학을 이용하지 않고 예술적 상상력을 이용한다.

발터 벤야민은 사회주의 예술과 나치 예술의 차이를 '예술의 정치화'(사회주의 예술)와 '정치의 예술화'(나치 예술)라는 개념으로 설명한다. 적절한 말이다. 사회주의자들의 세계관은 어디까지나 논리적·과학적 작업의 산물이었다. 이들이 예술을 정치의 무기로 만들어 종종 경향예술로 전락시켰다면, 나치는 그 반대다. 나치의 세계관은 과학의 산물이 아니라, 처음부터 신화·전설·미신 등 예술적(?) 상상력의 산물이다. 그들은 외려 과학을, 자기들의 예술적 상상력이 만들어낸 허구를 입증하는 수단으로 만들어버린다. 그들에게는 정치 자체가 하나의 커다란 예술적 사건이다. 말하자면 만화와 무협지를 읽고 구성한 세계관을 가지고 권력을 잡아 이를 현실로 옮기려는 것이다.

물론 파시스트 대중들 역시 예술적이다. 이들 역시 세계관을 형성하는 데에 과학이나 지식에 의존하지 않는다. 이들은 세계관의 공백을 파시스트가 쓴 역사소설이나 전쟁소설 따위로 메운다. 당연한 일이다. 이론은 복잡하나 소설은 간단하고, 이론은 딱딱하나 이야기는 물렁물렁하고, 이론은 냉정하나 소설은 뜨거운 감동을 주지 않는가. 조갑제의 말이다.

서구의 빛나는 이성과 합리보다는 그늘진 감성과 정감 / 과학과 수학보다는 문학과 예술이 더 어울리는 분위기

이렇게 국민들의 "이성과 합리"성을 무장해제시켜 놓고, 이들은 자기들이 멋대로 만들어낸 그 만화 같은 허구를 가지고 "민심"을 사로잡으려 한다. 조갑제의 말이다.

민심을 잡는다는 것은 차가운 이성에 호소하여 명석한 논리로써 그들의 협조를 끌어낸다는 뜻이 아니다. 인간의 살아 꿈틀거리는 열정과 정의감과 애국심과 사명감과 인정을 사로잡는다는 뜻이다. 몽골족을 비롯한 아시아인에게 정情과 심心이 중요

영웅주의

〈승리의 천재〉, 아돌프 밤퍼, 대(大)독일전, 1940. "박정희 같은 민족사의 1류 지식인 (…) 1류와 2류의 가장 큰 차이는 전쟁의 본질에 대한 이해 여부다. 특히 무력 대치의 분단국가에서 지식인 노릇을 하겠다는 사람은 모국어처럼 전쟁을 알아야 한다."(조갑제)

파시스트 예술은 영웅을 좋아한다. 그들의 예술적 형식이 복고풍인 것은 이와 관련이 있다. 말하자면 아직도 영웅들이 할 일이 있었던 과거로 돌아가다 보니, 형식이 저절로 복고풍을 띠게 되는 것이다. 이인화는 제 소설이 "동아시아의 서사적 전통"을 지향한다고 한다. 하지만 그의 소설 형식이 지향하는 것은 실은 19세기 유럽이다. 왜? 19세기는 낭만주의 시대, 즉 영웅의 시대였기 때문이다. 나치 예술 역시 한 세기를 거슬러 19세기에 유행했던 신고전주의 혹은 낭만주의적 양식으로 돌아가는 경향을 보였다. 파시스트 예술의 특징인 이 양식적 퇴행성은 그들의 정치적 반동성의 예술적 반영일 뿐이다.

나치는 19세기 낭만주의를 제멋대로 왜곡했다. 이인화도 마찬가지다. 가령 19세기에 영웅으로 꼽히던 사람들은 근대화 혁명가들이었다. 베토벤은 외국인인 나폴레옹에게 '영웅'을 헌정했고, 헤겔은 제 조국의 침략자에게서 "절대정신"을 보았다. 프랑스혁명은 민족적 경계를

넘어 전인류의 진보를 위한 것
이라 믿었기 때문이다. 물론 광
신적 민족주의자인 나치에게 이
는 있을 수 없는 일이다. 19세기
에서 영웅주의를 빌어갈 때, 그
들은 이 진보적 내용은 슬그머
니 생략한다. 그들에게 중요한
건 민족의 지도자를 찬양하는
데에 써먹을 영웅숭배의 형식뿐
이니까.

베를린에 있는 자기 아틀리에서 헤르만 파겔스. "그는 사
후 지식인들로부터 뭇매를 맞았으나 서민들의 인정 속에서
는 항상 살아 있었다."(조갑제)

공격적 신화

나치 예술은 과학과 미신을
교묘하게 섞어 공격적인 신화를 만들어낸다. 그들은 '북방민족의 신
화'라는 것을 믿었다. 말하자면 옛날 유럽에는 우수한 혈통을 가진 북
방민족이 살았다. 이들이 게르만 민족의 선조인데, 이들이 그 유명한
아틀란티스 문명을 건설했으며, 영국에 있는 스톤 헨지를 만든 것도
이들이다. 어쩌면 세계의 모든 문명은 이 우수한 혈통을 가진 북방민
족의 작품일지도 모른다. 이런 만화 같은 '가설'을 입증하기 위해 그
들은 인류학자를 티벳에까지 파견했다. 이렇게 그들은 과학을 신화의
시녀로 부려먹는다. 이들이 '북방민족' 운운하는 것은 물론 이 우수한
민족의 혈통을 이어받은 게르만족이 전세계를 정복, 지배할 권리가

있다고 말하기 위해서다.

얼마 전 『조선일보』가 전자실명제를 실시했다. 그런데 조갑제 ID가 뭔지 아는가? 'mongol'이란다. 이걸 보고 나는 배꼽을 잡고 웃었다. 우리의 용감한 몽골 전사 조갑제 역시 "북방기마민족"의 신화를 떠들고 있다. 여기서 나치 철학자의 말을 인용해보자. "우리 민족이 고대에 가졌던 영웅적인 힘이 다시 깨어났고(…)". 역사 책 뒤져 이런 거 찾아 되살리려는 게 바로 파시스트들의 특징이다. 조갑제의 북방민족의 신화 역시 제국주의적 공격성을 띠고 있다.

〈보복〉, 아르노 브레커, 대독일전, 1943. "그것이 바로 살아남은 자들의 복수심이 만든 반공이었으며……"(이인화) "무슨 일이건 좋으니까 공산당 때려잡는 일만 맡겨 주십시오. 생명을 아끼지 않겠습니다. 공산당놈들에게 복수할 곳만 정해주십시오."(김창룡)

이런 생각은 '나만은 무사할 것'이라는 자신감으로 변하고 어떤 모험도 감수하려는 공격적인 태도를 갖게 한다.

그는 동구권에 진출한 몽골족의 산업전사들이 "타민족"을 어떻게 "다루어"야 할지 가르쳐준다.

몽골족처럼 소수의 인원으로 다수를 꼼짝 못하게 끌고 가는 노하우를 오래 쌓은 사람들 / 그들은 전장의 무자비성과 통치시의 관용과 개방으로 타민족을 다루어 갔다. 그런 경험은 전쟁과 식민통치를 통해 얻은 것이다.

신화는 파시스트들의 '세계관의 그림'이다. 그들의 세계관은 냉철한 과학적 연구를 바탕으로 한 게 아니다. 단지 파시스트 대중의 집단적 광기, 편견과 증오심, 야수적 공격본능을 체계화한 것에 불과하다.

민족형식

파시스트들은 모든 민족에게 자기 고유의 예술형식이 있다고 믿는다. 이들은 자기들이 좋아하는 특정한 양식을 민족 고유 양식으로 설정해놓고, 여기서 벗어나는 건 '퇴폐적'이라든지 '불순'하다고 매도한다. 나치 역시 예술양식이 인종마다 달라지며, 모든 민족은 자기 민족에 고유한 주제를 갖는다고 믿었다. 여기서 아리아 인종 고유의 예술양식이란 물론 앞에서 본 신화와 영웅서사시라는 형식을, 아리아 인종의 주제란 역사와 전쟁과 지도자 찬양이라는 내용을 가리킨다. 그렇다고 이들이 민족형식을 창출하느냐 하면 그렇지도 않다. 대개 낡은 낭만주의 혹은 신고전주의 양식으로 되돌아가기 마련이다.

파시스트들에게 예술은 개인의 미적 취향을 위한 것이 아니다. 그들에게 예술은 집단적 현상, 국가이념을 주입하기 위한 수단이다. 그리하여 그들은 그런 유의 프로파간다 예술을 '국민예술'로 치켜세운

〈헤르만 괴링의 제작공장 고열용광로〉, 프란츠 게어빈, 1940. "각하 제가 그리고 싶은 그림은 따로 있습니다. 숙명적인 가난과 보릿고개를 넘겨주시고 조국 근대화를 이룩하신 위대한 업적을 작품으로 남기고 싶습니다."(정 화백)

다. 이인화가 "국민문학" 어쩌구 하는 것도 이 때문이다. 그는 소위 "동아시아의 서사적 전통"이라는 것을 선전한다. 거기에 대한 진형준의 평이다.

『인간의 길』은 우리가 익숙해 있는 서구적 소설문법에 입각한 '소설의 내적 구성의 인과성, 필연성'을 넘어서서, 또 다른 구성적 필연성이 가능함을 우리에게 보여준다.

왜 그는 "서구적 소설문법"을 넘어서야 했을까? 물론 그 "인과성, 필연성"을 다 지키다가는 사실을 왜곡하는 데에 상당히 지장이 있기 때문이다. 그래서 그들은 서구와는 "다른 구성적 필연성", 즉 무협지나 만화적 구성을 사용하게 된다. 이인화가 목청을 높여 부르짖는 그 "동아시아 문학론"은 멀리는 나치의 국수주의 예술론, 그리고 가깝게는 "아시아적 서사"를 떠들었던 미시마 유키오의 복사판일 뿐이다.

이런 국수주의 미학을 비판하면, 이들은 이를 "서구문화의 주변화 책략"이라 몰아붙인다. 말하자면 거기에는 귀축영미鬼畜英美의 음모가 도사리고 있다는 것이다. 나치도 그랬다. 나치도 나치 예술 이외의 예술에는 유태주의(=볼셰비즘)의 음모가 도사리고 있다고 주장했다. 우리 나라에서도 까딱하면 나치식의 국수주의 예술이 나올 뻔했다. 언젠가 박정희는 어느 화가에게 이렇게 물었다 한다.

왜 정 화백은 민족기록화를 그리지 않습니까?

여기서 박정희의 교양 수준과 미적 취향이 드러난다. 그 화가가 정말 "민족기록화"를 그렸다면 아마 그건 전쟁을 주제로 한 그림, 즉 김유신·이순신·박정희가 외적外敵과 신나게 싸우는 그림이었을 게다. 어쨌든 그 화가 왈.

각하, 제가 그리고 싶은 그림은 따로 있습니다. 숙명적인 가난과 보릿고개를 넘겨주시고 조국 근대화를 이룩하신 위대한 업적을 작품으로 남기고 싶습니다.

〈마리엔부르크에서의 맹렬한 공격〉, 베르너 파이너, 대독일전, 1940. "왜 정 화백은 민족기록화를 그리지 않습니까?"(박정희)

당연하다. 역사화나 전쟁화와 함께 나치 화가들도 히틀러의 위대한 업적을 작품으로 남겼으니까. 이 화가가 정말 그 "위대한 업적"을 작품으로 남겼다면, 아마 볼 만할 거다. 나치의 그림을 보면 대충 그게 어떤 모습일지 감이 잡힐 거다. 우리의 "실천하는 국가주의자" 조갑제는 신이 나서 이 이야기를 인용한다. 이 자들이 권력을 잡으면 예술에 무슨 짓을 저지를지 짐작할 수 있다.

역사화와 전쟁화

파시스트 예술의 제재는 과거를, 즉 역사를 지향한다. 특히 "위대한" 전쟁이 있었던 시절이야말로 파시스트 예술이 편안함을 느끼는 지점이다. 역사는 영웅이 움직이고, 영웅은 군인적 유형이고, 따라서 이 영웅들이 세계를 움직이느라 바빴던 시절, 즉 과거의 전쟁이야말로 파시스트 예술의 영웅주의가 진가를 발휘할 수 있는 유일한 영역이기 때문이다. 『조선일보』, 『월간조선』에 자주 나오는 그리스·로마의 영웅담은 대개 전쟁을 준비하고, 전쟁에 나가서, 전쟁에 이기거나 지는 내용이다. 이 모든 것으로 그들이 노리는 것은 단 한 가지, 즉 전투 태세Wehrgedanken 고취다. 즉 군기가 빠진 국민들을 "군대의 정신"으로 무장시킴으로써, 다시 국민들을 "인간"으로 만들겠다는 것이다.

〈戰士〉, 루돌프 리푸스, 대독일전, 1943. "굴욕적인 평화를 선택하여 나라를 내준 조선인과 전쟁을 결단하여 통일국가를 만든 신라인, 수백 년 뒤의 대한민국인은 그 사이 어디쯤 위치하게 될 것인가."(조갑제)

대한민국 파시스트들도 마찬가지다. 그들의 주요 주제 역시 전쟁과 역사다. 이인화의 자랑을 들어보자. 그 역시 소설을 가지고 전쟁을 만나러 간다.

박정희 3부작의 제1부를 이루는 『인간의 길』은 6·25전쟁의 인간학적 탐구이며, 6·25전쟁에 대한 서사적 해명이다. / 인간 박정희의 운명이 태동된 최초의 모태 공간으로 내려갔다. 거기서 작가가 만난 것은 바로 전쟁이었다.

이어서 역사. 가령 이인화의 『영원한 제국』을 생각해보라. 이들이 지금 역사소설을 통해 우리의 민족정기를 세우고 있다고 믿으면 정말 바보다. 파시스트들이 '역사'에 관심을 갖는 건 학문적 동기에서가 아니다. 그 바탕에는 시커먼 정치적 속셈이 깔려 있다. 이인화, 조갑제도 마찬가지다. 이들은 우리의 민족사를 윤간하고 있다. 일본 우익의 식민사관으로 우리의 민족사를 제멋대로 주무른다. 왜? 민족사를 자기들 취향대로 재단해서 자기들 것으로 만든 후, 이를 가지고 자기들이 역사적 정통성을 가진 민족사의 계승자라고 주장하기 위해서다.

〈고대 전차를 모는 말〉, 요제프 바케얼레, 제3제국 스포츠광장, 베를린, 1936. "기념물의 규모와 천재의 숫자는 비례하는 것이 아닐까?"(조갑제)

기념적 성격

파시스트 예술은 기념적 성격을 띤다. 그들의 세계관에 걸맞게 영웅을 기리는 데에 예술의 사명이 있기 때문이다. 파시스트 신화와 영웅서사시의 미학적 특성은 그 기념적 성격에 조응하는 숭고와 비장미로 포착할 수 있다. 숭고는 무엇보다도 일상적 '크기'를 넘어서는 데에 있다. 이 때문에 파시스트 예술은 과도한 것das Excessive, 혹은 일상적 척도를 넘어서는 거대함das berdimensionale을 추구한다. 그리하여 나치가 정권을 잡았을 때에는 독일 전역에 거대한 규모의 기념물들이 들어서기 시작했다.

황소가 되고 싶은 개구리. 이게 파시스트의 특징이다. 한국의 파시스트들도 마찬가지다. 가령 조갑제의 말을 들어보자.

> 잠실의 올림픽 주경기장을 내려다보는 언덕에 세워진 올림픽 기념탑이 너무나 작고 초라하다. (…) 서울 올림픽공원의 정문 설계도가 발표되었을 때 너무 크다는 일부 언론과 여론의 압력에 못 이겨 축소해서 만든 것을 후회하던

이어서 그는 묻는다.

> 기념물의 규모와 천재의 숫자는 비례하는 것이 아닐까?

거대함과 과도함의 추구. 이게 파시스트 신화의 미학적 특징이다. 건축에서만이 아니다. 가령 이인화가 박정희 개구리의 항문에 호스를 꼽고 '헉헉' 뿜뿌질을 할 때, 그 바탕에도 바로 이런 정치적 과대망상증이 깔려 있다. "인간이면서 인간을 넘어서는 인간의 길을 걸었던 인물" 검은 썬글라스 낀 참개구리를, 개구리이면서 개구리를 넘어서

는 개구리의 길을 걸었던 거대한 수퍼개구리, 살모사 잡아먹는 황소
개구리로 만들려는 개구리만도 못한 맹꽁이 같은 발상.

이상적 인간미

신화 속에 살았던 나치들에게 중요한 것은 현실의 인간이 아니라,
이상적 인간이었다. 새로운 나치적 인간형을 창출하는 것이 이들이
말하는 '혁명'의 목표였다. 이인화의 생각도 마찬가지다. 그에게 중요
한 것은 자본주의가 가져온 물질적 번영 그 자체가 아니다. 그는 "자
본주의는 새로운 시대의 (…) 종복으로서 기능해야 한다"고 말하면서,
박정희 혁명의 목표를 이렇게 밝힌다.

새로운 문화적 번영과 바람직한 인간형을 창출

나치가 말하는 이상적 인간형, 이인화가 말하는 "바람직한 인간형"
은 다음과 같다. 그것은 "인간에 대한 따뜻한 사랑" "세련된 균형감각"
"폭넓은 지식의 수용" 없이 "힘과 의지"만 가진 인간, "가치판단"을 하
기에 앞서 일단 "확신"부터 하는 인간, 그리고 모든 문제를 "군대에 의
한 실력 해결주의"로 처리하는 그런 인간, 즉 군인적 유형의 인간이
다. 이 이상에 걸맞게 나치 예술에 등장하는 이상적 인간형은 몸에
근육이 덕지덕지 붙은 고대의 전사戰士다.
『조선일보』에 연재된 「플루타크 영웅열전」에 나오는 "바람직한 인
간형"은 전시를 대비하여 항상 자기 몸을 단련시키기를 게을리하지

않았던 젊은이들('체력은 국력'), 멍청하다는 점만 빼면 나무랄 데 없는 이 애국청년들이 바로 파시스트 예술에 등장하는 인간의 이상이었다. 나치는 "머리만 크고 몸이 없는 괴물"과 같은 이론적 인간들, 요컨대 지식인들을 혐오했다. 그들의 인간적 이상은 물론 머리가 텅 빈 근육질의 인간이었다. 여기서 인간교육에서 지성보다 신체의 발달을 강조하는 나치의 스포츠 철학이 나온다.

박정희가 사범학교 시절 "학업에서는 바닥을 기고 체육과 군사훈련"에만 열중했던 건 우연이 아니다. 파시스트들이 이렇게 신체를 강조하는 건 물론 국민 개개인의 건강을 생각해서가 아니다. '체력=전투력=국력'이라는 국가주의적 목표를 위해서다. "실천하는 국가주의"자 조갑제는 이렇게 말한다.

〈전우애〉, 요제프 토락, 1937. 파시스트의 남성적 이상형, 몸 튼튼 간 퉁퉁 머리 텅텅. "그 배고프던 시기에 소년들 사이에서 유행했던 스포츠는 역도, 평행봉, 아령 같은 주로 힘을 겨루는 것이었다." "한국인이 가진 비교우위는 기술도 아니고 지성도 아니고 교양은 더더구나 아니다."(조갑제)

(몽골족이) 5대륙에 다 진출한 이런 진취성의 힘의 배경은 무엇인가.

〈어머니와 아이〉, 카를 디비취. "영웅을 만드는 것은 훌륭한 어머니이다."(조갑제)

말에 의한 기동성 이외에 이 종족의 강인한 체력도 한 몫을 했을 것이다.

조갑제는 어린 시절 "영양실조에 걸려 (…) 바짝 말라 있던" 소년들 사이에서 "역도, 평행봉, 아령 같은 힘을 겨루는" 스포츠가 "유행"했던 것을 아직도 복받쳐 오르는 감격과 함께 기억한다. 그게 다 "투지의 한국인"을 만든 바탕, 즉 국력이었다는 거다.

이게 파시스트들의 이상적 남성男性의 상이라면, 그들의 이상적 여성상은 생물학적이다. 파시스트들에게 이상적 여인은 '자연과 결부된' 여인, 즉 자연법칙에 맞게 강자인 남성에게 복종하고 생물학적 특성에 충실하게 집에서 가사를 돌보며 애를 낳아서 키우는 여인이었다. 파시스트 예술에 등장하는 여인은 수동적이며 순종적인 특성을 보이며, 사회적 특성보다는 생물학적 특성이 강조된다. 파시스트에게는 '사명' 빼면 아무것도 없다. 그들이 남자에게 '태어나'기 전부터 일률적으로 '민족중흥의 역사적 사명'을 떠맡긴다면, 여성에게는 이처럼 민족을 중흥시킬 인물을 낳아서 키울 생물학적 사명을 뒤집어씌운다. 이 작업은 지금 이문열이 하고 있다. 조갑제의 "법칙".

영웅을 만드는 것은 훌륭한 어머니이다.

키치적 성격

파시스트 예술은 키치적 성격을 띤다. 여기에는 크게 두 가지 원인이 있다.

첫째는, 파시스트 예술의 형식이 과거로의 퇴행적 성격을 띠는 것과 관련이 있다. 파시스트 예술은 그 영웅주의적 내용에 걸맞게 19세기 낭만주의에서 그 형식을 빌어 온다. 하지만 19세기에 고급예술의 특성을 이루었던 낭만주의적 감성은 20세기에 이르면 3류 대중예술로 그 자리를 옮긴다. 닳고 닳은 냉철한 현대인들에게 낭만주의적 수사학과 과장된 감정 표출은 그저 촌스럽게 느껴질 뿐, 더 이상 아무 감동도 주지 못한다. 물론 "무지몽매"한 파시스트들의 감성은 그 정도면 감동을 먹기에 충분하다. 이인화의 문체가 무협지나 신파극, 혹은 무성영화 시대의 변사의 말투를 연상시키는 것은 이와 관련이 있다.

둘째는, 파시스트의 반反지식인적 성격과 관련이 있다. 이들은 나약한 지식인을 혐오한다. 지식인 사회의 분위기가 어떤지 정진홍이 잘 전해준다. "한국의 지식인 사회에서 『조선일보』를 옹호하는 것은 미련한 일임에 틀림없다." 분위기가 이 지경이니, 이인화의 『인간의 길』이 지식인 사회에선 좋은 평을 받기 글렀다. 여기서 그들은 지식인 사회의 평가를 제쳐놓고 직접 대중의 특정 부분, 즉 자기들만큼 명청한 자들에게 호소하는 전술을 택한다. 그러니 당연히 키치적 성격을 띨 수밖에. 조갑제의 말을 들어보자.

오라니엔부르크의 지식인 강제수용소. "박정희는 (…) 지식인들의 몽상적인 민족주의와 결연히 투쟁했다."(이인화) "그의 민주화 세력에 대한 생각은 제거나 말살이 아니라 '한번 혼내준다'는 것이었다."(조갑제)

그는 사후 지식인들로부터 뭇매를 맞았으나 서민들의 인정 속에서는 항상 살아 있었다.

『상상』지가 주장하는 "문학대중화론"의 본질이 바로 여기에 있다. 이인화는 이걸 포스트모던의 대중문화론으로 뻥끼를 치는데, 여기에 속으면 안 된다.

이른바 '동아시아 문화 제대로 보기' 작업을 통해 우리의 대중문화에 대한 폄하의 이면에 서구문화의 주변화 책략이 숨어 있다고 보고 대중성과 전통성을 상관관계 속에서 거론하면서 한마디로 "전통"을 이용해 봉건 파시스트 이데올로기를 "대중"적 스타일로 감싸서 팔아먹겠다는 얘기다. 그리고 그 전범典範이 되는 이문열의 『선택』, 이인화의 『인간의 길』 같은 소설을 "폄하"하는 건 "서구문화의 주변화 책략", 즉 서구 제국주의의 앞잡이 노릇이라는 것이다. 이미 나치가 수십 년 전에 다 써먹었던 수법이다.

이인화는 자기가 "동아시아의

〈지도자의 말씀〉, 파울 마티아스 파두아, 대독일전, 1937. 이인화가 인용하는 지도자의 말씀: "지도자의 외침을 귀담아 듣지 않고 사리사욕을 앞세우는 무리는 없는가? 역사의 방관자가 되어 뒷공론만 일삼는 자는 없는가?"

서사적 전통"에 서 있다고 한다. 하지만 이인화가 계승한 전통은 사실은 서구의 낭만주의, 아니 그것을 정치학적으로 악용한 20세기 나치의 변태적 낭만주의의 전통이다. 결국 이인화와 그 일당들의 반反서구주의는 실은 서구의 모든 전통에 대한 반대가 아니다. 그들도 필요하면 서구에서 아무 거나 잘도 갖다 쓴다. 이들이 반대하는 것은 어떤 특정한 전통, 즉 서구문화의 민주주의적·휴머니즘적 전통이다.

1차대전이 끝나고 10년쯤 지났을 때의 일이다. 독일의 『조선일보』들이 갑자기 영웅주의를 선전하기 시작했다. 이것이 얼마 후에 유럽 전체를 뒤덮을 전쟁의 서곡이라는 것을 아는 사람은 아무도 없었다. 이 시기에 이상한 소설이 한 권 발표된다. 이인화의 "국민문학" 비슷한 소설인데, 이 변태적 취향의 소설은 10년 뒤 나치 독일의 국민들이 보여줄 집단적 광기를 예언하고 있었다. 당시 독일은 제1차 세계대전의 패전과 함께 권위주의적인 독일제국이 해체되고 최초의 공화국, 바이마르 공화국의 시대를 맞고 있었다. 때는 마침 공황의 시기였다. 오랫동안 보수주의에 길들여져 있던 국민들은 민주주의를 참을 수 없었던지, 얼마 후 민주주의가 가져온 이 모든 혼란에 종지부를 찍고 질서와 안정과 번영을 가져다줄 위대한 지도자Führer에게 전권을 맡기게 된다.

닥쳐온 경제 위기. 이제 막 시작한 민주주의. 그리고 국민문학. 『인간의 길』, 『무궁화꽃이 피었습니다』, 『내 무덤에 침을 뱉어라』, 「플루타크 영웅열전」, 「몽골벨트」, 『선택』. 새로운 "지도자"의 등장을 예고하는 것일까?

Sieg Heil!

구리 박정희

이 충무공 정신은 화랑도의 이조적 중흥이다. 신라 때부터 호국, 민족정신으로 꿋꿋하게 전승되어 온 화랑도가 한때 문약에 빠져 시들어오다가 임진왜란을 맞이하여 그 정신이 다시 한 번 꽃핀 것이다. 화랑국선을 이조에서 찾는다면 이 충무공이다.

박정희의 말이다. 그 옛날 전국 국민학교 교정에 "반공소년" 이승복 어린이와 나란히 이순신 장군의 동상이 무더기로 세워져야 했던 건, 이 말 한마디 때문이었다.＊ 대체 국민학교 교정의 구리 이순신은 왜 거기 서 있게 되었을까? 또 거기 우두커니 서서 우리에게 무슨 말을 하고 싶었을까?

＊이승복과 이순신, 이 두 개의 동상은 바로 박정희 파쇼 정권의 상징이다. 여기서 이승복 동상은 파시스트들의 광신적 반공주의를, 이순신 동상은 역사를 제 멋대로 각색해서 만든 파시스트 국가주의 이념을 상징한다. 즉 이승복 동상은 천진난만한 어린아이들한테 입이 찢어져도 "공산당이 싫어요"라고 외치라 가르치는 파시스트 광신의 상징, 이순신은 박정희가 민족의 태양이라고 가르치는 파시스트 국가주의 이념의 상징이다. 이 동상들을 국민학교에 세워 놓았다. 뭐 하는 짓들인가.

구리 이순신

이 해프닝의 기원을 찾아 올라가면, 우리는 몇십년 전 식민지 조선의 경상도 땅에 도달하게 된다. 거기에 한 소년이 살고 있었다. 위인전과 영웅전을 좋아하던 이 소년은 신문에서도 꼭 영웅전만 골라 읽었다. 당시 신문에는 춘원 이광수의 소설 「이순신」이 연재되고 있었는데, 이런 내용이었단다.

> 이광수가 이 소설에서 진정으로 그리고 싶어했던 것은 왜적과 용감하게 싸우는 이순신이 아니라 문약하고 시기심 많은 선비 정치인들에 의하여 당하고 마는 비극적 군인이었다.

즉, 조선왕조를 "문약"한 "문민정권"이라 비웃었던 일제의 식민사관을 바탕으로 한, 문제가 많은 이순신전傳이었다는 얘기다. 게다가 역사소설도 어디까지나 소설, 즉 허구에 지나지 않는다. 하지만 지능 발달이 늦은 어린아이들은 허구와 현실을 잘 구별하지 못하는 경향이 있다. 그리하여 이 소설을 읽은

> 박정희는 나중에 이순신과 조선조 지배층에 대하여 이광수와 비슷한 생각을 갖게 된다.

그렇게 살던 이 소년은 후에 쿠데타로 정권을 찬탈한다. 물론 여기에 반발이 없을 수 없었다. 그 반발은 대개 군부독재를 결사반대하는

지식인들로부터 나오는 것이었다. 물론 이 소년은 자기가 하는 일은 모두 옳고, 자기에 반대하는 사람들의 생각은 모두 그르다고 확신하고 있었다. 이런 상황 속에서 그를 위로해주었던 건 그가 어린 시절에 읽었던 이광수의 소설이었다.

　　문약하고 시기심 많은 선비 정치인들에 의하여 당하고 마는 비극적 군인

　어른이 되어도 여전히 위인전과 영웅전을 즐겼던 이 소년. 그에게 신문연재소설 속의 "비극적 군인"은 마치 자신을 가리키는 것 같았다. "문약하고 시기심 많은 선비 정치인들에 의하여 당하고 마는" 이순신. 문약하고 시기심 많은 야당 및 재야 지식인들에게 온갖 비난과 모함을 받는 비극적 군인 박정희. 어쩌면 이렇게 똑같을까? 어린이 특유의 왕성한 모방충동의 발동으로 소년은 이제 자신을 이순신과 동일시하게 된다. 이로써 이순신은 소년의 alter ego, 즉 자기 자신의 다른 모습이 되었던 것이다.

　자기 위인전을 간행할 때도 그는 alter ego에 대한 배려를 잊지 않았다. 그리하여 '이순신 전기'는 간행되었다. 이때 나온 '이순신전'은 객관적이며 과학적으로 쓰여진 게 아니라 다분히 허구적이었다. 당연하다. 영웅전을 좋아하는 주문자의 취향에 맞추어 "영웅주의"로 채색이 되었기 때문이다. 역사적 사실과 허구와 과장이 마구 뒤섞여버리자, 인간 이순신은 졸지에 인간을 넘어선 신적 존재, 그냥 "영웅"도 아닌, 신성한 영웅 "성웅"이 된다. 이때쯤 전국의 국민학교 교정에는 급조

한 구리 이순신이 여기 저기 세워지고, 스피커에서는 성웅을 찬양하는 노래가 흘러나와 아이들이 뛰노는 운동장에 울려 퍼졌다. 거북선 앞세우고 호령하는 그의 모습……♪

구리 이순신은 정말 제 발 밑에 조그만 구리 거북선을 앞세우고 호령하고 있었다. 그는 지나가는 아이들에게 자기처럼 국가에 충성하고 부모에 효도하라고 설교했다. 영웅주의로 채색된 구리 이순신은 자기 혼자서 모든 왜적을 물리치고 위기에 빠진 나라를 구했다고 자랑했다. 명나라 군대는 와서 쌀만 축냈고, 조정에서는 놀고 있었으며, 원균은 자기를 모함하기만 했고, 왜적은 자기 혼자서 다 무찔렀다고. 그리고 간신들의 모함을 받아 백의종군하던 시절을 회상하는 대목에선, 원통했던 나머지 자제심을 잃고 자기를 모함한 "문약하고 시기심 많은 선비 정치인들"에게 무한한 분노를 터뜨려댔다.

이순신전을 덮으면, 책 밖엔 박정희 장군이 서 있었다. 국가와 민족을 위해 밤잠을 설치고, 강력한 지도력으로 북괴의 도발을 저지하면서, 오직 조국 근대화 하나만을 위해 달리고 있는 민족의 영웅. 그는 도탄에 빠진 이 나라를 구할 수 있는 것은 오직 자기뿐이라고 말했다. 미국은 쓸데없는 참견이나 하고, 정치인들은 모두 놀고 있으며, 철없는 학생들은 위대한 장군을 모함하기만 하고, 경제는 자기 혼자서 다 발전시키고 있다고. 야당과 학생들이 데모를 하거나 누군가 자신을 깎아내리는 것을 볼 때마다, 그는 "문약하고 시기심 많은 선비 정치인들"에게 무한한 증오와 경멸의 말을 퍼부었다. 그리고 우리들은? 우리가 뭘 알았겠는가. 우리는 그저 열심히 노래나 불렀다.

보라, 우리 눈 앞에 떠오르는 그의 모습
거북선 앞세우고 호령하는 그의 위풍

그럼 우리 눈 앞에선 정말로 푸른 바다 위의 거북
선이 입에서 불을 뿜고, 우리의 성웅이 2미터 길이의
긴 칼을 휘두르며 적선을 향해 용감하게 돌진했다.
부서지는 적선, 바다에 빠져 아우성치는 왜적들. 근
데 여러분, 혹시 그 노래에 이런 구절 나오는 거 아세
요? 충무공, 오 충무공 ♬

민족의 태양이시여*

구리 박정희

나치가 베토벤을 자기편으로 만들었던 것처럼, 박
정희는 이렇게 이순신을 자기편으로 끌어들이려 했
다. 그리고 20년이 넘게 흘렀다. 그때의 일이 까마득
히 잊혀져 가고 있었는데, 느닷없이 다시 그 시절을
생각나게 해주는 사람들이 있다. 우익 소아병 환자
들. 25년 전에 박정희가 써먹었던 수법을 이용해, 지
금 구리 박정희를 만들고 있다.

•『시사저널』에서 인용
한다. 얼마 전 창작 오
페라 〈이순신〉이 아산
현충사에서 막을 올렸
다고 한다. 그런데 "초
등학교 바른생활 교과
서 같다는 평 (…) 원균
장군은 희대의 간신으
로 묘사 (…) 대단원인
3막 3장에 이르러서는
거의 절반을 영웅찬가
로 일관 (…) 라스트 신
에서 명나라 장수 첸린
은 (…) 스물일곱 차례
나 이순신 찬가를 불렀
다." 이어령 씨는 "이제
까지 이순신 장군의 삶
을 극화한 작품들이 실
패한 이유가 그를 너무
영웅적인 인물로만 묘
사한 데 있었다"고 말했
다 한다. 그런데 이 작
품 역시 "이순신의 영
웅적 면모만 더욱 강조"
하다가 끝났다는 거다.
결국 오페라 〈이순신〉
은 박정희가 만들어 세
운 구리 이순신이었다
는 얘기다. 아직 우리
사회는 죽은 박정희가
드리운 그늘에서 벗어
나지 못했나 보다. 박정
희, 오 박정희, 햇볕은
쨍쨍, 민족의 햇님이시
여 ♬.

이순신을 우리 역사 속에서 재발견한 사람은 실학의 후원자 정조였다.

정조는 (…) 교서관에 전담부서를 두어 (…) 『이충무공전서』를 간행시켰다. (…) 정조와 이광수를 이어받아 이순신을 '민족의 태양'으로 추켜올린 것이 박정희였다.

왜 이들은 이순신을 "민족의 태양"으로 "추켜올"리는가? 심오한 이유가 있다. 조갑제의 말이다.

김유신-이순신-정조-박정희로 이어지는 우리 민족사의 한 맥

박정희=정조=이순신=김유신. 난리가 났다. 박정희가 이순신이며, 정조대왕이며, 김유신이라는 거다. 여기서 '박정희=정조'는 이인화가 『영원한 제국』에서 구렁이 담 넘어가듯 증명했고, '박정희=이순신'은 박정희 자신과 그 똘마니들이 일사천리로 해치웠고, '박정희=김유신'은 화랑도 얘기하던 박정희가 시작한 일을 지금 조갑제가 물려받았다. 박정희의 말이다.

화랑국선을 이조에서 찾는다면 이 충무공이다.

물론 대한민국에서 찾는다면 자기 자신이라는 얘기다. 조갑제의 말이다.

박정희는 이순신의 구국정신과 신라의 무사도를 "우리 국민정신의 귀감"으로 삼아야 (…) (이것이) 국가 근대화의 이념적 뿌리 여기서 박정희가 말하는 "이순신의 구국정신"이란 앞에서 본 것처럼 일제의 식민사관에 그 뿌리를 두고 있다. 그것은 조선왕조를 "문약한" "문민정부"라 비웃었던 일본 사무라이의 취향을 반영한 왜곡된 역사서술에서 비롯된 것이다. 문약하고 무능한 사색당파 조선의 문민정권 대對 무를 숭상하는 전능하고 탕탕평평 공평무사한 일본의 무신정권. 둘째, "신라의 무사도"란 것도 실은 민족전통이 아니라 박정희가 일본육사에서 "발견"한 것이다.("박정희는 일본육사에서 무사도 정신의 정수를 발견했다.") 이 파시스트 군인정신을 나중에 슬쩍 화랑도로 바꿔치기 한 거다. 사실

동양 3국에서 가장 오래된 무사단은 (…) 신라 화랑도였다.

조갑제의 변명. "어느 나라든 무사도의 본질"은 똑같지 않은가. 군인정신은 예나 지금이나, 그리고 나치든, 일제 관동군이든, 민주국가의 군인이든 뭐가 다른가.•

결국 박정희가 자랑하던 "국가 근대화의 이념적 뿌리"의 두 갈래를 따라 파고 들어가면, 그 끝이 각각 일제의 식민사관과 니뽄 부시도武士道에 닿아 있음을 알 수 있다. 한마디로 박정희가 내세운 "국가 근대화의 이념적 뿌리"는 일제 군국주의 파시스트 이념이다. 그리고 이 이념에 따라 이들은 우리 민족사를 강간하고 있다. 일제 식민사관의 가위로 제멋대로 재단해 만화로 만들어버린다. 박정희=정조=이순신=김

•그 차이를 말해주겠다. 민주주의 국가의 군인은 얌전히 민간통제(civil control) 하에 있고, 툭하면 쿠데타 할 생각을 안 하고, 제 국민에게 총을 쏘지 않고, 제 부인에게 손찌검 하지 않고, 부하에게 자살공격을 명하지 않고, 수십만, 수백만씩 민간인 학살을 하지 않는다. 물론 파시스트 군대는 거리낌 없이 이런 짓을 저지른다.

유신.

이들이 이렇게 자꾸 애꿎은 역사책을 괴롭히는 건, 훌륭한 니뽄 야마토세이신大和精神을 본받아 "나쁜 근성"을 가진 한민족의 역사를 바로(?)잡기 위해서다. 거짓말이 아니다. 보라.

김유신-이순신-정조-박정희로 이어지는 우리 민족정신사의 한 맥은 (…) 사대적 명분론의 문민정치 전통이 도도하게 흐르는 가운데 징검다리처럼 단속적으로 명맥을 유지

한마디로 우리 "민족정신사"의 "도도"한 흐름은 중간에 듬성듬성 놓인 "징검다리"를 빼면 몽땅 잘못되었다는 거다. 즉 김유신+이순신+정조+박정희를 합한 100여 년을 빼고, 나머지 4200년은 몽땅 오류였다는 거다. 이게 바로 일제의 식민사관이다. "유전인자"처럼 박힌 이 민족의 "나쁜 근성"을 영웅 박정희가 몽땅 뜯어고치려 했다. 그것이 "국가개조" "인간개조"를 부르짖던 박정희의 소위 "근대화 이념"이었다. 한마디로 한국을 천황제하의 일본처럼 "개조"하고, 국민을 "황국신민"과 같은 모양으로 "개조"하려 했다는 얘기다.

그러니까, 국민 여러분, "영남 남인" 사대부 나부랭이들이 "동양적 혼" "동양정치사상" "화혼양재" 어쩌구 떠들면요, 점잖게 타일러주세요. 이렇게.

不發陰莖表皮反轉之音!

신화 살리기

박정희 신화 만들기에는 이런 심오한 뜻이 있다. 물론 정상인의 IQ를 가진 사람이라면 극우 파시스트들이 제멋대로 꾸며낸 역사에 코웃음을 칠 것이다. 유신시대 "국민학교 바른생활 교과서"에나 실릴 만한 만화 같은 얘기를 진지하게 믿어줄 사람이 어디 있겠는가. 그래서 이들은 먼저 '신화'라는 게 먼 옛날이 아니라 초현대적인 세계관이라고 우긴다. 대학에서 교수씩이나 하고 있는 어느 어린이의 말을 들어보자.

인간이면서 인간의 길을 넘어서는 영웅의 길을 걸었던 인물을 그려내는 데 가장 좋은 소설적 장치가 바로 신화이고 영웅서사시이다.

근데 그건 2500년 전의 미개한 인간들이나 하던 짓이다.

영웅의 신화를 낳는 것은 (…) 이제 영웅의 시대, 영웅담의 시대는 지나갔음을 자각하지 못하는 민중들의 무지몽매함도 아니고

"영웅의 신화를 낳는 것은" 물론 "민중들의 무지몽매함"이 아니라, 아직도 "영웅의 시대, 영웅담의 시대는 지나갔음을 자각하지 못하는" 당신들의 "무지몽매함"이다.

『인간의 길』을 통해 작가는 '신화'라는 것이 아득한 고대에 빚어진 허

구적 이야기가 아니라, 언제고 살아 있는 바로 우리들의 이야기임을 환기시킨다.

"신화라는 것이 아득한 고대에 빚어진 허구적 이야기가 아니"란다. "언제고 살아 있는 (…) 우리들의 이야기"란다. 여기서 저들("우리들")의 정신연령이 드러난다. 보라, 인류의 정신적 진화과정에서 이들이 지금 어느 시대에 가 있는지. 저 "아득한 고대".

그 무지몽매함을 이용하려는 전제자의 야욕도 아니고

뻔뻔한 거짓말이다. 이 어린이는 처음부터 끝까지 거짓말을 하는 버릇이 있다. 아주 철저하다. 웃기지 마라. 이렇게 20세기에 "신화"를 통해 "아득한 고대"로 시간여행을 떠나는 데에는 항상 "전제자의 야욕"이 있기 마련이다. 그걸 보자.

북방민족의 신화

나치의 인종적 이상형은 북방민족이다. 그들은 베토벤 신화 만들기의 첫 단계로 그의 외모를 연구하여 그를 이상형인 북방민족의 틀 안에 집어 넣으려고 시도했다. 조갑제 역시 "북방기마민족" 신화 운운하며 제 영웅들을 이상형인 북방민족의 틀 안에 집어 넣으려 한다. 먼저 그는 자신의 "국부" 이승만을 일단 순종으로 분류해 챙겨 둔다.

그가 어떻게 순종 조선인으로 남아 있을 수 있었을까? (…) 한국인으로서 남아 있으려는 이런 본능적 부름

이어서 잽싸게 박정희를 챙긴다.

그는 (…) 토종 한국인이었다.

그러는 조갑제는 순종일까, 잡종일까? 토종일까, 왜색종일까? 이어서 그는 박정희를 순종 몽골족의 틀 안에 집어 넣는다. 먼저 그가 제시하는 "순도가 높은 몽골인종"의 기준을 보자.

술에 취했을 때와 흥분했을 때, 그리고 신바람이 날 때, 말하자면 감성이 분출하여 일시적으로 이성을 마비시킬 때 한국인의 심층에 자리잡고 있는 원초적 본능이 솟구치면서 한국인을 몽골족 인간형으로 변화시키는 것이다.

나치의 기준과 비교해보자.

북방민족의 기질 (…) 이 기질은 어디에서 물려받은 것일까? (…) 그(베토벤)의 아버지는 (…) 돈을 있는 대로 긁어다가 술을 마셔대는 주정뱅이에 (…) 손찌검을 하는 폭력적인 아버지였다. (…) 순식간에 술주정과 폭력은 '북방민족의 영웅적 싸움기질'로 둔갑한다.

박정희를 보자. 먼저 북방기마민족의 유전자를 발동시키기 위한 술 주정. 베토벤의 아버지처럼 박정희의 아버지도

> 농사일은 (부인에게) 맡겨두고 (…) 매일 주막에 앉아 막걸리를 마시면서 (…) / 술에 취해 비틀거리면서 (…) 마중 나오지 않았다고 감따는 작대기를 들고 (…) 때리려

드는 "북방민족의 영웅적 싸움기질"을 갖고 있었다. 이 기질이 어디 가겠는가. 아들이 고스란히 "물려받"을 수밖에. 박정희는

> 월급이 나오자마자 (…) 봉투째 단골술집 여인한테 갖다주었다.

그리하여 술상을 내오면

> 적극적·공격적·예술적 인간형으로 돌변하여 떠들고 싸우며 노래하고 춤

추는 북방 기마민족답게, 박정희는

> 곧잘 팬티차림으로 주저앉아 격식과 체면도 벗어던진 채 먹고 마시고 춤추곤 했다.

"팬티차림"으로 "춤추곤 했던" "예술적 인간형" 박정희. 이어서 폭력.

뺨을 후려쳤어요. / 맞아 보지 않은 아이들이 드물 정도 / 아이구치를
꺼내들고 '한판 붙자'

그리고 손찌검

박정희가 손찌검을 하는 정도 (…)

남녀노소 가리지 않고 폭력을 휘두르고 손찌검을 했던 "적극적·공
격적 (…) 인간형" 박정희. 자랑스런 순종 북방기마민족의 후예임이 틀
림없다. 조갑제, 지금 전국민에게 이런 사람을 민족의 "스승"으로 본받
으라는 거다.

이게 북방(기마)민족의 이상적인 남성형型이라면, 북방(기마)민족의
여성의 이상은 무엇인가? 베토벤 신화 만들기를 분석한 홍은정의 글
에서 인용한다.

"어머니는 사랑스럽고 포근한 분이요, 나의 가장 좋은 친구다. 어머니라
는 단어를 들으면 난 항상 행복감에 젖는다"는 베토벤의 글을 증거로 들
이대며, 아버지보다는 어머니와 더 긴밀한 관계를 가졌다고 주장하는
것이다. 여기에서 어머니는 항상 집안 일을 돌보며, 아버지로부터의 피
난처·안식처를 제공해주는 인물로 묘사된다. 이를 통해 베토벤의 아버
지에서 비롯되는 가계의 오명을 무마시키고 동시에 나치가 늘 강조하는
전통적인 여성상을 교묘하게 제시하려는 일석이조의 효과를 노렸던 것
은 아닐까.

조갑제도 똑같은 일을 하고 있다. 나치가 베토벤의 말을 인용했듯이, 그는 먼저 박정희의 일기를 인용한다.

이 세상에서 어머님처럼 나를 사랑해주신 분은 없으리라 / 어머님을 32년간 모실 수 있었다는 것을 큰 행복으로 생각한다.

이어서 어머니가 발휘한, 그의 "인격의 바탕을 형성"하는 데에 발휘한 "결정적인 요인"을 서술한다.

유아기의 아이들에게 가장 중요한 것은 관심 (…) 울거나 웃을 때 반응을 보여주는 어머니가 옆에 있다는 데에 심리적 안정감을 갖게 되고 고난을 헤쳐갈 수 있는 용기를 낼 수 있는 것 (…) 사랑이 용기로 전환되는 이 공식이 박정희에게 정확히 적용

이로써 조갑제도 박정희가 "매일 주막에 앉아 막걸리를 마시면서 (…) 술에 취해 비틀거리면서 (…) 감따는 작대기를 들고" 사람을 팼던 폭력 아버지에게서 받았을 폭력적 영향의 부정적 이미지를 어머니의 사랑으로 완화시키고 동시에 교묘하게 전통적인 여성상을 강조한다.

한국인에게 좋은 어머니를 가진다는 것이 마음 속에 신을 품고 다니는 것과 비슷한 든든함을 준다.

그리고 결론, "영웅을 만드는 것은 훌륭한 어머니이다". 어머니 사랑

안 하는 자식이 어디 있고, 자식 사랑 안 하는 어머니가 어디 있는가?
하지만 이 평범한 사실도 이렇게 파시스트들에겐 "영웅"적 품성의 증
거가 된다. 어쨌든 이로써 박정희의 아버지는 북방기마민족의 싸움기
질을 가진 몽골인종의 이상적 남성상이 되고, 그의 어머니는 집에서
밥하고 빨래하며 "영웅을 만드는" 이상적인 여성이 되었다.

　나치는 베토벤을 자기들의 정치적 목적에 철저히 써먹었다. 박정희
는 이순신을 제 정치적 목적에 철저하게 써먹었다. 나치가 베토벤을
"민족의 스승"으로 추켜세웠다면, 지금 박정희의 똘마니들은 이순신
정신의 계승자 박정희를 위대한 민족의 스승("교사의 입장")으로 만든
다. 그에게서 이 위대한 북방민족의 싸움기질을 배우라는 것이다. 여
기서 나치의 베토벤 찬양을 다시 들어보자.

　　베토벤은 조화롭고 예술적이고 정신적인 혁신의 원형이다. 교양 창조
　　작업에 대한 가차없는 진지함, 흔들림 없는 삶의 의지, 그리고 문화의
　　이상에 대한 꺾이지 않는 헌신 (…) 마지막 순간까지 승리에 찬 정복자

　여기에 언급된 모든 요소를 우리는 조갑제의 박정희 속에서도 그대
로 발견한다.

　　지덕체 합일의 전인("조화롭고") / 시도 쓰고 서예에도 능했으며 그림
　　도("예술적이고") / 균형감각을 가진 교양인("교양") / 소아의 대의적 입
　　장에서 버릴 수 있는 정신적 소지("정신")/ 용기와 의지("삶의 의지") /
　　"자신의 정치적 이상"("이상") / 공덕심과 희생적 봉사정신("헌신")

그리고 마지막 순간까지 위엄을 잃지 않고, "난 괜찮아".

영웅과 운명

이어서 나치와 대한민국 우익의 신화 만들기를 비교해보자. 신화 만들기의 틀은 동서고금을 막론하고 동일하다. 이런 거다. 민중들이 용가리 때문에 고통을 받는다. 그러나 민중들은 그 고통을 제 힘으로는 해결하지 못한다. 민중에겐 운명을 개척할 능력이 없다. 따라서 민중들은 신에게 기도를 한다. 영웅을 보내달라고. 그때 짠- 하고 영웅이 나타난다. 민중들은 환호한다. 그는 민중을 이끌고, 민중은 그의 명령에 복종한다. 그리하여 영웅은 용가리를 물리치고 민족을 광영으로 이끈다. 서양식으로 말하면 카오스에서 코스모스로, 이인화의 동양식 표현으로는 "난세"에서 "치세"로. 이런 구조다. 이게 파시스트 만화의 전형적인 서사구조다.

여기서 '용가리'는 고대처럼 파충류 용가리일 수도 있고, 중세처럼 사탄일 수도 있고, 나치 독일에서처럼 자유민주주의나 공산주의일 수도 있다. 그리고 상당히 우연히도 박정희의 용가리도 자유민주주의와 공산주의였다. 이런 만화 같은 신화적 프레임을 자기 세계관의 기초로 삼은 돌대가리들은 동서고금 어느 나라에나 있다.

먼저 위 글에 나오는 나치 음악학자 로젠베르크의 말을 들어보자.

우리는 지금 독일 민족의 영웅Eroica시대에 살고 있다.

이인화.

　이것이 박정희 시대의 영웅적 본질

다시 로젠베르크.

　베토벤은 (…) 미래에 탄생할 지도자를 마음 속 깊이 간절히 바랬다.

진형준.

　영웅의 탄생을 기다리는 사람들의 열망 자체

이어서 파시스트들이 좋아하는 "운명". 〈운명교향곡〉 제1악장에 대한 나치 음악학자의 해석이다.

　폭군 밑에서 민중들은 고통받는다. 우리가 자유로워질 수 있다면! (…) 우리 민족은 자유를 위한 투쟁을 멈추어서는 안 된다.

여기서 "폭군"이란 독재자가 아니라, 민중에게 고통을 안겨다준 바이마르 공화국의 자유주의적 혼란과 무질서를 말한다. 이인화는 말한다.

　4·19 직후에 닥친 정치, 경제, 사회, 문화 제반 영역들의 파탄은 민족의

생존을 타개할 최후의 수단으로서 영웅주의를 요구

나치가 말하는 자유는 일상적 의미의 자유가 아니다. 그 자유는 이인화의 말대로

국가에 의해 달성될 인륜적 자유

즉, 말하자면 군대식 질서를 가진 전체주의 국가에서 보장하는 괴상한 자유를 말한다. 혼란과 무질서로 인한 민중의 고통, 그것을 극복하려는 민중의 생존의지는 마침내 영웅에 대한 열망으로 발전하여, 이제 민중은 신전으로 달려간다. 〈운명교향곡〉 제2악장이다.

신전에 모여든 민족은 아기와 같은 심정으로 신께 매달린다. "신이시여, 우리 민족에게 지도자를 내려주소서!"

아부지~, 아부지~. 지도자 내려줘~. 조갑제가 신이 나서 인용하는 몇몇 기독교인의 말.

하나님이 우리를 위해 이런 지도자를 보내주셔서 감사하다고 기도 (…)/ 역사를 주관하시는 하느님! (…) 솔로몬의 지혜와 다윗의 용기를 대통령께 (…)

다음은 이인화의 "혁명대망론".

국민들은 무능한 정권에 절망했고 (…) 발전을 열망 (…) 이 열망에 부응할 과제는 (…) 군인에 의해

진형준의 "아기장수" 탄생론.

아기장수 탄생의 설화가 현재까지 이어오면서 미륵세상의 도래라는 미래의 꿈

영웅, 지도자, 아기장수를 열망하는 민중의 기원을 들으신 듯 신은 드디어 구세주를 보낸다. 피날레 〈운명교향곡〉 제4악장

마침내 고대하던 영웅은 온 민족의 환호 속에서 그 모습을 드러낸다.

그리고 "혁명정부에 대한 열렬한 긍정".

군사혁명은 (…) 국민들과 지식인 사회의 열광적인 호응을 받았다.

고대했던 지도자의 등장과 함께 〈운명교향곡〉은 이제 새로운 이름을 얻는다.

민족 도약의 교향곡

지도자를 맞은 민족은 자기의 "운명"을 딛고 일어서 힘찬 도약의 길

로 뻗어 나간다. 이인화가 작곡한 〈운명교향곡〉의 피날레.

세계사적 보편성을 향한 도약

운명을 박차고 솟아오르는 이 힘찬 민족의 도약과 함께 영웅서사시는 드디어 장엄하게 막을 내리고, 청중석의 "영남 남인"들 일제히 자리에서 일어나 기립박수를 치며 환호한다. 앵콜, 앵콜, 앵콜……! 수석 바이올리니스트 진형준, 천천히 자리에서 일어나 지휘대로 걸어가, 살며시 이인화의 몸을 관중석으로 돌린다. 오, 귀먹은 베토벤이 이 소리를 들을 수 있다면…….

영웅의 운명

영웅과 운명. 파시스트들이 좋아하는 단어다. 이 두 낱말을 합치면 '영웅의 운명', 즉 파시스트 예술이 좋아하는 제재가 나온다. 운명과 투쟁하다 고독하게 숨져간 영웅 도조(《푸라이도》), 자기와 민족의 운명을 개척하다 비참하게 비극적으로 살해당한 영웅 박정희(『인간의 길』), 운명과 싸우다 민족과 함께 비장하게 몰락한 영웅 히틀러. 똑같지 않은가? 이게 국적을 초월한, 극우 파시스트들의 국제적 공통성이다.

조갑제의 '박정희 신화'는 몽골인종주의+동양우월주의+군국주의라는 세 요소로 이루어진다. 이 세 요소를 그는 '천재론'으로 포장한다. 즉 파시스트 이데올로기의 이 세 요소가 박정희라는 "천재" 속에서 창조적으로 융합되어 나타났다는 것이다. 박정희=몽골전사=동양

무사=근대적 전사. 이렇게 조갑제의 신화는 군사적 성격을 띤다. 이인화의 '박정희 신화'는 좀 다르다. 그의 '박정희 신화'는 파시스트 이데올로기를 낭만주의적 '천재론+악마주의+영웅주의'라는 세 장의 종이로 겹포장한 것이다. 그래서 이인화의 신화는 강하게 미학적 성격을 띤다. 박정희=천재=악마=영웅. 조갑제의 신화가 동양적 전통, 즉 일본 군국주의에 뿌리를 두고 있다면, 이인화의 '박정희 신화'의 뿌리는 일본을 거쳐 바다를 건너 독일 국가사회주의자들의 변태적 낭만주의에까지 뻗어 있다.

이인화의 박정희는 수단과 방법을 가리지 않고 뭐든 저지르는 "악신惡神"이다. 이인화는 이를 박정희 개인의 "운명", 혹은 민족의 "운명"이 그에게 떠맡긴 악역惡役으로 설명한다. 박정희는 도덕적 비난이 두려워 비겁하게 자기 "운명"에서 도피하지 않는다. 조국과 민족을 위해 기꺼이 악신의 역을 떠맡는다. 그의 박정희는 이렇게 조국과 민족을 위해 악신의 "운명"을 껴안고 싸우다 쓰러지는 비극적 "영웅"이다. 물론 그 교활하고 잔인한 악신이 종국에는 세상의 그 어떤 선인보다 더 선한 선신善神이었음이 밝혀진다. 이런 걸 낭만주의적 '아이러니'라 부른다.'

이 낭만주의적 아이러니는 사실 우익 이데올로기의 미학적 가공물일 뿐이다. 가령 조갑제의 뒤집어진 얘기를 들어보자. 그의 말에 따르면 '선'을 참칭한 지식인들은 '위선적 도덕주의자'요, '악'을 저지른 독

• 이인화. 머리 많이 썼다. '근데 왜 사람들은 이렇게 심오한 뜻을 몰라줄까? 도식적인 선악이분법을 뛰어넘어 나름대로 좀 복잡하게 만들어 봤는데, 왜 이걸 이해 못할까? 아직 케케묵은 선악이분법, 권선징악적 서사구조에 매여 있어 그런 걸 게다. 그걸 가볍게 뛰어넘고 극단을 달리는 나. 나는, 나는 1류 예술가. 그리고 언제나 그렇듯이 천재는 헛소문을 몰고 다니며 늘 고독하다.' 이 친구, 과대망상증이 있다.

재자는 실제론 '선'한 일을 했다는 거다.

> 민주주의 같은 외래사상을 (…) 신격화해왔던 사대명분론자들의 위
> 선 / 박정희 (…) 국가와 국민들을 위해 위악자의 역을 마다하지 않았
> 던 사람

민주주의자의 선은 결국 가짜, 즉 위선이다. 독재자의 악도 사실은
가짜, 즉 위악이다. 알고 보면, 진짜로 선한 것은 민주주의자가 아니라
자기들 같은 파쇼 독재자들이다. 국민 여러분, 믿어주세요. 이인화의
『인간의 길』은 결국 이 극우 이데올로기를 예술적으로, 미학적으로
삥끼친 것에 불과하다.

짜라투스트라는

이거 이미 나치가 "니체" 철학 끌어다 해먹은 수법이다. 조갑제도
가끔 서구 나치 흉내를 낸다. 나치들은 니체의 초인사상을 지도자 숭
배에 이용해 먹었다. 조갑제도 툭하면 "권력의지" 얘기하는 걸 보니,
어디서 니체에 대해 좀 주워 들은 모양이다. 니체의 사상을 음악적으
로 구현한 게 바로 바그너. 그래서 나치들은 바그너의 음악을 '국민
음악', "고꾸민쇼세츠國民小說" 좋아하는 이인화 알아 듣게 일본말로
하면 '고꾸민옹가꾸國民音樂'로 추앙했다. 히틀러는 바그너 오페라의
무대장치에 직접 간섭하기까지 했고, 아직도 바그너 음악이 연주되는
바이로이트 축제에 가면 무리를 지어 집단적으로 눈물을 퍼지르는

사람들이 있다.

　다행히 우리 나라 파시스트들은 순수예술 쪽에는 손을 대지 못했는데, 그건 이들의 교양 수준이 무협지나 읽고 일본군가나 부르던 수준이라 고급문화에 대한 안목이 없었기 때문이다. 근데 무식한 대한민국 극우파들이 드디어 "그때 그 사람" 수준을 넘어 고급문화의 교양을 쌓기 시작했나 보다. 조갑제의 소설에 재미있는 장면이 나온다. 이 자들, 정권 잡으면 무슨 짓 할지 여기서 드러난다.

　고 박정희 대통령의 국장 영결식이 중앙청 앞 광장에서 열렸다. (…) 이때 국립교향악단이 연주한 교향시가 〈짜라투스트라는 이렇게 말했다〉였다. (…) 독일의 리하르트 슈트라우스가 작곡한 이 곡은 (…) 철학자 니체가 쓴 같은 이름의 책 서문을 음악으로 표현한 작품이다.

　혹시 '박정희=초인'? 신이 난 조갑제, 당장 "이 곡을 선택한 (…) 국립교향악단의 (…) 상임지휘자"에게 횡하니 달려가 물어 보았다. '짜라투스가 뭐라고 말했대요? 뭐래요? 박정희가 초인이래죠? 맞죠?' 근데 유감스럽게도 이분 왈,

　박 대통령과 초인의 이미지를 연결시켜서 생각하고 말고 할 겨를이 없었다. (…) 분위기를 가라앉히기 위해서 내가 좋아하는 곡을 연주한 것이다.

　그래서 찍 싸고 돌아왔다는 가슴 아픈 얘기다. 어쨌든 찍 쌌다니

유감이다. 이들의 사상적 아버지 텐노헤이까(천황폐하)의 미고토노리(말씀)를 빌면, 오, 짐은 통석痛惜의 염念을 금할 길 없노라. 이건 짐의 외교적 입장. ☞← 이건 짐의 혼네本音.

전쟁영웅 박정희

박정희는 초인? 천재? 거인? 영웅? 나폴레옹? 신의 의지의 대행자? 그래서 악마적 초인의 영웅서사시? 난리가 났다. 태산명동泰山鳴動에 서일필鼠一匹이라. 마지막으로 박정희 신화 만들기의 허구성에 대해 한 마디 더 해야겠다. 이인화의 말이다.

박정희 3부작의 제1부를 이루는 인간의 길은 6·25전쟁의 인간학적 탐구이며, 6·25전쟁에 대한 서사적 해명이다. / 인간 박정희의 운명이 태동된 최초의 모태 공간으로 내려갔다. 거기서 작가가 만난 것은 바로 전쟁이었다.

왜 전쟁을 "인간학적"으로 "탐구"하겠다는 걸까? 전쟁이 그 위대한 "영웅주의" 박정희 철학, 박정희 사상을 낳았기 때문이다. 그래서 그는 그 잘난 사상을 낳은 박정희의 전쟁체험을, 필설로 이루 형용할 수 없는 "극한상황"으로 묘사한다. 박정희는 빨갱이들에게 온갖 험한 꼴 다 당하며 무지무지 고생했다. 따라서 그가 지랄맞게 파쇼독재를 하고 독살맞게 반공주의를 한 건 결국 빨갱이들이 일으킨 전쟁 탓이다. 이런 얘기다. 이인화의 말을 들어보자.

허정훈은 1951년 1월 중공군의 정월 대공세에서 똑같은 '대홍수'를 경험한다. / 이같은 비인간적인 상황, 서로가 상대방을 사물로 간주할 뿐만 아니라 자신의 내부에서도 인간을 발견할 수 없는 상황, 인간의 길이 완벽하게 소멸된 이 극한상황 속에서 한국사가 한번도 경험하지 못했던 영웅주의가 탄생한다. / 동족상잔의 무차별한 살육, 인간의 길을 휩쓸어버리는 '대홍수'의 포악한 바다 위를 홀로 떠도는 조난자가 되었을 때 인간은 비로소 자기 속에 전혀 있을 것 같지 않았던 최후의 이념을 거머쥐게 되는 것이다.

난리가 났다. 살기등등한 이 "최후의 이념"이 바로 파시스트 국가주의, 광신적 반공주의다. 이인화는 박정희의 전쟁체험을 이렇게 살벌한 낱말로 무시무시하게 묘사한다.

그럼 소설 밖의 현실 속에서 정작 박정희는 이때 뭘 하고 있었을까요? 궁금하죠? 들어보세요. 조갑제의 말입니다. 당시 육사 8기 젊은 장교들은 "전사율 40%"였대요. 근데

박정희는 (…) 이 전쟁에서는 비교적 안전한 곳에 위치했다. 박정희가 남긴 회고담을 살펴보아도 전투와 관계된 것은 별로 없다.

하나도 고생 안 했답니다. 그런데 이인화 씨, 대체 왜 그래요? 성격도 참 이상해요. 심지어 인민군의 남침 덕분에, 좌익이라고 군대에서 쫓겨났던 박정희는

파면된 지 1년 2개월만에 (···) 다시 군복을 입게 되었다. 인민군의 남침
이 박정희를 구한 셈이다.

전쟁이 외려 그를 살려주었답니다. 심지어 그 와중에 남으로 내려
온 육영수와 새장가까지 들었어요. 그래서

결과적으로는 김일성이 두 사람을 중매한 셈이다.

보세요. 김일성이 반半실업자 박정희를 구제해주고 뚜쟁이 역할까
지 해주었답니다. 취직했죠, 장가갔죠, 뭘 더 바랍니까. 박정희에게
6·25는 직업소개소이자 결혼중개소였어요. 박정희는 김일성 덕, 전쟁
덕을 봤대요. 이인화, 지금 생구라 치는 겁니다.

자, 그럼 이인화가 소름끼치는 살벌한 용어로 묘사한 "중공군의 정
월 대공세" 때 불패의 영장 박정희는 어디서 뭘 하고 있었을까요? 조
갑제 씨 말에 따르면, 보급담당으로 전투요원들에게 "주먹밥" 날랐대
요. 하나도 안 바빴대요. 그래서 그 와중에 갓 결혼한 새 마누라와

연락병들을 통해 뻔질나게 편지를 주고받았다.

군병력을 연애편지 나르는 사적인 용도로 전용했답니다. 심지어 그
무시무시했다는 "중공군"의 공격을 받아 후퇴할 때도, 불쌍한 "장병
들이 눈비에 젖은 채 걷고 있"는데, 유유히 그 옆을 지나는 그의 "지
프의 뒷자리"에는 마누라가 타고 있었대요. 어찌된 일이죠? 육 여사

께서 의용군으로 참전한 걸까요? 조갑제가 전하는 목격자의 증언이에요.

나중에 그 사실을 알게 되었을 때 매우 놀랐습니다.

저도 "매우 놀랐습니다". 국민 여러분도 매우 놀라셨죠? 육영수 여사가 "육니오"에 참전했답니다. 어찌된 일일까요?

전투중인 사단참모가 아내를 불러다가 며칠이지만 함께 생활했다.

세상에. 이럴 수가. 그것은

당시로서는 상상도 할 수 없는 군기문란이었습니다.

지금도 그건 "상상할 수 없는 군기문란"이에요. 더군다나 전시에. 이게 말이 됩니까? 전시라면 즉결처형이에요. 조갑제 일병. 군대를 뭘로 알아요? 군대가 물침대 러브호텔입니까?

박정희 참모장은 (…) 보급차량대를 관리하고 있었으니 그런 일을 자연스럽게 할 수 있었을 것입니다.

세상에. 사병들의 목숨이 걸린 무기를 실어 날라야 할 차량으로, 보급창고가 있었던 경상도 땅으로부터 "전우의 시체를 넘고 넘어 앞으로 앞으로 낙동강"을 건너더니, "우거진 수풀을 헤치면서 앞으로 앞으로 추풍령아 잘 있거라 우리는 돌진한다"며 고개를 넘어서, "한강수야 잘 있더냐 우리는 돌아왔다 들국화도 송이송이 피어나 반겨주는 노들강변"을 지나 "우리들이 가는 곳에 삼팔선 무너진다" 삼팔선을 돌파하여, 기껏 제 마누라를 실어 날랐다는 거예요, 글쎄. 오죽 기가 막혔으면

북진장병의 주제곡이 되었던 이 노래는 (…) 육본에 의해서 금지곡이 된다.

세상에 군용차량에 제 마누라를 태워? "자연스럽게"? 그것도 전시에? 조갑제 씨. 이게 "군인정신"입니까? 박정희의 "무사도"예요? 박정희가 배운 "군사문화의 실질"입니까? 이 자가 군인이에요? 이게 자랑스런 대한민국 국군입니까? 국군장병들을 이렇게 모독해도 되는 거예요? 이때 다른 장병들 뭐 하고 있었는지 봅시다. 멀리 갈 거 없어요. 조갑제 씨가 감격해서 인용한 그 노래에 다 나와 있어요.

달빛 어린 고개에서 마지막 나누어 먹던
화랑담배 연기 속에 사라진 전우야 /
노들강변 언덕 위에 잠들은 전우야 /
흙이 묻은 철갑모를 손으로 어루만지니
떠오른다 네 얼굴이 꽃같이 별같이

"국가주의" 같은 거 모르는 사병들은 이러고 있었어요. "연기 속에 사라"지고 있었어요. "노들강변 언덕 위에 잠들"고 있었어요. "흙이 묻은 철갑모를 손으로 어루만지"며 "꽃같"은 "별같"은 죽은 전우 "얼굴" 생각하고 있었어요. 이렇게 불쌍한 사병들이 "국가"를 위해서 사랑하는 부인, 애인, 부모형제 다 고향에 두고 홀로 낯선 땅에 와 중공군의 포격에 맞아 머리가 터지고 내장이 튀어나오고 팔다리가 날아가는 와중에, '자유주의자'도 아닌 "국가주의"자 박정희가 장교의 신분과 병과를 이용해 병영에서 마누라와 재미를 봐요? 전시에?

그리고 이인화. 이게 "인간의 길"이야? 뭐? 뼈와 살이 이글이글 타오르는 밤 이부자리에서 "영웅주의가 탄생"해? 애기가 아니라? "포악한 바다의 조난자"가 돼? 치마 속에서 정신 없이 허부적댄 게 아니라? "최후의 이념을 거머쥐"어? 물건을 "거머쥐"고 마지막 콘돔 끼웠다는 얘기 아냐. 그 얘길 왜 이렇게 어렵게 해? 세상에 빨갱이 하던 놈, 침략해오는 적에게 총이나 쏘라고 군복 입혀주었더니, 전쟁터 한복판에서 기껏 제 마누라 가랭이를 표적 삼아 물총을 쏴? 사격射擊하랬더니 사정射精을 해? 왜? 보급담당, 병력보충하려고? 베이비 soldier 만들려고? 근데 뭐라고? 『인간의 길』이

그가 어떤 사람이었는지에 대해 진지하고 냉정하게 탐구해 보자는 소설이다.

웃기고 자빠졌다. 이인화, 당신 참 재미있는 "인간", 재미있는 자연현상이에요. 그래서 난 당신을 내 "인간학적 탐구"의 대상으로 선택했

어요. 앞으로 당신이 "어떤 사람"인지에 대해 한번 "진지하고 냉정하게 탐구해" 볼 작정이에요. 파쇼만 독종인 줄 아세요? 우리도 독종이에요. 아시죠? 그 독한 박정희 각하, 무덤으로 보내드렸죠? 깡패 전두환 각하, 그냥 엎어버렸죠? 노태우 각하, 감옥 보내드렸죠? 우리도 한번 물면 안 놔요. 항복하거나 숨이 끊어질 때까지. "무덤"까지 따라가서 "침을 뱉"어요. 우리도 당신들처럼 "포악한 바다의 조난자"가 될 거예요. "최후의 이념을 거머"쥘 거예요.

"살아남은 자들의 복수심이 만든 반공"? 우리도 "살아남은 자들"이에요. 서슬 퍼런 3공, 5공 모질게 살아남았어요. 반공이데올로기의 억울한 희생자들, 박정희·전두환이 죽인 다정한 우리 친구들 철저하게 "복수"할 거예요. 우리가 누군데. 우리 후배들이 이렇게 노래합디다.

역사의 부름 앞에 부끄러운 자 되어

역사가 부른대요. 부끄럽대요. 맞아요, 우리 욕되게 "살아남은 자들"이에요. 그래서 더 이상 부끄럽지 않게, 욕되지 않게 악랄하게 "복수"할 거예요. '살아남은 자의 슬픔'? 왜 슬퍼해. 그럴 시간 있으면 한 자라도 더 "복수"하지. '서른 잔치는 끝났다'? 왜 끝나, 왜 벌써 파장이야, 왜 분위기 깨? 아직 신나는 "복수"가 남았는데. 그렇다고 당신들처럼 무식하게 안 해요. 우리가 돌대가리 파쇼입니까? 라라라 유쾌하게, 즐겁게, 점잖게, 하지만 펑펑펑 단호하고 질기고 모질게.

『조선일보』 기자들, 한번 기대해보세요. 저한테 『월간조선』 과월호 한두 권밖에 없어 이 정도로 그치는데, 앞으로 출판사에서 『월간조선』저한테 계속 보내주겠대요. 그러니 한번 기대해보세요. 우리도 당신들처럼 "포악한 바다의 조난자"가 될 거예요. 우리 "안에 전혀 있을 것 같지 않았던" "최후의 이념을 거머"쥘 거예요. "살아남은 자들의 복수심이 만든" 반파쇼. Antifa. "거머쥐"고 말 거예요. 우리도 낯짝이 있지. 꽃도 십자가도 없는 무덤에 누워 있는 우리 친구들 위해서라도, 우리가 화장실 벽에 했던 약속, 노트 뒷장에 했던 약속, 밤길에 스프레이로 건물 벽에 했던 약속, 길거리에서 지나던 국민들에게 했던 그 약속, 꼭 지킬 거예요.

파쇼 타도!

03

죽은 가부장 독재자들의 사회

대한양계장

앞에서 우리는 파시스트 대중의 전형적 특징으로 '극단적 수동성과 극단적 적극성'의 변태적 결합을 들었다. 베스트셀러 제조기 이문열의 소설 『선택』에는 여자의 "천형"天刑을 자기 "운명"이라 믿고 "적극적 선택"으로 끌어안은 어느 장한 여인의 감동스런 충성기가 등장한다. 이 봉건적 여인상에서 우리는 파시스트들의 이상적 대중의 상像, 즉 그들이 제발 그래주었으면 하는 대중의 모습을 볼 수 있다. 슬슬 들어가 보자.

『선택』

『선택』은 "세상의 슬픈 딸들에게" 던지는 "넋"두리로 시작된다. "나는 조선왕조 선조 연간에 이 세상을 떠난 한 이름없는 여인의 넋이다." 새빨간 거짓말이다. "수백 년 세월의 어둠과 무위" 속에서 되살아나 이 시대를 살아가는 "웅녀의 딸들"에게 분기탱천, 노발대발, 펄펄 뛰며 400년 묵은 경상도 안동산産 이데올로기를 설교하는 이 귀신의 목소리는 여자의 것이 아니다. 목소리의 근원을 찾아 더듬어 올라가면 목젖이 만져진다. 환웅의 아들 이문열의 것이다.

이문열이 여자 귀신의 입을 빌어 늘어놓은 "넋두리"란 게 대부분 한심한 수준의 궤변이다. 가령 "선택"이라는 말의 용법. 이문열은 제 조상이 되는 그 여인이 삶을 살아가면서 수많은 "선택"을 했다고 우긴다. 그 여인이 했다는 그 장한 "선택"들 중에서 중요한 놈을 꼽아보자. 첫째, "시 짓고 글씨 쓰는 일" 대신에 "안채와 부엌을 떠나지 않고 여자의 본업"을 배우는 "선택". 둘째, 독신으로 사는 대신 시집가는 "선택". 셋째, 결혼해서 "출산과 육아"를 하기로 한 "선택". 넷째, 시가의 가문에 희생하기로 한 "선택". 근데 이게 과연 "선택"이었을까?

선택의 문법

일상언어에서 "선택"이란 말이 의미를 가지려면 두 가지 전제조건이 필요하다. 첫째, 행위자에게 최소한 두 개 이상의 선택지가 보장되어 그 중에서 하나를 고를 수가 있어야 한다. 둘째, 행위자에게 의지의 자유가 보장되어 있어야 한다. 이게 '선택'의 문법이다. 이제, 이문열이 이 일상언어의 문법을 어떻게 무시하는지 보자. 먼저 이 여인이 했다는 "선택"의 상황을 표로 나타내보자.

	〈선택지 1〉	〈선택지 2〉
①	안채와 부엌	시 짓고 글쓰기
②	시집가는 것	독신으로 살기
③	출산과 육아	무자식 상팔자
④	가문에 충성	개인으로 살기

〈선택지 2〉를 보라. 먼저 ① "조선왕조 선조 연간"에 여자가 "시 짓고 글쓰기"로 사회적 활동을 하는 건 불가능했다. 이문열이 제 입으로 하는 얘기다("어차피 두 가지를 함께 추구할 수 없다"). ② 독신으로 살 수도 없었다. 주위의 강요뿐이 아니다("나이가 찰수록 더해지는 결혼의 중압은 (…)"). 당시 경제구조가 여성의 경제적 자립을 허용하지 않았다. ③ 무자식 상팔자를 고집할 수도 없었다("출산과 육아가 여성 개인의 선택사항은 아니었다"). ④ 개인으로 사는 것도 불가능했다("피할 수 없는 강요였던 가문"). 시가의 젯상에 올릴 "시루떡에 김"이 안 오르는 물리학적 변괴까지도 여자가 "방간 대들보에 목을 매어" 책임지던 분위기였으니까.

이렇게 여자가 "시 짓고 글쓰기"를 업으로 삼거나, 독신으로 살거나, 애를 안 낳거나 가문에서 독립하여 사는 길은 당시에 원천봉쇄되어 있었다. 그 가능성은 0%였다. 그렇다면 〈선택지 2〉는 실은 선택지가 아닌 셈이다. 그럼 선택지는 하나만 남는다. 하긴, 단독후보를 놓고 찬반투표하는 걸 '선거'(체육관선거)라 부르는 사람들도 있다. 자, 그럼 단독후보(=〈선택지 1〉)를 "거부"할 자유는 있었던가? 그것도 아니다. 부엌일하고, 시집가고, 애 낳고, 가문에 희생하는 건 당시 여성이 "거부"할 수 없는 의무이자 강요였으니까. 결국 여기에는 "선택"이란 낱말을 의미있게 사용하는 데 필요한 두 조건, 즉 복수의 선택지와 의지의 자유가 모두 결여되어 있는 셈이다.

그런데 그게 "선택"이었다고 한다. 나아가 그는 그 장한 "선택"에 감탄과 감동까지 해댄다. 성격도 이상하다. 하긴, 일본 극우파들도 '정신대'가 한국 여성들의 자발적인 "선택"이었다고 우긴다. "정원미달"인 "하류대학"이 아닌 일류대를 나온 사람이니, 몰라서 그러는 것 같지는 않다. 상"류대학" 서울대 출신이 애처럼 뗑깡을 부린다. "피할 수 없는 강요에도 선택의 여지는 있게 마련이다. 맹목적인 순응과 적극적인 수용은 다르다". 다르긴 뭐가 다를까? 결과는 언제나 마찬가진데. "맹목적"으로 밥을 하든, "적극적"으로 밥을 하든, 밥은 언제나 (여자가) 하게 되어 있다. "맹목"과 "적극"의 차이가 〈선택지 1〉을 〈선택지 2〉로 둔갑시키지는 못 한다.

따라서 "부엌"을 주름잡는 여인의 "선택"이 자유로웠다는 어느 소설가의 말은 수정되어야 한다. 이 소설가가 "4백 년" 묵은 귀신을 내세워 주절주절 늘어놓는 얘기는 한마디로 이거다. "'남편"이란 원래 "여성이 자신을 바쳐 기꺼이 그 수단이 되고 싶은 존재"다. 고로 여성들이여, 남성의 "수단"이 "되고 싶"어 하도록 강요를 받으라. 그것도 "자랑과 기쁨을 가지고" "적극적"으로. 그러므로 독자를 오도할 수 있는 그의 책 제목은 이렇게 수정되어야 한다. 『적극적 강요받기』. 부제를 붙이는 것도 나쁘지 않겠다. '자랑과 기쁨을 가지고'.

야바위

어렸을 적 동네 국민학교 앞에는 코흘리개들의 용돈을 넘보는 야바위꾼들이 있었다. 그 중 한 사람은 손에 고무줄 두 개를 쥐고, 우리더러 그 중 긴 놈을 고르게 했다. 긴 놈을 고르면 공책이나 필통을 받고, 짧은 놈을 고르면 사탕 한 개로 만족해야 하는 게임이었다. 근데 그냥 연습 삼아 할 때는 항상 긴 놈이 나오는데, 정작 돈을 내고 할 때에는 항상 짧은 놈이었다. 이상하잖은가. 확률은 2분의 1인데 말이다. 곰곰이 생각해보니, 속았다. 그는 고무줄 두 개를 나란히 11자 모양으로가 아니라, 상하로 맞물린 U자 모양으로 쥐고 있었던 거다. 이것도 모르고 우리는 그의 주먹 위로 삐져 나온 두 개(?)의 고무줄 (실은 한 고무줄의 양 끝) 중 하나를 "선택"해야 했다. 물론 이 "선택"의 결과는 언제나 같았다. 짧은 고무줄.

이문열의 『선택』을 읽으며, 난 이 아저씨를 생각한다. 앞의 선택지 1과 2를 학교 앞 야바위꾼의 손에 들린 두 개의 고무줄이라 생각하라. 그리고 이문열이 말하는 "맹목적 순응"과 "적극적 수용"을 짧은 고무줄의 두 끝이라 생각하라. 한 고무줄의 두 끝 중 하나를 고르는 게 "선택"이 아니듯이, "맹목적 순응"과 "적극적 수용" 사이에 하나를 고르는 것 역시 "선택"을 가장한 속임수에 불과하다. 양자의 차이도 '뽑혀 나오는 건 언제나 짧은 고무줄'이라는 사실을 변경시키진 못 한다. 자, 이제 트릭이 숨은 고무줄의 중간을 그러쥔 야바위꾼의 손을 『선택』을 쓰는 이문열의 손이라 보라. 그럼 지금 그가 무슨 짓을 하고 있는지 알 수 있을 거다.

이문열은 "맹목적인 순응과 적극적인 수용" 사이에는 "커다란 차이"가 있다고 우긴다. 물론 남쪽 나라 원숭이들은 '조삼모사朝三暮四'와 '조사모삼朝四暮三' 사이에서 "커다란 차이"를 볼 거다. 이문열은 "적극적인 수용"으로, 그 불굴의 의지로 기어이 '아침에 떡 네 개'를 쟁취해내고야 만 그 장한 여인의 삶에 감동을 먹다가 그 관성으로 (그러면서도 심지어 본의라고 "오해"받고 싶지 않아 하면서) "집안자랑"으로까지 내닫는다.

뒷날 내 고장 사람들은 행실이 반듯하고 학문이 깊은 젊은이를 보면 '물어보지도 않고 안릉씨네 자제들임을 알겠구나不問可知 安陵氏子弟'라고 했다 한다.

"행실이 반듯하고 학문이 깊"다는 "안릉씨네 자제"가 "뒷날" 이렇게 야바위꾼이 되다니. 嗚呼, 風俗이 땅에 떨어졌도다. 亂世로다. 末世로다. 다른 氏 자제도 아니고 "不問可知 安陵氏子弟"가 사기를 치다니, 실로 不可知로다. "실로 알지 못할레라, 사람의 일이여. 하늘의 뜻이여".

히틀러와 이문열

히틀러와 이문열. 이 두 사람에게는 공통성이 있다. 두 사람은 왕성한 실험정신으로 시간여행을 시도한다. 물론 광속을 초월하는 건 아직 현대과학의 힘으론 불가능하다. 그럼 어떡하나? 간단하다. 코페르

니쿠스적 전회. 공간을 복고풍으로 조직하는 거다. 시간을 거스르나 공간을 조직하나, 효과는 마찬가지다. 도착지는 어차피 수백 년 전 봉건사회다. 널리 알려진 바와 같이 히틀러는 근대의 독일 여성을 중세의 현모양처로 만들었다. 이문열은 탈근대의 한국 여성을 "조선왕조 선조 연간"의 봉건적 "현모양처"로 만들려고 한다.

현모양처. 이 봉건적 여인상을 미화하느라 그가 주절주절 덧붙이는 아름다운 농담들은 잊어버리자. 한마디로 그가 말하는 "현모"란 '애 잘 낳아 잘 키우는 여자'를, "양처"란 '남편 말 잘 들어 그 삶이 너무너무 행복한 여자'를 가리킨다. 봉건적 여인상을 어떤 형용사로 수식하느냐는 그의 자유다. 하지만 그걸 만인이 받아들여야 할 보편적 "원리"라 우기면 참 곤란하다. 취미도 고약하다. 그 괴상한 취향은 유서 깊은 이씨 "문중"에서 고이 간직했다가 자손만대 물려주는 게 좋겠다. 포스트모던의 시대에 "조선왕조 선조 연간"의 도덕을 지키며 사는 가문이 하나쯤 있는 것도 인류학적 관점에서 나쁘진 않다. 관광자원으로 활용하는 길도 모색해봄직하다.

여성=어머니

이제 히틀러와 이문열의 시간여행으로. 먼저 "현모"에 대해서. 히틀러는 "끊임없이 헌신적으로 아이를 가지는 민족의 어머니"를 강조한다. 이문열은 아이를 잘 낳는 "신령스런 암컷, 위대한 어머니"를 들먹인다.

도가道家에서 만물을 형성하는 도道를 일러 현빈이라 한다. 글자 그대로 풀이하면 '신령스런 암컷' '위대한 어머니'쯤이 될 것이다.

이렇게 도道통한 도사道士께서는 도가道家의 도를 도용하여 여성을 "만물을 형성하는 도道" "신령스런 암컷"으로 만들어버린다. 나치는 "모든 여성"에게 "암컷"의 "신성한" 의무를 지우기 위해 괴상한 생철학을 동원한다.

모든 여성은 곧 어머니가 된다는 끊임없이 근원적으로 신성한 본능적인 규범으로 둘러싸여 있기 때문에

이렇게 "신성"하고 "신령스런" 것이기에, 도사는 귀신의 입을 빌어 선언한다.

부녀의 길에서 가장 큰 것은 어머니의 길이고

도사께서는 이렇게 "어머니의 길"에서 "여성의 성취" 중에서 "가장 큰 것"을 본다. 나치는 민족의 명맥을 잇는 모성적인 어머니상에서 가장 높은 것을 본다. 어느 나치의 말이다.

모성적인 어머니상은 그 자체가 최고의 단계

나치가 모성적인 어머니상을 "최고의 단계"로 드높인다면, 도사는

모성적인 어머니상의 크기를 부풀리고, 무게를 불린다.

어머니는 여인이 가질 수 있는 가장 크고 아름다운 이름이다. / 어머니는 여성이 가질 수 있는 이름 중에서 가장 (…) 중한 이름이다.

이렇게 "크고" "중한" 것을 수호하기 위해 도사道士께서는 분연히 일어나 소설을 쓰셔야 했고, 나치들은 그림 쪽을 선호했다.

화가들은 무엇보다도 먼저 삶에서 자신의 고귀하고 유일한 종족과 그의 특성을 지키는 수호자로서 어머니의 역할을 강조한다.

"그리하여 어머니와 아이는 이른바 독일 미술에 있어서 자주 볼 수 있는 표현의 대상이 되었"고, "조선왕조 선조 연간"에 살았던 어느 어머니의 얘기가 느닷없이 "이른바" '국민문학'의 표현대상이 되었던 것이다.

어머니=출산

물론 현모는 거저 되는 게 아니다. 거기에는 철저한 준비가 필요하다.

우리가 세상에서 맡게 되는 하찮은 일에도 나름의 각오와 다짐은 있게 마련이다. 그런데 어머니처럼 크고 중한 일을 맡으려 하면서 어찌 거기에 걸맞는 준비가 없을 수 있겠는가.

하모. 그렇기에 나치들은 이를 아예 국민교육헌장으로 못 박아 놓았다.

나치의 소녀에 대한 교육은 그들이 장래의 삶의 의무와 과제가 되는 어머니의 역할을 잘 해낼 수 있도록 엄격한 신체단련을 통해 그들의 혈통과 영혼을 건강하고 즐겁게 만드는 것이다.

이렇게 여성=어머니로 등치되다 보니, 아이를 안 낳는 여성은 본성의 배반자가 되고, 이문열은 정의의 법정에 이 인류의 배반자들을 고발한다.

그것은 (…) 출산과 육아 자체를 거부할 명분은 되지 않는다.

이렇게 그는 여성들이 자기 배腹의 주인이 될 권리를 부인하고, 제 것 아닌 남의 배에 대해 주제넘게 왈가왈부한다. 제 말대로 애를 낳고 안 낳고는 여성들이 알아서 결정할 문제다. 그런데 동시에 그는 여성들이 "출산과 육아"를 "거부"하는 데에 자기가 납득할 만한 "명분"이 있어야 한다고 믿는 모양이다.* 이상한 성격이다. 나치도 그랬다. 이들은 협박까지 한다.

독일제국은 장래 민족공동체의 불완전한 분자로서 결혼을 했든 또는 하지 않았든 간에 아이가 없는 여성을 주시할 것이다.

* 일본에서는 최근까지 약국에서 피임약을 판매하는 게 금지되어 있었다. 말하자면 애가 생기는 대로 낳으라는 것이다. 아니면 건강의 위험을 무릅쓰고 낙태수술을 받든지.

애 안 낳으면 두고 보겠다는 얘기다. 여성 중엔 여러 가지 이유에서 애를 못 낳거나 안 낳는 사람들이 있다. 어머니가 아니라고 "불완전한 분자"가 되는 건 아니다. 이들 역시 아무 결함 없는 여성이다. 아이를 낳느냐 마느냐는 그들의 자유다. 왜 그들이 "출산과 육아를 거부"하기 위해 굳이 이씨 "문중 사람들"이 납득할 만한 "명분"을 가져야 할까?

출산＝인류수호

심오한 이유가 있어서란다.

아이를 낳고 기른다는 것은 세상의 바탕을 이룩하는 일이 되고, 그 한 가지만으로도 출산의 가치를 부인하는 천만 가지 교묘한 논리를 대적할 수 있다.

즉 당신이 애를 안 낳으면, 인류는 어떻게 되느냐. 마징가제트나 짱가나 그랜다이저보고 애를 낳으라고 하란 말이냐? 대체 초록빛 지구와 우주는 누가 지킨단 말이냐. 그러다 인류가 망하면 당신이 책임질 거야? 뭐, 이런 논리다.

도사께서는 자기의 이 견변大便철학이 "천만 가지" 우주괴물을 "대적할 수 있다"고 야무지게 착각하신다. 가소로운 얘기다. 물론 농사를 짓지 않으면 인류는 굶어죽는다. 하지만 모두 농사를 지어야 할 의무가 있는 건 아니다. 그리고 친구에게 농사 대신 장사를 해보라 권한다고 농사의 "가치를 부인"하는 "교묘한 논리"가 되는 것도 아니다. 그러잖아도 인구학자들에 따르면 40년 후 지구는 미어터질 거란다. 걱정도 팔자다.

논두렁에 쭈그리고 앉아 "남녀의 불화로 인류의 지속"이 "위협을 받"으면 어떡하나 한숨을 쉬며 개탄을 하는 이문열의 이 "교묘"하지조차 못해 속이 들여다보이는 "논리"*의 본질은, 번식의 필요성이라는 집단적 생물학의 원리를 그대로 여성들 개개인에 부과되는 도덕적 격률로 바꾸어 놓는 데에 있다. 이 무지막지한 생물학적 환원주의. 전형적인 파시스트적 발상이다. 나치의 말이다.

> • 도사의 말씀인즉 "남편이 고함을 친다고 맞고함을 치는 게 남녀평등"이 아니란다. 도사께서는 이렇게 "세상을 있게" 하고 "세상의 바탕을 이룩하는" 이 "존귀"하고 "신령스런" 존재에게 감히 "고함"을 치면서, "맞고함"만은 정중하게 사양하신다.

여성들은 아이를 출산함으로써 우리 민족이 이 세상에 태어나게 했던 것이다. 다시 말하면 우리 민족을 존속케 하는 투쟁에서 그들은 싸우는 것이다. / 여성은 단일조직으로서 민족의 부양을 위한 투쟁에 희생해야 한다.

생물학적 환원론+전체주의. 이게 바로 "신성한" "삶의 수호자"로서의 여성이라는 나치 이데올로기의 본질이다. 이문열에게도 여성은 삶의 수호자, 즉 "세상을 있게 하는" 자다.

세상을 있게 하는 일, 지금 여기 있는 모든 것에 이름을 매기고 뜻을 주고 값을 셈하는 존재를 만드는 일—그보다 더 크고 아름다운 일이 어디 더 있겠는가.

나치가 "민족"의 존속을 얘기한다면, 이문열은 "가문"의 존속을 위해 여성들의 희생을 강요하는 차이가 있을 뿐, 생물학적 집단윤리는 피차마차다.

여성=자식

여성은 누구인가? 여성의 정체성은 어디에 있는가?

부녀의 길에서 가장 큰 것은 어머니의 길이고 그 성취는 자식으로 드러난다.

여성의 정체성은 먼저 "자식"에게 있다. 다른 한편, 그는 여성은 남편의 "가문"을 통해 "자아"를 확대할 수 있다고 말한다. 한마디로, 여성의 정체성은 "자식"과 "가문"에 있다는 것이다. "자식" 없고 "가문" 없는 여자는 정체성이 없다는 얘길까? 그는 아직도 자기가 뭔가를 "선택"했다고 착각하는 그 귀신의 입을 빌어 말한다.

백 권의 책을 남기고 천 폭의 그림과 만 수의 시를 남겼다 한들 아이들과 아이들의 아이들로 이어지는 끝없는 세상과 어찌 바꿀 수 있으리.*

이 군은 신념으로 "아내와 어머니로서 (…) 부녀에게 주어진 직분에만 전념해 삼십 년을" 보낸 이 여인은 그 대가로 "자식"을 일곱이나 "성취"했다. 나라에서 훈장까지 받았다.(나치도 애 잘 낳는 여자들에게 '히틀러 어머니Hitler Mutter'라는 훈장을 내렸다.)

이 세상에서 나를 특정하는 유일한 기호는 아버지의 핏줄을 드러내는 장張이라는 성씨와 훌륭한 아들을 기려 나라에서 내린 정부인貞婦人이란 봉작뿐이다.

"나라에서 내린" 훈장도 그녀에겐 "특정"할 이름이 없다는 이 '기호'학적 불행만큼은 변경하지 못한다. "가문"에서 물려받은 장張이라는 성, "자식" 잘 키워 얻은 "정부인"이라는 봉작. 이 속에서 그녀의 이름은 지워지고, 그와 함께 존재도 지워진다. 虎死留皮, 人死留名. 결국 족보에 이름조차 남기지 못한 그녀의 존재는 도대체 무엇일까?

그녀는 "가문"이다. 빽쩍지근하게 출세했다는 그 잘난 일곱 "아들"이라 한다. 그리하여 이문열은 이 여인의 자식들이 얼마나 출세했는지 묘사하는 데에

200쪽 분량의 소설 중 26쪽을 할애한다. 하지만 수백 권의 책을 남기고, 천 수의 시를 짓고, 만 마디의 "명언"을 남긴 이들이, 그렇게 많은 종이를 글자로 채우면서도 정작 거기에 그 고생을 해가며 길러주신 제 어머니 이름 석 자를 적어 남기는 데에는 인색했던 모양이다. 그러니 우린 이 여인을 어떻게 "특정"해야 할까? '장자식張子息' 여사? '장가문張家門' 여사? 아니면 '장봉작張封爵' 여사?

여성=남편

여자=가문=아들. 이를 증명하려고 그는 주먹을 불끈 쥐더니 묵찌빠를 시작한다.

우리는 잎처럼 피고 지지만 뿌리와 씨앗에 담긴 생명력은 다함이 없음을 믿었다.

감자에 싹이 나서 잎이 나서 피고 지고……. 즉 여자("잎")는 "피고 지지만" 남편의 가문("뿌리")과 아들("씨앗")의 "생명력은 다함이 없다". 한마디로, 여성의 존재이유는 "뿌리"이자 "씨앗"인 감자에게, 즉 남성에게 있다는 얘기다. 이런 걸 '비유에 의한 논증의 오류'라 부른다. 히틀러는 최소한 경험적(?) 근거라도 갖고 있다.

여성과 비교해 볼 때 남성의 세계는 거대하다. 남성은 스스로의 의무를 가지고 있으며 가끔 자신의 생각을 여성 쪽으로 기울이기도 한다. 그러나 여성의 모든 세계는 남성이며 여성은 남성 이외의 것에 대해서는 거의 생각하지 않는다.

여성의 모든 것은 남성이며, 여성의 존재이유는 남자라는 가르침이시다. 이런 확신에서 이문열은 빠("잎")를 향하여 묵("뿌리와 씨앗")에게 "복종"을 하라고 감히 "요구"함으로써, 묵찌빠의 기초인 가위 바위 보의 규칙을 위반한다.

그것이 요구하는 복종과 인내와 헌신

나치도 똑같은 얘기를 한다.

여성은 영원히 인내하고 헌신하며 또 영원히 그 고통을 참아야 한다.

신체구조=성차별

왜 여성은 "복종"하고 "인내"하고 "헌신"해야 하는 걸까? 이문열은 한 "4백년"쯤 묵어 퀴퀴한 냄새가 나는 낡은 고전적인 근거를 제시한다.

어떤 일은 신체의 구조나 기능 때문에 대체가 불가능하고 어떤 일은 대체가 가능해도 현저히 효율이 떨어진다.

남자와 여자가 바꾸어 하면 "불가능"하다는 그 "어떤 일"이 어떤 일일까? 그 "효율" 때문에 인류의 절반이 인권을 반납해야 하는 그 "어떤 일"이 어떤 일일까? 여인의 "존빈尊貧"되시는 "군자"께서 그 일이 "어떤 일"인지 친히 시로 남기셨다. 여인들이 "서책 한 번 못 펴고도 하루해가 짧을 지경"으로 "안채와 부엌"을 주름잡으며 "일생을 보내"는 동안, "군자"께서는 "어떤 일"을 하셨는지 보자.

맑은 냇물에 두 발을 씻고
푸른 소나무 아래 바람을 쐬네

마음에 바깥 생각 전혀 없으니

구름 또한 한가로운 모습이구나

장하다, "군자". 한마디로, 아무 "생각" "없"이 "냇물"에 "두 발" 담그고 "소나무 아래" "바람을 쐬"며 "한가로"이 "구름"을 감상했다는 거다. 세상에, 자기 부인은 "시간을 쪼개고 잠을 아껴도 할 일이 나날이 태산처럼 쌓여가기만" 하던 그 시절에 말이다. 통탄을 금치 못할 일이다.

한편, "냇물에 두 발을 씻고" "소나무 아래 바람을 쐬"는 게 여성에게는 "신체의 구조나 기능 때문에 불가능하고" 설사 "가능해도 현저히 효율이 떨어진다"고 한다. 상당히 재미있는 학설이다. "틀림없이 세상의 많은 것은 변하지만 더러는 변하지 않는 것들도 있다". 정말 그런 모양이다. 이렇게 "신체구조" 내지 생리학적 구조의 차이로 성차별을 정당화하는 "논리"는 "더러" "시간의 파괴력을 이겨내어 존재하고 (…) 시대의 변화를 뛰어넘어 작용"하곤 한다. 제3제국의 경우가 그랬다. 히틀러의 말이다.

만일 독일 여성이 한번 국회에 좌석을 차지하고 의회 진행에 참석했다고 하면 그녀는 여성에게는 그 자리가 맞지 않는다고 하는 사실을 당장 알 수 있을 것이다.

왜? 어느 나치의 대답이다.

의회에서의 소모적 투쟁은 여성의 부드러운 신경조직에 적합한 것이 아니다.

즉 생리학적 이유에서 여자는 정치가가 되면 안 된다. 그게 다 실은 여성의 "부드러운 신경조직"을 위해서 그러는 거란다. 나치들, 이렇게 애처가다.

여성의 일생=희생

그의 말은 이어진다.

여성의 투표권은 남성이 행사하였다. 왜냐하면 여성에게는 필요한 것이 아니기 때문이다. 만일 여성을 뽑지 않는다면 여성은 꼭 투표를 해야 할 필요가 없다. 이러한 것은 사람들이 생각하는 것처럼 여성을 비하하는 것이 아니고 도리어 그들의 인생을 풍부하게 하는 것이다.

몰라서 그렇지 여성의 정치적 권리박탈이 "여성을 비하하는" 게 아니라 외려 "그들의 인생을 풍부하게" 한다는 거다. 이렇게 독일 여성들에게 '나치적인 희생 제물의 역할'을 강조하는 이 나치당원은 재미있게도 "피할 수 없는 강요" 속에서도 기어이 "선택의 여지"를 찾아 그 강요를 "적극적"으로 "수용"한 여성이었다.

• 이런 문화 속의 삶이 어떤지 알려면 아프가니스탄으로 가보라. 차도르를 쓰지 않는 여성들을 남자들이 모욕하고 경찰이 연행하고, 여성의 학교 출입을 금지하고 "부엌과 안채"에 가둬 놓고……. 물론 아프가니스탄의 이 문열들은 이게 다 여성들의 "선택"이라고 우길 거다. "피할 수 없는 강요에도 선택의 여지는 있"으며 "맹목적 순응과 적극적 수용은 다르"며……. 이들은 여아의 클리토리스를 잘라 버린다. 왜? "성윤리의 부패와 착종"을 막고 "정조"를 지키기 위해서란다. 그까짓 성감대를 도려낸들 번식에는, 즉 "신령한 암컷"의 역할을 하는 데에는 아무 지장이 없다는 거다. 그런데 여아의 클리토리스를 제거하는 이 범죄를 자행하는 것은 대개 그 "피할 수 없는 강요"를 "적극적으로 수용한" "어머니"들이다.

여성의 입을 빌어 여성을 공격하는 이 비열함. "희생제물"의 "인생"이 "풍부"할 수 있다고 우기는 이 뻔뻔함. 이 도착증적 논리와 비열한 전술을 이문열에게서도 본다.

솔직히 말하면 나의 시대에는 출산과 육아가 여성 개인의 선택사항은 아니었다. 그것은 당연한 의무로서, 거부는커녕 신체적 결함에 따른 그 불이행조차도 여성이 내쳐지는 일곱 가지 죄악 가운데 하나가 되었다.

먼저 그는 당시 여성에게는 아이를 '안' 낳을 자유는 물론 심지어 '못' 낳을 자유조차 없었다고 "솔직히" 고백하더니, 갑자기 자세를 획 바꾸어 딴소리를 한다. 이 "의무"는 "당연한" 것이므로 이 애물단지를 외려 "자랑과 기쁨"으로 "끌어안"으라는 거다.

나는 회임과 분만을 자랑과 기쁨으로 끌어안기 위해 먼저 그 현빈의 꿈을 골랐다.

어차피 피할 수 없는 운명이라면 차라리 적극적인 "선택으로 껴안"음이 현명하다고 사료되는데, 어떠신지. 가능하면 거기에 "자랑과 기쁨"을 덧붙여주심이 어떠신지. 뭐, 이런 얘기다. 이 도착증. 나치도 그랬다.

젊은 여성은 전 생애를 희생제물로서 의무를 스스로 수행함으로써 그들의 가슴을 기쁨과 생동감으로 가득차 있게끔 성장시켜야 한다. 왜

냐하면 이러한 기쁜 마음에서 힘이 발산되기 때문이다.

나치 역시 "희생제물"들에게 마음자세까지 강요한다. "기쁨과 생동감으로". 희생의 의무를 지우는 것으로도 성이 차지 않았던지, 이들은 이렇게 그 의무를 수행하는 마음자세까지 지정해놓고 강요한다. 기뻐하고 자랑하고 생동하라. 이로써 여성들은 우울할 감정의 자유까지 빼앗긴다. "용모 사기辭氣(=말과 얼굴빛)에 설만褻慢한 의사를 보이지 아니하더라." 한마디로 '찍소리도 못 하고 살았다'는 얘기

〈태양처럼 밝은 삶〉, 리하르트 하이만, 대독일전, 1939. "나는 회임과 분만을 자랑과 기쁨으로 끌어안기 위해 먼저 그 현빈의 꿈을 골랐다."(이문열) "젊은 여성은 전 생애를 희생제물로서 의무를 스스로 수행함으로써 그들의 가슴을 기쁨과 생동감으로 가득차 있게끔 성장시켜야 한다."(나치)

를 양반가에선 이렇게 난해하게 하는 버릇이 있다.

존재의 개별성=무의미

여기서 다시 한번 "가문"과 "자식"의 논리로 돌아가보자. 도사께서는 바텐더가 되어 공맹에 생철학과 사회유기체론과 하이데거를 적당히 섞어 열심히 흔들어댄다.

어차피 너는 육십 년 칠십 년의 제한된 시간만을 살고 가야 한다. 그러나 가문이란 것에 너를 던지고 동일시를 얻게 되면 (…) 대대로 이어질 네 자손에까지 네 삶은 연장된다. 또 내 삶은 한정된 공간에 갇혀 있다. (…) 그러나 아직 태어나지 않은 미래의 구성원들까지 포함된 가문이란 존재의 틀 속에 들어가게 되면 너의 공간은 무한이라고 해도 좋을 정도로 넓혀진다. 그 확대된 시간과 공간의 성취가 모두 너의 것이 된다.

이게 바로 이문열이 자랑하는 소위 "가문을 통한 자아 확대의 논리"다. 자아를 없애는 게 곧 "자아"를 "확대"하는 길이라는 거다. 죽는 게 곧 사는 것. 이런 "논리"를 논리학에서는 '모순'이라 부른다. A=~A. 사람을 죽여 놓고 되려 영생을 선사했다고 생색내는 격이다.

나치의 '대지와 혈통의 신화'가 사회유기체론이라면, 이문열의 "피로 확대된" 존재론은 "가문"유기체론(?)이다. 이 논리가 말이 되려면 그의 말대로 "두 가지 전제"가 필요하다. 첫째 "영혼 불멸 혹은 존재의 영속성에 관한 믿음", 둘째 "존재의 개별성 부인", 즉 "존재는 개별적으로는 무의미하거나 결코 완전할 수 없고 오직 집단을 통해서만 그 완전한 실현양식을 찾을 수 있"다는 믿음. 파시스트 집단주의의 "가문"주의적 변종이다. 어쨌든 자기가 이 "두 가지 전제조건"을 두루 갖추었다고 믿었던지, 그는 여성들에게 자신있게 권한다. "작고 무력한 개별성"보다는 "피로 확대된 존재의 큰 틀에 더 많은 기대"를 걸라고. 왜?

① 어차피 세상에 확실한 것은 아무것도 없다. (…) 엄밀히 따지면 세

상의 모든 가르침은 우리가 진정으로 믿어서가 아니라 그렇게 믿고 싶어서 만든 믿음의 체계에 지나지 않을는지도 모른다.

이런 걸 '거짓말쟁이의 역설'이라 부른다. 만약 "세상에 확실한 것이 아무것도 없다"면, 세상에 확실한 것이 적어도 하나가 있게 된다. 즉 "세상에 확실한 것은 아무것도 없다"는 것. 이렇게 헛소리를 섞어가며 남의 눈에 "피"눈물 날 얘기를 하더니, 어디서 하이데거를 주워들었는지 갑자기 "존재" 운운하며 푸닥거리를 시작한다.

② 시간과 공간에, 그것들이 강제하는 허무와 고독에 속절없이 드러나 있는 존재를 감싸줄 수 있는 것이라면 전혀 검증될 수 없는 미신일지라도 나는 믿고 싶다.

여기서 (①+②) 그는 드디어 몇 가지를 실토한다. 첫째, 자기의 "믿음의 체계"가 "확실한" 게 아니라는 것. 그런데 어떻게 그렇게 확신에 차 여성들을 질타하는 걸까? 둘째, 자기의 "믿음의 체계"가 실은 "검증될 수 없는 미신"이라는 것. 내 진작부터 그럴 줄 알았다. 셋째, 이 미신을 자기도 실은 "진정으로 믿"지는 않는다는 것. 이상한 성격이다. 왜 자기도 믿지 않는 걸 주장하는 걸까? 넷째, 하지만 그걸 "믿고 싶"다는 것. 왜? "허무"하고 "고독"해서란다. 이 대목에서 뒤로 넘어갈 뻔했다. 이 봉건실존주의자에 따르면, 여성이 차별을 당해 마땅한 이유가 결국 "허무"와 "고독" 때문이라는 거다. 잘 나가다 정말 사람 "허무"하게 만든다.

죽음의 미학

도착증은 여기에 그치지 않는다. 그는 여인들의 죽음에 대해 얘기한다. 제사에 올릴 시루떡에 김이 안 올라 목 맨 여인, 남편 죽었다고 굶어죽은 여인. 제도가 강요한 이 끔찍한 살인의 정당성을 우리에게 "이해"시키기 위해, 이문열은 이 가련한 희생자들을 타임머신에 태워 낭만주의 시대로 관광을 보낸다.

하기야 순절을 시차時差가 있는 정사라고 보면 오늘날의 사람들도 이해 못 할 것은 없다.

이 여인들이 긴 여행의 피로와 "시차"를 극복할 때쯤이면, "순절"은 어느덧 "정사"情死가 되어 있고, 이로써 그들은 졸지에 살아 생전 누려보지 못한 호사를 누리게 된다. 물론 이게 다 "자식" 잘 둔 덕이다. "자신이 사랑한 사람과 죽음을 함께 하였다는 사실은 (…) 언제나 쉽게 우리의 감동을 자아낸다". 이렇게 그는 가소롭게도 효도관광 티켓 한 장으로 너무나 "쉽게" 우리의 "감동을 자아"내려 하며, 이로써 기어이 안동 땅 촌티를 내고야 만다. 이문열 자신의 얘기다.

순절을 포상해 세워지는 열녀문과 비각은 시집가문의 명예일 뿐더러 (…) 친정집의 자랑이기도 해서 순절은 양가 모두에서 장려되었다. (…) 순절은 가문의 명예를 더함과 아울러 (…) 부담을 덜어주는 것이어서 시집의 방조 또는 은근한 협력 아래 이루어지기 일쑤였다.

말하자면 "가문의 명예"를 위해 혹은 실컷 부려먹다 쓸모가 없어진 "부담"을 처치하기 위해 "양가 모두에서 장려"하고 "시집의 방조"와 "은근한 협력 아래" 자행된 이 비열한 범죄를, 그는 "정사"라 부른다. 이 도착증. 입은 비뚤어져도 말은 똑바로 하라고, 그건 정사가 아니라 순장殉葬이다.

이문열은 이 비열한 살인행위에서 "섬뜩한 아름다움"을 느낀다. 왜? 거기에는 "동물에게 없는" "이념미"가 있기 때문이란다. "동물"들이 들으면 무지 섭섭해할 게다. 최소한 짐승들은 "양반"이라는 해괴한 종자의 수컷들처럼 그까짓 "시집가문의 명예" 때문에 암컷더러 죽으라고 주위에서 "장려"하거나 "방조"하거나 "협조"하는 치사한 짓은 안 한다. 오죽 답답했으면 보다 못한 호虎랑이가 거름통에 빠진 "양반"을 질叱타하러 박제가 될 위험을 마다 않고 산을 다 내려왔겠는가. "인류사의 진행이 중단되는" 걸 우려하는 숭고한 시간을 갖는 틈틈이, 가끔 짬을 내어 이 영물靈物이 제 식단食單에서 왜 "양반"을 제외했는지, 그 깊은 뜻을 헤아려보는 것도 의미가 있을 게다. 그건 영양학적 이유가 아니라 위생학적 이유에서였다.

> 내게는 순절이 그릇된 이념화의 희생이라 해도 감동은 조금도 줄어들지 않는다.

금수도 마다하는 이 야만성에서 그는 "조금도 줄어들지 않"고 "감동"을 받는다. 왜? "역사가 시작된 이래 인간이 목숨을 바쳐온 이념이 언제나 정당하고 합리적이었던가". 물론 아니다. 하지만 그 "이념이" 그렇다고 "언제나" 부"당"하거나 비"합리적이었던" 것도 아니다. 그래서 분별력이 필요한 것이고, 아무 생각 없이 "그릇된 이념"을 위해 "순절"하는 무분별함에선 우린 전혀 감동을 못 받는 거다. 가령 "세상에 확실한 것은 아무것도 없다"는 회의에서 제 뱃속에 소화기관이 온전한가 확인하고팠던 미시마 유키오, 또 제 머리에 권총을 쏘면 정말로 죽는지 "확실"히 해두려고 했던 어느 일본 극우파 영감. 이런 자들의 죽음에서도 이문열은 물론 "조금도 줄어들지 않"고 "감동"을 먹을 게다. 퍽 재미있는 감성이다.

이런 유의 키치나 촌스런 변태적 유미주의에 "쉽게 감동"을 먹는 것. 그게 바로 멍청한 극우 감성의 전형적 특징이다. "세상"이 다 "변"해도 "변하지 않는 것"을 믿느라 20세기가 끝나도록 미처 계몽의 혜택을 못 받은 사람들, 아직도 "새벽 암탉 소리는 재앙이라" 믿는 멍청한 대한 양계장의 영계 밝히는 수탉들은 이 때문에 나치돌격대와 가미가제, 히틀러와 도조의 죽음을 묘사한 3류소설이나 영화를 보면서 닭똥 같은 눈물을 퍼지르곤 하는데, 이때 분비되는 액체의 양은 질량보존의 법칙을 지키느라 그런지 여느 때에 비해 "조금도 줄어들지 않는다"고 한다. 이 놀라운 얘기, 경상도 "안동 서쪽 20리쯤 되는 검제" 땅에 대대로 전해 내려오는 전설이다.

분별없이 "그릇된 이념"을 위해서 죽는 건 정말 "어리석"고 "미련스"러운 짓이다. 이문열도 안다. 하지만 상관없다. 왜? "인간은 영악하기로 이름났지만 또한 대단찮은 이념에 죽기도 하는 어리석음과 미련스러움이 있다". 즉, 그게 어쩔 수 없는 인간의 조건이라는 거다. 기가 막히다. "어리석"고 "미련스"럽기는 자기가 해놓고 왜 그 책임을 "인간" 일반에 돌리는 걸까? 이렇게 허락도 없이 모든 "인간"을 자기 수준으로 내려놓더니, 이 "어리석음과 미련스러움이야말로 인간만이 지닐 수 있는 아름다움"이라며 이 나르치스는 제 "인간"학적 "아름다움"에 미학적으로 감동까지 먹는다. "아름다"운, 너무나 "아름다"운, 찬란한 벼슬을 자랑하는 수탉머리만큼 "아름다"운 우리들의 찌그러진 오빠.

가부장독재

이문열은 자기가 "반反페미니스트"라는 "낙인"은 "시비 붙이기를 좋아하는 대중매체의 선동"이 낳은 오해라며 억울해한다. 자기가 비판하는 건 "저속하게 이해되고 천박하게 실천되는 페미니즘"일 뿐, 자기도 여권 자체에는 반대하지 않는다는 거다. 이로써 그는 우리를 또 한번 웃긴다. 하긴 나치도 여권을 주장했다.

> 그러므로 여성과 소녀 역시 동일한 인생범주에서 그들의 권리를 주장하고, 반려자인 남성과 함께 유용한 민족의 그루터기이며 놀라운 영향력을 가진 민족적 실체

박정희의 '한국적 민주주의'와 우리가 생각하는 민주주의가 다르듯이, 싸나이 이문열이 통 크게 인심 한번 써서 꾹 참아주는 여권의 개념과 일상적 의미의 여권은 상당히 다르다. 앞에서 우리는 이문열 "페미니즘"의 여권이 어떤 것인지 보았다. "당연한 의무로서" 강요되는 "회임과 분만"을 "자랑과 기쁨"으로 "선택"할 권리. 이문열은 말한다.

그들이 이런 저런 단체가 좌판처럼 펼쳐놓은 싸구려 문화강좌나 오래 전부터 정원미달인 하류대학의 대학원에서 혼자 황홀한 몽상에 젖어 있는 사이에 (…) 가정은 뿌리째 흔들린다.

왜 이리 흥분하는 걸까? 물론 그 "문화강좌"가 "싸구려"고 그 "대학원"이 "하류대학" 소속이라서가 아니다. 그 강좌가 아무리 '비싸고', 또 그 학교가 "정원"이 꽉찬 그의 모교 서울대학교 사범대학이라 하더라도, 그는 여전히 욕을 퍼부을 것이다. 그가 눈뜨고 못 보는 것은 "가정"을 "뿌리째" 흔드는 것이다. 왜? 히틀러의 대답이다.

남성과 여성이 (…) 한 가정을 이루는 가능성이야말로 앞으로 우리가 해결해야 할 가장 중요한 과제다. 그렇기 때문에 이러한 가정을 파괴한다는 것은 지고한 인간정신의 종말을 의미하는 것이 될 것이다.

그 성스런 분노의 이유: 어찌 "지고한 인간정신의 종말"을 좌시하리요. 사실 나는 이런 숭고한 인문정신의 소유자들이 제 부인에게 "회임과 분만"을 "선택"하라 강요하든, 제 딸에게 모든 걸 버리고 "신령스런"이란 형용사가 붙은 "암컷"의 역할을 "선택"하라고 강요하든, 혹은 제 어머니에게 "지어미된 의義를 지켜 한 지어비만을 섬"길 것을 "선택"하라고 주제넘은 충고를 하든 관심이 없다. 그건 어디까지나 개인의 취향문제니 간섭할 게 못 된다. 문제는 이 시대착오적 가부장주의의 정치적 함의다.

정치와 가부장주의

나치 예술에는 종종 "가정"의 장면이 등장한다. 아직도 네오나치의 사무실에는 종종 전통적 가족의 사진이 큼지막하게 붙어 있는데, 이는 자기들이 민족의 전통적 가치의 수호자임을 강조하기 위해서다. 어떤 학자에 따르면, 이런 그림이나 사진에 "제시된 가족구조는 물론 다분히 가부장적"이라고 한다. "즉 아버지는 가족의 '지도자'로 나타나는데 이는 당시 독일 파시즘이 관심을 갖고 있던 권위주의에 대한 집착을 이상적인 방법으로 그림으로 표출하고 있는 것이다." 다음은 어느 나치 그림에 관한 설명이다.

> 이 그림에는 봉건주의적 의미에서 머슴과 하녀가 대가족 개념에 포함되어 있다. 더구나 이 그림에서 미화된 머슴과 하녀 계층은 실제 임금을 받지도 않고 야만적으로 착취를 당하는 농촌 노동자들인데도 여기서는 그러한 사회적 모순이 완전히 위장되어 있음을 볼 수 있다.

이문열의 『선택』에서 주의해야 할 점은 바로 이거다. 가령 거기에는 멸문의 화를 당한 사육신 하위지의 조카 원源을 구해낸 충직한 비복婢僕의 "감동"스런 얘기가 나온다. 금부도사가 가솔들을 끌고 갈 때 여종이 자신의 아이와 바꿔치기함으로써 주인의 아들을 살려냈다는 것이다.

사람들은 그 얘기에서 통상 자신의 핏줄을 죽여가며 주인의 아들을 구해낸 비복의 피를 토한 듯한 충성에 감동하고 (…) 바꿔치기를 생각해낸 그 기지를 칭찬했다. 그러나 내게는 왠지 그렇도록 비복을 돌본 선생의 인품이 먼저 떠올랐고 아울러 진정한 주종관계란 어떤 것인지를 따져보게 해주었다.

여기서 이문열은 "진정한 주종관계"라는 말로 조선시대 500년의 "야만적 착취"와 "사회적 모순"을 슬쩍 덮어버리고, 한 술 더 떠 주인이 평소에 오죽 잘 해주었으면, 세상에 얼마나 잘 "돌"보아주었길래, "비복"이 제 "핏줄"을 바쳐 주인의 아기를 구했을까, 호들갑을 떨며, 이 "피를 토한 듯한" 끔찍한 얘기를 조상의 "인품"을 새삼 감탄하는 기회로 활용한다.

예로부터 남녀관계는 사회관계의 축소판이었다. 고대 노예제사회에서는 남자가 부인의 생살여탈권을 갖고 있었다. 봉건제 사회에서 남자는 여자를 머슴이나 하인처럼 부려먹었다. 근대사회에서 남자와 여자는 비로소 법적으로 평등권을 누리게 되나, 경제권을 쥔 남자가 가정에서 실질적인 결정권을 행사하게 된다. 이렇게 남녀관계가 사회관계의 거울이라면, 나치나 이문열의 시대착오적 가부장주의 선전이 그들의 정치적 프로그램과 관계 있음을 쉽게 알 수 있다. 파시스트들에게 "질서는 곧 위계질서"(무솔리니)였다. 그리하여 그들은 전 사회를 "피를 토한 듯한 충성"을 토대로 한 주인과 머슴 사이의 "진정한 주종관계"로 조직하려 했다. 이문열의 '가부장주의' 선전에도 실은 심오한 뜻이 있다.

한국의 가부장독재

먼저 경제적 측면에서 볼 때, 가부장제 찬양은 기업체를 '가부장(회장)을 중심으로 한 대가족'으로 선전하는 아시아적 기업이데올로기와 관계가 있다. 가령 한국의 재벌을 생각해보라. 하나의 대가족에 의해 가부장제적으로 운영되는 족벌체제다. 이번 경제 위기의 주범으로 지목되는 이 봉건적 기업문화의 원조는 일본이다. 그래서 서구 노동자들이 주 2일의 휴일과 연 45일의 휴가를 즐기는 동안, 일본 노동자들은 회사의 머슴이 되어 시도 때도 없이 아버님께 열심히 효도를 하고 있다. 흔히들 이 체제의 매력은 종신고용에 있다고 한다. 하지만 경제 위기가 오니까, 아버님께서 자식들에게 가차없이 '의절'을 선언하신다. 그것도 대량으로.

다른 한편, 정치적 측면에서 이문열의 가부장제 찬양은 권위주의 정권에 대한 지지를 의미한다. 말하자면 이승만, 박정희, 전두환 같은 독재자를 어버이로 섬기라는 얘기다. "가부장제 권력" 운운하며 박정희를 찬양하는 이인화를 생각해보라("가부장적 권력들이 대규모로 확대되어 결합된 것 / 가부장적 권력에 봉사할 가능성"). 조갑제가 한편으로 이승만을 나라의 어버이로 떠받들고("국부"), 다른 한편으로 박정희를 "유교적 교양"을 가진 "온건"한 가부장 내지 스승으로 만드는 것도 이와 관련이 있다("부모나 교사의 입장을 연상").

대통령은 아버지가 아니다. 우리는 아버지를 투표로 선출하지 않는다. 그래서 대통령=아버지로 보는 자들은 투표 대신에 체육관 문중회의를 선호하는 경향이 있는 거다. 회장님도 아버지가 아니다. 나와

대등한 관계에서 노동력 판매의 계약을 맺은 사람일 뿐이다. 아버지는 집에 계시다. 한국 유교자본주의자들의 이상理想. 일본 사회에서는 회사를 그만두는 사람은 후레자식으로 간주되어 다른 회사에 취직하기가 힘들다. 가부장제 이데올로기가 '계약의 자유'라는 자유주의적 권리를 침해하는 예다. 천황을 가부장으로 모시고 사는 일본 정치 문화의 후진성은 이미 전세계가 아는 사실이다. 세계의 비난을 무릅쓰고 버젓이 전범戰犯을 찬양하는 영화를 만들 수 있는 건 이 네오파시스트적인 사회 분위기 때문이다.

이문열에게 "여성"이라는 "기호"의 의미는 "자식" "남편" "가문"이다. 이걸 듣고서 가장의 권위가 땅에 떨어진 오늘날 가장의 기를 세워주는 얘기라 좋아할 남자들도 있을지 모르겠다. 착각이다. 이 괴상한 "기호" 작용은 경제나 정치사회의 다른 관계에서도 그대로 반복된다. '자식 남편 가문'을 위해 "여성"이라는 "기호"의 존재가 사라지듯이, 당신이라는 "기호" 역시 또 다른 가부장과 가문, 즉 회장님과 회사 혹은 권력자와 정권을 의미하기 위해 지워질 수가 있다는 얘기다. 그런 사회를 우리는 파시스트 사회라 부른다.

이게 바로 이문열이 말하는 "존재의 개별성 부인"의 정치적·경제적 의미다. "존재는 개별적으로는 무의미하거나 결코 완전할 수 없고 오직 집단을 통해서만 그 완전한 실현양식을 찾을 수 있"다는 말이 무엇을 의미하는지 이제 알 수 있을 게다. 이문열 자신이 실토하듯이 그건 "검증될 수 없는 미신"일 뿐이다. 그러니 진지하게 대해줄 필요가 없다. 내가 이해하지 못 하는 게 있다. 왜 그는 이 "미신"을 "믿고 싶어" 하는 걸까? 분명히 이유가 있을 게다. 뭔지 알 수 없지만, 적어도 그의 어이없는 주장대로 단지 "허무와 고독" 때문에 그러는 건 아닐 게다.

가부장독재와 폭력

가부장독재는 폭력을 의미한다. 이 봉건 극우파들이 이 가부장제 독재하에서 벌어진, 아니 벌어지고 있는 끔찍한 폭력을 어떻게 정당화하는지 보자. 먼저 이문열의 말이다.

> 진정으로 괴로운 사람에게는 비명도 신음도 겨를이 없다. 괴로움을 견딜 만하면서도 그것을 내세워 얻고자 하는 그 무엇이 있을 때 비명과 신음소리는 높아진다.

"비명소리나 신음소리"가 "높"은 것은 "진정으로 괴로운" 게 아니라, 그 "괴로움"이 "견딜 만"하다는 증거이므로, 그렇게 "소리"를 지를 "겨를"이나마 갖게 된 것을 감지덕지하게 생각하라는 얘기다. 민성고民聲高를 악성고樂聲高로 해석하는 이 변학도 심뽀는 어딘지 가부장독재하의 인권 탄압을 정당화하는 조갑제의 논리와 닮은 데가 있다.

> 그(박정희)의 민주화 세력에 대한 생각은 제거나 말살이 아니라 '한번 혼내준다'는 것이었다.

국민들이여, "온건"하게 "한번 혼내"주는 데에 그친 것이나마 감지덕지하게 생각하라는 얘기다. "제거"나 "말살"을 할 수도 있었는데 말이다. 이게 다 자기들의 "유교적 교양" 덕분이란다. 이분, 정말 우리 국민이 "교양" 있고 "온건"해서 그렇지, 프랑스에서라면 벌써 1789년경에 거울 없이도 제 눈으로 제 등을 보는 신비체험을 했을 거다.

> 선진강대국이란 나라에서 (…) 전경이 쇠파이프에 얻어터지는 꼴 봤는가. 그랬다가는 온 몸이 벌집처럼 되도 감히 옆에서 찍소리 한마디 못 지르는 것이 선진국이다.

『조선일보』 류근일의 말이다. 우연히 그 "선진강대국"이란 데서 살았던 내 경험에 따르면, "전경이 쇠파이프에 얻어터지는" 사건은 여기서도 종종 일어난다. 하지만 그렇다고 경찰이 "시위자"를 "벌집처럼" 만들어 놓지는 않는다. 하긴, 근처에 "시위" 좀 했다고 "벌집"을 만들어 놓는 나라(터키)가 있다. 이 나라는 열심히 유럽이 되고 싶어 하나, 다른 나라들이 안 붙여준다. 왜? "시위자"를 "벌집처럼" 만들어 놓고 국민들에게 "찍소리 한마디 지르"지 못하게 하기 때문이다.

"비명도 신음도 겨를이 없다" "한번 혼내준다" "벌집처럼 되도 (…) 찍소리 한마디 못 지르는 것". 이 언어의 폭력을 보라. 이는 현실 속에서 일어나는 가부장적 폭력의 언어적 반영이다. 이문열은 말한다.

> 점심을 라면으로 때운 아이들은 (…) 만화가게나 비디오방에서 폭력과 음란부터 익힐 것이다.

"폭력과 음란"이 불성실한 여자들 탓이란다. 거짓말이다. 폭력은 가

상공간에서 비롯되는 게 아니다. 가상은 현실의 반영일 뿐, 아이들은 아주 구체적인 걸 보고 "폭력과 음란"을 "익"한다. 가정과 학교에서 행해지는 폭력을 보고 "익"힌 아이들은 자연스레 '사람은 때려도 된다'는 생각을 갖게 된다. 아이들의 폭력은 성인 폭력의 모방이고, 다시 성인들의 폭력은 위에서 이문열·조갑제·류근일이 아무렇지도 않은 듯 묘사하는, 직장·군대·사회나 국가에서 행하는 조직적 폭력의 모방이다.

군사부君師父. 폭력의 주범은 셋이서 한 몸을 이룬다는 이 세 가부장의 독재. 그리고 가부장독재에는 이문열이 말하는 "뻔뻔한 반칙"이, 즉 공식적· 비공식적 "음란"이 따르기 마련이다.

포스트모던의 양반

요즘 사람들의 반의고적 경향, 양반문화에 대한 적의에 대해 그 근거 없고 비뚤어짐을 따지자면 따로이 책 한 권이 필요할 정도다.

이문열의 말이다. 이건 내 잠정적 추정치인데, 그가 능히 쓸 수 있다고 뻐기는 그 "책 한 권"의 "비뚤어짐"을 굳이 "따지자면", 아마 내게는 '전집 한 질'이 "필요할" 게다. 이문열은 아직도 사람들이 왜 "양반문화"하면 질겁을 하는지 모르는 모양이다. 그 "문화"가 어떤 꼴을 하고 있었는지 알려면, 베스트셀러가 된 『선택』이라는 소설을 읽어 보라. 민음사에서 나왔고 9000원 정도 하는데, 리얼리즘의 승리라고나 할까, 기가 막히게 묘사되어 있다. 시루떡에 김이 안 나 "방간 대들보에 목을 매"고, 남편 죽었다고 미이라가 되도록 굶어 죽고, 여인의 "정조"
와 "내조"에 자살 "방조"와 "협조"로 보답하고, 주인마님의 씨를 건지려
"피를 토"해가며 "제 핏줄을 죽"이고, 난리도 아니다. 이문열. 제가 쓴
책도 안 읽고, 앉아서 "양반" 타령을 한다. 이 "양반", 정말 답답한 "양
반"이다.

이 "양반"의 "양반" 타령이 전통문화를 지키겠다는 갸륵한 뜻의 발
로라 착각하면 안 된다. 이 "양반"이 오늘에 되살리고픈 "양반문화"의
핵심은 가부장 독재다. 자본주의라는 토대 위에 봉건 가부장 독재가
결합될 때 파시즘이 성립한다. 성차나 연령 혹은 근력의 차이 같은 생
물학적 근거 위에 작동하는 미크로파시즘은 정치적 매크로파시즘을
유지하고 지탱하는 토대가 되고, 다시 매크로파시즘은 제 형상에 따
라 가정·학교·회사 등 삶의 모든 영역에서 자기랑 똑같이 생긴 조그
만 스탈린들, 새끼 히틀러들, 잘디잔 일상적 파시즘을 창조해낸다.

때문에 시대착오적 봉건 섹시스트, 봉건 파시스트들을 비판하는
건 여성만의 문제가 아니다. 그건 사회의 모든 영역에서 제기되는 우
리 모두의 문제, 즉 두(혹은 그 이상의) 성性이 함께 우리의 일상과 정
치를 오랫동안 지배해왔던 가부장 독재의 악순환의 고리를 끊고, 그
잔재를 함께 청산하는 문제다.

양반사관

이문열, 이인화, 조갑제. 그래도 대한국민학교 우익 똘반에서 이 정
도 수준을 갖춘 수재도 많지 않다. 제미십, 다諸 꼽아야 미처未 열十이

나 될까? 이 반은 특히 역사수업에 상당한 지장이 있는데, 이는 이 학급 아동들의 '역사 아끼기'라는 괴벽 때문이다. 가령 이문열 학동의 경우는 졸업도 못하고 여태 "조선왕조 선조 연간"의 얘기를 배우고 있고, 청출어람이 청어람, 이인화는 그래도 "정조대왕"까지는 나갔다. 문제는 조갑제 학동인데, 이 학동은 이제야 원나라 지배하의 고려시대에 와 있다. 우右익의 낮은下 지능을 자랑이라도 하듯이 그는 걸핏하면 '右!' '下!' '右!' '下!' 기합을 지르면서 급우들의 스터디하드勉學 분위기를 깨고 징타령을 한다. '징, 징, 징기스칸…….'

이 학동의 학습성취도는 정말 '右下下下'다. 대한국민학교 어린이 여러분, 제발 역사도 진도 좀 나가기로 해요. 걱정 마세요. 역사, 안 닳아요.

이문열, 이인화와 조갑제. 이 수재들 사이엔 해결해야 할 문제도 있다. 가령 이문열/이인화와 조갑제 사이엔 문반과 무반 사이의 뿌리 깊은 반목의 불씨가 남아 있다. 가령 조갑제는 무인이 개국한 이조가 문신 위주로 편제된 게 불만이다. 게다가 "명분" 좋아하는 주자학도 마음에 썩 들지 않는다. 하지만 최근 몽고벌판에서 전지훈련을 마친 이 무반과 이조 명가名家 출신의 두 문반, 이 양兩반 사이의 반목이란 것도 실은 쟁반 같은 달빛 아래, 개다리소반 위에, 옥반 가효에, 약주 한잔 걸치면, 그 "알콜의 힘으로 이성의 족쇄"가 "부수"어지고, "두뇌의 기능"이 "다소 둔화"되고, "뜨거운 그 무엇"이 "가슴에서 차오르고", "감정"이 "고양"되어 "대담하고 너그러워지"고, 기분이 "상쾌해지"면서 자연스레 해소될 왕조사 해석의 사소한 이견일 뿐이다.

이제 겨우 기반을 잡은 민주주의를 모반하고, 인류 절반(=여성)의 권리와 인류 일반의 인권을 무시하길 다반의 일로 하고("인권 좋아하시네"), 인간성의 이념 일반을 언제라도 배반할 만반의 준비가 돼 있다는 점에선, 문반과 무반이 어차피 피차 일반一般이다. 양반班의 규칙則, 즉 "뻔뻔스러운 반칙"班則이 통하던 시절이 그리워, 자반 드시듯 논리 규칙을 위반해가며 태반이 헛소리인 소설을 가지고 20세기 후반이 지나도록 아직 반, 반, 반班 타령을 하는 우익 똘반의 답답한 "양반"들. 굳이 내력을 밝히자면, 이 몸도 본디 반열班列에 속한 귀한 몸, 반班 출신이다. 사람 잡는 양반. 양반 잡는 탈반班.

수신 제가 치국 평천하

양반이라면 노소(노론/소론)나, 방위(남인/북인)나, 색깔(사색당파)의 차별없이 모두 민주적으로 평등하게 비웃어주는 게 좋다. 그렇지 않으면 국가의 주인인 국민들이 또 다시 한줌도 안 되는 이 봉건잔당들에게 능멸을 당하는 험한 꼴을 보게 된다.

보라. 이조의 명가에서, 바람부는 몽고벌판에서 수신修身을 한 이 "양반"들이 지금 무엇을 하고 있는지. 이문열이 가부장제 찬양으로 대한민국 마초들에게 제가齊家의 필요성을 설교하면, 이인화는 스케일을 한 차원 높여 어버이 박정희의 치국治國의 도를 찬양하고, 이어서 조갑제는 스케일을 한 차원 더 높여 징기스칸의 후예 대한남아들이 몽고벌판을 마구 달리며 평천하平天下할 그 날을 야무지게 꿈꾼다.

이들이 꿈꾸는 세계는 "진정한 주종관계"의 원칙에 따라 집에서는 "하늘 같은" 가부장이 부인을 "비복"으로 부리고, 사회에서는 독재자라는 가부장이 국민을 머슴으로 부리고, 나아가 이렇게 쌓은 힘으로 전세계에 공장을 세워 "칸"(汗＝韓)민족이라는 가부장이 "박정희식" "군대식"으로 다른 민족을 마구 종으로 부리는 세계. 인간이 다른 인간의 "수단"이 되는 그런 멋진 신세계. 온 가족이, 온 동네가, 온 나라가 "복종을 굴욕으로 여기"지 않고 가부장에게 "용모사기辭氣(＝말과 얼굴빛)에 설만褻慢한 의사를 보이지 아니하고", 즉 "찍소리 한마디 못 지르"고 "벌집이 되"도록 영원무궁토록 좆바위 둘레에 옹기종기 모여 사는 남근중심주의Phalluszentrismus 세계다. "충효". 군사부일체. 수신 제가 치국 평천하. 대"칸"제국 만세. 난리가 났다.*

　　동포여, 짜증나죠? 우리, 좆바위에 게양된 "제국"의 깃발을 일제히 내려버리기로 해요.

> • 일본 제국주의자들이 일본을 남편에, 조선을 아내에 비유했던 건 결코 우연이 아니다. 이 일본 제국주의의 찬미자 미시마 유키오가 "남성의 아름다움" 운운하며 "좌익에는 남성의 아름다움이 없"으며 그래서 우익을 한다고 얘기하는 건 결코 우연이 아니다.

'아버지' 신드롬

박정희가 마치 자상한 아버지처럼 느껴졌다.(조갑제)

• 1994년 남한 학생운동권 내에 북한의 지령을 받는 주사파가 가득하다는 발언으로 공안정국을 촉발시킨 박홍 서강대 총장은 1997년 남용우 목사와 함께 『레드 바이러스』라는 제목의 '빨갱이' 사냥이나 다름없는 책을 펴낸다. 그는 이 책에서 한국 사회가 레드 바이러스에 감염된 위기 상태에 있다고 말한다. 책 제목은 시인 김지하가 지었다.

안녕하세요, 아가씨?

『레드 바이러스』˚에 실린 아가씨 편지 눈물겹게 잘 읽었어요. 이제 철 드셨군요. 그럼요, 아버지 마땅히 사랑하셔야죠. 열심히 사랑하세요. 우리가 피도 눈물도 없다고요? 우리가 아버지 사랑하지 말라 그랬다면서요? 박홍 신부님, 남용우 목사님이 그렇게 가르치시던가요? 모르시는 말씀이에요. 저희들 그런 거 안 말리는 사람이에요. 그걸 왜 말려요? 쓰는 김에 팍 쓰죠. 이 참에 웬만하면 어머님까지 함께 사랑하세요. 한국의 어머님들, 정말 훌륭하신 분들이에요. 아버지보다 훨씬 더 고생하셨어요. 팍팍 사랑해주세요. 아가씨. 근데 왜 이 편지를 군이 아버님께 쓰셨어요? 보통 부모님께 편지 쓰라고 하면 대개 어머니한테 쓰잖아요. '엘렉트라 콤플렉스'? '아버지 신드롬'? 알 수 없군요. 혹시 어떤 심오한 이유가 있는 거 아녜요? 그 얘기하려고 이렇게 펜을 들었어요.

"레드"요? I do one English, too. 저도 한 영어 해요. 학교에서 배웠어요. "red"면 "빨갱이"란 뜻이죠? 근데 왜 그 분들 이 좋은 우리말 놔두고 영어 쓴대요? 켕기는 구석이 있나 봐요. 괜찮아요. 그냥 편하게 '빨갱이'라 불러주세요. 어차피 면역이 돼서 이젠 기분 안 나빠요. '박홍 총장이 우습다'고 말하는 "레드가 더 우습다"고요? 정말 우습군요. '박홍 총장이 우습다'고 말하면 "레드"라는 얘기죠? 그럼 제가 분명히 말할게요. 박홍 총장 우습다. 우하하하 우습다.

저 빨갱이죠? 국가보안법 위반 맞죠? 그죠? 신고하세요. 전화번호는 도도도(111), 요금은 무료예요. 사실 우습기로 따지면, 나는 '박홍 총장 우습다'고 말하는 "레드가 더 우습다"는 아가씨가 젤로 "우습다"고 생각해요. 왜냐고요? 제 전공이 글 뜯어 보는 거예요. 텍스트 읽는데 이골이 났어요. 그거 아빠한테 쓴 편지라매요?

대학 4년 동안 가정관리학을 배워온 저에게 별 탈이 없어 보이는 소설이 『선택』이었습니다.

아빠가 딸이 뭐 공부하는지도 미처 모르셨던 모양이네요. 아버님, 따님께서는요, "대학 4년 동안 가-정-관-리-학"을 공부하셨대요. 따님에게 관심 좀 가져주세요.

우연히 학교 도서관에서 이문열의 『달아난 악령』이라는 소설을 읽게 되었는데 하마터면 소리를 지를 뻔했습니다. 지난날 제가 겪었던 모습과 너무도 흡사했기 때문이죠.

'꺅'! 저도 "하마터면 소리를 지를 뻔"했어요. "우연히" 그 책을 "읽게 되었"다구요? "우연히"? "지난날 제가 겪었던 모습과 너무 흡사하"다구요? 그 소설 "여주인공"처럼 아가씨도 조직원들한테 윤간당했어요? 당장 신고하세요. 전화번호는 도도레(112). 요금 무료예요. 경찰은 대체 뭐한대요? 강간범들, 당장 잡아다 집어넣지 않고? 그런 놈들, 막 집어넣으세요. 저희, 아무 불만 없어요. 수사에 적극 협조할게요. 나쁜 놈들.

군君

운동권 사람들 윤간범 만들어 놓고 이렇게 말씀하셨죠?

아마도 그런 사람들에게는 가부장권이나 법과 같은 인간사회의 질서를 인정하지 않는 것이 너무나 당연한 일인 듯합니다.

맞아요. 우리요, "가부장권" 인정 안 해요. "너무나 당연"하죠. 그거 봉건잔재 아녜요? 그거 부정하는 것도 국보법에 걸리나요? 신고하세요. 전화번호는 도도도, 요금 무료예요. "가부장권" 인정 안 한다고 지랄하는 나라는요, 이슬람 근본주의국가 아니면 히틀러 나치 독일밖에 없어요. 우리가 "법과 같은 인간사회의 질서를 인정하지 않는"다고요? 누가 그래요? 박홍 신부님이요? 자기나 잘 지키라 그러세요. 보세요, 법 안 지켜서 명예훼손죄로 법정에 섰잖아요. 유죄판결 받았어요, 신부님이. 도대체 그 분, 왜 "법과 같은 인간사회의 질서를 인정하지 않"는대요? 이상한 성격이에요.

자기보다 높은 권위를 인정하려 하지 않고 특히 아버지(스승이나 웃어른뿐 아니라 나라의 질서 등을 상징적으로 포함하는 의미에서)를 증오하고

부라보!!! 보세요. 저 헛짚지 않았죠? 제가 그랬잖아요. 우익 파시스트들에게 "아버지"는 진짜 아버지가 아니라 "나라의 질서 등을 상징적으로 포함하는 의미"라고요. 그리고 파시스트들에게 "질서"="위계질서"예요(무솔리니). 걔들한테는요, '민주적 질서'라는 말은 애초에 형용모순이에요. 그런 거 있을 수 없대요. '아버지'라는 말을 정치적으로 악용하면요 이렇게 매크로/미크로 파시즘, 정치적/사회적 '가부장독재'를 상징하게 돼요. 참고로 말씀 드리면, 국가가 국민의 주인이 되는 나라를 파시즘이라 부르고요, 국민이 국가의 주인이 되는 나라를 민주주의라 불러요.

"아버지"="스승"="웃어른"="나라". 이런 걸 몇백 년 전 우리 조상들은 '군사부일체君師父一體'라 불렀어요. 케케묵은 봉건 이데올로기예요. 지금 이 시대에 이 퇴물 이데올로기 선전하는 건 파시스트들밖에 없어요. 제가 얘기했죠? 파시스트 애들, 자꾸 과거로 돌아가는 괴상

한 복고취향 있다구요. 박홍 신부님하고 남용우 목사님은 이런 얘기 안 하시나 보죠? 왜 그러신대요, 아실 만한 분들이?

저처럼 면역성이 없는 어린 소녀들의 영혼을 얼마나 황폐하게 만들고 사고방식을 편협하게 만들었는가를

그러게 말예요. 이렇게 "면역성이 없는 소녀들의 영혼"을 왜 극우 이데올로기로 "황폐하게 만들고", 성숙기 소녀의 "사고방식을 편협하게" 만드신대요?

아버지(스승이나 웃어른뿐 아니라 나라의 질서 등을 상징적으로 포함하는 의미에서)를 증오하고 그 분들의 마음을 아프게 하는 행위는 이 사회의 기초인 가정과 사회질서를 무너뜨리려는 것이라고 생각합니다.

보세요. 벌써 "사고방식"이 엄청 "편협"해지셨죠? 아가씨. 걱정 마세요. 가정과 사회와 학교가 민주화되어도 "사회질서" 안 "무너"져요. 와서 보니 여기 사람들, 그러고도 잘 살아요. 아무 문제 없어요. 사회 잘 굴러가요. 안 때려도 애들 공부 잘 해요. 가정폭력 없어요. 손버릇 나쁜 마초들, 그 자리에서 이혼 당하고 애들 뺏기고 평생 양육비 대느라 고생해요.

극단으로 치닫는 페미니즘 소설이 많은 이유도 모든 문제를 저항의 논

리로만 파악하려는 사고방식이 자꾸 이런 책을 선호하도록 하는 것 같아요. 이러다가 이 사회의 기준이 무너질 것 같아요.

"극단으로 치닫는"다구요? 여지껏 "조선왕조 선조 연간"의 도덕을 떠드는 앞뒤 꽉꽉 막힌 꼴보수들한테나 "극단"이죠. 걱정 마세요. "사회의 기준" 안 무너져요. 까놓고 얘기해서, 전여옥 씨 말대로 아랍여자, 일본여자, 한국여자만큼 남자 말 잘 듣는 여자들 세상에 어딨어요? 그게 자랑이에요? 이 성적표 좀 보세요.* 끝내주죠? 그게 수탉들이 설치는 대한양계장의 객관적 꼬라지예요.

> 우리들의 아름다운 전통인 웃어른 공경하는 마음,
> 법과 순리와 질서를 지키려는 것

여기서 "웃어른"은 누구를 말하는 거예요? 부모님? 동네 어른? 물론 아니겠죠? 왜냐하면 우리 "레드"들도 어른들께 인사 잘 하니까요. "레드"는 효도도 안 하는 줄 아나 봐요? 효도, 지 혼자 다 하는 척하지 마세요. 저요, 어렵게 학비 벌어 유학생활하면서 조국에 계신 홀어머니 부양하구 있어요. 또 박홍 신부님하고 남용우 목사님처럼, 이웃사랑 혼자 다 하는 척하지 마세요. 지금 박홍 신부님 영차영차 밀어주는 그 사람들 있죠? '북한에 쌀 보내지 말자'고 했다가 욕 먹었던 피도 눈물도 없는 극우파들요. 저요, 그 사람들 씹는 글 써서 원고료로 받아 화끈하게 북녘동포돕기 성금

> * 다음은 유엔개발계획(UNDP)의 조사결과예요.
> 여성 권한 척도 :
> 1. 노르웨이
> 2. 스웨덴
> 6. 네덜란드
> 8. 호주
> 9. 독일
> 14. 영국
> 15. 미국
> 54. 일본
> 64. 한국
> 자랑스럽죠? 조사대상 93개국 중 64위.(2007년 자료)

냈어요. 잘했죠?

그 "웃어른"은 대체 누구신가요? 혹시 회장님 아녜요? 사장님 아녜요? 나랏님이죠? 이 사회 곳곳에서 가부장적 권력 휘두르는 분들이죠? 이분들 "공경"하라는 얘기가 하고 싶었던 거죠? 아가씨 편지는 "사랑하는 아버지에게"라고 시작되죠? 근데 거기서 "아버지"는 누구를 가리키나요? 섬학교의 선생님으로 근무하시는 그분인가요, 아니면 "스승이나 웃어른뿐 아니라 나라의 질서 등을 상징적으로 포함하는 의미"로 사용하신 건가요? 후자 아녜요? 세상에 어떤 아버지가 제 딸이 뭘 전공하는지도 모르시겠어요? "나라의 질서"라는 아버지가 아니라면.

師師

이렇게 말씀하셨죠? "참교육이라 포장된" "혁명". 와우 아가씨, 정말 섹씨해요. 전교조 선생님들이 조직한 세포에서 사상학습을 받으셨다구요? 거기서 이런 걸 배우셨다구요?

　　① 너희가 받았던 제도교육은 허위라고 하시며
　　② 반공교육이 얼마나 잘못되었나를 강조하시며
　　③ 스스로 생각하는 힘을 길러야 한다

　　① 이거 틀린 말 아녜요. 저 그 "제도교육" 받았어요. 거기 '구라'("허위") 많아요. 교과서 첫장부터 구라예요. "우리는 민족중흥의 역사적

사명을 띠고 이 땅에 태어났다." 이거 뻥구라예요. 저요, 이 세상에요, 아~무 생각 없이 태어났어요. 언 놈이 나한테 그런 "사명" 줬어요? 나와 보라 그러세요. 아가씨는 달랐나 보죠? 그 사명 언 놈한테 받았어요? "민족"이한테요? 이거요, 일본 군국주의 교육칙서 베낀 거예요. 박종홍이라는 분, 같은 전공자로서 말하는데, 큰 실수하신 거예요. 철학계에서도 좋은 소리 못 들어요. 이거 파시스트 교육헌장이에요. 이제 교과서에서 삭제하기로 해요.(벌써 했나? 했다면 다행이고.) 민주교육 하기로 해요. 일본에도 이제는 없대요.

② 반공교육, 얼마나 잘못됐는데요. 입이 찢어져라 '나는 콩사탕이 싫어요' 외치래요. 애들이 '콩사탕'이 뭔지 알면 얼마나 알겠어요. 근데 왜 그거 싫다고 외치다 죽으라고 가르쳐요? 그리고 반공투사 대다수가 친일파였다는 거, 왜 안 가르쳐요? 제주도 민간인 학살, 거창 양민학살, 보도연맹 사건, 이런 거 왜 안 가르쳐요? 대체 왜 그런대요? 참고로 한국처럼 분단되었던 이 곳 독일땅에서도요, '반공교육' 안 했어요. '반공도덕' 시간에 철학 배웠어요. 제 친구는요, 선생님 도움 받아서 칼 마르크스의 『자본론』 중 '이윤률 경향적 저하법칙'에 관한 글로 대입자격 얻었어요.

③ "스스로 생각하는 힘을 길러야 한다." 그럼요. 그렇지 않으면요 이데올로기의 노예가 돼요. 보세요, 아가씨. 그때 전교조 선생님들 말 들었다면, 박홍 신부, 남용우 목사 말에 홀딱 빠져 이런 끔찍한 글 쓰지 않았을 거예요. 이문열의 『선택』이 "별 탈이 없"다고요? 이 소설이요, 지금쯤 본인도 쪽팔리다고 생각할 거예요. 논쟁하다 말고 말발 안 서니까 자라목 돼서 꼬리 싹 감추고 찌그러졌잖아요. 대체 말 되는

소릴 해야죠. 근데 이런 소설이 "별 탈이 없"어요? "면역성이 없는" 아가씨 머리, 정말 큰 "탈" 났어요. 감염됐나 봐요. 아가씨, 이제라도 "면역성"을 기르세요. "스스로 생각하는 힘을" 기르세요.

저요, 전교조 선생님이 조직한 세포회의(?=독서회)에 초대받은 적 있어요. 제가 쓴 책 읽고, 글쓴이와 얘기하고 싶다고 해서 달려갔어요. 제 책에는요, '혁명'의 '혁'자도, '공산당'의 '공'자도 안 나와요. 미학 책이에요. 언 미친 놈이 혁명한다고 그런 책 읽혀요? 그때 나이 어린 여학생이 발제했어요. 잘 했어요. 토론도 잘 했어요. 근데요, 그때 왜 이런 모임을 학교에서 하지 않고 선생 집에서 하냐고 물으니까요. 교장 선생님한테 혼난대요. 입시교육 안 시키고 엉뚱한 짓 한다구요. 세미나 끝나고 10시 되니까, 애들이 부랴부랴 일어나요. 그 시간에 글쎄 학원을 간대요. 이게 정상이에요?

전교조 선생님이 (…) 학생과 교장 선생님 (…) 사이를 이간질시키고 저항하게 하는 것이 기본적 목표

그 예쁜 입으로 어떻게 이렇게 끔찍한 말을. 저, 학교 다니면서 교장 선생님하고 접선한 적 한 번도 없었어요. 믿어주세요. 저 결백해요. 오가다 마주치고, 조회시간에 그 지겨운 설교 듣는 거 빼고는요. 국민학교 6년, 중학교 3년, 고등학교 3년, 도합 12년 동안 교장 선생님하고 대화 한번 못 나눠봤어요. 그런데 무슨 우리 "사이를 이간질"해요? 아예 관계가 없었어요. "사이"란 게 있을 틈이 없었어요. 그리고 왜 신문에 자주 나잖아요. 재단의 횡포, 교장의 횡포, 학교 비리 같은 거. 그런 거 교육부에서 고쳐주던가요? 아니면 박홍 신부님하고 남용우 목사님이 나서서 고칩디까?

그러고요 세상에, 교직원 노조 없는 나라는요, 전세계에 한국하고 아프리카의 어느 이상한 나라밖에 없대요. 잔말 말고 인정해주세요. '선생≠노동자'? 자기들도 안 믿을 이런 헛소리 늘어놓지 말구요. 한국 교육, 그게 정상이에요? 애들 왜 때려요? 공부 못 하는 애들 왜 차별해요? 쓸데없이 애들 복장에 왜 간섭해요? 애들 머리는 왜 짧라요? 본인 허락도 안 받고. 파쇼예요? 원조 일본에서도 이젠 애들 안 때려요. 때리면 처벌받아요. 도대체 왜 어린애들한테 '사람, 때려도 되는 거'라고 가르쳐요? 이게 정상이에요?

부父

불법파업이나 노사분규가 정말 노동자를 사랑하는 사람들에 의해서
가 아니라 혁명을 이루려는 목적 하에서 일어나고 있다는 사실

놀라운 "사실"을 발견하셨군요. 근데 무슨 얘기죠? "정말 노동자를 사랑하는 사람"이 하는 "불법파업이나 노사분규"는 괜찮다는 얘기예요? 그래요? 그럼 "정말 노동자를 사랑하는 사람"이 누구예요? 박홍 신부님이요? 남용우 목사님이요? 그럼 그 분들보고 "파업이나 노사분규" 동(주동) 좀 뜨라 그러세요. 애꿎은 젊은이들 인생 낭비케 말고, 나이 드신 분들이 직접 현장에 들어가 이웃사랑 실천하라 그러세요. 왜 안 가신대요? 레드 바이러스 없애려면 사회의 빈부격차 없애야 된

다면서요. 직접 한번 없애 보시라니깐요.

"파업이나 노사분규" 앞에 "불법"이라는 말을 붙이셨군요. "불법"이 아닌 파업이나 노사분규는 괜찮다는 얘긴가요? 아니면 "파업이나 노사분규" 자체가 애초에 "불법"이라는 건가요? 왜 우리 나라에선 이상하게 "파업이나 노사분규"가 걸핏하면 "불법"이 되죠? 노동자들 인간성이 후져서요? 왜 합법으로 할 수 있는 걸 굳이 "불법"으로 하는 걸까요? 심심해서요? 돌 던지면 기분이 짜릿할까 봐요?

노동운동을 하는 사람들이 (…) 고용주와 노동자 사이를 이간질시키고 저항하게 하는 것이 기본적 목표

"파업이나 노사분규"가 "고용주와 노동자 사이를 이간질"시키는 거란 얘기죠? "고용주와 노동자" 사이의 관계는 '아버지와 자식'의 관계다. 그런데 세상에 아들 노릇 그만하겠다고 "파업"이나 "분규" 일으키는 호로자식이 어디 있냐. 이 때려죽일 놈들. 뭐, 이런 얘기죠?

아가씨, 거저 먹을라 그러지 마세요. 지금 보셨죠? 노동자들 막 자르죠? '기회는 요때다'하구요. 국가라는 아버지가 생활 보장해줍디까? 그렇게 잘린 사람들 대부분 갈 데 없어요. 대책 없이 길바닥에 나앉았어요. 옛날에 이 사람들한테 '회사는 대가족'이라 선동했죠? '회장님은 아버지'라 선전했죠? 왜 거짓말했어요? 세상에 살림 좀 어렵다고 자식 "해고"하는 "아버지" 봤어요? 어린이 유기遺棄하는 부모는요 법적으로 처벌 가능하대요. 그거 범죄예요. 예수님이 말씀하셨죠? 떡 달라는데 뱀 주는 부모가 어디 있냐구요. 근데 왜 우리 아버님들은

떡 달라는 자식들에게 뱀(구사대) 줘요?

군사부일체

아가씨, 글 참 잘 썼더라구요. 구조분석 해봤는데요, 기가 막혀요. 한번 보실까요? 먼저 아가씨는 이 편지를 "아버지에게" 쓰셨어요. 왜? 물론 아버지께 회개하려고 그러셨겠죠.

> 아버지는 증오의 대상이 되었고

전교조 선생이 가르친 대로 "아버지"를 "증오의 대상"으로 삼았었다. 그러나 이제 "아버지가 진실로 훌륭한 분이심을 진실로 고백"한다. 아버지(=가부장)을 떠난 양이 다시 아버지(=가부장)의 품으로 돌아왔다는 얘기죠? 이제 이 탕자의 비유는 서서히 정치적 "상징"으로 변해가요.

> ① 가부장권이나 법과 같은 인간사회의 질서

"가부장권"을 인정한 아가씨, 이제 "가부장"을 "인간사회의 질서"와 동렬에 놓기 시작하고 있어요. "인간사회의 질서"="가부장권". 말하자면 "인간사회의 질서", 법질서는 애초부터 "가부장"적인 거다. 이어서 슬쩍 속셈을 비추셨죠.

> ② 자기보다 높은 권위를 인정하려 하지 않고 특히 아버지(스승이나

웃어른뿐 아니라 나라의 질서 등을 상징적으로 포함하는 의미에서)를
증오하고

이제 "가부장권"="스승"="웃어른"="나라의 질서"가 되었죠? 여기에
다 "자기보다 높은 권위를 인정"하라고 덧붙이면, "가부장" "스승" "웃
어른" "나라의 질서"는 나'보다 높은 권위'라는 것을 "인정"하라는 말
이 되죠? 이 잔머리. 아가씨는 지금 '효도'를 빌미로 슬쩍 "권위"주의
정권, "권위"주의 사회를 정당화하고 있어요. 구렁이 담 넘어가듯이
말이죠. 구렁이, 징그럽지 않아요?

제가 이렇게 얘기한다고 해요. "사람 위에 사람 없고, 사람 아래 사
람 없다"(이건 민주주의의 원칙이에요. 박정희가 한 말이에요). 그러면 이
는 곧 "자기보다 높은 권위를 인정"하지 않는 게 되죠? 이는 또 ①에
따르면, 곧 "사회의 질서를 인정하지 않는 것", 즉 사회를 혼란시키는
범법행위라는 얘기죠? 그죠?

③ 이 사회의 기초인 가정과 사회질서를 무너뜨리는 것 / 사회의 기준
이 무너질 것 같아요.

결국 가부장적 "위계질서"를 무시하는 것은 곧 "사회질서"를 무너뜨
리는 것이란 얘기죠? 결국 '질서=가부장적 위계질서'라는 무솔리니
얘기랑 똑같죠? 민주적 질서란 있을 수 없다는 얘기죠? 극우파들 맨
날 얘기하잖아요. 민주=사회혼란, 독재=사회안정, 학살=구국.

아가씨는 "아버지"를 '군사부일체'의 "상징"으로 사용하셨죠? 이 "권

위"주의 총론 아래 각론이 시작돼요. ① 군君, "나라"라는 가부장과 자식인 국민을 이간질시키는 학생운동 레드들. ② 사師, "교장 선생님"이라는 가부장과 학생들 사이를 이간질시키는 전교조 선생 레드들. ③ 부父, 즉 "고용주"라는 가부장과 노동자들의 사이를 이간질시키는 노동운동 레드들. 굉장히 체계적이죠? 그리고 그때마다 소설 거론하셨죠? 이문열의 『선택』은 가부장 이데올로기 총론, 이어 각론으로 들어가 ① 군君에 거역하는 학생놈들=나라 말아먹을 베트콩이라 암시하려고 『사이공의 흰옷』을 활용하고, ② 사師에 거역하는 전교조 선생들=어린 학생 "영혼" 망치는 놈들이라고 비방하려고 『사라진 악령』 이용하고, ③ 회사의 아버님父에 거역하는 노동자들=나라 들어먹을 놈들이라는 증거로 공지영의 『고등어』 써먹고 있어요. 정말 치밀한 구성이죠?

스테이지 세팅도 끝내줘요. 아가씨, 여자라면서요? 꺅! "하마터면 소리를 지를 뻔했어요". 여성이 나서서 『선택』을 옹호하니 이문열 오빠 얼마나 기쁘겠어요. 전공이 "가정관리학"이라구요? 꺅! "하마터면 소리를 지를 뻔했어요". 좋은 재주를 평생 "가정관리"하며 썩혔다는 『선택』의 할머니 뜻을 이어받았나 봐요. 전교조 선생이 조직한 독서회? 꺅! "하마터면 소리를 지를 뻔했어요". 세상에 그 "어린 소녀의 영혼"을 벌써부터 빨갛게 물들여요? 전교조놈들, 치가 떨리네요. 아버님이 "교사"라면서요? 꺅! "하마터면 소리를 지를 뻔했어요". 전교조놈들, 섬에서 고생하시는 아버지보고 "허위교육"한다고 욕한다며요? 나쁜 놈들. "사랑하는 아버지에게"? 꺅! "하마터면 소리를 지를 뻔했어요". "사랑하는 아버지"한테 정치팸플릿 쓰는 딸도 있어요? 이렇게 체계적이고 치밀한 논문 쓰는 딸도 있나요? 이 편지, 정말 아버지한테 사랑 고백하려고 쓴 거예요? 근데 이런 얘긴 왜 나와요?

이문열 씨나 박홍 신부님처럼 건전한 대다수 시민의 의견을 대변하여 용기 있게 나서는 분들에 대해서는 조잡하기 이를 데 없는 인신공격을 하는 것이 민주주의 사회에서 가능한 것일까요?

상당히 급하셨죠? 그때 이 두 분, 우리한테 수준 이하의 "조잡하기 이를 데 없는 인신공격" 했다가 신나게 깨지고 계시죠? 그래서 한 몸 바쳐 사수하려 하셨나요? 아니면 진작부터 아버님께 사랑 고백을 하려던 차에 꽥! 또 "우연히" 이런 일이 있었던 걸까요?

결국 이 말이죠? 레드가 득실득실하다. 얼마나 독종이면 나 같은 "어린 소녀들의 영혼"까지 빨갛게 물들였겠나. "레드"들은 "가부장권" 인정 않는다. 그래서 "나라"라는 가부장과 국민 "사이를 이간질"시키고, 고용주라는 가부장과 노동자 "사이를 이간질"시키고, "교장"이라는 가부장과 학생 "사이를 이간질"시킨다. 이 "부모도 없"는 놈들은 가정에서도 부모와 자식 "사이를 이간질"시킨다. 그래서 나도 아버지를 "증오"했었다. 그렇게 살던 나, "우연히" 박홍 신부와 남용우 목사의 설교 듣고 감동 먹었다. 그게 "레드의 전술"임을 깨닫고, "증오"하던 "아버지"의 품으로 다시 돌아와, 이제 "아버지가 진실로 훌륭한 분이심을 고백"한다. 마찬가지로, 국민 여러분, 레드의 책동에 놀아나지 말고 저처럼 박홍 신부, 남용우 목사 말 듣고 가부장의 품으로 돌아오세요. 우리 가부장 독재자들이 "진실로 훌륭한 분이심을 고백"하세요.

회개하세요. 이런 얘기죠?

『레드 바이러스』의 모든 얘기가 이렇게 아가씨가 쓴 이 한 편의 편지 속에 치밀하고 정교하고 체계적이며 감동적으로 요약되어 있어요. 그래서 이렇게 특별히 뽑아서 분석해 드린 거예요. 얼마 전에 유행했던 '아버지 신드롬' 이용하신 거, 아주 좋은 착상이었어요. 발군이었어요. 또 "저처럼 전혀 면역성이 없는 어린 소녀들의 영혼" 운운, 좋은 발상이었어요. 어머머, 저 열일곱 살이에요. 화장도 할 줄 몰라요. 사랑도 할 줄 몰라요. 암 것도 몰라요. 이슬만 먹고 살아요. 근데요 레드라는 아저씨들이 "저처럼" 청순한 "영혼"을 "황폐하게 만들"었어요. 몰라, 몰라. 싫여, 싫여. 아가씨, 내숭 떨지 마세요. 재수 없어요. 이슬만 먹고사는 아가씨의 입에서 파쇼 이데올로기 똥 냄새가 나잖아요.

아가씨. 아버지 계속 사랑하세요. 절대 "증오"하지 마세요. 소위 "레드"들 그거 안 말려요. 우리 꽉꽉 권장해요. 이 참에 어머니도 함께 사랑해주세요. 효도하세요. 내친 김에 가족들 다 사랑하세요. 친척도 사랑하세요. 마구 마구 사랑하세요. 절대 "증오"하지 마세요. 증오하면 안 돼요. 그럼 '이 놈'하고 야단칠 거예요. 근데요, 아가씨 말대로 정말

악령에 사로잡히면 부모도 없습

디다. 아가씨, "악령에 사로잡"히셨나 봐요. 시커먼 파시스트 "악령"에요. 왜 "사랑하는 아버지"를 이런 비열한 정치적 목적에다 써먹어요? 아가씨한테는 정말 "부모도 없"나요?

아시아의 가부장

Big brother is watching you.

리콴유란 영감이 있다. 전직 싱가포르 수상인데, 이 영감이 툭 하면 '동양이 서양보다 우월하다'느니, '서양문명은 야만'이니 하는 코미디를 해 서구 언론을 즐겁게 해주곤 했다. 이분 말씀에 따르면 서구 문명은 도덕적으로 타락했고, 진정한 문명은 아시아 여러 나라에서 꽃피고 있다는 것이다. 물론 그 이상국이 바로 싱가포르란 얘기다. 이분에 따르면 개인주의를 토대로 한 서구의 민주주의는 아시아에 애당초 맞지 않고, 아시아에는 동양적 정치이념이 필요하다는 것이다. 그 동양적 정치이념이 어떤 꼴을 하고 있는지 보려면 박정희 시절의 한국적 민주주의, 극우파가 자유주의자 행세하는 일본, 그리고 '멋진 신세계' 싱가포르를 보면 된다. 그 '멋진 신세계'의 모습을 독일의 시사주간지 『슈피겔』은 이렇게 스케치한다.

멋진 신세계

'멋진 신세계'에서는 CNN 뉴스를 볼 수 없다. 서구 문명의 쓰레기를 막기 위해 '아시아적으로' 검열을 한다는 것이다. 화장실에는 경찰이 배치되어 있단다. 사람들이 소변보고 물을 내리나 '아시아적으로' 감시하기 위해서란다. 길에 낙서하는 녀석들은 잡아다 살점이 날아가도록 볼기를 친다. 아직도 '아시아적으로' 봉건적 체형이 남아 있기 때문이다. 엘리트의 피가 저급 인간의 피와 섞이는 걸 정책적으로 막는다. 이를 위해 일류대 졸업자들은 끼리끼리 짝짓게 '아시아적으로' 국가에서 선도 봐준다. 이렇게 피라미드적 위계질서로 이루어진 사회의 정점에는 '빅 브라더' 리콴유가 앉아 있다. 이 가부장이 백성들을 자식처럼 돌봐주며 먹여 살리고 있다는 것이다. 이 멋진 신세계에 조갑제는 감동 먹었다.

> 리콴유는 서구인들이 알아들을 수 있는 논리로써 당당하게, 공격적으로 서구 우월의식을 공격하고 있다.

리콴유가 용감한 황인종 투사鬪士라는 얘기다. 정말 웃긴다. 조갑제의 말과 달리 "당당"하다는 그의 "논리"를 "서구인들"은 전혀 "알아"듣지 못한다. 왜? 그 "당당"한 "논리"라는 게 정말 뻔데기 IQ 수준이기 때문이다. 서구 언론에 비친 그의 이미지는 차라리 서커스단 삐에로의 그것에 가깝다. 얼마나 이 자가 아시아의 이미지에 먹칠을 했으면, 얼마 전 김대중이 "민주주의와 경제 발전이 양립할 수 있다"는 아주 당연한 말 한 걸 가지고, 그를 '아시아에서 유일하게 제정신 가진 besonnen' 정치가라고 칭찬할 정도다. 가령 이분 말씀을 조갑제의 글에서 인용해보자. 서구인들이 아시아의 인권 탄압을 비난하는 건

> 다른 부문에서는 동양에 뒤지니까 자신들의 전매특허인 인권을 들고 나와 괴롭히는 것일 뿐이다.

"다른 부문에서는 동양에 뒤지니까"? 웃긴다. 서양이 "동양에 뒤지"고 있다는 "부문"이 대체 뭘까? 경제력? 정치력? 외교력? 민주주의? 인도주의? 과학기술? 예술? 문화? 철학? 생각해보자. "인권"이 과연 서구인의 "전매특허"인가? 아시아인은 "인권"을 가질 수 없는가? 또 서구인들이 "인권 들고 나와" 누구를 "괴롭"힌다는 걸까? 아시아 국민들? 아니다. "괴롭"힘 당하는 놈이 있다면, 그건 국민들 "인권" 탄압하는 그 자들이다. 우리, 하나도 안 괴롭다. "인권" 탄압하는 게 "아시아적 가치"인가?

이렇게 듣기 좋은 말로 근거 없는 동양 우월의식을 부추기면서, 그는 자기들의 인권 탄압을 정당화하고, 나아가 그것을 이 참에 아예 "아시아적 가치"로 상표등록해두려 한다. 리콴유는 싱가포르가 깨끗한 게 엄청나게 자랑스러운 모양이다. 하지만 그 깨끗함이 과연 어떻게 유지되는가? 시민들의 자율적인 질서의식을 통해서가 아니다. 경찰의 감시체제와 경범죄를 곤장으로 다스리는 봉건적 인권 유린을 통해서다. 네오파시스트들이 떠드는 소위 "아시아적 가치"라는 논리는 결국 '아시아인은 감시하고 곤장을 쳐야 질서를 지킨다'는 얘기다. 아

시아인은 정말로 자율성을 가질 수 없는가? 아시아인은 애처럼 가부장의 매를 맞아야 질서를 지키는가? 그게 정말 "아시아적 가치"일까?

나는 이 자가 왜 자꾸 '아시아, 아시아' 하는지 모르겠다. 우리는 다르다. 우리 국민들 교육수준 높다. 1960년대에 이미 노망든 "국부"를 몰아낼 정도의 시민의식이 있었다. 1970년대 말 독재의 아성을 뒤흔들어 놓을 정도의 민주의식이 있었다. 1980년대에 군부독재를 종식시킬 정도의 민주역량이 있었다. 그리고 평화적 정권교체를 해낼 정도로 정치적 성숙함이 있는 국민이다. 이 정도의 시민의식 가진 국민을 박정희 똘마니들은 애 취급하려 한다. 자기들이 "교사나 부모" 행세하면서 "혼내"주려 한다. 정말 매 좀 맞아야 하는 건 저 나이 되도록 아직 정신 못 차리고 만화와 무협지에 빠져 허우적대는 우익 소아병 환자들이다. 주제에 자기들이 "엘리트"라며 그 퇴물 이데올로기로 21세기를 이끌겠단다.

최근에 이분에게 독일 어느 TV가 인터뷰를 요청했다. 물론 동양이 서구보다 우월하다는 이분의 황색인종주의에 신물나던 차에, 아시아가 세계를 제패할 듯 설레발치던 이 영감이 이번 아시아 경제 위기를 보고 무슨 얘기를 할까 궁금했던 것이다. 자라처럼 쑥 들어간 목으로 눈을 껌뻑껌뻑거리며 이리저리 여러 가지 횡설수설하는 바람에 잘 알아들을 수 없었는데, 요약하면 대충 이런 거다. '그게요, 그런 거예요. 그러니까 그렇죠. 하지만 그렇다고 꼭 그런 것도 아니고요, 그렇다고 그렇지 않은 것도 아니고요, 그래서 그렇게 생각하는데, 그게 좀 그렇죠? 원래 그런 거예요.' 국민 여러분, 아시아적 가치? 그게 원래 이런 거예요.

또 멋진 신세계

일본만 해도 민주주의를 선물로 받았다. 우리처럼 민주혁명의 경험이 없어선지 그 나라 국민들은 정말 잘 길들여져 있다. 이 나라 정치문화의 후진성은 세계가 다 안다. 국민이 열심히 투표하면, 수상은 이상한 놈이 임명된다. 그래서 선진국 수준의 경제력을 갖고도 저 모양저 꼴로 사는 거다. 은행에서 거액 대출해주는 업무가 서류 한 장 없이 술집에서 사케酒 마시며 이루어진다. 야쿠자한테 돈을 꿔줘 은행이 날아간다. 회사인간이 되어 과로사를 하도록 회장님께 효도하며살아간다. 회사 옮기면 배신자 취급받는다. 유럽에 좀 놀러 왔더니, 몇 주 자리 비웠다가 돌아오면 의자가 치워져 있을 거란다. 그래도 찍소리 않고 잘 산다. 어디서 파업했다는 소리 못 들었다. 인터넷을 통해 들어간 어느 웹사이트의 규칙은 '생리중인 여자는 포스팅하는 거금지'란다. 이게 선진국 일본의 수준이다. 조갑제는 "한 일본인"의 말을 인용하며 본받잔다. 들어보자.

보통 일본인들도 개인의 이익과 회사의 이익이 충돌하면 일단 회사를위해서 참아야 한다는 정도는 알고 있다.

이런 게 상식으로 통하는 나라다. 일본경제의 강점은 제조업에 있다고 한다. 결국 이제까지 경제가 그나마 돌아간 건 국민들의 장인정신 덕분이라는 얘기다. 지금 경제 위기는 정경유착, 관료주의, 기업경영과 금융제도의 후진성에서, 이는 다시 정치적 후진성에서 비롯된 것이다. 말하자면 국민들이 정치·사회·경제의 운용을 감시하고 비판하고 견제해야 하는데, 사회가 비민주적이다 보니 윗놈들이 제 맘대로 해먹다가 이렇게 된 거다. 대체 어떻게 깡패조직에 돈을 빌려줄 수 있을까? 어떻게 거액의 대출이 서류 한 장 없이 술집에서 이루어질 수 있을까? 국민의 견제가 없기 때문이다. 이게 바로 네오파시스트들이 선전하는 가부장주의의 정치적 역할이다. 어디 자식이 감히 아버님 하시는 일에 간섭을 해?

생활의 질이라는 면에서 일본인들은 서구의 여러 나라들에 비해 현저히 떨어진다. 개인에게 허용되는 자유의 정도를 따져 봐도, 길들여진 일본국민들은 서구의 국민들과 비교가 안 된다. 이 지경으로 만들어 놓고 이제 일본의 우익들은 국민들에게 허위의식을 심어준다. 개인들로 하여금 자신을 곧바로 국가와 동일시하게 만들고, 국가 자랑을 하는 것이다. 우리 나라가 세계 제일의 경제대국이다. 그럼 국민들은 자기도 세계에서 제일 부자라는 망상에 빠지게 된다. 저팬 이즈 넘버원. ∴ 아이 엠 넘버원!

일본이 무섭게 잘 나가던 시절, 『조선일보』의 일본 특집기사의 표제다.

일본중심주의, 동양제일 (…) 세계최고의 우월감

이런 또라이 쇼비니스트들이 많은 나라에서는 영웅전·위인전이 잘 팔린다. 모든 걸 위대한 "인물"의 덕으로 돌리는 이상한 의인법 때문이다. 가령 경제 발전의 원인은 무엇인가? "인물" 덕분이다. 그 "인물"

은 누구인가? 물론 우익 정치가 아무개. 그의 탁월한 지도력과 혜안. 장래를 내다보는 먼 안목. 그 다음 얘기는 뻔하다. 그러니 너희를 "동양제일" "세계최고"로 만들어준 그에게 감사하라. 이게 극우파들이 툭하면 "인물" 타령을 하는 이유다. 그들에겐 숭배의 대상이 필요하다. 정신연령이 어려 빅 브라더 없이는 못 살기 때문이다. 서구 어느 나라에도 이런 우상숭배 없다. 가령 미국·프랑스·독일이 경제대국이 된 게 누구 덕인가? 캐나다·스위스·오스트레일리아가 선진국이 된 건 누구 덕인가? 이런 나라들 위대한 "지도자" 없이도 아무 불편 없이 잘 산다. 더 잘산다.

근데 웬 놈의 위대한 "지도자들"은 아시아에 다 모여 있는 건지. 위대한 지도자들은 돌아가면서 자기들끼리 서로 추어올린다. 가령 『월간조선』의 인터뷰 기사다. 리콴유에게 물었다. "만약 아시아에서 귀하가 귀하를 제외하고 위대한 지도자를 세 사람만 든다면 누구를 꼽겠습니까?"

먼저 등소평을 꼽겠습니다. / (두번째로는) 일본의 요시다 수상을 꼽을 수 있습니다. / 세번째 사람을 거론하게 되면 한국의 국내 정치에 영향을 끼치게 될 것 같아서……

물론 "세번째 사람"은 박정희라는 얘기다. 만약 요시다에게 물어보면 '등소평, 박정희, 리콴유'라 그럴 거다. 등소평한테 물어보면 '박정희, 리콴유, 요시다'라고 대답할 거다. 박정희한테 물어보면 '등소평, 리콴유, 요시다'라 대답할 거다. 이들은 이렇게 번갈아가며 서로 '아시

유니폼을 입고 남자 따로 여자 따로 군대식으로 열을 지어 사가(社歌)를 부르는 일본의 근로자들.

아의 3대 지도자' 해먹을 거다.

더 멋진 신세계

이게 무슨 장난인지. 대체 왜들 그러고 싶을까? 심오한 이유가 있어 서다. 먼저 조갑제의 네오파시스트 정치철학에 대해 살펴보자.

박정희는 남북분단과 주한미군의 존재라는 제약만 없다면 리콴유처 럼 서구 자유민주주의를 대체할 수 있는 우리식 정치이념을 만들고 싶 어했던 사람이다. 그가 자주국방을 통해서 대미의존에서 벗어나려고 했던 궁극적인 목표도 서구 민주주의에 맞설 수 있는 자주적 정치제 도의 창건이었던 것으로 보인다.

난징(南京)에서 총검으로 민간인을 학살하는 일본군. "일본 국수주의자들의 기백을 배워야 하네."(박정희)

결국 이런 얘기다. 첫째, 박정희가 그나마 자유민주주의의 껍데기라도 유지했던 건 "주한미군" 때문이었다. 미국 간섭 없었으면 까놓고 독재("우리식 정치이념")를 했을 거다. 둘째, 박정희가 "자주국방"을 떠든 건 국민을 지키기 위해서가 아니었다. 미국의 간섭에서 벗어나 자기의 파시스트적 이상("자주적 정치제도")을 펼치려는 개인적 야심에서였다. 이 개인적 야심을 위해 그는 핵무기까지 개발하려 했다. 셋째, 소위 이 "자주적 정치제도"를 가지고 그는 "서구 민주주의"와 맞서 싸우려 했다. 즉, 그의 "궁극적인 목표"는 서구 문명의 침략으로부터 아시아를 지키는 것이었다.

조갑제가 말하는 소위 "우리식 정치이념" "자주적 정치제도"란 아무리 생각해도 파시스트 "이념", 파시스트 "정치제도"일 수밖에 없다.

조갑제가 쓴 박정희 전기를 읽어보면, 박정희가 할 줄 안다는 게 맨 권투·검도·사격 등 쌈박질밖에 없었고, 그의 교양이란 것도 고작 영웅전이나 위인전 읽는 수준을 넘지 못한 데다가, 그가 보고 배운 것이라곤 군대(관동군)의 힘으로 괴뢰정부(만주국) 세우는 것밖에 없었기 때문이다.

> 그가 딛고 있던 만주국이 우선 일제 관동군의 작품 / 군대를 단순히 전쟁수단으로 보지 않고 정치의 수단으로 보게 되는 쪽으로의 시각 변화 / 군대를 국가 개조의 방법으로 보는 생각

만주국은 관동군, 즉 군대가 만든 국가이다. 그러니 이걸 보고 배운 박정희의 이상국가 역시 군대의 힘으로 만든 '병영국가'일 수밖에 없다. 그 '병영국가'는 당연히 군대적 방식으로 조직되고 운영된다.

> 전략은 전쟁의 원리를 국가나 기업 경영에 응용하는 것 / 해방 후 우리가 모처럼 확보한 군사문화를 잘 정리하여 국가, 기업, 개인의 발전에 도움이 되도록 활용하는 것

사회 전체가 이렇게 정치권력의 모델에 따라 군대식으로 조직된다. 군대식으로 조직된 국가는 반反민주적 '독재'국가다. 왜? "사단장을 선거로 뽑"는단 말인가? 조갑제는 "'민주적 군대'라는 말은 들어보지 못했다". 따라서 군대를 모델로 삼아 만든 '국가'와 '사회'도 애초에 민주적일 수가 없다. 아마 조갑제는 '민주사회' '민주국가'라는 말도 "들어

보지 못했"을 게다.

대권의 수임자는 하늘에 의해 결정

조갑제 기자를 낳으시고 기르신 아버님의 말씀.

　　우리에게는 선의의 독재가 필요해.

　이 독재국가는 당연히 '국수주의'적이다. 박정희 자신의 말이다.

　　일본의 군인이 천황절대주의자 하는 게 왜 나쁜가. 그리고 국수주의가 어째서 나쁜가.'

　언어폭력이다. 이 정도 되면 정신병이다. 이 소아병 환자들이 다스리는 국수주의 국가는 언제나 '호전적'이다.

　　상무정신이 거세된 탓으로 침략전을 한 번도 해본 적이 없는 희한한 기록 / 자위적 목적의 전쟁론을 이야기하는 것.

　과거의 일본처럼 아시아를 수호한다는 "자위적 목

• 그걸 굳이 말로 설명해줘야 하니? 그 "국수주의" "천황절대주의자"들이 아시아인 자존심 살려준다며 전쟁 일으켜 2000만 아시아인 죽였잖아. 난징에서 30만 민간인 학살했잖아. 할머니 soldier, 할아버지 soldier, 처녀 soldier, 베이비 soldier 다 죽였잖아. 젊은 애들 자살공격하게 만들었잖아. 생사람 잡아다 생체실험했잖아. 여자들 끌어다가 위안부 만들었잖아. 이게 착한 짓이니? 잘한 짓이라고 생각하니? 게다가 제 국민을 승산 없는 전쟁으로 몰아넣어 수백만 젊은이 죽이고 원자폭탄 두 개 받게 만들었잖아. 우리 국민도 그렇게 만들고 싶어? 전쟁 하고 싶으면 너 혼자 해. "아이구치" 들고 니들끼리 "한 판 붙"어. 제발 우린 그냥 좀 냅둬.

적"에서 "침략전"을 할 수도 있는 "상무"적인 호전好戰국가. 결론적으로 박정희는 이런 '파시스트적' '국수주의적' '호전적' '병영국가' '독재국가'를 건설해 다른 아시아 형제국들과 함께 서구 문명과, 즉 서구 민주주의와 대결하려 했다는 얘기다. 이게 조갑제가 보는 박정희, 즉 그의 정치적 이상의 화신이다.

환장할 신세계

조갑제는 그 유명한 CNN의 피터 아네트 기자를 만나 기껏 이런 유의 질문을 던졌다고 한다. 창피해 얼굴을 들고 다닐 수 없을 정도다.

> 미국은 20세기에 들어와 동아시아 유교권 국가들과 세 번 전쟁을 치렀습니다. 일본에 대해서는 1승, 한국전쟁 때 중국인민해방군과는 1무승부, 월남전에서는 1패하여 상당히 고전하고 있습니다. 왜 그렇습니까?

그는 대한민국 언론의 수준을 전세계에 폭로하고 말았다. 아네트 기자, 고견을 듣고 싶군요. 인공지능 짱가가 왜 수동조작 마징가랑 싸워서 비겼죠? 이런 말 같지도 않은 질문을 하다가 기어이 좋코를 먹고야 만다.

아시아 전체(주의) 국가'는 수십만, 수백만의 인명을

• 조갑제 기자. 왜 '전체주의 국가'라 하지 않고 '전체 국가'라고 얼버무려요? 피터 아네트 기자가 어떤 단어 썼어요? 'totalitarian'이죠? 그거 '전체주의'라 번역해야 돼요. 파시스트 국가, 아니면 스탈린주의 국가를 가리키는 명칭이에요. 근데 왜 얼버무려요? 켕기는 거 있어요?

희생시킬 수 있습니다. 그러나 미국은 그럴 수가 없습니다.

　한마디로, 쨍가는 마징가처럼 야만적이지 않다는 얘기다. 즉 '우리
는 너희 전체주의자들처럼 사람목숨 알기를 파리목숨 알 듯 하지 않는
다', '굳이 사람 목숨으로 때워가면서까지 전쟁할 생각은 없다', 뭐 이런
얘기다. 지금 조갑제 선수, 아시아를 대표하여 우리 망신시킨 거다.

　근데 이 "바보", 망신당한 줄도 모르고 이 쫑코를 먹으면서도 "속으
로 감탄"을 했단다. 왜? "고참 기자의 이 한마디에 승패의 비밀이 다
들어 있기 때문"이란다. 세상에, 여기서 그는 엉뚱하게 "승패의 비밀"
을, 즉 미국을 이길 승리의 비결을 본다. 말하자면 "아시아 전체(주의)
국가"처럼 "수십만, 수백만의 인명을 희생"시키면 미국도 이길 수 있다
는 거다. 그러려면 제 "인명"을 기꺼이 "희생"하도록 사람들 마음을 사
로잡아야 한다. "민심"을 "장악"해야 한다. 그래서 그는 베트남으로 횡
하니 날아가 지압 장군을 인터뷰한다(공산당이라면 이를 박박 가는 조
갑제도 전쟁 얘기만 나오면 신나서 이념 같은 거 안 따진다).

　　동양이 서양과의 정치적·군사적·경제적 경쟁에서 이기려면 이 '민심
　　의 장악'이란 명제를 깊게 탐구하여

　그래서?

　국민들을 정치적으로 의식화하면 수천만 인민을 전부 전사戰士로 만
들 수 있다.

파시스트 선동으로 "민심"을 "장악"하여 "수천만 인민을 전부 전사"로 만들어 "수백만의 인명을 희생"시키면 "동양이 서양과의" "군사적 경쟁"에서도 이길 수 있다는 것이다. 2차대전 당시 몸으로 때우면 미국도 이길 수 있다는 꿈에, 수백만 병사를 무모한 공격에 투입해 몰살당하게 만들고, 결국 원자탄 두 개를 맞고서야 비로소 꿈의 세계에서 철수했던 미련한 돌머리들, 즉 일본 국수주의 천황주의자들의 얘기와 하나도 다를 게 없다.

조갑제 일병, 태평양전쟁 전사戰史 좀 읽어봐요. 조갑제 일병 같은 일본군 장군들이 무슨 닭짓을 했는지. 이런 거다. 야습을 한다. 재미를 본다. 그럼 허구헌날 야습만 한다. 미군이 봉인가? 미군은 낮에 푹 자고, 밤에 근무한다. 그럼 기습하는 일본군들, 도리어 기습당한다. 또 병력 500을 투입한다. 미군의 십자포화에 걸려 전멸한다. 그럼 '아, 모자라는구나' 하고 5000을 투입한다. 또 몰살당한다. '아, 아직도 모자라는구나' 하며 5만을 투입한다. 또 몰살당한다. 이렇게 제 부하들 다 몰살당하면 그제서야 '아, 안 되는구나' 하며 배를 가르겠다고 난리를 친다. 그럼 옆에서 같이 닭짓하던 참모들, 그걸 보고 눈물 질질 짜며 감동을 먹는다.

수천만의 전사가 (…) 통일에의 집념으로 무장하여 희생을 각오하고 덤빌 때에는 아무리 서양 강대국의 정규군대가 신식무기를 앞세우고 달려들어도 장기적으로는 이길 수 없다.

"전쟁의 본질"을 아는 "1류 지식인" 조갑제 일병. 보라. 그가 갖고 있는 "승패의 비결"이란 게 결국 낡아빠진 중공군 인해전술이다. (M60, 까치발50 앞에선 몰살이에요.) 니뽄도 들고 탱크에 돌진하는 일본군 깡다구 수준이다. (그럼 쥐포 돼요.) 베트콩 땅굴 파는 수준이다. (우리 나라를 열대우림, 정글로 만들 재간 있습니까? 몽골 전사들, 화염방사기에 통닭 돼요. 징기스칸 요리 돼요.) "전쟁"에 대해 이런 원시적 "이해"를 갖고 우리보고 지금 "고귀"하게 "전쟁을 선택"하란다. 우리를 "전사"로 만들겠단다. 자기들이 "지도"하겠단다. 우리 "1류 지식인"의 수준이 이북 애들하고 똑같다. 황장엽이 전하는 김일성의 말이다.

미국이 비행기로 폭격할 때에는 굴속에 들어가 계속 기다리고 있다가 미국 사람들이 모든 것을 파괴해 놓았다고 생각하면서 마음놓고 있을 때 굴속에서 나와 미군을 공격한다면 능히 이길 수 있다.

인공위성은 궤도를 헛도냐? 라라라, 회전목마 재미로 도냐? "민심" 꽉 "장악"해 파시스트 병영국가 만들어 전쟁했던 사담 후세인. 이거 안 해본 줄 아는 모양이다. 그렇게 굴 속에 들어가 짱박혀 있던 10만 정예용사, 공화국 수비대. 총 한 번 쏴보지 못하고 벙커 속에서 고스란히 몰살당했다. 얼마나 포근하고 아늑했던지 들어간 김에 아예 무덤 삼았다.

한 가지는 확실하다. 이런 일이 우리 나라에서 일어날 경우, 즉 우리가 "비굴한 평화와 고귀한 전쟁 사이에서 (…) 전쟁을 선택"할 경우, 그 시체들 틈에 조갑제 일병은 안 끼어 있을 거다. 장담한다. 기자질 하느라 바빠서 못 죽었다고? OK. 그냥 '조센닙뽀'(조선일보) 기자질 하세요. 그럼 아마 그때 민방위 모자 쓴 조갑제 "고참기자"는 몰살당한 정예용사들의 시체가 있는 곳이 아니라 정비불량으로 추락한 미군 전투기 옆에서 국민들에게 빛나는 승전보를 전하고 있을 게다.

국민 여러분. 육군병장 진병장 말 들으세요. 진병장, ROK Army 71099640, 미아리 방어전선, 낙동강 왜관전투, 인천상륙작전, 백마고지, 구월산 유격대, 파월 맹호부대, 산전수전 다 겪은 베테랑이에요. 조갑제 일병 말 듣지 마세요. 전쟁, 그렇게 하면 다 죽습니다. 군대 가면 저런 병사들 내무반마다 하나씩 꼭 있어요. 6·25 때는 '고문관', 우리 때는 '골통'이라 불렀어요. 이 병사들, 시키는 대로만 해도 피곤한 군대생활, 만들어서 합니다. 피곤해요. 소대 전체가 피곤해요. 평시뿐 아녜요. '우향우'하면 '좌향좌', '앞으로 가' 하면 '뒤로 가'고, 훈련받을 때 딴짓하다가, 전투중엔 기어이 닭짓을 해요. 적 저격병, 놀고 있습니까? 총알이 '쏘위, 쏘위' 하며 날아와 그 닭짓 말리던 소대장 죽게 하고, 소대장 구하려던 분대장 죽게 하고, 결국 소대원 전체 몰살당하게 만들 병사예요. 그리고 혼자 질기게 살아남아 노래를 불러요.

화랑 담배 연기 속에 사라진 전우야

이런 병사들은 대개 음치예요.

대동아공영

아시아인이여, 단결하라! 귀축영미를 몰아내고 서구 문명의 침략으로부터 아시아를 지키자! 박정희, 요시다, 등소평, 리콴유. 이들을 아시아의 위대한 지도자로 치켜세울 때, 조갑제는 바로 이 말을 하고팠던 거다. 『조선일보』에서 한문혼용을 주장하는 데에도 실은 심오한 정치적 동기가 있다.

일본, 대만, 중국 관광객들이 한국에 와 보고는 한자 간판과 표시가 없어서 이곳이 과연 아시아인가 하는 충격을 받는다.

이어서 그는 한탄하듯이 말한다.

서양 기독교 문명권과 유교 아시아 문명권이 대결하는 상황이 왔을 때 한국은 서쪽 편을 들 것인가, 동쪽 편을 들 것인가.

별걸 다 고민한다. 기독교 문명과 유교 문명이 대체 왜 싸워? 뭐 때문에? 현실이 만화냐? 설사 만에 하나 그런 일이 있어도, 이 답답한 양반아, 우리가 뭐하러 "편을 들"어? 거길 왜 끼어들어? 그게 당신이 좋아하는 "실용자주" 노선이야? 머리도 참 안 돈다. 조상님의 훌륭한 지혜 있잖아. '굿이나 보고 떡이나 먹자.' "자주"적으로 굿 보고, "실용"적으로 떡 먹고, 얼마나 좋아. 그 머리 가지고 "1류 지식인"이라고? 당신이 편집장이 돼서 만든 1998년 11월호 『월간조선』 '최명길' 특집 좀 읽어봐. 당신 입으로 이렇게 말했잖아.

실사구시는 '사실에 근거하여 현실을 직시하고 국익을 기준으로 하여

시비를 가리는 자세' (⋯) 국가와 민족을 위해서 청나라와 화친하려는 최명길

국민 여러분, 보셨죠? 조갑제는 우리더러 "주자학적 사대주의자"라고 욕합니다. 하지만 "주자학적" "척화파 신하"가 정작 누구입니까? 남들 전쟁하겠다는 데 우리가 왜 "편을" 듭니까? 조갑제의 말대로

후금이 명의 원수는 될 수 있을지 모르나 우리 나라의 원수는 아니었습니다.

맞습니다. "서양 기독교 문명권"은 일본 우익의 "원수는 될 수 있을지 모르나 우리 나라의 원수는" 아닙니다. 우리가 왜 남의 전쟁에 끼어듭니까? 같은 몽골족이라서요? 유전인자가 비슷해서요? 척화파 신하들은 제대로 된 "명분"이라도 갖고 있었죠. 하지만 조갑제를 보십시오. 이게 "명분"이나 됩니까? 과거에 일본 사람들 유전자 비슷하다고 어디 우리 점잖게 대해줍디까? 조갑제의 말을 들어봅시다.

최명길 같은 주체적이고 실용적인 정치가를 매장하는 못된 생리를 가진 것이 우리의 지식인들이고 그 전통은 지금까지 흐르고 있습니다.

정말이죠? 저희들처럼 굿 보고 떡 먹는 "주체적이고 실용적인" 지식인들을, 조갑제 1류 "지식인"이 매국노라고 "매장"하려 들고 있죠? "못된 생리"죠? 보세요. 『월간조선』을 통해서 그 못된 "전통은 지금까지

일본 제국주의자들이 구상했던 대동아공영권, 1942년. "서양 기독교 문명권과 유교 아시아 문명권이 대결하는 상황이 왔을 때 한국은 서쪽 편을 들 것인가, 동쪽 편을 들 것인가."(조갑제) 별 걱정을 다하는 조갑제.

흐르고 있습니다". 통탄할 일이죠? 그 대표주자가 조갑제입니다. "편집장"이래요.

조갑제가 열심히 선전하는 이 만화 같은 '문명충돌론'을 옛날엔 '대동아공영권'이라 불렀다. 이 구닥다리 이데올로기를 20세기가 끝나가는 이 시점에 재방송한다. 대동아공영? 설사 이 만화 같은 얘기가 실현돼도 아마 한국은 그 야쿠자 조직 속에서 일본을 형님으로 모시고 있을 게다. 이 답답한 양반들아. 생각 좀 해봐. 일본이 또라이냐? 우리랑 공평하게 나눠 먹게. 우리까지 잡아먹지. 내가 파시스트라면 나 같아도 그러겠다. 걸핏하면 역사책 속에서 시체나 끄집어내는 이

자들. 도대체 역사에서 뭘 배우는 건지 모르겠다. 당신 같은 분들이 1910년에 얼마나 장한 짓을 했는지 좀 들여다봐.

보라. 그 옛날 팍스 몽골리카의 이상을 갖고 "유교문명권"의 단결을 위해 제 나라 갖다바쳤던 을사년의 용감한 다섯 몽골전사들. 그 사상적 후예들이 아직도 멀쩡히 살아 있다. 지금 열심히 "고꾸민쇼세츠國民小說"를 쓰고 있는 이인화 戰士. 우리보고 일본을 고스란히 따라 배우란다. 내선일체 할랑갑다. 『조선일보』의 이한우 戰士. 우리보고 친일파들의 "고민"을 "성숙"하게 헤아려주잔다. 『조선일보』의 조갑제 戰士. 우리보고 일본과 손잡고 서양에 맞서잔다. 『한국논단』 戰士들. 친일파 처단하는 놈은 빨갱이란다. 보라, 친일파들. "국가" 들어먹고 "민족" 배반하고 "반공" 팔아먹으며 질기게 살아남아 이렇게 사상적 후손까지 남겼다. 그리고 그 더러운 입에 감히 "국가"와 "민족"이라는 단어를 담으며, 이렇게 또 다시 나라 들어먹을 짓 하고 있다.

04

진짜 주사파

이 사람을 보라!Ecce Homo!

아버지 : 왜 집을 떠나려 하느뇨.

홍길동 : 소인, 주인마님의 아들로 태어나 서출이란 이유로 호부호형呼父
呼兄을 하지 못하거늘, 어찌 이 곳에 더 머무르고 싶겠사옵니까.

아버지 : 그래? 그럼 이제부터 호부호형을 허許하노니, 머무르도록 해라.

홍길동 : 그럴 수는 없사옵니다. 흑흑흑. 호부호형을 하면 뭐 합니까? 아
비를 아비라 부르지 못하고 형을 형이라 부르지 못하는데…….

아버지 : 알았다니까. 이제부터 나를 아비라 부르고, 네 형을 형이라 부
르도록 하라. 그러니 그냥 머무르라.

홍길동 : 그럴 수는 없사옵니다. 흑흑흑. 아비를 아비라 부르고 형을 형
이라 부르면 뭐 합니까, 호부호형을 못 하는데. 흑흑흑.

코미디언 김학래 씨가 열연한 단막극 〈길 떠나는 홍길동〉의 일부
다. 얼마전 『월간조선』을 읽다가 길 떠나는 홍길동을 또 하나 발견했

다. 어느 『조선일보』 기자다. 이번에 있었던 정치범 사면 문제와 관련하여 그가 법무부 장관과 인터뷰를 했다. 먼저 법무부 장관이 사상 전향제가 사상의 자유를 보장한 대한민국 헌법에 위배되는 위헌적인 조항이며, 바로 이 제도 때문에 우리나라가 국제적으로 인권탄압 국가로 낙인찍혀 국제적 망신을 당하고 있다고 열심히 설명했더니, 인터뷰를 하러 왔다는 자가 꾸벅꾸벅 졸고 있었던지 갑자기 자다가 봉창 두드리는 소리를 한다.

기자 : 우리가 지켜야 할 헌법적 가치가 있다면 전향서를 받는 게 옳지 않느냐는 주장입니다만……

장관 : 전향서를 받는 것이 헌법에 위반된다고 여태 설명을 드렸는데…….

A=~A. 기가 막힌 논리다.

홍길동: 위헌이면 어떻습니까, 헌법만 지키면 되지. 흑흑흑.

아버지: 그래? 할 수 없군. 그냥 떠나도록 해라, 지구를.

최근에 우연히 충격적인 정보를 입수했다. 그 쪽 사정을 좀 아는 친구한테 전해 들은 이야긴데, 이런 망언을 하는 그 기자라는 이름의 홍길동들이 小學(=국민학교)은 물론, 심지어 大學(=대학교)까지 떼었다고 한다. 놀라운 일이다. 믿거나 말거나.

민족의 구세주

그러잖아도 이런 우익 "바보"들(조갑제의 표현) 때문에 골치 아파 죽겠는데, 이번엔 안기부에서 국민의 귀중한 세금을 들여 북한산 좌익 "바보"까지 수입해왔다. 환장할 노릇이다. 대통령 봉급을 주기 위해 착실히 세금 내는 국민의 한 사람으로서 내가 낸 세금의 일부가 한때 김일성의 개가 되어 호의호식했던 자를 먹이고 입히는 데 사용되는 걸 보며 목하 상당히 스트레스를 받고 있는 중이다. 받은 상처도 크다. 하지만 체제로부터 위협받는 한 개인에게 피신처를 제공하는 것 또한 전 인류의 의무인지라, 휴머니티의 이름으로 그냥 꾹 참고 있는 중이다.(앞으로도 세금은 계속 낼 생각이니, 대통령은 봉급 걱정 안 해도 된다.)

근데 이분이 유감스럽게도 자신의 처지를 망각하고 있는 듯하다. 객관적으로 보면 이분의 처지는 정치적 난민에 불과하다. 근데 이분의 말씀을 들어보면 자기가 도탄에 빠진 이 나라, 이 겨레를 구원할 비밀자료를 가지고 넘어온 구세주라는 투다. 이분이 가지고 왔다는 북한정권의 엄청난 비밀이라는 게 근데 이런 거다. '북괴가 남침준비를 하고 있다.' 이 충격적인 정보에 얼마나 놀랐던지, 나는 밥을 먹다가 그만 숟가락을 떨어뜨리고 말았다. 아니, 이럴 수가. 동포 여러분, 북괴가 시방 전쟁 준비를 하고 있답니다, 그토록 믿었던(?) 북괴가……

이분은 이 불행한 사태의 해결책까지 갖고 넘어왔는데, 이 역시 생전 듣도 보도 못한 거다. 빨갱이를 색출하고, 군비를 증강하며, 데모와 파업을 탄압하면 된다는 거다. 안기부? 아니, 안기부가 시켜서 한 얘기가 아니란다. "우리가 안기부의 말을 듣는 사람이냐." 이로 보아이는 안보의 첨병 안기부에서도 몰랐던 정보 같다. 그래서 비싼 돈 들여 수입해왔나 보다. 북괴가 남침 준비를 하고 있는데, 왜 이걸 모를까? 너무나 답답한 나머지 황장엽은 노구를 이끌고 사선을 넘어야 했다. "우리가 목숨을 버리고 왔다는 거 아닙니까." (누가 아니래?)

박홍, 주사파가 되다?

재미있는 현상이다. 요즈음 대한민국 극우 파시스트들이 집단적으로 주체사상에 투항을 하고 있다. 왜 그럴까? 먼저 민족의 구세주 황장엽이 어떤 위세를 부리며 살아가고 있는지 보자. 리영희 선생의 증언이다.

대담하자고 같이 앉아 있는데 시작부터 한 10분 이상을 혼자 계속 얘기하더군요. 그래서 내가 두어 번 주의를 주니까 그 양반이 흥분해서 책상을 친 겁니다.

어디서 이런 버르장머리를 배웠을까? 먼저 안기부의 해명을 들어보자.

저 분이 남한에 와서 많은 사람들을 만났는데 언제나 한 30분쯤 자기 얘기부터 합니다. 그런데 중간에 제지한 분은 선생님이 처음입니다.

이분에게 "언제나 한 30분쯤 자기 얘기부터" 하는 못된 버릇을 들인 사람들이 누구일까? 그가 "남한에 와서" "만났"다는 "많은 사람들"은 도대체 누구일까? 알고 보니 "전 서강대 총장 박홍 (…) 『한국논단』의 발행인 이도형 같은 부류들"이라고 한다. 이 파시스트 극우파들이 "언제나 한 30분쯤" 황장엽 교수의 "진짜 주체사상" 설교를 들었다는 것이다. 그것도 "중간에 제지"도 한 번 하지 않고. 리영희의 선생의 추측대로 "한결같이 고귀한 말씀 듣자는 식으로 옳습니다, 옳습니다 떠받들"며……

어느 기자가 정확하게 지적했듯이 소위 '황장엽 파일'은 한마디로 "주체사상 설교집"이다. 그리고 황장엽은 그의 제2서신에서 이렇게 분명히 밝혔다.

할 수 있다면 이 부분(사상 분야)의 고문 역할이나 할 수 있을 것이다. 지금 얼마 남지 않은 여생, 가능하다면 주체사상을 더 알기 쉽게 정리하여 조국인민에게 남기고 싶다.

즉 "주체사상"을 가지고 "조국인민"의 사상 분야의 "고문 역할"씩이나 하고 "싶다"는 얘기다. 대한민국 사상 분야의 "고문"이 되겠다는 이분의 "주체사상 설교집"을, 무슨 이유에선지 대한국민학교 우익 똘반 학동들이 감싸고 돈다. 조갑제의 예언이다.

남한의 친북 지식인들이 이 책을 놓고 온갖 모함과 비방을 다할 가능성이 예견되기 때문이다.

이로써 "주체사상 설교집"을 옹호하는 그는 애국자가 되고, 주체사상을 비판하는 나 같은 사람은 졸지에 "친북 지식인"이 된다. 대한민국 우익, 지금 제정신이 아니다. 황장엽은 '파일'의 의의를 이렇게 요약한다.

이남의 주사파 학생들과 지하조직 일꾼들을 계몽시켜 북의 가짜 주체사상 선전에서 해방되어 진짜 주체사상을 체득하도록 하는 데 참고자료로 이용할 수 있을 것이다.

즉 "이남의 주사파 학생들과 지하조직 일꾼들"을 "진짜 주체사상"으로 "계몽"시키기 위한 "참고자료"라는 것이다. 근데 그런 책을 "모함"하고 "비방"하면 "친북 지식인"이 된다는 거다. 심지어 이 "주체사상" "계몽"용 "참고자료"를 대학의 "교재로 써야 한다"고 주장하는 얼빠진 사람도 있다.

마침 원작자가 나타나 스스로 자기 사상을 요약하고 잘못된 점을 비평을 했잖습니까? 이보다 더 좋은 교재가 어디 있겠습니까?

"하나님의 안기부" 박홍 신부의 얘기다. 이제 대학의 정규과정에서 "진짜 주체사상" 교양을 하게 될 모양이다. "용기있는 지식인" 박홍, "용기"를 갖추느라 바빠 텍스트를 요약할 '지능'은 미처 챙기지 못했다. 그러면서 부득부득 "지식인" 할라 그런다. 조갑제에게 당할 수모가 무섭지도 않은갑다. 정말 "용기있"다. 근데 "용도폐기"된 박홍 총장님께서는 황장엽이 그 책에서 비판하는 게 소위 김정일의 "가짜 주체사상"일 뿐 실은 "진짜 주체사상"을 열심히 설교하고 있음을 모르는 모양이다.

"하나님의 안기부"뿐이 아니다. 지상의 안기부도 마찬가지다. 한때 주체사상에 관한 책을 내면 잡아 가두었던 이들이 이제는 제 돈 들여 작가를 초빙해서 "주체사상 설교집"(『북한의 진실과 허위』)을 출간했다. 정말 세상 빠르게 변한다. 도대체 왜들 이러는 걸까? "진짜 주체사상" 붐이 일어나려나? 박홍의 말대로 정말

> 올해는 무척 어려운 한 해가 될 것입니다. (…) 우리 사회가 걱정입니다. (…) 경제 정치 사상 안보 등 모든 면에서 위태롭기 때문입니다.

정말 박홍의 말대로 주사파는 도처에 있나 보다. 『조선일보』에, 안기부에, 그리고 무엇보다도 박홍 안에도. 구국의 간성 대한민국 우익까지 나서서 "진짜 주체사상"에 투항을 하는 판이니, 내 느낌이 정말 "올해는 무척 어려운 한 해가 될 것" 같다. "경제 정치 사상 안보 등 모든 면에서 위태롭"다. 정말 "우리 사회", "걱정"이다.

이렇게 지금 조국 대한민국은 나 같은 좌파가 나서서 우국憂國을 해야 할 형편이다. 우익이 션찮다보니, 우리가 우익 노릇까지 떠맡아야 하는 거다. 하지만 어쩌랴, 조국이 "위태"로운데, "우리 사회가 걱정"되는데. 내가 "공민의 최고형태로서" "국가이성의 정점에 서 있"던 시절, 즉 육군 병장, 진병장 시절의 뜨거운 우국충정을 되살려, 정신 못 차리는 대한민국 우익 대신 "진짜 주체사상"의 위험성을 보여주려 한다.

그게 다 박홍, 조갑제처럼 잠깐의 실수로 "진짜 주체사상"에 미혹된 어린 학동들을 다시 "자유민주주의"의 품에 감싸안기 위함이다. 그리고 최소한 나는 박홍처럼 치사하게는 안 한다.

아이러니다. 우익들 사이에 부는 이 "진짜 주체사상" 열풍을 어떻게 이해해야 할까? 박홍 신부는 시각을 다투어 "황장엽 씨와의 대담을 신청"했다. 조갑제 학동은 "황씨의 논문을 읽고 있으면 이 사람이 신중하고 균형감각을 갖춘 지식인이라는 인상"을 받는다며, 그의 주체사상 설교집이 "이제 앙드레 지드, 아서 쾨스틀러, 밀로반 질라스, 스티븐 스펜더와 같은 반열에 오를 것"이라고 호들갑을 떤다. 북한이라면 치를 떠는 이 학동들이 왜 기를 쓰고 "진짜 주체사상"가 황장엽을 옹호하고 드는 걸까? 북한을 배반해서? 그럴지도 모른다. 간첩명단을 갖고 내려와서? 그럴 수도 있다.

하지만 또 한 가지 이유가 있는 것 같다. 황장엽은 "공산주의적 전체주의는 히틀러식 파쇼와 본질적으로 같다"고 말한다. 올바른 지적이다. 근데 그렇게 말을 하는 그가 정작 자신이 자랑하는 "진짜 주체사상" 역시 본질적으로는 "전체주의" 이데올로기라는 걸 모르는 모양이다. 어쨌든 그의 말대로 "전체주의"라는 점에서 공산주의와 히틀러식 파쇼가 "본질적으로 같"다면, 여기서 북한 주사파의 공산정권과 "비록 파시스트"(이인화)인 박정희의 군사정권 사이에 어떤 구조적 공통성이 있는 건 아닐까? 우익들 사이에 엉뚱하게 "진짜 주체사상" 신드롬이 일어난 건 혹시 이 때문이 아닐까?

진짜 주체사상

주체사상의 창시자에 따르면 주체사상에는 두 가지 버전이 있다고 한다. 자신이 창시한 "진짜 주체사상"과 김정일이 왜곡하여 개인숭배 사상으로 변질시킨 "가짜 주체사상". 소위 가짜 주체사상에 대해서는 몇 년 전 주체사상이 극성을 부리던 시절 이미 이론적으로 검토·비판한 적이 있으니, 여기서는 생략하기로 하자. 간단히 그 내용만 요약하자면, 주체사상이란 말이 사상이지, 사상으로서 갖추어야 할 기초적인 논리마저 결여된 사이비 종교라는 것이다.

그럼 황장엽이 창시한 진짜 주체사상이란 무엇인가? 여기에 대해서 그 자신은 별다른 언급을 하고 있지 않으나, 최근에 그가 발표한 『북한의 진실과 허위』라는 책에 대충의 얼개는 나와 있다. 그는 자신의 진짜 진짜 참기름을 이렇게 요약한다.

자기 운명의 주인은 자기 자신이며 자기 운명을 개척할 수 있는 힘도 자기 자신에게 있다는 사상이다.

먼저 '운명'이라는 말에 주목하라. 우리는 이미 이 단어가 파시스트들이 좋아하는 어휘목록에 속한다는 것을 알고 있다. 이인화의 운명 타령, 일본 우익의 운명 타령, 박정희의 운명 타령("운명공동체"), 그리고 입만 떼면 흘러나오는 히틀러의 운명 타령("Schicksal des deutschen Volkes……"). '운명'이란 말을 철학적 개념으로 사용한 사람은 하이데거 정도인데, 그가 확신을 가지고 나치 정권에 협력을 했으며, 또 전쟁이 끝난 이후에도 홀로코스트에 대해서도 침묵한 유일한 철학자였음을 알고 있다. 정치학이나 철학에서 '운명'이라는 용어는 파시스트 사상의 징후로 볼 수 있다.•

• 그것은 철학적으로 주의론, 불가지론, 비합리주의와 관계가 있고, 정치적으로는 "운명개척" 어쩌구 하면서 파시스트들이 설정한 어떤 국가적 목표를 위해 대중들에게 극도의 자발성을 유도하는 데에 사용되는 어휘이다

> 인간의 운명의 주인은 인간이며 인간의 운명을 개척할 힘도 인간 자신에게 있다.

'운명'은 이제 '인간'이라는 말과 결합된다. '인간'이라는 말도 파시스트들이 즐겨 사용하는 어휘에 속한다("감동의 '인간 드라마'", "인간이면서 인간을 넘어서는 인간의 길을 걸었던"). 황장엽은 "세계에서 인간이 차지하는 지위와 역할"을 밝히는 게 자기가 창시한 주체사상의 업적이라고 주장한다. 거짓말이다. 유럽에서는 이미 20세기 초에 '철학적 인간학'이라는 것이 나와 '우주에서의 인간의 지위Die Stellung des Menschen im Kosmos : M. Scheller'를 해명하려 한 바 있고, 이 철학적 인간학은 후에 나치 철학으로 흘러들어 간다.

인간은 자기 운명의 주인이란다. 그럴싸하게 들린다. 인간의 한 사람으로서 괜히 기분이 좋아지기까지 한다. 자, 이제 이 북한판 철학적 인간학이 구체적으로 무엇을 의미하는지 따져보자.

> 무생명 물질의 진화과정에 생명물질이 발생하고, 생물학적 존재로서의 생명유기체가 진화발전하는 과정에 사회적 존재로서의 새로운 생명체(사회적 생명체)가 발생하였다.

"새로운 생명체" "사회적 생명체"라는 말에 주목하라. 이 북한판 철학적 인간학에 따르면 인간에게는 두 가지 종류의 생명이 있다고 한다. 하나는 생물학적인 "육체적 생명", 다른 하나는 "사회적 생명"이 그것이다.

> 인간은 동물과 마찬가지로 육체적 생명을 가지고 있는 동시에 사회적 생명체의 고유한 특성인 사회적 생명도 가지고 있다.

이 말은 두 가지를 의미할 수 있다. 첫째, 인민은 "사회적 생명"이라는 것을 위해 "육체적 생명"을 버려야 한다는 돌격대 논리. 목숨을 초개같이 버리는 "수령을 위한 총폭탄"의 논리는 여기에 철학적 기초가 있다. 황장엽은 김일성이 개인숭배를 위해 주체사상을 악용했다고 억울해 한다. 하지만 "수령을 위한 총폭탄"이든, 아니면 '당'이나 '계급' '국가' 혹은 '민족'이나 '집단'을 위한 총폭탄이든, 그 차이가 큰 게 아니다. 총폭탄은 총폭탄, 괴상한 집단적 대의를 위해 개인들에게 육체적 생명을 버리라고 철학적으로 요구하기는 마찬가지다. 그리고 '대의'라는 건 얼마든지 정치적으로 조작 가능한 거다. 이 끔찍한 전체주의적 돌격대 철학은 그럴싸한 외양을 띠고 나타난다.

> 고립된 개인의 생명은 유한하지만 사회적으로 결합된 집단의 생명은 무한할 수가 있다.

이런 미신을 믿고 집단을 위해 목숨을 바치는 자에게 주체사상은 영생을 약속한다.

　　고립된 개인의 생명과는 구별되는 새로운 보다 유력한 생명을 지닐 수 있게 된다.

　　아멘. 누구든지 저를 믿으면 멸망하지 않고 영생을 얻으리로다. 주체복음 3장 16절. 여기서 "사회적 생명"이라는 말이 실은 종교성을 띠고 있음을 알 수 있다(종교인들은 "육체적 생명"이 떠나는 걸 영생을 얻는다고 표현한다). 놀랄 거 없다. 파시스트 철학은 원래 사이비 종교, 정치신학의 성격을 띠기 마련이니까. 가령 북한에서는 "육체적 생명"을 주신 것은 제 부모요, "보다 유력한 생명", 즉 "사회정치적 생명"을 주신 것은 수령이라고 가르친다. 황장엽은 이것도 주체사상의 왜곡이라 주장하는데, 가소로운 얘기다. 인민에게 영생을 선사해주신 수령님론은 그가 자랑하는 '정치적 생명론'의 논리적 필연이다.

　　둘째, 주체의 철학적 인간학은 무지막지한 전체주의, 집단주의를 의미한다. 황장엽의 진짜 주체사상은 위대한 생물학적 발견에 기초를 두고 있다.

　　우리는 정치적 영도체계를 가지고 결합되어 사회적 운동을 통하여 운명을 개척해 나가는 사회적 집단을 '사회정치적 생명체'라고 볼 수 있다는 데에 대하여 지적한 바 있다.

　　여기서 "사회적 집단"은 "생명체"가 된다. 이는 한갓 은유가 아니다.

그는 이를 글자 그대로의 의미로 쓰고 있다.

> 사회적 존재인 인간도 생명을 가진 존재인 것은 틀림없고, 인간과 인간
> 이 결합되어 사회적으로 생명활동을 해나가는 사회적 집단도 생명을
> 가진 존재이므로 그것을 생명체라 볼 수 있다.

세계 생물학계가 발칵 뒤집힐 위대한 발견이다. 이거야말로 이제까
지 발견된 것 중에서 가장 큰 "생명체"이기 때문이다. 긴수염 흰고래,
브론토사우루스는 유도 아니다. 황장엽은 말한다.

> 사회적 존재와 생물학적 존재는 질적 차이를 가지고 있기 때문에 생물
> 유기체설을 사회적 존재에 그대로 적용할 수는 없다. 목적의식적으로
> 맺어지는 사회적 관계를 본능적으로 맺어지는 생물학적 연계와 동일
> 시할 수는 없는 것이다.

여기서 그는 "본능적"/"목적의식적"이라는 대립쌍으로 자기의 "생물
체"이론을 '사회유기체론'과 구별지으려고 잔머리를 굴린다. 가소로운
일이다. 신체의 각 부위가 "본능적으로" 결합되어 있든, 아니면 "목적
의식적으로" 결합되어 있든, "생명체"는 어디까지나 유기체다. 결국 그
가 도입한 것은 새로운 형태의 사회유기체론일 뿐이다. '사회유기체론'
은 파시스트 논리다. 왜?

생물학적으로 보아 대한민국 우익, 즉 단세포 이상의 "생물체"에는
신체의 모든 움직임을 관장하는 두뇌라는 기관이 있다. 두뇌의 활동

이 멈추면 그 생물체는 곧 죽게 된다. 따라서 두뇌는 곧 생물체의 생명현상의 중추부라고 할 수 있다. 황장엽의 말대로 "사회집단"을 "생명체"로 볼 수 있다면, "사회집단"에도 물론 두뇌가 있어야 한다. 그리고 실제로 있다.

> 사회정치적 생명체라는 것은 생명활동을 해나가고 있는 사회적 집단 가운데서 정치적 영도체계를 가지고 생명활동을 해나가는 집단을 말한다.

여기서 "정치적 영도체계"라는 말에 주목하라. "사회적 집단"이라고 무조건 "사회정치적 생명체"인 것은 아니다. 그 "가운데서" 오직 "정치적 영도체계"를 가진 "집단"만이 "생명체"가 될 자격이 있다. 말하자면 "정치적 영도체계"가 없는 "사회적 집단"은 "생명체"가 아니라는 것, 즉 뇌사腦死를 한 시체나 다름없다는 얘기다.

이 "정치적 영도체계"란 무엇을 의미할까? 먼저 "영도"(김일성)니 "지도"(박정희)니 하는 단어는 민주주의에 적대적인 파시스트 개념임을 지적해 둔다. 나치들이 히틀러를 '지도자Führer'라 부른 것을 생각해보라. 황장엽이 말하는 "정치적 영도체계"란 것은 민주적 통치체계가 아닌 특정한 정치체계를 가리킨다. 가령 그건 김일성 부자의 통치체계를 의미할 수도 있고, 황장엽이 굳이 망명하지 않아도 되도록 섭섭잖게 외연을 넓혀주면 노동당의 집단적 지도체제를 의미할 수도 있다.

"생명체"에는 지절이 있다. 머리, 어깨, 무릎, 발, 무릎, 발, 물론 제일 중요한 건 "중추부", 즉 머리다. 돌이 날아오면 각 부위는 제 몸을 날려 머리를 보호해야 한다. 팔다리는 날아가도 되지만, 머리가 날아가면 "생명체"는 죽고 마니까. 신체 부위는 머리가 시키는 일에 복종해야 한다. 판단하고 결정하는 건 머리다. 팔, 다리가 주제넘게 머리 하는 일에 간섭하면 안 된다. 머리는 팔다리들이 선거로 뽑는 게 아니다. 태어날 때부터 머리는 머리다. 여기서 사회유기체론의 정치적 함의를 짐작할 수 있다. 그리고 이 "사회정치적 생명체"라는 리바이어던에는 '머리 어깨 무릎 발 무릎 발' 외에도 남의 말 엿듣고 귀신처럼 냄새 맡는 '귀 코 귀'가 있음을 잊으면 안 된다.

황장엽 씨는 북한이라는 "생명체"의 두뇌인 바로 그 "정치적 영도체계" 안에서 인민을 팔다리로 부리며 40년 동안 군림해왔다. "난 김일성의 이론 서기로 7년 이상 일했어. 당중앙의 비서로도 7년 이상 일했어요. 40년 동안 그 중추부에서 일했어." 따라서 황장엽이 김일성의 개인숭배를 비판한다고 그가 민주주의를 지지한다고 착각하면 안 된다. 그가 보기에 민주주의를 지향하는 남한이라는 "사회적 집단"은 "정치적 영도체계"가 없는 뇌사 상태의 시체이기 때문이다. 그리고 이것이 그가 서울에 도착하여 내뱉었던 극우성 발언을 설명해준다.

인민의 이익을 침해하고 사회 발전에 역행하는 자들은 아무리 주관적 동기가 좋다고 하더라도 탄압되어야 한다.

근데 "영도체계"에 반항하는 이 자들을 왜 가만 놔두는지 "리해할 수 없다"는 것이다. 무엇이 "인민의 이익을 침해"하는 것이고, 무엇이 "사회 발전에 역행하는" 것인지 판단하는 건 누구인가? 물론 자기들,

즉 "생명체"의 "중추부"인 "정치적 영도체계"다. 황장엽이 설파하는 "진짜 주체사상"의 위험성은 그의 정치이론에서 구체적으로 드러나는데, 이는 앞에서 말한 그의 전체주의 철학과 밀접한 관계가 있다.

가령 그는 "4권 분립"을 주장한다.

> 3권분립주의 (…) 여기에 하나 더 첨가하여 4권분립주의를 수립하여야 한다. 정당이라고 하던지 정치련맹이라고 하던지 정치중심을 내오고 그것이 정치리념과 그것을 실현하기 위한 전략전술을 연구할 뿐 아니라 인민대중의 정치문화 수준을 높이고 정치생활을 옳게 이끌어주는 사업을 책임적으로 진행하는 것이 필요하다.

말하자면 어떤 "정당"이나 "정치련맹"이 "정치중심"이 되어 국가의 공식 이데올로기("정치리념")를 내세워 "인민대중"에게 사상교육을 시키고("정치문화 수준을 높이고") 그들의 정치생활을 지도("옳게 이끌어주는")하겠다는 것이다. 전형적인 전체주의적 발상이다.

> 3권분립사상은 독재를 견제하는 데는 많은 관심이 돌려져 있지만, 정치사상과 정치과학 자체를 발전시키고 보급해 사람들의 정치문화 수준을 높여 정치적 통일을 강화해 나가는 면을 소홀히 하고 있다.

• 전체주의 사회는 한 국가의 동질성을 과도하게 강조한다. 가령 한 국가의 시민이 되는 데에 사상의 통일성까지 요구하기 마련이다. 이 경우 국가기관이 개인의 세계관에까지, 그것도 폭력적으로 개입하는 사태가 벌어진다. 몇몇 이슬람 근본주의국가에서는 종교의 통일성을 요구한다. 말하자면 이슬람을 믿지 않는 사람은 국민될 자격이 없다는 얘기다. 우리나라 극우파들은 소위 자기들의 '국가관'으로 '국론통일'을 해야 한다고 믿는다. 이들에게 자기들과 생각을 달리 하는 다른 사람들은 한국인이 아니다. 그런 사람은 '사대주의자'란 이름의 외국인, 아니면 '빨갱이'라는 이름의 외계인이 된다.

여기서 그 "정치련맹"이라는 것의 정체가 드러난다. 그것은 특정 국가 이데올로기(가령 자신의 "진짜 주체사상")로 국가의 "정치적 통일"을 강화하기 위한 조직이다. 이 조직이 사법·입법·행정부와 함께 정부조직이 될 경우, 권력의 분산은 물론 사상과 양심의 자유도 휴지조각이 되어버릴 것이다. 그리하여 국가가 국민 개개인의 세계관에 간섭하는 전체주의 사회가 등장할 것이다. 가령 사상검증을 하겠다고 시퍼렇게 설치는 극우파들을 보라. 만약 이들이 "4권" 중의 하나, 즉 "정치중심"이 되어 "정치적 통일"(소위 "국론통일")을 이루겠다고 설친다면, 과연 어떤 일이 벌어질까? 황장엽이 말하는 그 "정당" "정치련맹"이란 어떤 것일까?

정당은 어느 한 계급의 립장에 서서는 안 되며

웃기는 얘기다. 정당이란 원래부터 사회에서 이익을 달리하는 계급·계층들이 자신의 이익을 정치적으로 실현하기 위한 집단이다. 그러니 자기들이 대변하는 특정 계급이나 계층의 이익의 "립장"에 서는 건 기본이다. 사회의 모든 계급·계층, 즉 전 인민을 공정하게 대변하는, 아니 대변한다고 주장하는 정당은 대개 이미 사회주의 과업을 완수했다고 주장하는 공산주의 정당이나 허구적 민족공동체론에 입각한 파시스트 정당뿐이다.

아마 황장엽의 머리 속에 들어 있는 이상적 정당, 즉 "정치중심"이 되어 "인민의 정치생활을 옳게 이끌어" 간다는 정당은 바로 이런 전체주의적 유형일 수밖에 없다. 가령 그가 처음 망명했을 때 그는 맥락에

안 닿게 정부여당에 대해 "군중사업"을 하라고 충고한 바 있다. 여기서 그가 머릿속에 생각하는 정당이란 게 어떤 종류의 것인지 감잡을 수 있다. 아마 조선노동당 비슷한 것일 게다. 그리고 바로 이런 정당이 사회의 "정치적 통일"을 보장한다는 것이다. 그럼 이 정당에서 내거는 국가 이데올로기에 동의하지 않는 자들은?

내부의 적을 철저히 색출하여 소멸하는 것이 중요하다. 학생들의 소요가 일어나고 있는데 내부에 적이 있는 것을 의심하는 것은 어리석기 짝이 없는 것이다.

"내부의 적"이 되어 "철저히" "색출"당하고 "소멸"당하게 된다. "적"이 되지 않고는 "소요"조차 일으킬 수 없는 이런 생명공동체를 묘사하는 데에 황장엽은 이런 표현을 사용한다.

사회적 공동체의 성원들이 자유와 평등의 원칙, 민주주의 원칙에서 결합되는 동시에 사회 공동의 요구와 이익을 위하여 서로 긴밀히 협조해 나가는 사랑의 원칙을 구현

그의 머리 속에서 "소요"를 일으키는 "내부의 적"을 "색출하여 소멸하는 것"과 "사회 공동의 요구와 이익을 위하여 서로 긴밀히 협조해 나가는 사랑의 원칙을 구현"하는 것은 결코 모순이 되지 않는다. 우리는 이미 80년 광주에서 실현된 그 "사랑의 원칙"이 어떤 것이었는지 잘 알고 있다.

"철저히 색출하여 소멸하는 것"과 "사랑의 원칙을 구현"하는 것은 황장엽이 주장하는 "진짜 주체사상"이라는 동전의 양면, 아니 한 면의 두 이름일 뿐이다. 조갑제 같은 대한민국 우익은 여기서 전자에, 즉 그의 "공권력관"에 노골적으로 관심을 표명한다. 이것이 그들이 북한정권에 대한 비판과 함께 황장엽의 "진짜 주체사상"에서 챙기는 귀중한 이론적 요소다. 반면 좌파들은 저 "사랑의 원칙"을 수식하는 황장엽의 아름다운 형용사에 눈이 멀어, 그를 "사회주의 휴머니스트"로 착각한다. 그러면서 그런 인도적 사회주의자가 어떻게 그렇게 끔찍한 극우성 발언을 할 수 있는지 의아해한다. 정말 몰라서 하는 소리다.

이 사람들을 보라!

황씨는 대화가 끝날 무렵 오 변호사에게 큰 절을 하며 "나이가 저보다 위이니 형님으로 모시겠습니다"라고 말했고, 오 변호사도 황씨의 뜻을 받아들여 의형제를 맺게 되었다.

-『한겨레』,「극과 극은 서로 통한다?」

이 사람들 좀 보라. 뭐하는 걸까? 북한의 주체사상가 황장엽이 남한 보수우익의 보스 오제도에게 한쪽 어깨를 굽히며 '성님' 했단다. 참 재미있다. 앞으로 이 쌍라이트 형제가 펼칠 활약이 기대된다. 이 사건을 보도한 기자는 이 만남을 가리켜 "어울리지 않는 만남"이라고 했다. 몰라서 하는 소리다. 내가 보기엔 아주 잘 어울린다. 이런 걸 '좌'청룡 '우'백호라 부른다. 전체주의를 지향하는 좌익과 극우의 멘털리티에는 커다란 공통성이 있다. 좌우익 전체주의자들은 한배에서 나온 형제다. 그런 의미에서 이 만남은 상징적인 사건이다.

전체주의자가 신봉하는 이데올로기를 바꾼다고 그 멘털리티까지 바뀌는 것은 아니다. 이 경우 전체주의적 성향은 변함없이 남아 있고 정치적 입장만 시계추처럼 왔다갔다하기 마련이다. 가령 구 동독에서 사회주의 교육을 받았던 사람들 중 상당수가 지금은 '사회주의' 앞에 '국가'라는 말을 붙여 국가사회주의, 즉 나치의 신봉자가 되었다. 고전적인 예로는 로저 가로디를 들 수 있다. 한때 마르크시스트로 잘 나가던 그는 지금은 극우논객으로 악명을 날리고 있다. 황장엽도 그런 경우로 볼 수 있다.

좌우익 전체주의

앞에서 우리는 "진짜 주체사상"의 정체를 보았다. 이제 이 북한판 전체주의를 남한판 전체주의 이데올로기와 비교해보자. 민주적 질서를 반대하고 권위주의적 통치를 선호한다는 점에서 북한의 주사파와 남한의 극우파는 한 형제다. 김일성 주체사상과 박정희 주체철학은 통하는 데가 있다. 서로 "정확하게 일치"한다. 내 얘기가 아니다. 얼마 전 조갑제 학동이 "봄방학"을 해 "하와이"로 놀러 가는 "유나이티드 항공 여객기" 속에서 제 입으로 실토했다. 역시 우익 똘반의 수재다. 그는 먼저 황장엽의 비밀파일을 인용한다.

학생들이 동맹휴학을 하고 반정부 시위에 나서는 것은 한심한 일이다. (…) 생산 노동자들이 생산을 포기하고 파업에 나서는 것은 탄압되어야 한다.

이게 "인간"에게 "자주성, 창
조성"이 있다고 주장하는 주체
사상의 본질이다. 민주사회의
국민에게는 집회, 시위 및 결사
의 자유가 있으며, 파업은 법적
으로 보장된 노동자의 권리다.
물론 주체사상의 창시자에게는
이게 도저히 "리해가 되지 않"을
게다. 그저 "한심"할 뿐이다. 주
체의 "사회정치적 생명"론에 따
르면, "영도체계"의 명령을 거부
하는 이 괘씸한 팔다리들은 당

극과 극은 서로 통한다?

황장엽씨·보수우익대변 오제도 변호사 의형제 맺어

권영해 전 안기부장의 변호를 맡
고 있는 오제도 (81) 변호사와 지
난해 망명한 황장엽 (75) 전 북한
노동당 비서가 의형제를 맺은 것으
로 뒤늦게 밝혀졌다.

공안검사 출신의 원로 변호사로
그동안 보수·우익의 목소리를 대
변해 온 오 변호사와, 북한 주체사
상의 기초를 닦은 황씨의 '어울리
지 않는 만남'은 지난해 황씨의 망
명 직후 안기부의 주선으로 이뤄졌
다. 당시 황씨의 망명동기 등을 조
사하고 있던 안기부가 두 사람의
단독면담 자리를 마련한 것이다.

이 자리에서 오 변호사는 심리적
으로 불안한 상태에 있던 황씨에게
공안검사로 활동해오면서 겪은 자
기의 인생역정 등을 이야기하며 대
화를 풀어나갔다고 한다. 오 변호
사는 "대화가 무르익어가면서 망
명에 따른 불안으로 굳게 닫혀있

던 황씨의 마음도 차츰 열리는 것
을 느꼈다"고 당시를 회고했다.

황씨는 대화가 끝나갈 무렵 오
변호사에게 큰절을 하며 "나이가
저보다 위이니 형님으로 모시겠습
니다"라고 말했고, 오 변호사도 황
씨의 뜻을 받아들여 의형제를 맺
게 됐다는 것이다. 지난해 11월 황
씨가 소장으로 취임한 통일정책연
구소 창립식에서 오 변호사가 황
씨를 지칭하며 "황군이…"라는 표
현을 쓴 것도 황씨가 '의동생'이었
기 때문이라는 게 오 변호사쪽의
설명이다.　　**이종규 기자**

예정된 만남: 전체주의를 지향하는 좌익과 극우의 '형제애'
를 상징적으로 보여준다.(「한겨레」, 1998년 4월 4일)

연히 "탄압되어야 한다". 그것도 "철저히".

경제 발전이 낮은 나라에서 약간의 결함이 있다 하여 반대하는 것은
민주주의를 표방하든 사회주의를 표방하든 다 반동적이기 때문에 철
저히 탄압해야 한다.

"정치적 영도체계"에 "반대"를 하는 자는 "민주주의"자든, "사회주의
자"든 모두 "반동"이므로 "철저히 탄압해야 한다"는 것이다. 왜? 그는
고전적 해답을 제시한다.

문화적 수준이 낮은 나라에서 자유화는 분열을 초래하고 분열은 국력

을 약화시키며 외세에게 침략의 기회를 주기 때문이다.

이게 사회적 갈등을 해결하는 "주체사상"의 방법이다. 이렇게 "약간의 결함"에 "반대하는 것"조차 "반동"이라고 탄압하는 사회에는 비판이란 있을 수 없고, 그 결과 그 사회는 "자체 수정능력"을 잃게 되어 "약간의 결함"은 곧 중대한 결함으로 확대된다. 그래서 자랑스런 "주체의 조국"은 오늘날 저 모양 저 꼴이 된 거다. 그렇게 한 나라를 망친 자가 이제 남한으로 와서 또 다시 주체사상을 팔아먹으려 한다. '이건 정말 솔직히 실지로 참으로 진실로 진짜 진짜 참기름이에요'…… 쯧쯧.

박정희와 김일성

재미있는 것은 빨갱이라면 이를 가는 조갑제 학동이 주체사상의 아버지를 추켜세우고 있다는 것이다. 왜 그럴까? 위에서 인용한 황장엽의 "주체"식 문제 해결방식에 대해 조갑제 학동은 다음과 같이 코멘트한다. 이게 아주 압권이다.

아무런 힌트 없이 위의 인용문을 보여주면 박정희의 연설문이라고 답하는 이들이 많을 것이다.

브라보! 장하다, 조갑제. 오랜만에 말 되는 얘기했다. 내 말이 그 말이다. 황장엽의 주체사상은 "박정희 노선과 같은 주장"이다. 조갑제. "하바드 연수" 가더니 달라졌다. 날카로와졌다. 예리해졌다. 못 당하겠다.

그의 이 시각은 박정희가 5·16 직후 쓴 두 권의 책 『우리 민족의 나아갈 길』과 『국가와 혁명과 나』에서 선명히 주장했던 역사관과 정확하게 일치하고 있다.

브라보! 내 말이 그 말이다. 주체사상의 전체주의적 역사관은 박정희의 파시스트적 "역사관과 정확하게 일치한다". 당연하다. 극과 극은 통하는 법, 민주주의를 반대하고 전체주의를 숭상한다는 점에서 양자는 일치한다. 조갑제는 박정희의 "주체사상"을 이렇게 요약한다.

주체적 정치철학에 근거하여 자신의 운명을 자주적으로 결정

브라보! 놀랍지 않은가? 김일성의 말이 아니다. 박정희 각하의 생각이란다. 이를 김일성의 "주체적 정치철학"과 비교해보라.

자기 운명의 주인은 자기 자신이며 자기 운명을 개척할 수 있는 힘도 자기 자신에게 있다. / 자기 실정에 맞는 자주적인 정책을 실시해 나가야 한다.

황장엽이 설교하는 "진짜 주체사상" 중에서 조갑제가 특히 감격하는 구절이 있다.

시위와 파업은 인민에게 큰 손실을 줄 뿐 아니라 (…) 폭력적으로 지도권을 장악할 수가 있다. (…) 폭력을 쓰는 자에 대하여는 폭력을 적용

해야 하며 총살까지 해야 한다.

조갑제는 이렇게 코멘트한다. "이 대목은 그가 그리고 있다는 인도
적 사회주의의 공권력관觀이다." "인도주의로 일관하고 있는" "황씨"조
차 시위와 파업에 대해서는 "화를 내며" "총살" "운운"한다는 것이다.
이로써 그는 시위와 파업은 "인도주의자"조차 용납할 수 없는 폭력이
라고 슬쩍 자신의 "공권력관"을 암시한다. 정말 둘이 단짝이다.

사이비 민족주의

이제 좀더 구체적으로 들어가 700억짜리 사당을 지어놓고 박정희
를 섬기는 한국의 극우파들과 김일성의 생가를 성지로 모시고 섬기
는 북한의 주사파들 사이에서 공통점을 찾아 보자. 먼저 사이비 민족
주의다. 박정희주의자들과 김일성주의자들은 독재를 정당화하기 위
해 '민족주의'를 악용한다. 먼저 조갑제의 말이다.

> 박정희가 주장한 한국적 민주주의의 핵심은 1960~70년대의 한국은
> 서구와 사회발전단계가 다르기 때문에 서구식 민주주의를 그대로 도
> 입할 수 없고 (…) 국민의 자유와 평등을 제한해야 한다는 것이었다.

이 "한국적 민주주의"가 실은 "민주주의"가 아니라 국가가 국민의
패션과 헤어스타일에까지 간섭하는 파시스트 사회였음은 조갑제도
알고 있다. 그렇기 때문에 제 발이 저려서 "민주주의는 하느님이 아

니"라고 말하는 거다. 박정희 파쇼 체제가 "한국적 민주주의"라면, 김일성의 주체사상은 '조선 민주주의'다.

> (주체사상은) 북한이 자기 실정에 맞는 자주적인 정책을 실시해 나가야 한다는 것을 강조한 사상이었다.

그렇게 "자기 실정에 맞는 자주적인 정책을 실시"한 결과, 북한은 그 어느 사회주의 국가보다 지독한 폐쇄사회가 되었던 거다. 남들 하는 대로만 했어도 오늘날 저 지경이 되지는 않았을 게다. 이렇게 민족 "주체성"을 빌미로 독재를 정당화하는 건 주체사상이나 소위 "박정희 철학"이나 마찬가지였다.

사대주의?

민주주의에는 여러 가지 형태가 있다. 대통령제, 내각제, 입헌군주제 등. 각 나라는 자국의 실정에 맞게 이 다양한 형태 중의 하나를 택할 수가 있다. 우리가 이 모든 상이한 정체들을 '민주주의'라 부르는 것은, 이들 사이에 어떤 공통성이 있어서다. 가령 언론·집회·결사의 자유, 사상과 표현의 자유 등. 이를 갖추지 못한 체제는 '민주주의'가 아니다. "한국"이라고 예외가 될 수 없다. 이건 상식이다. 그런데 이 상식을 옹호하는 사람에게 조갑제는 주체성이 없는 자, "외래사상을 신으로 받들어 자주를 죽"이는 "사대주의자"라는 딱지를 붙인다.

현실(민족, 국가, 안보, 역사)을 비하하고 명분(김구, 도덕, 이념, 중화, 민주)을 숭배하게 되면 자신을 멸시하게 되고 (…) 사대와 종속에 이르게 된다.

한마디로 "민주"를 "숭배하게 되면" "사대와 종속에 이르게 된다"는 것이다. 이렇게 주체성과 자주성을 빌미로 독재를 정당화하는 것은 주체의 조국, 조선민주주의 인민공화국에서도 마찬가지였다.

우리 나라가 큰 나라들의 포위 속에 있는 것만큼 사대주의와 교조주의를 반대하고 민족적 주체성을 세워 나가는 것은 중요한 일이다.

독자들은 위의 언급이 실은 김일성의 절대군주화 과정, 즉 멀리는 남로당·소련파·연안파 숙청, 그리고 가깝게는 흐루시초프의 개혁정책에 대한 보수파들의 반동과 관련이 있음을 생각해야 한다. 그때의 분위기를 귀순유학생은 이렇게 전한다. "반대세력들을 소련의 수정주의에 물든 반동분자들이라고 몰아붙여 대대적으로 숙청했다" "자주"적인 북한 공산주의자들 역시 이렇게 다르게 생각하는 자들을 제거하는 데에 "사대주의"라는 비난을 사용했다.

자주적 독재

다시 조갑제의 인용문으로 돌아가 보자.

현실(민족, 국가, 안보, 역사)을 비하하고 명분(김구, 도덕, 이념, 중화, 민주)을

여기서 그는 "민주"를 "현실"이 아닌 "명분"으로 분류한다. 대한민국 우익은 "자유민주주의"를 수호한다고 떠든다. 하지만 그들에게 "민주"란 그저 "명분"일 뿐, 이렇게 마음속 깊은 곳에서는 "민주"란 결코 "현실"이 될 수 없다고 믿고 있다. 거짓말이 아니다. 조갑제의 말이다.

주자학, 공산주의, 자유민주주의와 같은 외래사상을 받들고 숭배하면서 거기에 반기를 든 세종대왕, 광해군, 정조, 이승만, 박정희 같은 자주·실용노선의 인물들

이승만·박정희가 "자유민주주의와 같은 외래사상"에 "반기"를 든 "자주"적인 "인물"이라는 것이다. 이렇게 "자유민주주의"에 "반기"를 든 이승만·박정희를 추종하는 우익 똘반 학동들은, 그런데 어떤 이유에선지 자기들이 "반기"를 드는 "자유민주주의"의 수호자라고 악을 쓰며 우긴다. A=~A. 우익의 논리. 길 떠나는 홍길동.

대한민국 우익 극성파들이 섬기는 그 사상이야말로 군국주의 프로이센에서 수입해다 파시스트 일본에서 가공한 것을 들여온 "외래사상", 왜색사상이다. 최근의 인터뷰에서 이인화는 횡설수설하며 자기가 자가용을 갖고 있으며 그게 다 박정희 수령 덕인데, 그래서 '우리 나라는 일본을 그대로 따라가야 한다'고 말했다. 박정희도 말했다. "일본 국수주의자의 기백을 배워야 하네." 각하의 유시를 받들어 니

뽄우요꾸빠가日本右翼(=또라이)들의 "기백"을 따라 배워 곤조根性와 기리義理의 야쿠자 모럴로 무장한 이들이 지금 우리보고 '사대'를 한다고 비난을 한다. 적반하장도 유분수다.

사람잡는 역사

자기와 다르게 생각하는 사람들을 일단 "사대주의자"로 몰아붙인 후, 조갑제는 이들을 조선시대의 주자학자로 둔갑시킨다. 민주주의의 신봉자들을 옛 봉건사대부들과 동렬에 올려놓고 욕을 해대는 것이다.

면면히 흘러온 조선조 지식인 사회의 위선, 명분, 도덕주의, 극단적 교조성 (…) 이것이 오늘날 남북한이 공유하고 있는 주자학적 체질

'민주주의자=공산주의자=조선조 지식인'? 여기서 민주주의 신봉자는 먼저 북한 공산주의자가 되었다가 다시 조선조 선비가 되어 그 죄를 몽땅 뒤집어쓰게 된다. 우리가 "세종대왕"이 "한글을 창제"하는 데에 "반대"했으며, "광해군"을 무시하고 북벌을 주장해 "호란을 불렀"으며, "김유신"이 "통일"을 하는 걸 뜯어말렸다는 것이다. 이게 바로 조갑제가 앞에서 "현실"로 분류한 "역사"라는 말의 기능이다("현실[민족, 국가, 안보, 역사]을 비하하고"). 대한민국 우익의 서글픈 "현실"이다.

이렇게 반대파에게 엉뚱하게 조선조의 양반들이 지은 죄까지 뒤집어씌우는 건 주체의 조국 공화국 북반부에서도 마찬가지다.

사대주의와 교조주의는 우리 민족 발전에 커다란 부정적인 역할을 하였다. 이조 말기만 하더라도 사대주의자들이 큰 나라를 등에 업고 파벌투쟁을 일삼음으로써 나라를 멸망케 하는 데로 이끌어 갔다.

쉽게 말하면 김일성에 동조하지 않는 자는 "큰 나라를 등에 업고 파벌투쟁을 일삼음으로써 나라를 멸망케 하는" "이조 말기의 사대주의자들"이라는 얘기다. 박정희의 수법하고 똑같다.

나는 조갑제 학동이 20세기 지식인들을 이조의 양반들과 동일시하는 이유를 모르겠다. 나는 그가 비난하는 "주자학"과 아무 관련 없고, 별 관심도 없으며, 이인화·이문열처럼 양반가문 출신도 아니다. 따라서 굳이 비난하려면 아직도 제 조상이 일으킨 "사색당파" 싸움이 애국이었다고 우기는 "영남 남인" 가문의 이인화라든지, 아니면 마누라 장봉작張奉爵 여사에게 가사일 몽땅 떠맡기고 자기는 "맑은 냇물"에 "두 발" 담그고 "소나무 아래" "바람을 쐬며" "한가로이" "구름"을 감상하며 쓸데없이 명분 챙기느라 청나라 칠 궁리나 하며 빈둥거렸던 백수건달을 조상으로 둔 걸 자랑스러워하는 이문열을 비난할 일이다. 이분의 말씀인즉 "양반문화에 대한 적의에 대해 그 근거 없고 비뚤어짐을 따지자면 따로이 책 한 권이 필요할 정도"란다. "책 한 권" 반박할 자신이 있으면 우리들의 찌그러진 오빠와 한 판 붙으라. 흥행은 보장한다.

씩씩거리며 썩어빠진 이조 500년의 역사를 비난하는 조갑제 학동. 정작 그가 비난해야 할 사람을 하나 추천하겠다. 박정희 대통령 각하께서 친히 추천을 해주신 인물이다. 누굴까? 각하의 육성을 들어 보자.

의존사상이나 아부근성, 지배자에 대한 맹종 등도 이조 오백년의 역사에 그 근원이 있다. 당파의식도 이조사에 뿌리박고 있다. / 해방 16년사 속에는 혈연적 가족공동체의 닫혀진 도덕이 남아, 건전한 개인의 자각을 육성치 못하고 지벌, 종파, 가벌 등이 큰 힘을 썼으며, 근대적 정당의 발생도 시들어 이조적 붕당을 만들었으며 전통적 지배형태인 카리스마적인 1인 정치 이승만 독재로 끝났다.

썩어빠진 이조 500년의 "주자학적 체질"을 가진 인물은 조갑제의 "국부" 이승만이라는 각하의 말씀이시다. 조갑제 어린이, 좀 새겨 들으세요. 그리고 언젠가 이를 박박 갈면서 이렇게 말한 적 있죠? 주자학적 지식인들이 "이승만을 매도하는 데도 앞장서기 마련이다". 근데 박정희가 지금 "앞장서"서 "이승만을 매도"하고 있네요. 박정희, 썩어빠진 주자학적 지식인 맞죠? 나쁜 어린이죠? 어떡할까요? "한번 혼내"줄까요?

타도 지식인

조갑제에 따르면 지식인들이 가진 "사대주의" 근성은 획득형질이 아니라 대대로 이어지는 유전형질이라고 한다.

먹물 먹은 사람들이 오랫동안 그 피 속에 지녀온 역사적 문화적 유전인자가 이 암 덩어리의 생성에 크게 기여한 그 점인 것이다.

여기서 "먹물 먹은 사람들이 오랫동안 그 피 속에 지녀온 역사적 문화적 유전인자"란 "주자학"을 말하고, "암 덩어리"는 "북한 공산주의"를 가리킨다. 말하자면 지식인들이 북한 공산주의의 생성에 "크게 기여"했다는 거다.

근데 귀순용사의 말에 따르면 그렇지 않다고 한다. "먹물"들은 "북한 공산주의"라는 "암 덩어리의 생성에 크게 기여"하기는커녕, 외려 철저히 탄압을 받았다고 한다. 황장엽이 열심히 "주체사상"을 창시하고 있을 때 북한의 분위기다. 이거 『월간조선』의 기사에서 뽑은 거다.

> 웬만큼 똑똑했던 사람들은 혁명화, 노동계급화란 명목으로 탄광으로, 농촌으로 추방되었다고 한다. 강권으로 지식인들의 의식을 노동자들의 수준으로 하향평준화시킨 것이다.

즉, 휴전선 남쪽의 "먹물 먹은 사람들"은 박정희의 군사 파쇼로부터, 그리고 북쪽의 "먹물들"은 "북한 공산주의"로부터 각각 탄압을 받았다는 얘기다. 물론 북한 공산주의자들은 이 "지식인들"을 미제의 "악성 변종" "암 덩어리"라 불렀을 게다.

이렇게 좌우익 전체주의자들은 지식인을 미워한다. 지식인을 타도하여 한 사회의 지적 수준을 "하향평준화"시키는 게 열린 사회의 적들, 즉 전체주의자들의 공통성이다. 왜 그럴까? 이들은 논증을 하는 데에 논리적 이성을 사용하지 않고, 대중의 가장 후진적 부분에 호소하여 그들의 정치적 미성숙을 교묘하게 악용하려 하는데, 이때 지식인들이 번번이 시비를 걸고 나서기 때문이다. 즉, 지식인은 전제정치를 위한 우민화 정책의 가장 큰 장애물이기 때문이다.

나치 독일에서는 토마스 만, 아도르노, 아인슈타인 등 문학·철학·과학계를 이끌던 지식인들은 모두 망명 가고, 위대한 천재 히틀러와 그 똘마니들만 남아 열심히 조국을 빛내고 있었다. 우리는 그 국가주의 사회의 야만성을 알고 있다. 어느 나치 여인의 고백을 생각해보자. "지도자께서 지식인에 반대하신다면 아마 그것은 옳을 것입니다". 조갑제는 한술 더 떠 "지식인들"에게 거꾸로 "대중의 성숙한 역사관을 본받"으라고 권한다. 조갑제 학동. 두 손을 곱게 모으고 박자에 맞추어 무릎을 쫑긋쫑긋거리며 앙증맞게 노래를 부른다. '새나라의 어린이는 일찍 미련합니다. 지식인이 없는 나라 우리 나라 좋은 나라.'

> 다행히 백성, 민중, 대중들의 평가는 항상 이들 위선자들(=지식인들-필자)보다는 정확하고 정직하였다. 1990년대 들어서 모든 여론 조사에서 박정희가 60~80퍼센트의 인기도를 유지하고 있었는데

무슨 얘길까? '민지'의 일기에서. 얼마 전 『조선일보』에서 인기투표를 했다. 국민대중은 박정희 오빠를 1위로 뽑았다. 근데 교수들의 투표에선 오빠가 순위에도 못 들었다. 그래서 토라진 갑제. '지식인, 미워.' 이러는 거다. 정말 대단한 아이야.

똑같은 설문조사를 지금 북한에서 한다면, 아마 김일성이 1위로 뽑힐 게다. 그러면 북한의 조갑제들. "백성, 민중, 대중들의 평가는 항상 위선자들보다는 정확하고 정직"해. 이럴 거다. 꾸며낸 말이 아니다. 황장엽의 말이다.

북한 통치자들은 문화수준이 낮은 노동자 농민들은 복종심이 강한 좋은 인민이라고 칭찬하지만 인테리에 대하여는 동요하고 나약한 계층이라고 경계하고 있다.

조갑제 어린이. 북한 통치자들도요, "먹물 먹은 자들"을 "경계"한대요. 정말 똑같죠? 근데 조갑제 어린이가 "책상 두 개"(하나는 업무용, 하나는 박정희 소설 집필용) 놓고 일하는 『조선일보』에서는 "먹물"도 안 "먹은 사람들"이 기자질을 하는 모양이죠? 역시 남달라요. 독특해요.

령도자, 지도자

박정희는 자기가 "민주주의"를 하되 "한국적"으로 한다고 착각을 하고 있었다. 박정희가 아직 타락하기 전, 그나마 순수한 혁명적 열정에 넘쳐 있던 사춘기에 한 말이다.

민주주의의 형태는 수입하되 그 뿌리까지 수입할 수는 없다. 이제 늦게나마 '민주주의의 한국화'라는 과제를 자각하게 된 것이다.

"뿌리"가 없는 나무는 그 "형태"가 아무리 예뻐도 크리스마스가 지나면 쓰레기통에 들어가기 마련. 그게 바로 "한국적 민주주의"의 운명이었다. 이미 그 싹수를 혁명 초에 그가 했던 연설문 속에서 찾을 수 있다.

민주주의에는 지도성의 원리가 도입되어야 한다.

• 그 시절 박정희 밑에서 정신문화연구원을 만들어야 했던 어느 철학자의 말이다. "내가 '지도 원리'라는 말을 싫어한 것은 비민주의적인 함축을 가졌다고 느꼈기 때문이다. 그 말은 나치 독일의 독재자 히틀러를 '지도자'라고 부른 사실을 연상시켰다. (…) 그 날 저녁에 독일 사정에 밝은 ○○○ 교수에게 전화를 걸었다. (…) (그도) '지도 원리'라는 말은 피하는 편이 좋을 것 같다는 의견이었다."

그가 말하는 "민주주의의 한국화"란 "지도성의 원리"라는 이 한마디로 요약된다. 파시스트 사회란 이렇게 권력자가 심부름꾼 노릇이 아니라, 주제넘게 국민을 "지도"하겠다고 나서는 사회다.

공화국 북반부에서도 마찬가지다. 다시 한번 황장엽의 주체사상을 인용해보자.

정치적 영도체계를 가지고 결합되어 사회적 운동을 통하여 운명을 개척해 나가는 사회적 집단을 '사회정치적 생명체'라고 볼 수 있다.

박정희에게 "지도성"이 결여된 민주주의가 몸에 맞지 않는 "양복"이라면, 주사파에게는 "영도체계"가 없는 사회는 "생명체"가 아닌 시체다. "지도"니, "영도"니 운운할 때, 이로써 좌우익 파시스트들은 민주주의를 무력화하고 있는 것이다. 독재자가 국민을 "지도"하던 3공화국이 조갑제가 실토하듯 "민주적이라고 할 수 없"었듯이, 수령이 인민을 "영도"하는 조선 민주주의 역시 민주주의와 전혀 관계없다.

수령복, 인민복

권력자가 민족의 "지도자" "영도자"가 되면, 이제 찬양을 받을 차례다. 먼저 황장엽이 보고하는 북한의 수령 타령을 들어 보자. "북한 통치자들은 늘 세 가지 큰 자랑을 한다."

첫째로, "북한은 천재적 예지와 탁월한 영도력을 지닌 위대한 수령(영도자)을 모시고 있다"는 것이다. 이것이 '수령복'을 누리고 있다는 자랑이다.

이 "영도자" 타령을 이인화의 "지도자" 타령과 비교해보라.

시대가 요구하는 것을 참으로 꿰뚫어 보는 예지 / 박정희의 관점, 가장 명민한 국가주의자의 의식

북한의 통치자들이 "영도자"의 "천재적 예지"를 찬양하며 "수령복"을 타고났다고 호들갑을 떤다면, 우리의 이인화는 "지도자"의 "천분"을 타고난 "명민한" 박정희의 "예지"를 자랑하며 자기가 '박통복'을 타고 났다며 새로 산 자가용을 근거로 제시한다. 타령은 이어진다.

둘째, "북한은 백전백승의 강철의 영장을 모시고 있기 때문에 어떤 강적도 단매에 때려부술 수 있다"는 것이다. 이것이 '장군복'을 누리고 있다는 자랑이다.

발끈한 조갑제. 이에 질 수 있겠는가. 우리에게도 단매에 때려부수는 "강철의 영장"이 있다.

박정희 같은 민족사의 1류 지식인들 (…) 1류와 2류의 가장 큰 차이는 전쟁의 본질에 대한 이해여부이다.

복 타령 3절이다.

셋째로, "북한은 위대한 수령에게 무조건 복종하는 인민을 가지고 있다"는 것이다. 이것이 '인민복'을 누리고 있다는 자랑이다.

대한민국 우익의 '국민복' 타령.

깊고 크고 참된 성실성으로 기꺼이 개인적 삶을 희생한 국민들(이인화) / 지식인들과 달리 우리 생활인들은 상당히 유연하고 건전한 인물관과 역사관을 갖고 있음(조갑제)

박통복에 이런 국민복까지 겹쳐 우리 국민은 "상상을 초월"하게 잘 살게 되었다는 거다. 북한은 '수령복' '장군복' '인민복', 남한은 '박통복' '장군복' '국민복'. 옷服 자랑이 아니다. 복 복福자, 남북으로 터진 복福 자랑이다. 경사 났네, 경사 났어.

천재론

좌우익 파시스트들은 "지도자"를 "천재"니, "천분"이니 하는 낱말로 수식한다. "천재"라는 말은 낭만주의 미학의 개념으로, 원래는 예술가를 가리켰다. 천재론은 예술가의 재능이란 논리로 설명할 수 없는 "신의 선물"이라는 이론이다. 이 미학이론을 나치들이 지도자 숭배의 정치이론으로 변형시켰다. 이후 이 수법은 전세계 좌우익 파시스트들이 즐겨 사용하게 되는데, 여기서 "지도자"를 "정치의 천재"이자 동시에 "예술의 천재"로 만드는 경향이 발생한다. 황장엽의 말이다.

> 그(=김정일)는 자기를 위대한 사상리론가, 위대한 정치가, 천재적 군사전략가, 위대한 예술가로 내세우는 것을 서슴지 않으며

조갑제도 이거 "서슴지 않"는다. 먼저 "위대한 정치가" "위대한 사상리론가" 박정희.

> 박정희는 (…) 서구 자유민주주의를 대체할 수 있는 우리식 정치이념을 만들고 싶어했던 사람이다.

이어서 "천재적 군사전략가" 박정희.

> "전쟁의 본질"을 "이해"하는 "박정희 같은 1류 지식인"

이어서 "위대한 예술가" 박정희.

> 대통령 박정희는 시도 쓰고 서예에도 능했으며 그림도 잘 그렸다. (…) 노래를 작사 작곡했다.

작곡이면 작곡, 서예면 서예, 그림이면 그림, 못하는 게 없었다는 거다. 그의 음악적 재능의 수준은 그 시절 아침마다 스피커에서 쿵쿵거려 잠을 설치게 했던 국민가곡("쿵짝 쿵짝. 새벽종이 울렸네……")을 통해, 그리고 서예 실력은 전국 방방곡곡에서 지겹게 보고 또 보았던 그 현판 글씨를 통해 짐작할 수 있다. 이렇게 자신의 취미생활로 국민을 괴롭히는 게 독재의 미학적 특징이다.

거석문화

전체주의자들의 미학적 취향은 청동기 시대를 지향한다. 그들은 거석문화를 선호한다. 왜? 천재는 위대한 자이므로, 그를 기리는 기념비도 그 위대성에 비례하여 거대해져야 하기 때문이다. 최근에 조갑제가 "마드리드"에서 "1백50미터짜리 돌십자가"를 보고 감동 먹었다.

영웅과 천재는 돌출하는 존재이고 이 돌출과 비정상을 관용할 수 없는 사회에서는 모범생들은 많이 나오겠지만 시대와 공간을 넘어서 굵게 한 획을 긋는 대인물은 나오기 힘들 것이다. 기념물의 규모와 천재의 숫자는 비례하는 것이 아닐까?

그래서 "천재"의 나라 북한에는 그렇게 기념물이 많은 거다. "영웅과 천재". "기념물." 거대한 것에 대한 집착. 여기에 파시스트 미학의 정수가 농축되어 있다. 이어서 그의 천재론이 펼쳐진다. 조갑제에게 감동을 먹인 어느 "조각가"의 말이다.

범인에겐 침을, 바보에겐 존경을, 천재에겐 감사를

조갑제 어린이. 지금 우리에게 "존경"을 받겠다는 앙큼한 속셈이다. 조갑제 학동은 박정희가 "천재"라 주장하는데, 정작 박정희 자신은 의견이 다른 모양이다. 지금 그는 국립묘지에 누워 우리들에게 이렇게 요구한다.

내 무덤에 침을 뱉어라

귀국하면 국립묘지에 참배 가야겠다. 난 죽은 사람 소원은 웬만하면 들어준다. 조갑제 학동은 앞의 조각가의 언급에 이런 해석을 붙인다.

마음이 순수한 바보는 천재를 알아주니 존경할 가치가 있다. 천재의 위대성을 알아주지 못하는 우매함에다가 모르면서 아는 척하면서 비판하는 범인. 그리고 나서는 태연히 공짜로 그 천재의 피 땀 눈물을 즐기는 사람들

이렇게 "凡人"들을 "침" 뱉어 쫓아내고, "순수한 바보"들만 남아 "천재"에게 "감사"를 하며 살아가는 나라. 이게 바로 파시스트 국가, 조갑제 학동이 꿈꾸는 이상국가다. 그 완전한 실현태를 우리는 저 휴전선 북쪽에서 본다. "천재"에게 보내는 황장엽의 "감사"의 말씀.

나는 (…) 조선 로동당과 그 령도자의 두터운 사랑을 받아왔다. 따라

編輯長의 편지

凡人에겐 침을, 바보에겐
존경을, 天才에겐 감사를

趙甲濟
月刊朝鮮 편집장(mongol@chosun.com)

자살한 한 가난한 조각가의 방에는 달력이 걸려 있었습니다. 거기엔 이런 낙서가 쓰여 있었다고 합니다. 「凡人에겐 침을, 바보에겐 존경을, 천재에겐 감사를」. 저는 死後에 유명해진 이 不運했던 예술가의 입장에 서서 이 글을 해석해보려고 했습니다. 바보는 순수한 영혼을 갖고 있습니다. 그러니 천재의 위대성을 알아줍니다. 凡人은 보통 수준의 안목밖에 없으면서 천재를 평가하려고 합니다. 그러니 천재의 위대성을 시기하고 질투하여 깎아내리려고만 합니다. 천재의 입장에선 그런 사

돌아온 조갑제. 『월간조선』 편집장으로 복귀한 뒤 지금껏 '박정희 우상화'
바람을 주도하고 있다.(『월간조선』, 1998년 8월호)

서 조선로동당과 그 령도자들에 대하여는 감사의 정이 있을 뿐이다.

이렇게 온 국민이 지도자의 은덕에 "감사"를 하는 나라, 유치원 아이들까지도 "감사"할 줄 아는 나라, 그런 나라에 살고 싶으면 이참에 그냥 월북을 하면 될 일이다.

이 조각가가 저주한 범인은 보통 사람이 아니라 보통 사람의 능력밖에 없으면서 중요한 일을 맡고 있는 일부 기자 교수 평론가 같은 먹물 먹은 사람들을 가리키는 것

훌륭해요, 조갑제 어린이. 말 참 잘했어요. 하물며 "보통 사람의 능

력"조차 갖추지 못한 "바보"들이 "감사"할 줄 안다는 단 한 가지 이유
만으로 300만 부나 찍어내는 민족지(?)의 "기자"질을 하고, 유서 깊은
이화여대 국문과의 "교수"질을 하고, 이 "바보" "교수"의 소설에 잘 썼
다고 "평론"질을 해대는 이 현실. 이 참담한 현실을 보는 국민들 마음
이 얼마나 착잡하겠어요. 그건 약과예요. 몇천억 해먹고 감옥 갔다가
풀려난 노태우라는 자 있죠? "보통 사람" 주제에, 세상에, 대통령질까
지 해먹었대요. 통탄할 일이죠? 근데, 그때 조갑제 어린이는 뭐하고
있었어요? "침" 뱉고 있었어요?

엘리트주의

더 큰 문제는 "천재에게 감사"를 하는 이 "바보"들이 무슨 이유에선
지 동시에 자기들이 "엘리트"라고 믿는다는 거다. 가령 조갑제는 자기
가 "전쟁의 본질"을 "이해"하는 "1류 지식인"이라고, 이인화는 자기가
"극단으로 치닫는" "1류 예술가"라고 자화자찬한다. 이인화의 말이다.

자본주의는 보다 공정한 국가적 인간의 이해 아래에 종속되어야 한다.
그 국가적 인간은 지식인일 수도 있고 관료 엘리트 내지 군부 엘리트
일 수도 있다.

박정희 파쇼에 대한 변호론이다. 이를 파시스트 엘리트주의의 사전
적 정의와 비교해보라. 파시스트 엘리트주의란

전문적 지식과 강력한 의지 및 공공이익에 대한 이해력을 갖춘 엘리트
에게 자신의 운명을 맡겨야 한다

는 주장이다. 나치철학자들이 보여준 바와 같이 엘리트주의는 전체주
의 철학의 중요한 요소다. 이는 사회유기체론과 밀접한 관계가 있다.
즉, 사회라는 "생명체"에서 국민을 수족으로 부리는 머리 노릇을 하는
자들이 바로 "엘리트"란 얘기다. 황장엽 역시 엘리트주의는 "전체주
의" 사상이라고 지적한다.

전체주의는 사회 전체의 이익을 가장 우수하고 진보적인 사람들이 대
표할 수 있다는 사상과 결부됨으로써 개인의 자유와 평등을 무시하
는 사상으로 전환되었다.

머리가 선거로 뽑히지 않듯이, 엘리트들은 결코 선거로 뽑히지 않
는다. 항상 거꾸로 가는 극우파답게 최근 조갑제는 미국에 가서 "민
주주의는 하느님이 아니"라는 것을 확인하고 돌아왔다. 미국에 가보
니, 세상에, 미국에서도 대학총장은 선거로 안 뽑고 심지어 "장기집
권"까지 한다는 거다. (이렇게 그도 필요하면 얼마든지 "사대"를 한다). 그
는 감격하여 즐거운 비명을 지른다.

아무리 민주주의가 좋은 제도라고 해도 가정에서 호주를 선거로 뽑을
수가 없고 기업에서 사장을 선거로 뽑을 수가 없으며 신문사에서 편
집국장을 선거로 뽑는 것은 무리이고

참고로 말하면 조갑제 학동은 『월간조선』의 "편집국장"이다. "선거로 뽑는 것은 무리"인 자리, "장기집권"도 가능한 자리에 있는 거다. 왜 이런 말을 하는 걸까? 제 처지 때문에? 아니다. 오직 "조국과 민족"만 생각하는 "실천하는 국가주의자"가 어디 제 한 몸의 영달을 바라리요. 그게 다 조국에 드리는 말이다. 그는 계속해서 이렇게 말하고 싶었을 게다. '따라서 "대권의 수임자"도 "선거로 뽑는 것은 무리"가 아니냐' '"장기집권"도 할 수 있는 거 아니냐'. 거짓말이 아니다. 이들은 체육관 문중회의 혹은 군사깡패들의 정권찬탈을 하늘의 뜻으로 선전한다. 조갑제의 말이다.

> 대권의 수임자는 인간에 의해 결정될 수 없고 하늘에 의해 결정되어야 한다.

북한의 주사파들도 똑같은 수법을 사용한다. 황장엽의 말이다.

> 후계자(김정일)는 날 때부터 '광명성'으로 태어나 자기 아버지의 지위를 계승하기로 하늘이 결정한 것으로 선전하고 있다.

조갑제에 따르면 "하늘에 의해 결정"된 "대권의 수임자"란 "권력투쟁에서 최후에 승리하는 자"다. 이렇게 "대권의 수임"이 타이틀매치가 되다 보니 이들은 그 장소로 장충체육관 같은 곳을 선호한다. 조갑제는 이런 풍습에 "민주주의적인 면도 있다"고 말한다. 즉 "권력투쟁에서 (…) 승리"한 군사깡패들의 "대권수임"은 "하늘에 의해 결정된" 것이며, 거기에는 "민주주의적인 면"이 있다는 얘기다. 그럼 권력투쟁에서 승리한 김일성·김정일이 수령이 된 것도 "하늘에 의해 결정"된 것이며, 거기에는 "민주주의적인 면도 있"을까?

인간개조기

인민이 "대권의 수임자"를 선출할 수 없다면, 이건 어떤가? "하늘에 의해 결정된" "대권의 수임자"가 "민주"적으로 '인민'을 선출하는 거다. 좋은 생각이다. 그런데 이 "한국적 민주주의" 모델에는 한 가지 심각한 이론적 문제가 있다. 물론 조갑제·이인화처럼 지도자의 은덕에 "감사"하는 "바보"들은 '저요, 저요' 하고 다투어 서로 출마하려 하겠지만, 상식을 가진 나머지 "범인"들은 점잖게 인민의 후보직을 자진사퇴할 것이기 때문이다. 어떡한다?

좋은 수가 있다. "자랑과 기쁨을 가지고" "기꺼이" 인민의 후보로 출마하는 걸 "선택"하도록 국민들을 뜯어고쳐 놓는 거다. 그래서 파시스트들은 툭하면 "인간개조"를 "부르짖"는다. 말하자면 국민을 "인간"으로, 즉 범사에 "감사"하는 "바보"로 뜯어고쳐 놓겠다는 얘기다. 이것이 이들이 자랑하는 전도된 "민주주의" 모델이다. 이렇게 파시스트들은 늘 거꾸로 움직이는 이상한 버릇이 있다. 먼저 남한 "인간개조"기의 말을 들어 보자.

> 문제는 (…) 제도를 구성하고 운영하는 개인에게 있는 것이다. 또한 민족운명의 공동체라 하더라도 역시 민족의 구성요소는 개인이다. (…)

우리가 차제에 '인간개조'를 부르짖고 민족적 자각을 요청하는 소이도 바로 여기에 있다.

박정희의 말이다. 이를 황장엽의 "진짜 주체사상"과 비교해보라.

사람의 사상문화 수준을 높이는 인간개조사업과, 사회의 물질적 재부를 생산 발전시키는 자연개조사업과, 사회적 관계를 합리적으로 개조하기 위한 사회개조 사업의 3대 개조사업 (…) 가장 중요한 것이 인간인 것만큼 인간개조사업을 앞세우는 원칙에서 3대 개조사업을 균형적으로 다같이 발전

박정희 식으로 말하면, 경제를 발전시키고(자연개조사업) "제도"를 혁파해야 하는데(사회개조사업), 그러려면 무엇보다도 먼저 "인간개조"(인간개조사업)를 해야 한다는 것이다. 이 인간개조 사업의 내용은 무엇일까? "인간"을 도대체 어떻게 뜯어고치겠다는 걸까? 박정희의 말이다.

이런 악질적인 근성은 사대주의, 반상적서의 계급과, 지배자에 대한 맹종 등 이조 5백년의 역사에 그 근원이 있다.

국민의 "사대주의" 사상을 뜯어고쳐 "주체"적인 "인간"으로 "개조"하겠다는 포부다. 여기서 "사대주의"란 무엇을 가리킬까? 조갑제의 말대로 "자유민주주의와 같은 외래사상을 받들고 숭배하"는 "악질적인 근성"을 말한다. 이렇게 "사대주의"를 척결하고 "주체"를 세울 데 대해

서는 공화국 북반부에서도 한가지였다.

역사적으로 볼 때 사대주의와 교조주의는 우리 민족 발전에 커다란 부정적인 역할을 하였다.

여기서 "사대주의"란 소련판, 중국판, 남한판, 동구판 등 여러 버전의 마르크스주의를 의미한다. 이 "인간개조사업"을 위해 만든 "사상문화"가 바로 황장엽의 "주체사상"이다. 한마디로, 자기가 창시한 "주체사상"을 가지고 전 인민을 전일적으로 교양하여, 소위 "사대주의자"들의 "부정적인" 영향을 차단하고 인민을 수령 주위에 묶어 세우겠다는 얘기다. 이렇게 남이나 북이나 "인간개조" 사업의 요체는 근대적 시민을 전제군주의 충실한 신민으로 "개조"하는 데에 있었다.

호전적 인간형

박정희가 소위 "몸에 맞지 않는 양복", 즉 서구식 자유주의를 제멋대로 재단해 군복을 만들어냈다면, 북한의 주사파 역시 서구 사회주의를 제멋대로 재단하여 이상한 병영국가를 만들어냈다. 또 이들이 "사대주의" 사상을 척결하여 "주체"로 "개조한" "인간"들은 어떤가? 모든 것을 "군대식 실력주의"로 해결하는 호전적인 인간형이다. 박정희 "인간개조" 사업의 희생자 조갑제 학동을 보자.

우리 나라는 조선조 이후 상무정신이 거세된 탓으로 침략전을 한 번도 해 본 적이 없는 희한한 기록을 가지고 있다.

정말 "희한한" 생각을 "가지고 있다". "침략전"을 해야 민족의 긍지가
산다는 뜻일까? 조갑제. 번번이 "침략전"을 했던 일본이 부러운 모양
이다.

이런 전통의 나라에서 자위적 목적의 전쟁론을 이야기하는 사람을
'전쟁을 부추기는 국수주의자'로 몰아서 도덕적 우월성을 과시하려는
집단이 있다.

"자위적 목적"? 웃기는 얘기다. 네오나치들은 히틀러의 2차대전이
공산주의로부터 유럽을 지키기 위한, 일본의 극우깡패들은 태평양전
쟁이 귀축영미로부터 아시아를 수호하기 위한 "자위적 목적"의 전쟁
이었다고 우긴다. 결국 조갑제의 얘기인즉, 나치 독일이나 일제처럼
"자위적 목적"에서라면 "침략전"을 해도 된다는 거다. 이런 헛소리를
증명하려다 보니, 조갑제는 죽은 "김유신을 무덤에서 불러내지 않고
는 방법이 없"었다. 극우파들은 그리스도다. 죽은 자를 깨운다. 이문
열도 그랬다. 조갑제의 김유신이 자다 깨서 얼떨결에 말한다.

비굴한 평화와 고귀한 전쟁 사이에서 우리 신라인은 전쟁을 선택했고
이때 흘린 피로 해서 후손들이 한반도를 보금자리로 삼게 되었다.

쉽게 말하면 "고귀한 전쟁", 즉 북한에 대한 "침략전"을 "선택"해서

"피"를 보자는 얘기다. 이 "전쟁광"이 상상하는 대로 "김유신이 1천3백년 만에 다시 나타난다면", 내 생각에는 아마 "이런 말을 할 것이다". '갑제야, 넌 좀 찌그러져 있어, 통일 좀 하게……'

조갑제 학동은 "대한민국의 현재 지식인들"을 "2, 3류"로 놓고, 박정희를 "1류 지식인"으로 치켜세운다. "1류와 2류의 가장 큰 차이점은 전쟁의 본질에 대한 이해 여부이다". 그러므로 분단국에서 지식인 노릇을 하려면 "모국어처럼 전쟁을 알아야 한다"는 거다. 이게 바로 나치의 '전쟁철학Wehrphilosophie'이다. 여기 독일에도 "1류 지식인들"이 있다. 보불전쟁부터 스탈린그라드 전투까지 전쟁사에 도통하여 "모국어처럼 전쟁을" 아는 이들은 겉으로 보아도 구별될 정도로 비범한 데가 있다. 이 "1류 지식인"들은 머리를 빡빡 깎고 다니는 습관이 있어, 흔히 '스킨헤드'라 불린다. 일본에도 가도 어렵지 않게 "1류 지식인"을 발견할 수 있다. 봉고차에 확성기를 달고 다니며 시끄럽게 제 존재를 알리는 괴벽이 있기 때문이다. 북한의 상황은 어떠한가? 황장엽의 말이다.

북한은 항시적으로 준전시 태세에 있으며 전쟁 분위기로 가득차 있다.

조갑제가 꿈꾸는 이상국가가 바로 저 휴전선 위쪽에 완전한 형태로 실현되어 있다는 얘기다. 황장엽은 이어서 말한다.

전쟁을 신성화하는 것은 북한통치자들뿐이다.

조갑제가 전쟁을 "고귀한" 것이라 본다면, 북한 통치자들은 이렇게 전쟁을 "신성"한 것으로 본다. 조갑제는 우리가 "전쟁"에 반대하는 게 "병적이고 패배적"이어서 그런다고 야무지게 착각한다. 그게 아니다. 우리가 그의 "침략전"에 결사반대하는 건 두 가지 이유에서다. 첫째는 "1천3백년 전"에 살았던 "김유신"도 혀를 내두를 그 초역사적 단순무 식함이 싫어서고, 둘째, 내게 더 좋은 생각이 있어서다. 가령 이건 어 떤가?

군이 "신성"하고 "고귀한" "전쟁"이 하고 싶다는 남북의 문제아들을 올림픽 메인스타디움으로 초청하는 거다. 거기서 스포츠맨 선서를 하 고 마음에 드는 무기를 고르게 한 다음 공을 울린다. 흥행은 문제없을 거다. 두 가지 이유에서. 워낙 "모국어처럼 전쟁"을 아는 자들이니 세 계 스포츠사에 길이 빛날 명승부가 예상되는 데다가, 둘째 이 명승부 의 주인공들이 놀랍게도 모두 "1류 지식인들"이기 때문이다. 이 대전의 중계료와 입장수입으로는 불우이웃을 돕는 거다. 그러면 싸우고 싶은 자들 소원 풀고, 보는 사람 즐겁고, 불우이웃 기쁘고, 이를 내려다 보 시는 하나님은 흐뭇하실 것이다. 이거야말로 조갑제가 하바드에 연수 가서 자랑하고 돌아온 전략, "1석3조"를 능가하는 1석4조가 아닌가.

군국주의

호전적 인간형. 이것이 전체주의자들이 제일 중시하는 "인간개조" 사업의 요체였다. 그러면 그들의 "사회개조사업"은 어떠한가? 황장엽 의 말이다. 그는 북한의 체제를 "군국주의"로 규정하며 북한의 현실을 이렇게 전한다.

Ecce Homo. 이 사람을 보라. "전쟁의 본질"을 이해하는 독일의 "1류 지식인" 네오 나치.

폭력적인 독재기구에서 가장 중요한 것은 군대이며, 군국주의는 독재 국가의 기본 특징이다.

한 가지 덧붙이자면 '군사독재'와 '군국주의'는 구별해야 한다. 군사 독재는 그저 군대를 권력 유지 수단으로 이용하는 경우를 말한다. 반 면 '군국주의'는 거기에 그치지 않고 군대식 "조직운영법""군사적 사 고"로 시민사회를 조직함으로써 전체 사회를 병영화하는 것을 말한 다. 가령 이렇게.

이런 군대와 전쟁의 긍정적인 면을 소개만 해도 전쟁광이니 국수주의 니 하는 비난을 퍼붓는 병적이고 패배적인 지식인들이 (…) 있는 한, (…) 후진적 찌꺼기들은 없어지지 않고 사회의 선진화에 장애요인으로 작용할 것이다.

"군대와 전쟁의 긍정적인 면". 이게 나치가 주장하는 '전쟁의 문화이념Kulturidee des Krieges'이라는 것이다. 다시 한번 인용하자. 어느 나치의 말이다.

전쟁은 문화의 도구이며, 따라서 그 자체가 문화의 업적인 것이다. (…) 전쟁은 불과 같아서, 그것이 없었으면 인간의 문화도 불가능했을 것이다. (…) 전쟁은 (…) 재능들을 최고도로 발전시키는 추진력이자 문화를 계속 발전시키기 위한 필수불가결한 수단이다.

조갑제는 "모처럼 확보한" 각하의 이 귀중한 문화유산이 사라지는 게 안타까운 모양이다.

우리 사회가 필요로 하는 것은 해방 후 우리가 모처럼 확보한 군사문화를 잘 정리하여 국가, 기업, 개인의 발전에 도움이 되도록 활용하는 것이지 '군사문화의 청산'이 아닌 것이다.

이게 다 우리 사회의 "재능들을 최고도로 발전시키"고 유구한 우리의 "문화를 계속 발전"시켜 "사회의 선진화"를 이루기 위함이란다. 그리고 이 나치 문화이데올로기에 반대하는 자는 "병적"인 자라는 얘기다. 정말 변태다. 전 사회를 "군사적 사고"로 무장한 북한의 실상은 어떠한가? 황장엽의 말을 들어 보자.

김정일은 청소년들 속에서 '수령의 총폭탄'이 되기 위한 훈련을 끊임없이 강화하고 있다. 고급중학교 학생들은 남자 여자 할 것 없이 청년근위대원으로서 정식 군대와 같이 훈련을 받고 있다.

우리 사회는 어떠했는가? 어린이 시절엔 조국의 "총폭탄"('육탄 10용사') 얘기를 읽으며 입이 찢어져도 '공산당이 싫어요'라 외치는 연습을 하다가, 청소년 시절부터는 "남자 여자 할 것 없이" 군사훈련을 받고, 대학생 시절에는 학생회 대신 학도호국단에 편입되어 문무대와 전방에서 "정식군대와 같이 훈련을 받"다가, 졸업해서는 아예 "정식군대"에 끌려갔다가, 제대한 다음에는 "어제의 용사"가 되어 "다시 뭉"쳐져 "일하면서 싸우는 보람에" 살다가, 그 다음날엔 모자 쓴 민방위가 되어 동사무소 지하실에 쭈그려 앉아 있다가, 겨우 숨을 돌릴 만하니까 통장님이 오셔서 이제 5호담당제 반상회원이 되라고 하신다.

북한의 청소년들은 자기 자신의 발전을 위하여 공부하는 것이 아니라 허위와 기만으로 충만된 김일성과 김정일의 소위 '혁명역사'를 외우기 위하여 많은 시간을 낭비하고 있으며 (…) 집단체조를 준비하는 데 무진 애를 쓰지 않으면 안 된다.

남한의 청소년들은 어땠는가? 우리 역시 "자기 자신의 발전을 위하여 공부하는 것이 아니라" "조국과 민족의 무궁한 영광을 위하여" '국민교육헌장', '국기에 대한 맹세' 등 이상한 주문(이걸 외우면 경제가 발전할까?)을 외우느라 많은 시간을 낭비했으며, 행사장의 집단체조는 기본이고, 심지어 대통령이 외국을 드나들 때마다 손에 손에 태극기를 들고 마중을 나가야 했다. 내가 산 증인이다.

봉건주의

극우 이데올로기의 특징은 물질문화와 정신문화 사이의 갭을 벌려놓는다는 데에 있다. 그들은 한편으로 기술적 수준을 향상시키려고 노력하면서, 다른 한편 수단과 방법을 가리지 않고 국민의 정신수준을 봉건적 상태에 그대로 묶어둔다. 그리하여 '봉건적 멘털리티+근대적 기술=파시스트 사회'라는 등식이 성립한다. 말하자면 근대적 과학기술을 갖추고 있으나, 이 기술의 쓰임새를 합리적으로 제어할 사회적 정신력은 제로에 가까운 사회. 그리하여 저마다 타고난 기량을 갈고 닦으나 그렇게 이룬 기술적 발전이 도대체 어디에 쓰이는지에는 관심을 못 갖게 만드는 사회. 그게 바로 파시스트 사회다.

전체주의자들의 이데올로기는 처음부터 반反근대성을 띤다. 그들은 대중들에게 낡은 봉건적 덕목을 설교한다. 가령 충효, 군사부일체, 가부장 이데올로기 등. 말하자면 근대 민주혁명의 성과를 무로 돌리고 대중들을 다시 봉건사회로 되돌려 놓는 것이다. 군사 파시스트들이 집권하던 시절 난무하던 표어 중에 내용적으로나 미학적으로 이 봉건정권의 본질을 적절히 드러내주는 기가 막힌 것이 있었다. 우익 똘반 어린이들, 힘찬 목소리로 복창해보세요.

간첩잡아 충성하고

상금타서 효도하자

일거양득. 얼마나 좋아요. 두 번도 아니고 간첩 딱 한 번 잡아, 충성
도 하고 효도도 하고. 북한에서도 마찬가지였던 모양이다.

북한 통치자들은 봉건사회에서 널리 보급된 충성과 효성, 충신과 효
자, 의리, 절개, 인덕정치 등 봉건적인 용어들을 되살려 쓰고 있지만 그
것을 다 수령과 인민의 관계문제로 집약화하고 있다.

황장엽에 따르면 이는 "단순한 봉건주의의 재생이 아니라 봉건주의
와 전체주의를 결합시켜 수령절대주의, 수령의 개인독재체제를 옹호"
하기 위한 것이라 한다. 남한이라고 다르지 않다. 가령 이문열이 "암
탉이 울면 집안이 망한다"며 가부장제 이데올로기를 선전할 때, 이는
단순한 봉건주의의 재생이 아니라 봉건주의와 전체주의 이데올로기
를 결합시켜 가부장제 독재를 정당화하기 위한 것이다. 비교해보라.
먼저 이문열의 말이다.

우리는(=여성들) 잎처럼 피고지지만 뿌리와 씨앗에 담긴 생명력은 다
함이 없음을 믿었다.

이 말이 사회정치적으로 무엇을 의미할 수 있는지 보자.

수령은 복숭아의 씨와 같고 인민은 복숭아의 살과 같다. (…) 복숭아

의 살은 씨를 위하여 존재하는 것처럼 인민은 수령을 위하여 존재

이제 봉건 실존주의자 이문열의 말이 무슨 얘긴지 분명해졌을 게다. 황장엽에 따르면 "이러한 유치한 견해"는 "그 어떤 과학적 비판의 대상이 될 자격조차 없다는 것은 명백하다"고 한다. 당연하다. 내가 이문열의 『선택』을 문학적 풍자의 "대상"으로 삼았던 것도 그 때문이었다.

존재는 개별적으로는 무의미하거나 결코 완전할 수 없고 오직 집단을 통해서만 그 완전한 실현양식을 찾을 수 있다.

따라서 "작고 무력한 개별성"보다는 "피로 확대된 존재의 큰 틀에 더 많은 기대를 걸라"는 것이다. 다음은 황장엽이 자랑하는 "진짜 주체사상"의 정수를 담은 구절이다. 이문열의 말과 비교해보라.

고립된 개인의 생명은 유한하지만 큰 규모의 사회적 집단인 민족이나 인류의 생명은 무한할 수 있다.

다음은 "진짜 주체사상"가 황장엽의 말이다.

인간은 생명과 생명이 결합되어 보다 큰 생명을 지니게 될 때 기쁨과 행복을 느끼며, 결합되었던 생명이 분열되어 고립된 작은 생명을 지니게 될 때 고통과 불행을 느낀다.

다시 이문열의 말이다.

> 가문이란 것에 너를 던지고 동일시를 얻게 되면 (…) 대대로 이어질 네
> 자손까지 네 삶은 연장된다. (…) 가문이란 존재의 틀 속에 들어가게
> 되면 너의 공간은 무한이라고 해도 좋을 정도로 넓혀진다. 그 확대된
> 시간과 공간의 성취가 모두 너의 것이 된다.

둘이 똑같은 얘기를 하고 있다. 개인과 집단의 무차별적인 동일시
identification 열망. 이게 바로 멍청한 극우의 심리적 특성이다. 여기서
우리는 황장엽의 "주체사상"이 "조선왕조 선조 연간"의 얘기와 똑같은
수준임을, 또 이문열의 가부장제 찬양이 "주체사상"과 똑같은 구조를
가졌음을 알 수 있다. "가문"유기체론과 "사회"유기체론.

하지만 "집단주의" "전체주의" 이데올로기라는 점에서 둘 사이에 원
리적 차이가 있는 건 아니다. 이문열의 "봉건주의"가 황장엽의 "전체
주의"와 "결합"될 때 어떤 사태가 벌어지는지 우리는 저 휴전선 북쪽
에서 본다.

황장엽의 말이다. 이문열의 봉건주의+황장엽의 전체주의 =

> 김정일은 수령을 어버이 수령으로 부르도록 교양하였으며 수령님께
> 충성과 효도를 다하는 것을 삶의 목적이라고 설교하였다. (…) 사회주
> 의 인민은 수령으로부터 생명을 받아 안은 아들, 딸로서 (…) 수령님을
> 위하여 충성과 효성을 다하는 데서 (…) 영광스런 삶의 보람을 찾을 수
> 있다.

즉, "존재의 개별성"은 "작고 나약"하고 "무의미"하지만, 인민에게 "사회정치적 생명"을 주신 "민족"의 태양 김씨 "가문"의 "아들, 딸", 효자동이, 충성동이가 된다면 "존재"는 "완전한 실현양식"을 가질 수 있고 "확대된 시간과 공간의 성취"를 자기 것으로 할 수 있어 "영광스런 삶의 보람을 찾을 수 있다"는 소름이 끼치는 얘기다. 조갑제가 열렬히 가부장제를 옹호할 때, 이를 집에 계신 아버님께 효도하라는 얘기로 알아들으면 정말 "바보"다.

봉건잔당들

조갑제는 박정희를 "근대화 혁명가"로 추켜세우며 근대화를 자기들이 다 이룬 것처럼 의기양양하게 까분다. 하지만 정작 이들이야말로 봉건잔당, 즉 아직까지도 우리 사회에 광범위하게 남아 있는 봉건잔재를 온존, 강화시키는 주범들이다. 먼저 박정희가 제법 혁명가 흉내를 낼 때 무엇을 혁파하겠다고 약속했는지 들어 보자.

의존사상이나 아부근성, 지배자에 대한 맹종 등도 이조 오백년의 역사에 그 근원이 있다. 당파의식도 이조사에 뿌리박고 있다.

"의존사상" "아부근성" "지배자에 대한 맹종" "당파의식" 등, 그는 이런 걸 혁파하려 했다. 역시 "1류 지식인"이다. 자, 그럼 우리 사회에서 누가 아직 이런 봉건잔재를 갖고 있는지 함께 생각해보자.

대한국민학교 우익 똘반 어린이 여러분, 기다리고 기다리던 어린이

퀴즈 시간이 돌아왔어요. 야~. 김구의 자주독립운동을 '야만적'이라 비난하며 미국에 "의존"했던 사람은 누구일까요? ("국부") 방귀에다 평론까지 해대며 권력자에 "아부"하던 자는 누구일까요? ("국부" 똘마니) 지배자의 무덤까지 따라가 "맹종"하는 사람은 누구일까요? (조갑제) 괴상한 "당파"를 이루어 나라 말아먹은 자들은 누구일까요? (신군부, TK, 하나회) 이런 자들 퇴출하자는 데에 "역사"를 아끼자며 반발하는 자는? (『조선일보』) 20세기에 "이조 오백년" 양반문화 타령하는 자는? (이문열) "영남 남인"의 "사색당파" 싸움이 정책을 둘러싸고 벌어진 현실적 싸움이었다고 우기는 자는? (진형준) 왜 대답을 못 해요? 어려워요? 그럼 좀더 쉬운 문제. 박정희 대통령 각하의 말씀이에요. 끝까지 잘 듣고 대답하세요.

사색당파의 시초를 고찰해 보면 정책상의 싸움이 아니라, 관직 쟁탈을 위한 대립반목에서 발생했다는 사실을 알 수 있을 것이다.

박정희를 써먹을 때조차 이렇게 제 가문의 필요에 맞게끔 사기를 치는 박정희주의자는 누구일까요? (이인화) 다음 문제. 이인화 어린이는 왜 그러는 걸까요? 예, 조갑제 어린이. 부저를 눌렀습니다. 정답은? '잘 모드겠는데요.' 예, 정답입니다. 그건 출제자도 모드겠습니다. 이제 마지막 문제.

"조국 근대화"를 부르짖던 "근대화 혁명가" 박정희 대통령의 유업을 올바로 계승하는 길은 무엇일까요?

아는 어린이 없어요? 하나도? 예, 아깝습니다. 정답은 'IMF를 맞아 앞서 얘기한 봉건잔당을 몽땅 퇴출해버리는 것'이었어요. 아쉽군요. 어린이들이 좀 긴장했나 봐요. 쉬운 문제였는데…….

그 밖에

황장엽은 말한다.

> 자본주의 사회에서는 죄를 지은 사람이 당사자만 책임지고 친척에게
> 는 영향이 없지만, 북한 사회에서는 죄를 지은 사람이 나오면 봉건사
> 회와 마찬가지로 친척들까지 연대책임을 지게 된다.

하지만 '어떤' "자본주의사회에서는" 이상하게도 "당사자만"이 아니라 "친척에게"까지 "영향"을 주는 '연좌제'가 있(었)다. 근데 신원조회니 뭐니 해서 애꿎은 사람들 인생 망쳐놓은 그 사람이, 정작 자기는 골수 빨갱이를 형으로 두고 남로당 군책까지 한 주제에 대통령질까지 해먹었다. 정말 웃기는 "자본주의 사회"다. 황장엽은 말한다.

> 그들은(=북한의 통치자들-필자) 인도주의나 인권 같은 전 인류적 가
> 치를 가진 사상은 (…) 무시하고 있으며

조갑제가 쓰고 있는 소설 속에서 박정희가 폼잡고 하는 말. "인권 좋아하시네".

황장엽은 말한다.

조금이라도 사상적인 면에서 투철하지 못하다고 생각되는 사람은 (…) 탄압의 대상이 된다.

남한에서는 극우 파시스트들이 대통령 후보의 "사상"을 "검증"하는 과정을 TV로 생중계를 해주고, 사랑의 사제가 "하나님" 허락을 받아 "안기부"가 되는 분위기다. 『월간조선』의 기사에서 인용한다.

공안의식이 시민의식 (…) 대공에 한해서는 지금이나 내년이나 십년 후나 항상 공안정국이 되어야 한다.

황장엽은 말한다.

지금까지 북한이 감행한 각종 테러들은 김정일의 직접적인 지시 밑에 조직 진행되었다.

조갑제는 말한다.

이스라엘에서 개발하여 하나에 50만 달러씩 팔고 있는 공대지 미사일은 (…) 주석궁의 사진과 좌표만 입력하여 발사하면 (…) 김정일의 집무실의 창 속으로 정확무비하게 돌입한다.

『조선일보』를 폭파하고, "주석궁"을 폭파하고. 둘이 똑같은 수준이다. 정진홍 어린이, 『조선일보』 편 안 들어준다고, 우리 보고 "진보를 가장한 수구"라고 하셨죠? 보세요. 이 지경인데 우리가 누구 편을 들겠어요. 『조선일보』에서 "50만 달러" 모금운동 하거든요. 그때 "진보"적으로 성금이나 내세요. 황장엽은 말한다.

문학예술은 근본적으로 수령을 우상화하는 수단으로만 이용되고 있으며

이인화, 조갑제도 "문학예술"을 자기네들 수령을 "우상화하는 수단으로" "이용"해 먹고 있다. 황장엽은 말한다.

언론자유가 없고 결사의 자유도 없어 이성적 투쟁이 불가능한 독재체제하에서 폭군을 제거하는 폭력은 정당하다.

"김정일의 암살을 염두에 두었으리라"고 추측하는 이 구절에, 조갑제는 이렇게 코멘트한다. "평화주의자 황씨의 이 조언은 상당한 검토를 요한다". 한번 추진해볼 만하다는 얘기다. 듣자하니 『조선일보』에서 박정희가 총 맞아 죽은 그 빛나는 술자리를 기념하여 조갑제가 그동안 『조선일보』에 쓴 연재소설을 묶어 단행본을 낸다고 한다. 그 책의 출간을 축하하는 의미에서 조갑제를 감동 먹인 황장엽의 말을 다시 한번 인용한다.

언론자유가 없고 결사의 자유도 없어 이성적 투쟁이 불가능한 독재체
제하에서 폭군을 제거하는 폭력은 정당하다.

그럼요. 그렇고 말고요. 어린이 여러분, 10·26 축하해요.

'극우파=물구나무선 주사파'

요약하자. "진짜 주체사상"은 본질적으로 전체주의 이데올로기다.
따라서 황장엽과 조갑제가 주장하는 명제, 즉 "공산주의=히틀러 파
쇼"가 옳다면, 김일성이라는 공산독재자와 박정희라는 군사파쇼 사이
에도 구조적 동형성이 있을 것이다. 실제로 "주체성"을 강조하는 박정
희의 "한국적 민주주의"와 "주체"의 조국 김일성의 조선 민주주의 사
이엔 놀라운 유사성이 있다.

또 두 독재자를 숭배하는 북한의 "주사파"들과 대한민국 우익 만담
가들 사이에도 놀라운 친화성이 있다. 우익들 사이에 갑자기 불어닥
친 이 "진짜 주체사상" 붐도 이 좌우 전체주의자들 사이의 사상적 "친
화성"에 한 원인이 있다. 이로써 나는 '극우파=물구나무 선 주사파'
라는 명제를 입증했고, 아울러 "진짜 주체사상"에 현혹된 우익 똘반
의 "감사" 잘하는 "순수한 바보"들을 다시 자유대한의 품으로 끌어안
았다.

"진짜 주체사상"에 미혹된 대한민국 우익들은 이번 기회에 사상적
혼란을 극복하고 다시 우익으로, 이번엔 제정신 가진 우익으로 돌아
오기를 바란다. 대한민국에는 우익이 필요하다. 조국은 우익을 부른

다. 오죽하면 우익이 할 일을 이렇게 좌파가 땜빵하고 있겠는가. 우익이여, 궐기하라. 제발 총궐기 좀 하라. 구국의 간성들이 "주체사상"에 미혹되어 혼란에 빠져 있는 이 난세에, 우익이여, 그대가 아니면 민방위 통지서는 누가 돌린단 말인가. 좌파가 돌리랴?

이번에 느꼈는데, 우국충정으로 조국에 이바지하는 게 이렇게 보람찬 일인 줄 예전엔 미처 몰랐다. 나도 개인적으로 박정희의 "인간개조" 사업의 피해자인 모양이다. 그 피해가 얼마나 컸던지 박정희가 죽은 지 20년, 제대한 지 10년이 넘도록 아직 몸에서 국방색물이 안 빠진다. 그래서 종종은 아니지만 가끔 이렇게 조국을 위해 보람찬 일을 하고 나면, 내가 "공민의 최고형태"였던 육군 병장 진병장 시절에 가졌던 대한민국 "국가이성"이 튀어 나와, "서구의 빛나는 (…) 합리성"을 누르고 "감성과 정감"과 합하여져, 내 작은 마음 "예술이 더 어울리는 분위기"가 되면서, 나도 모르게 저절로 입에서 "분위기" 있는 "예술" 가곡이 튀어나오곤 한다.

보람찬 하루 일을 끝마치고서 (…)
얼싸 좋다. 진병장. 신나는 어깨춤

여기서 웃는 자, 외국인이다. 스파이다. 조갑제의 논증.

이런 본능적인 부름을 촌스럽게 여기면 한국인으로서의 정체성을 상실하기 쉽다.

05

정치와 종교의 불륜

블랙 바이러스

그는 어린아이와 강아지를 무척이나 좋아한다. 어린아이의 눈을 바라보고 있노라면 행복하다고 얘기하는 그의 얼굴 가득 어느새 어린아이같은 천진한 웃음이 피어올라 있었다. 브람스의 음악을 즐겨 듣고 페데리코 펠리니 감독의 영화 〈길〉을 보면 아직도 눈물이 나온다는 박홍 신부. 직설적이고 거침없고 매사 다혈질적이면서도 예리한 논리로 무장돼 있는 그의 모습 속에 숨겨져 있는 또 다른 일면은 아직도 세상의 관습을 거부하고 싶어하는, 감수성 풍부한 소년의 모습이었다.

"젊은 벗들!" 『레드 바이러스』*라는 책에서 신부님을 이렇게 묘사했죠? 몰랐어요. 신부님이 이런 분인지. 덩, 덩, 덩더쿵, 눈자위를 하얗게 드러내고 시퍼런 칼을 휘두르시기에 선무당인 줄 알았죠. 그 책에 나오는 말처럼.

그런 박 신부님을 동물원의 원숭이 취급하는 '레드'가 (…) 우습다는 생각이 드는군요.

어쨌든 "감수성이 풍부한 소년"과 "동물원의 원숭이", 이 둘이 동일인이라니 참 놀랍군요. 그래서 저는 민주주의가 좋아요. 표현의 자유가 있으니까요. 동일한 사물도 보는 시각에 따라 이렇게 다르잖아요. 바로 그 때문에 사상의 자유, 표현의 자유가 필요한 거 아니겠어요? 어쨌든 "감수성이 풍부한 소년"과 "동물원의 원숭이"가

박홍 신부와 남용우 목사가 엮은 『레드 바이러스』. "이 책을 내게 된 것은 우리 사회에 깊숙이 침투한 레드 바이러스의 실체를 정확히 알고 그에 대한 항체를 형성하기 위해서다."(박홍)

한 인물이라면, 뭐가 되나요? "감수성이 풍부한" "원숭이" "소년"?

바이러스냐 컴플렉스냐

'기독청년문화연구소'+'생명문화연구소'라 하셨죠? "청소년, 대학생들의 바른 윤리생활과 올바른 사상갖기 운동을 펼치고 있다"구요? 좋은 일 하시네요.

근데 그 "올바른 사상"이 대체 뭐예요? 궁금해요. 그 "올바른 사상"을 "청소년, 대학생들"에게 "펼치고" 싶다고요? 저도 좀 배우고 싶어요. "열정과 땀"을 "고스란히" 담아 『레드 바이러스』를 쓰셨다구요? "해변

으로 도망가고 싶"은 마음도 꾹 참구요? 수고했어요. 좀 늦었지만 기념으로 피서 한번 다녀오세요. IMF 가격파괴로 숙박료 꽉 내렸더라구요. "젊은 벗들!", 거기서 이렇게 말씀하셨죠?

레드 컴플렉스의 근본적인 원인은 레드 바이러스가 있기 때문임을 부인해서는 안 된다.

왜요? 부인해야겠어요. 예수 믿는 분들이 거짓말하면 안 돼요. 다른 사람은 몰라도 예수 믿는 "청소년, 대학생들"만큼은 "바른 윤리생활"을 해야죠. "젊은 벗들!", 그대들은 제 입으로 이렇게 말씀하셨죠? 생각나요?

과거의 우리의 젊은이들이 뛰어들었던 민주화 운동과 지금 운동권의 민주화 운동은 성격이 전혀 다르다.

"과거의 우리의 젊은이들이 뛰어들었던 민주화 운동"은 "지금"과 달리 색깔이 파랬다는 얘기죠? 그럼 "과거의" 운동권은 레드 바이러스에 감염되지 않았다는 얘기네요. 하긴 그땐 운동권에 '바콩실린'이라는 막강한 "사상적 항체"가 있었으니까요. 하지만 우리 기억에 따르면 물 좋았던 그 "과거"에도요, "레드 컴플렉스"는 시퍼렇게 살아 있었어요. 어찌된 일이죠? 원인 없는 결과가 있다니. 충족이유율 위반이죠? 아무래도 "벗들"의 야무진 주장은 인과관계가 뒤바뀐 거 같아요. 이렇게 말씀하셨어야죠.

'레드 바이러스의 근본적인 원인은 레드 컴플렉스가 있기 때문임을 부인해서는 안 된다.'

그죠? 근데 왜 거짓말해요? 하나님이 거짓말하지 말랬어요. "거짓 일을 멀리 하며"(출 23:7).

과소평가?

또 이렇게 말씀하셨죠?

> 그런데 불행하게도 지금 우리 사회에서는 레드 바이러스를 과소평가
> 하거나

쯔쯔쯔, 또 "거짓말." "젊은 벗들!", 대한민국의 국시가 뭔지 아세요? '반공'이래요. '반공'은 국시가 될 수 없어요. 논리적 이유에서예요. '반反' 어쩌구로 시작하는 건 國'是'가 아니라 國'非'라 불러야 하니까요. 그렇지 않아요? '國非'를 '國是'라 우기니까, 자유민주주의를 부정하는 파시스트들이 설칠 "틈"이 생기는 거예요. 그래서 몇 년 전 분위기 파악 못한 어느 국회의원이 '근데 생각해보니까, 국시가 반공이 아닌 거 같애. 자유민주주의인 거 같애' 했다가 감옥까지 갔었어요. 저도 집어넣으실 거예요? 세계에서 이렇게 '국시'에 '반反'자가 붙는 나라, 대한민국밖에 없어요. 역사적으로 보아도 나치 독일 정도일까……

여기 독일서 며칠 전에 선거 했어요. 선거날 틴에이저 공산당 열댓 명이 혁명하러 길바닥에 뛰쳐 나왔었어요. 귀족자제들 연미복 빼입고

드레스 빼입고 무도회장에서 우아하게 춤추는 게 역겨워서 봉기했대
요. TV인터뷰도 해서 국민들 즐겁게 해줬어요. '정부는 무슨 정부', 이
렇게 생각하는 무정부주의자들도 나왔었어요. 5퍼센트 얻으면 정당
지원비 나오거든요. 그 돈으로 맥주파티 할려고 그랬대요. 투표권 있
으면 나도 거기 찍을라 그랬어요. 옛날 공산당 애들도 나와 5퍼센트
얻었어요. 옛날 운동권 애들이 만든 녹색당 6퍼센트 얻어 지금 여당
됐어요. 공산당에서 갈라져 나온 사민당이 41퍼센트 얻어 제1당 됐어
요. 지금 유럽공동체 15개국 중에 이렇게 좌파가 정권잡은 나라가 10
개예요. 그래도 아무 일 없잖아요. 근데 왜 사상을 구속해요? 그러는
당신들 사상은 얼마나 건전한데요? 이따 좀 봐요.

　지금 공산주의자라고 수십 년을 갇혀 있는 할아버지들 있죠? 왜
못 나와요? 풀어주면 빨치산 하러 산에 들어갈까봐요? 그게 다 "레드
콤플렉스" 때문이에요. 사상을 이유로 신체를 구속하는 건 야만이에
요. 이 때문에 조국이 전세계에서 인권탄압국이라 욕먹어요. 저도 주
체사상 싫어요. 하지만 생각해 봐요. 김일성 장군이 솔방울로 수류탄
을 만든다고 믿는 거나, "젊은 벗들"처럼 처녀가 아비 없이 애를 낳았
다고 믿는 거나, 큰 차이 있어요? 하지만 누군가 "벗들"을 감옥에 가둬
놓고 십자가에 침을 뱉어야 풀어준다고 해보세요. "벗들" 마음이 어떻
겠어요?

　그 사람들도 마찬가지예요. 그 사람들의 행위는 물론 처벌이 가능
해요. 사람을 죽였다거나, 간첩질을 했다거나. 또 그런 거 처벌할 법,
얼마든지 있어요. 반공법 없는 나라들도 간첩 얼마든지 잡아 처벌해
요. 하지만 머릿속에 든 신념은 처벌할 수 없는 거예요. 그건 야만이

에요.

얼마 전에 텔레비전 보셨죠. 우익 파시스트들이 대통령 후보들 사상을 점검한다고 시퍼렇게 설치던 모습이요. 그게 우리 나라 꼬라지예요. 걔들이 대체 무슨 권리로 그런 깡패짓을 할 수 있었을까요? 무슨 자격으로요? 거기에 어떤 행정적 근거라도 있었던가요? 아녜요. 그럼 왜 이 웃지 못할 코미디가 전국에 중계방송될 수 있었을까요? 아마 사회 분위기, 말하자면 국민들 무의식에 강하게 남아 있는 레드 콤플렉스 때문일 거예요. 근데 이런 나라의 사람들이 "레드 바이러스를 과소평가"하고 있다구요? 왜 거짓말해요? 예수 믿는 사람들이.

『조선일보』도 주사파?

"젊은 벗들!" 이제, 여러분이 얼마나 뻔뻔한 '구라'를 쳤는지 보기로 해요. 먼저 『레드 바이러스』에서 "젊은 벗들"이 얼마나 끔찍한 소리를 서슴없이 지껄였는지 봅시다. 『레드 바이러스』 229쪽에 나오는 말이에요. 빨갱이들이

<u>이번 대선에서는 소위 '색깔논쟁'이라는 비하적 명칭으로 불리는 후보들의 사상문제가 쟁점화되지 않도록 할 것이다.</u>

아주 밑줄까지 치셨더군요. 하지만 빨갱이들이 이렇게 뻥끼를 치는데도 결국 "쟁점화"해내셨죠? TV로 중계까지 하셨잖아요. 그래도 되는 거예요? 댁들한테 그렇게 깽판칠 권리가 있다고 생각해요? 그 권

리, 누가 줬어요? 하나님이요? 다음은 『레드 바이러스』 116쪽에서 뽑았어요.

그러기 위해서는 무엇보다도 공안정국이란 말 자체가 필요없어야 한다. 대공에 한해서는 지금이나 내년이나 십년 후나 항상 '공안정국'이 되어야 한다.

제정신 가진 사람의 말로 보기 좀 힘들겠죠? "젊은 벗들"도 그렇게 생각해요? 아예 히틀러처럼 영구계엄을 때리지 그러세요? 강제수용소 만들지 그러세요? 『월간조선』에 기고하는 이동욱이라는 분이 정리한 글이더군요. 이런 글 "자유기고"하다가 지금은 아예 그쪽 기자가 되셨대요. 듣자하니 이분이 글쎄 '박홍 밀자, 영차 영차-모듬회술'에서 발제를 했대요. 거기서 남한 사회에서 암약하는 빨갱이들을 폭로했는데, 누구냐 하면

농구선수 우지원, 가수 이선희, 미스 코리아 한성주

세상에 주사파가 글쎄 스포츠 스타, 인기가수와 미의 여왕까지 포섭했더라구요. 그 기자분이 빨갱이로 지목한 어떤 교수님한테는요, 검찰에서 구속영장까지 신청했대요. 이런 짓 해도 되는 거예요? 그분이 쓴 책을 걸고 넘어졌다는데, 근데 그 책이요, 『조선일보』측에서 신간안내란에 "좋은 책"으로 소개까지 했던 거래요. 알고 보면 『조선일보』도 주사파예요.

올바른 사상?

미스 코리아의 "사상"은 빨갱이고, 농구선수의 사상도 빨갱이지만, 댁들은 "올바른 사상" 갖고 계시다고 하셨죠? 남들 "사상검증"해야 된다고 하셨죠? 그것도 영원히 "공안정국"을 만들어서? 근데 댁들이 독점하고 있는 그 "올바른 사상"이 뭐예요? 아, 책을 보니 이런 말이 나오네요. "황장엽 파일, 교재로 써야". 신부님께서는 이 "파일"을 벌써 "교재"로 사용하셨나 보죠? "젊은 벗들"의 책에 벌써 황장엽 인용문이 등장하네요. 인용 좀 할게요.

남측 정치인들은 미국의 덕택으로 국가를 유지해 가고 있다는 비정상적인 사태에 대하여 심각히 생각하지 않고, 안일하게도 마치 발전된 민주주의 국가 정치인의 행세를 하고 있다. 이것이 얼마나 위험천만한 일인가. 남측 정치인들은 사태를 똑바로 보고 자중하고 자중하여야 할 것이다.

"젊은 벗들"이 말하는 "올바른 사상"이 이런 거였어요? O, Domine. 앞에서 "황장엽 파일"이 "진짜 주체사상" 교양용 "참고자료"라고 말씀드렸죠? 그런데 "젊은 벗들"이 우리에게 권하는 "올바른 사상"이란 게 기껏 "주체사상"이었어요? 저 인용문을 뜯어보기로 해요. 크게 두 가지 얘기를 하고 있어요.

첫째, 미군 의존 말고 "자주국방" 해라. "자주국방", 좋죠. 우리 나라는 우리 손으로 지켜야죠. 그래서 조갑제 어린이는 이 말 참 좋아하죠. 근데 이게 구체적으로 뭘 의미할까요? 군비확장하자는 얘기예요. 동포를 죽이는 데 쓸 무기를 더 만들자는 얘기예요. 그러잖아도 남한은 이미 오래 전부터 무기 사는 데에 북한보다 몇 배 더 많은 돈을 쓰고 있대요. 게다가 박정희나 조갑제 같은 어린이들은 욕심이 많아요. 무기를 아무리 사도 '더 사자' 그럴 사람들이에요. 그것도 모자라 아예 "핵무기" 만들려던 사람들이에요. "젊은 벗들", 기독교인이라고 하셨죠? 지금 원자폭탄 앞에서 "생명"의 싹을 틔우고 있어요? 뭉게뭉게 버섯구름 배경으로 사진 한 장 박아 드릴까요?

둘째, 독재해라("마치 발전된 민주주의 국가 정치인의 행세"). 말하자면 박정희식 "한국적 민주주의", 김일성식 '조선 민주주의'를 해야 한다는 얘기예요. 조갑제가 그러잖아요. 황장엽의 얘기랑 박정희 얘기랑 똑같다고요. 근데 "젊은 벗들", 이렇게 말씀하셨죠? "우리가 진정한 민주주의를 갈구하던 시절(1960-1987)에" 어쩌구. 그런데 그 "시절"에 우리가 뭐하고 싸웠죠? 바로 박정희의 "한국적 민주주의"였어요. 근데 지금 다시 그거 하자구요? 설마 아니겠죠. 그러니까 인용 똑바로 하세요. 머리 좀 쓰세요. 그거 놔뒀다 어따 쓸려구요? 못 박는 데요? 좋아요. 하지만 멀쩡한 사람한테 망치처럼 휘두르진 마세요.

가치중립?

"젊은 벗들", "저질 자본주의"와 "저질 공산주의"를 모두 배격하신다고요? 공정하시네요. 가치중립적이에요. 그러니까 "젊은 벗들"이 가진 그 "올바른 사상"에 더욱 더 믿음이 가요. 인용 좀 해볼게요.

그런데 오늘날 한국의 젊은이들이 자라면서 보고, 듣고, 느끼고, 경험하는 것들은 바로 ① 저질 자본주의인 퇴폐향락적인 소비문화와 더불어 이미 퇴물이 된 마르크스-레닌 사상, 김일성 주체사상 ② 저질 공산주의다. 이 두 사상 문화가 우리 젊은이들의 마음 속에 내면화될 때 우리 사회에 ① 지존파, 막가파 그리고 ② 주사파가 생겨나는 것은 어찌 보면 당연한 일이다

산수공부 좀 해요. ① "저질 자본주의"="퇴폐향락적 소비문화"="지존파, 막가파" ② "저질 공산주의"="마르크스-레닌 사상"?="김일성 주체사상". 맞죠? 저는 "저질 자본주의"와 "저질 공산주의"를 골고루 배격한다기에 제3의 길을 갖고 있나 기대했죠. 근데 그게 아니네요. 잘 보세요. 비례가 깨졌다는 느낌 안 드세요? 주사파/마르크스-레닌 vs. 지존파/막가파? 아흐, 이런 식으로 거저 먹을라 그러지 마세요.

쉽게 설명 드리죠. "젊은 벗들"이 "자본주의"에서 배격하는 건 "퇴폐향락적 소비문화"죠? 그럼 안 "퇴폐"인 "자본주의"는 괜찮은가요? 과연 그럴까요? 나치 독일을 생각해보세요. "퇴폐향락" 금하고 "생산문화" 꽃피웠어요. "지존파, 막가파"요? 걱정 마세요. 이미 죄다 당원되었어요. 범죄요? 셔츠 한 장 훔쳤다고 교수형 시켜요. 멀리 갈 거 없어요. 박정희를 생각해보세요. 순사들이 가위하고 자 들고 다니며 '긴 머리, 짧은 치마' 단속했어요. 깡패들 목에 팻말 걸어 시가행진 시켰어요. 자기는 늘 "단골작부"를 끼고 다니면서 국민에겐 "퇴폐향락" 금하고 '생산문화' 강요했어요. 건전문화 육성한다고 유행가 판 뒤에 '건전가요' 끼워넣구요. 전두환을 생각해보세요. 사회 '정화' 했어요. '삼청

교육' 했어요. '정의사회' 구현했어요. 이런 '건전한' 자본주의는 괜찮다는 건가요?

한마디로, '극좌파← vs. →극우파', 이래야 균형이 맞죠. 왜 저울을 속여요? "젊은 벗들!", 여러분들이 싸워야 할 바이러스가 또 하나 있어요. 우익 파시스트 블랙 바이러스. 생각해보세요. "젊은 벗들", 그 책에 지하유인물 잔뜩 모아놓았죠? 읽어보니 난리도 아니죠? 저도 그렇게 생각해요. 근데 어떤 것들이에요? 컴퓨터로 뽑은 것들이죠? 그런 유인물이 몇 부나 복제될 수 있을까요? 천 부, 만 부? 근데 블랙 바이러스를 유포시키는 『조선일보』의 부수는 "300만 부"래요. 대학생만이 아니라 남녀노소가 다 읽는대요. 사회적 영향력에서 어디 상대가 되겠어요? 또 지하유인물 쓰는 학생들은 걸핏하면 언론에서 두들겨 맞죠? 하지만 블랙 바이러스는 어때요? KBS에서도 못 건드리죠? 그리고 앞에서 제가 쓴 글이 삭제당하는 거 보셨죠?

근데 왜 이 파시스트 공룡, 이 악질 블랙 바이러스에 대해서는 아무 언급이 없어요? 여기에 대해서도 "사상적 항체"가 필요하지 않을까요? 정작 우리에게 더 필요한 건 그게 아닐까요? 『레드 바이러스』와 같은 유의 책은 이미 숱하게 나와 있어요. 신문과 방송에서도 해마다 특집으로 여러 번 때리지 않던가요? 사실 젊은 벗이 애써 모아 그 책에 실은 자료들, 이미 옛날에 다 본 것들이에요. 책값, 물어줘요. 하지만 한국에 블랙 바이러스에 관한 책은 얼마나 나와 있어요? "이미 퇴물이 된" 그들의 사상, 그들이 정계·학계·경제계에 거미줄처럼 쳐놓은 "인맥", 그리고 그 더럽고 야비하고 비열한 활동방식 등을 용감하게 파헤친 책은 어디에 있나요? 있으면 소개 좀 시켜 주세요.

교황성하의 축성

교황성하의 말씀을 인용하셨죠? 베드로 후계자의 말씀, 인용 좀 할 게요.

> 공산주의는 못 할 것이 없고 무서워하는 것이 없으며 일단 권력을 잡으면 믿기 어렵고 가공할 방식으로 잔인하고 비인간적임을 보여준다. 이 점에 대한 증거는 공산주의가 동구유럽과 아시아의 광대한 지역을 휩쓸며 자행한 소름끼치는 파괴로 드러난다.

백번 옳은 말씀이에요. 근데 교황청에서는 나치가 저지른 "소름끼치는 파괴"에 대해서는 어떤 말씀을 하셨나요? 유대인은 나 몰라라 했던 사제님들이 왜 나치 잔당들은 신성한 교회에 모셨다가 라틴아메리카로 빼돌려 주셨나요? 유대인 학살을 집행한 나치 친위대의 상당수가 가톨릭교도였대요. 당연한 일이죠. 유럽의 가톨릭은 정치적 보수주의의 상징이니까요. 그래서 그때 교황성하가 적극적으로 나섰다면, 최소한 수천 명은 살릴 수 있었대요. 근데 왜 안 하셨죠? 몰라서요? 알고 계셨다던데요? 교회를 살리려고 그랬다구요? 아, 설마 전능하신 천주께서 히틀러 하나 치지 못하고 나 몰라라 하셨겠어요? 천주의 전능을 믿으세요. 그럴 때에 믿음이 필요한 거예요.

아, 폴란드 얘기를 하셨죠? "1945~46년 바르샤바에서 공산당 공작원의 대규모 침투계획이 입증된 바 그 중심사상은 다음과 같다"고.

> 신념이 굳은 청년 공산당원들이 신학교에 입학하여 특별히 열심을 내고 경건에 힘쓰는 체함으로써 (…) 성직자로 임명된 후에도 요직에 앉으려고 노력하고 (…) 그러나 내면적으로는 신을 증오하며 파괴공작을 서서히 시작할 것.

혹시 한국에도 그렇단 얘긴가요? 제가 존경하는 어떤 사제님들을 연상시키네요. 『레드 바이러스』에서 인용해 볼까요?

> 이들은 이미 교회에 침투하여 젊은이들에게 큰 영향을 미치고 있는데

이거 한번 과감하게 주장해보실래요? 설마 아니겠죠. 또 한번 이런 얘기했다간 박홍 신부님 아마 이번엔 재산 거덜날 거예요. 그 분 항상 '증거'를 생략하시잖아요. 그 책에서 여러분, '우리≠안기부'라 그랬죠? 하지만 여러분의 활동노선, 누가 봐도 안기부랑 똑같죠? 하지만 저는 '여러분=안기부'라 안 불러요. 왜요? '증거'가 없어서예요. 아시겠어요? 물증이 없는 한 '자백' 같은 것도 증거로 인정이 안 된대요. 사실 우리도 자백 받아놓은 거 있어요. 그 책 엮으신 박홍이라는 분 있죠? 하나님의 "안기부"래요. 제 입으로 자백했어요. 기가 막히죠? 그럼 우린 뭔가요? '하나님의 간첩'인가요? 하나님이 파견한 공작원인가요?

공산당들 무섭죠? 나쁜 놈들이죠? 맞아요. 근데 공산당들이 왜 할 일 없이 신학교에 침투공작을 펴야 했을까요? 사실 폴란드의 가톨릭도 잘한 거 하나 없어요. 인구의 90퍼센트가 가톨릭 교도인 이 나라 사람들, 2차대전 때 유대인 색출하고 박멸하는 데에 적극적으로 앞장

섰대요. 유대인 강제수용소가 폴란드에 몰려 있는 이유를 이제 아시겠어요? 유럽의 여러 나라엔 더러 살아남은 유대인들이 있는데, 폴란드에선 전멸이래요. 그 나라의 유명한 주교는 아직도 나치 인종주의자예요. 인터뷰를 들어 봤는데, 난리가 났어요. 근데 이렇게 가톨릭 교도들이 사지로 몰아넣은 유대인들을 해방시킨 건 악독한 공산당놈들이었어요. 1,2차 세계대전 때 사제님들이 전쟁 나가는 병사들 축복하시는 동안, 제 국민에게 '매국노' 소리 들어가며 전쟁 반대한 것도

교황 피우스 12세. 신을 부정하는 공산주의자들을 응징해 달라는 조건으로 나치 정권의 홀로코스트를 방조했다는 논란이 일었다.(1997년 10월, 『슈피겔』의 표지)

공산당놈들이었어요. 공산당 좋다는 얘기 아녜요. 반성하고, 균형 잡힌 사고를 좀 하라는 얘기예요.

생명사상?

아, "생명" 말씀하셨죠? 우리보고 "죽음"을 부추긴다고 하셨죠? 누가 부추겼죠? 아, 강기훈 씨? 그래서 감방 갔다 왔죠. 그가 정말 부추겼을까요? 그야 알 수 없죠. 하나님만이 알고 계시겠죠. 근데 그 재판이 공정했다고 보세요? 그의 동료들이 가져온 수많은 필적들은 왜 증거로 채택되지 않았을까요? 위조했을까봐요? 그리고 어느 방송사에

서 이 문제를 다룬 다큐멘터리를 방송하려다가 못한 적이 있었죠? 왜 그랬죠? 국민의 알 권리를 누가 막았을까요? 블랙 바이러스에 감염된 사람들 아닐까요? 그런데 이래도 돼요?*

아, "생명" 말씀하셨죠? 차근차근 6하원칙에 따라 따져 봅시다. 광주에서 수백 명의 생명이 탱크에 짓밟힐 때 "벗"들은 '누가' 계셨어요? 한 젊은이의 생명이 공장에서 섭취한 수은에 중독되어 썩어갈 때 "벗"들은 '언제' 계셨나요? 어린 학생의 생명이 세면대에 처박혀 질식하고 있을 때 "벗"들은 '어디' 계셨나요? 어린 학생의 생명이 경찰들이 집단으로 휘두르는 쇠파이프에 터질 때 "벗"들은 '뭘'하고 계셨나요? 어린 아이의 생명이 철거반의 불도저 때문에 담에 깔릴 때 "벗"들은 '어떻게' 계셨나요? 대답해보세요. 근데 "벗"들은 대체 '왜' 계시는 거예요?

아, "생명" 말씀하셨죠. 이곳 유럽의 박물관에는 이상한 그림 많아요. 성당에 걸려 있던 거래요. 살껍질 벗기고, 젖가슴 도려내고, 내장 끄집어내고, 난리도 아니예요. 순교자 모습이라나요? 그런데 왜 이 끔찍한 그림들이 성당에 걸려 있었을까요? 대체 무슨 말이 하고팠던 걸까요? 민중들에게 '신(=교회)'을 위해 죽으라' 선동하려고 그랬대요. 그리고 이런 그림을 보고 생긴 '사의 충동' 때문에 실제로 순교 못해

• 1991년 명지대생 강경대가 시위 도중 경찰의 쇠파이프에 맞아 숨진 일에 항의해 운동권 학생이었던 김기설이 분신했다. 그런데 검찰은 김기설이 남긴 유서를 그의 동료였던 강기훈이 대필했다는 수사결과를 발표하고, 그를 구속기소하기에 이른다. 그리고 법원은 그에게 징역 3년을 선고한다. 이른바 '강기훈 유서대필사건'으로, 당시 학생운동권의 타락성을 보여주는 증거로 입에 오르내렸다. 그러나 2007년 '진실·화해를 위한 과거사 정리위원회'는 강씨가 김씨의 유서를 대신 쓰지 않았다고 결론내리고 법원에 재심을 권고했다. 2013년부터 진행된 재심에서 재판부는 국과수의 새로운 필적 감정결과 등을 토대로 강씨에게 무죄판결을 내렸다. 검찰이 상고했지만 2015년 대법원이 이를 기각함으로써 강기훈은 사건 발생 24년 만에 누명을 벗었고, 이 사건은 유서대필사건에서 '유서대필조작사건'으로 역사에 남게 됐다.

환장했던 사람들도 있었대요. 아직도 가톨릭 교회에선 교회 말 잘 듣다 죽은 사람들을 성인으로 치켜세운다면서요? 왜 그런대요?

아, "생명" 말씀하셨죠? 중요하죠. 세상에서 제일. 저도 한총련 학생들이 멀쩡한 사람을 때려죽이는 걸 보고 치를 떨며 분노해요. 특히 이들이 그 청년이 '프락치'였다고 변명하는 걸 듣는 순간, 저도 속이 뒤집어지는 줄 알았어요. 설사 그가 프락치라도, 그들에게 사람 목숨을 빼앗을 권리가 있는 건 아니죠. 이런 학생들은 마땅히 신랄한 도덕적 비난과 함께 엄중한 법적 처벌을 받아야죠. 그런데 한 가지, 그들이 하는 방법을 잘 보세요. 어딘지 많이 본 것 같지 않아요? 사람을 잡아 밀실에 가둬 놓고 자백하라고 잡아 족친다. 얘들이 이걸 어디서 배웠겠어요? 북한에서 수입해왔을까요? 이런 것 좀 생각해봐야 되는 거 아녜요?

아, "생명" 말씀하셨죠? 우리가 동료들에게 혁명을 위해 죽으라고 권했다고요? 대체 누가 그랬죠? 사람 잡을 발언 했으니 증거도 갖고 계시겠죠? 뭔데요? 혹시 그런 정신 나간 친구들 있을지도 모르겠어요. 왜, 예수 이상하게 믿는 사람들 간혹 집단자살 같은 거 하잖아요. 혹시 그런 친구들 보거든 미쳤다고 해주세요. 그리고 신문방송에 신고申告하지 말고 경찰에 투고投稿하세요. 범죄신고는 112, 살짝 다이얼을 돌려주세요. 그리고 제발 우리들은 그냥 좀 놔두세요. 이념이 아무리 좋은들, 어디 "생명"만큼 좋겠어요? 저희라고 동료들이 제 목숨 끊는데 '신난다' 박수칠 맘 나겠어요? 저희라고 한 목숨 살고 싶지 않겠어요? 박정희 보세요. 남로당 군책을 하던 그 골수도 살고 싶어 금방 배반하잖아요. 동료 이름까지 불어가면서.

아, "생명" 말씀 하셨죠? 죽음을 부추기는 세력이 있다고 하셨는데, 사태를 보아하니 증거는 별로 없는 거 같아요. 애석해요. 얼마나 안까 웠던지, 세상에 보다 못한 북괴 공작원이 증거 만드느라 자수까지 했다죠?

95년 8월 24일 도착한 다음날 저녁 뉴스를 보기 위해 TV를 틀었는데 우연히 박 총장의 여의도 기자회견을 보게 되었다. 그것을 보는 순간 박 신부가 증거 제시로 곤욕을 치르고 있음을 보았다. (…) 저 분을 이 기회에 돕고

꺅! 또 우연. 참 대단한 "우연"이죠? 서울에 도착하자마자 "우연히" 다음날 기자회견이 있고, 그때 "우연히" 저녁 뉴스를 보다니 말이에 요. 근데 최근 박홍 신부님 말씀인즉, 그 검은 세력이 '우리 마음 속에 들어 있는 어두운 측면'을 말하는 거래요. 정말 "감수성이 풍부"하죠? "소년"처럼 순진하시죠? 우리가 속을 거라 믿는 모양이에요. 신부님 이 처음에 그 말씀 하셨을 때, 그건 분명히 사회학적 테제였어요. 근 데 보세요. 느닷없이 심리학적 테제가 되었잖아요. 참 우습죠? 다음 은 하나님 말씀이에요. 이럴까봐 하나님께서 손수 석판에 새겨 모세 의 손에 들려 인간 세상에 내려 보내주셨어요. 잘 듣고 "감수성이 풍 부한" 그 "소년"에게 꼭 전해주세요.

"네 이웃에 대하여 거짓 증거하지 말찌니라"(출 20:16).

블랙 바이러스

자, 그 쪽은 증거를 제시하는 데에 실패하셨죠? 한번은 명백한 "거짓증거"임이 드러났죠? 법원에서 명예훼손죄로 손해배상하라고 판결했잖아요. 그럼 이제 제가 한번 해보겠어요. 실은 이 사회에 정말로 "죽음을 부추기는" 검은 세력이 있어요. 먼저 젊은 벗이 『레드 바이러스』의 (속)표지에 박아 넣은 멋진 말부터 인용할게요.

벽에 틈이 생기면 바람이 들어오고 마음에 틈이 생기면 마(악마)가 들어온다.

아멘. 할렐루야. "벽에 틈이 생기면 바람이 들어"온다는 것은 과학적 진리고요. "마음에 틈이 생기면 마(악마)가 들어온다"는 것은 신학적 진리고요. 저는 이 두 명제에 모두 참(T)이라는 진리치를 부여해요. 근데 안타깝게도 제 생각엔 "젊은 벗들"의 "마음에" 잠깐 "틈이 생"긴 것 같아요. 자, 이제 누가 죽음을 부추기는지 봐요.

이인화 어린이에 따르면 '박정희 철학'이란 게 있대요. 철학사전을 아무리 찾아 봐도 나와 있지 않아, 저도 뭔지 잘 모르겠어요. 하지만 교수님께서 어디 거짓말하셨겠어요? 그래서 저는 이런 방법을 택했어요. "박정희 철학"의 정체를 찾아 그 사람의 세계관을 형성시킨 사상적 원천을 추적하는 거예요. 먼저 박정희에게 "큰 감명"을 준 "일본 역사의 영웅들 이야기"예요.

오이시 요시오는 억울하게 배를 갈라 자살한 주군의 원수를 갚기 위해서 46명의 동지들을 규합한다. 이들은 눈 덮인 심야에 주군을 죽게 했던 봉건영주 요시나카의 집으로 돌입하여 그의 목을 베고 주군의 무덤 앞에 목을 바친 뒤에 자수하여 모두 할복 자살한다.

난리가 났죠? 듣자하니 일본 사람들은 설날에 온 가족이 오손도손 둘러앉아 이런 영화를 본대요. 대단하죠? 박정희는 이 얘기를 듣고 "큰 감명"을 받았대요. 박정희에게 "무사도 교육"을 시켜주었다는 니뽄군 우시시마 중장의 얘기예요.

우시시마 중장은 오키나와 주둔군 사령관으로 있다가 (…) 동굴 지휘소에서 참모장과 함께 할복 자살했다.

난리도 아니죠? 조갑제에 따르면 "박정희는 일본 육사에서 무사도 정신의 정수를 발견했다"고 해요. 그게 뭐냐 하면요.

무사도 정신이란, 즉 죽는 것이다.

이런 거래요. 이런 걸 일본에서는 "죽음의 미학(死の美學)"이라 부른대요. 미학적으로 표현하면 '변태적 유미주의'고, 심리학적으로 말하면 '사의 충동'인 셈이죠. 근데 우익 똘반 학동들이 지금 이 "무사도 정신"을 선전하고 다니고 있어요.

박정희가 여러 번 죽음과 맞닥뜨렸을 때 보여준 초인적 의연함은 이런 무사도 교육과 관련이 있을 것이다.

이러니 이를 본받은 애들의 심정이 어떻겠어요. 이인화 어린이의 얘기를 들어볼까요?

항공모함에 돌진하는 가미가제 같은 심정이었다.

제정신 아니죠? 일본 가고시마라는 곳에 가면, 가미가제 기념관이 있어요. 거기에 가면 자살특공대원들의 사진이 걸려 있는데, 나이를 보니까 20~25살 사이이더군요. 한국애도 하나 끼어 있구요. 애들을 누가 '죽음'으로 몰아 넣었죠? 아직 한참을 더 살 애들, 항복 못하게 자살시켜 놓고 이를 "옥쇄"라 불렀다죠? 지금 이런 허접쓰레기 수입해다 매일 "3백만 부"씩 복제해 뿌리면서 죽음을 부추기는 자들은 누굴까요? 다음은 한국의 어느 밀리언셀러 작가의 말이에요.

자신이 충성을 서약했던 대상이 옳다고 믿는 바를 위해 기꺼이 <u>피를 뿌리고 죽어간</u> 수많은 충신절사들

이번엔 중국제예요. 난리가 났죠? 그게 다 이유가 있어서예요. "동아시아" 3국이 '대동아공영권'을 이루어 언젠가 한번 서구와 붙어보자는 생각에서 발생하는 현상이에요. 계속 들어볼까요?

통상 자신의 핏줄을 죽여가며 주인의 아들을 구해낸 비복의 피를 토한 듯한 충성

피를 토하고 "자신의 핏줄을 죽"이도록 충성하래요. 부모, 자식도 없으래요. 천하에 이런 패륜이 어디 있나요. 그건 약과예요. 심지어 "그릇된 이념"을 위해서까지 죽으래요. 그게 잘하는 짓이래요.

내게는 순절이 그릇된 이념화의 희생이라 해도 감동은 조금도 줄어들지 않는다.

"그릇된 이념"을 위해 죽어도, 자기는 "조금도 줄어들지 않"고 우리한테 "감동"해주겠다고 꼬셔요. 심지어

인간은 (…) 대단찮은 이념에 죽기도 하는 어리석음과 미련스러움이 있다.

인간이란 원래 "어리석"고 "미련"하대요. 그러니까 "이념"이 좀 "대단찮"않아도 마음 푹 놓고 그냥 "죽"으래요. 원래 그런 거래요. 기가 막히죠? 다음은 『레드 바이러스』에 실린 김지하 씨의 명문 중에서 뽑은 거예요.

지금 당신들 주변에는 검은 유령이 배회하고 있다. 그 유령의 이름을 분명히 말한다. '네크로필리아' 시체 선호증이다. 싹쓸이 충동, 자살특

공대, 테러리즘과 파시즘의 시작이다.

"시체 선호증"을 가진 변태는 과연 누구일까요? "김유신" 시체 살려낸 조갑제 변태, "선조 연간"의 할머니 시체 발굴한 이문열 변태, "박정희" 시체 부둥켜안고 놓을 줄 모르는 이인화 변태. 아네요? "싹쓸이 충동"이요? 항시 "공안정국"을 유지하며 농구선수, 미스 코리아까지 "싹" "싹" "쓸"어내는 『월간조선』이동욱 기자. 아네요? "자살특공대"요? "적군의 항공모함에 돌진하는 가미가제" 이인화. 아네요? "테러리스트"요? 멀쩡한 사람 잡는 선무당 박홍 신부 아네요? "파시즘"이요? 앞서 얘기한 우익 똘반 어린이들의 꿈나라. 그쵸? 부인하실래요? 김지하 씨, 박홍 신부님, 그리고 "젊은 벗들!"

지금 당신들 주변에는 검은 유령이 배회하고

있어요. "그 유령의 이름을 분명히 말"할게요. "검은" 바이러스 우익 파시즘이에요.

사제와 악마

이렇게 우리 사회에는 정말로 "죽음을 미화"하는 검은 세력이 있어요. 바로 여러분의 친구, 우익 파시스트 블랙 바이러스들이에요. 증거 더 필요하세요? 알았어요. 드리죠. 이 소아병 환자들의 "인간학" 좀 보세요.

인간은 이제 적을 눈으로 보면서 분노와 증오 속에서 그를 죽이는 것이 아니라 지극히 차갑고, 지극히 공허하게, 지극히 비개인적으로 포탄을 통해 서로 죽음을 주고받는 것이다.

이 "인간"들은요 형제가 '서로 교통'할 때에도 이렇게 "포탄"을 들구 "죽음을 주고받는" 식으로 해요. 이 어린이들, 앞에서 우리한테 "대단찮은 이념"을 위해 죽으라고 권했죠? 그러는 자기들은 어떻게 하겠다는 걸까요? 자기들은 "생명"사상 하겠대요.

나는 수단과 방법을 가리지 않고 살아남음으로써 세계에 대한 모반을 수행한다. 죽는다는 것은 내가 이 부당하고 부조리한 인간조건을 승인하는 것이다.

남들에게 죽으라고 해놓고 "나는 수단과 방법을 가리지 않고 살아남"겠대요. 남들에게 "순절" 강요해놓고 "나는" 죽어도 못 "죽"는대요. 왜? 심오한 철학적 이유에서요. "부조리한 인간조건을 승인"하기 싫다나요. 실제로 역사를 봐도 그래요. 전쟁 나면 죽는 건 엄한 놈들이고, 전쟁하자고 부추긴 놈들 웬만해서 안 죽어요. 질기게 살아남아 온갖 영광 다 봐요. 기가 막히죠. 이 사람들은 "사랑"도 이상하게 해요.

어느 누구도 그를 사랑하는 다른 사람이 자신에게 되돌려 줄 잠재적인 복수의 가능성 없이 다른 사람을 살해할 수 없다.

이렇게 "복수"하고 "살해"하면서 "사랑"하는 게 "인간의 삶을 떠받치는 가장 근원적인 토대"래요. 이 언어 좀 보세요. 난리가 났죠? 누가 "거세"되었다고 할까봐 "꼬리" 빠딱 세운 조갑제 강아지의 말이에요.

희생이 두렵거든 꼬리를 내리고 조용히 살아라. <u>비굴한 평화와 고귀한 전쟁 사이</u>에서 우리 신라인은 전쟁을 선택했고 그때 흘린 피

"평화"는 "비굴"하고, "전쟁"은 "고귀한" 거래요. 이 파시스트 똥개들이 "꼬리" 좀 세우고 다니게 우리보고 "고귀"하게 "전쟁"을 "선택"해서 "피" 흘리래요. 가미가제 "자살공격" 하래요.

삼국사기에는 신라군이 자주 쓰는 <u>자살 공격법</u>이 소개되어 있다.

"부모" 자식도 없어요. 세상에.

신라장군 품일은 16세 된 아들 관창을 적진으로 돌격, <u>전사케 하여</u> 신라군의 사기를 올렸다.

"사기"를 올리려면 제 아들에게 "자살 공격"을 강요하래요. "16세"면 중학교 갓 졸업한 아직 어린애들이에요.

朝寧子는 '(…) 나를 알아주시는구나. <u>죽음으로써 보답</u>해야겠다'라면서 적진으로 돌격, 전사한다.

이렇게 케케묵은 1400년 전의 도덕을 선전하면서 우리도 자기들이 "알아"줄 테니 "죽음으로써 보답"하래요. 그리구요.

전쟁의 긍정적인 면을 소개만 해도 전쟁광이니 국수주의자니

"전쟁"에도 긍정적인 면이 있대요. 뭘까요? 이인화에 따르면 "철학" 적 "정신"을 "탄생시킨"대요.

6·25전쟁은 (…) 박정희라는 영웅정신을 탄생시킨 가장 철학적 사건

"2백30만 명의 군관민"의 죽음, "비非전투원에 대한 살육", 이 "무차별 대량학살의 전쟁"에도 "진보"가 있었대요. 그게 바로 "영웅정신"이 래요. 애들은 "철학"을 해도 이런 방식으로 해요. "진보"도 "전쟁"을 통해서 해요. 그래서 자꾸 "침략전" 어쩌구 하는 거예요. "젊은 벗들!" 믿는 분들이시죠. 한번 보세요. 이인화 어린이 말이에요.

사회의 진보는 어쩔 수 없이 인간본성의 <u>사악한 충동</u>들에 의해 이루어진 것이다.

"사회"가 "진보"하는 데에 악마의 힘("사악한 충동들")이 필요하대요. 이 어린이, 까놓고 "악마주의" 해요. 거짓말 아녜요. 본인한테 물어 보세요. "젊은 벗들!" 보셨죠? 근데 왜 하필 죽음을 부추기는 이 블랙 바이러스들 하고 놀아요? 감염되면 어쩌려구요. 왜 믿는 분들이 "악마"

하고 놀아나요? 시험에 들면 어쩌려구요. 여기서 『레드 바이러스』의 표지에 실렸던 그 섹시한 구호를 다시 한번 인용해보기로 해요.

벽에 틈이 생기면 바람이 들어오고 마음에 틈이 생기면 마(악마)가 들어온다.

내가 보기에 "벗들"의 "연구실"의 "벽"은 걱정 없어요. 그 책 만들며 "땀"을 흘렸다니 단열시공도 잘 된 거 같아요. 근데 "젊은 벗들"의 "마음"에는 조그만 "틈이 생"긴 것 같아요. 그쵸? "마음에 틈이 생기면" 어떻게 되죠? 뭐가 들어오죠? 자 빨리, 박홍 신부님 찾아가서 고해하세요. O, absolve, domine…….

생명문화?

황장엽이 넘어오니까 찌그러져 계시던 박홍 신부님께서 신바람이 나셨어요. 둘이서 절친한 친구가 되었어요. 단짝이 되셨어요. 그 황장엽이란 분의 말씀을 인용해볼게요.

시위와 파업은 인민에게 큰 손실을 줄 뿐 아니라 (…) 폭력을 쓰는 자에 대하여는 폭력을 적용해야 하며 총살까지 해야 한다.

큰일났어요. 이제 시위하다 돌 던지면 "총살"당하게 생겼어요. 우리 어떡해요. 책임지세요. "젊은 벗들", 우리보고 공부나 하랬죠? 근데 신부님께서요. 글쎄 황장엽이 권하는 "진짜 주체사상" 교양서를 "대학 교재"로 쓰시겠대요. 이제 조용히 공부 좀 할라 그랬더니, 대학에서 또 "사상" 공부를 하래요. 환장하겠어요. 그래서 조용히 공부하러 독일에 왔더니, 이젠 여기 노랑머리 애들이 수업 거부하며 데모하대요. 교수들까지 한패가 돼서요. 주사파가 글쎄 독일까지 조직을 확장했어요. 환장하겠어요. 우덜 모래시계 세대는 공부하곤 영 연이 안 닿나봐요. 황장엽 씨 말대로 이 자식들 확 "총살"시켜버릴까요? 그럼 스터디하드勉學 분위기가 조성될까요?

아, 아까 "생명" 말씀하셨죠? 이렇게 "생명" 알기를 파리목숨 보듯 하는 사람을 만나서 글쎄 신부님은 무슨 정담을 나누셨대요? 아주 재미있는 현상이에요. 잠깐 어느 잡지의 기사를 인용해볼게요.

이는(=황장엽의 주체사상) 실로 종교적 신념의 분위기마저 풍기고 있어 정치신학적 논문이 아닌가 하는 인상도 주는 대목이며, 남한 사회 내에 자생적으로 발전한 생명사상과의 창조적인 결합 가능성까지 보여주고 있다.

대단히 예리한 지적이에요. 저도 진작부터 그렇게 생각하고 있었어요. 주체사상과 생명사상의 "창조적 결합". 참, 재미있는 현상이죠?

그는 '당'보다는 기독교 신앙생활 조직을 정치조직의 미래적 형태로 참고하라고 권고 아마 이 때문에 신부님은 황장엽에게 "인터뷰를 신청"했나 봐요. "정치조직"이 "기독교 신앙생활조직"이 된다면, 혹시 알아요? 나중에 신부님이 대권의 수임자가 될지. 어쨌든 두 분은 온 나라를 엄숙한 수도원으로 만들 작정인가 봐요. 재밌죠? 그 책에 우리 '늙은 벗' 김지하라는 분이 쓴 명문 있죠? 거기서 뽑았어요.

종교인가 유물주의인가? 대답이 다행히 창조적 통일로 끝났을 때

"종교"와 "유물주의"의 "창조적 통일". 이분, 이래 놓고 "사상"의 창시자래요. "젊은 벗들!" 종교적 욕구는요, 교회 가서 해결하세요. 그리고 정치는요, 우리 맨정신으로 하기로 해요. 그러잖으면 정치가 종교가 돼버려요. 저 사람들 말대로 "신앙생활 조직을 정치조직"으로 만들다가는요, 그렇게 정치와 종교를 정신없이 섞어 놓다가는요, '교황 무오류' 대신 '수령 무오류'나 '당의 무오류'를 얘기하는 스탈린주의 정당이나, 아니면 지도자를 우상으로 섬기는 히틀러 정당, 국부를 신으로 모시고 그 밑에서 '형님 아우'하고 지내는 파시스트 야쿠자 정당밖에 나올 게 없어요. "젊은 벗들!", 아까 "벗들"은 "올바른 사상" 갖고 계신다 했죠? 그게 이런 거였어요? "기독교청년문화"="생명문화" + "진짜 주체사상"="종교" + "유물주의"? 이런 거요? 설마…….

우익의 브나로드

"젊은 벗들", 이렇게 말씀하셨죠?

동시에 레드 바이러스가 잘 번식하는 환경, 즉 이 사회의 불의와 부패를 없애고 가난하고 소외된 이웃들에 대한 사회적 관심과 배려를 우선으로 하는 노력들이 절실히 요청된다.

좋은 얘기예요. 한 가지 흠이 있다면, "사회의 불의와 부패를 없애고 가난하고 소외된 이웃들"을 "배려"하는 그 고귀한 노력의 '동기'예요. 그게 다 "레드 바이러스"를 박멸하기 위해서라구요? 그럼 못써요. 레드 바이러스가 없어지면, 그때는 "불의와 부패" 안 없애고 "소외된 이웃"에 관심 안 가질 거예요? 그러지 마세요. 레드 바이러스를 박멸한 다음에도 계속 "불의와 부패"를 없애세요. "소외된 이웃"에 계속 관심 가지세요. 그게 하나님 뜻이에요. 반공 때문에 부랴부랴 '이웃사랑' 하지 말고, 하나님의 계율로 알고 평소에 그렇게 좀 하세요.

이제 우리는 부의 공정한 분배를 통해 빈부격차와 상호간의 갈등이 사라지도록 최선의 노력을 다해야 할 것이다.

"젊은 벗들!" 지금 "최선의 노력" 하겠다고 약속한 거죠? 장해요. 근데요. 우리 경험으로 말씀 드리면, 그 "노력" 하기가 그리 쉽지 않아요. 저도 장래를 포기하고 공장 가기 싫어 이념을 배반한 경험이 있어요. 성탄 때 라면 박스 몇 개 들고 오시려면, 아예 오덜덜덜 마세요. 제가 어디 라면 살 돈 없어 배반했나요? 그 정도 재력, 저 있었어요. "소외된 이웃"이 뭐 수재민인가요? 폭우가 "소외"시켰나요? 직접 한번 들어가 보세요. 얽히고 설킨 문제에 입이 딱 벌어질 거예요. "벗들"은 아마 그 문제를 "구조적 모순"이라 부르게 될 거예요. 조심하세요, 그때부터 감염이 시작돼요. 법조항이랑 현실이랑 따로 논다고 열 받지 마세요. 세상이 어디 논리대로 돌아가나요? 푸쉬킨이 말했잖아요.

인생이 그대를 속일지라도 결코 슬퍼하거나 노하지 말라.

철거반이 때린다고 성질 내지 마세요. 걔들이라고 뭐 우리가 미워서 때리겠어요? 경찰이 좀 패도 참으세요. 경찰, 스트레스 많이 받는 직업이에요. 돈 없어서 사람이 죽어 나자빠져도 침착하세요. 그게 내 책임인가요? 다 하나님 뜻, 팔자소관이죠. 그렇지 않으면요, 우리처럼 돼요. 손에 돌을 들게 돼요. 그럼 "생명"사상가 황장엽한테요, "총살" 맞을 놈이라고 욕먹어요. 뭐 해보겠다고 조직 같은 거 만들지 마세요. 창조의 질서를 거슬러 졸지에 영장류에서 '빨간 원생동물'로 강등돼요. 언제나 'cool'하게 자유인으로 남으세요. 그리고 그렇게 널럴하게 한번 해보세요. 얼마나 잘 하는지 볼게요. 기대해요.

여기에 정부 차원의 성실한 노력과 가진 자들의 절제와 모두가 바른 윤리를 견지함이 요청된다.

히히, "정부 차원의 성실한 노력"? 정부 도움 받겠다고요? 우리라고 뭐 정부에 한이 맺혀 반反정부 했나요? "요청"도 안 해보고 돌멩이부터 들었겠어요? 전태일이 사랑에 실패해 몸에 석유 부었나요? "정부"요? 방해 안 하면 도와주는 거예요. "가진 자들의 절제"요? 남 돈 가진 거 샘나서 파업하는 거 아녜요. 돈 있는 분들, "절제" 말고 맘껏 쓰세요. 외제차 사고, 골프채 사고, 다 하세요. 하나도 안 부러워요. 사람 부려먹었으면 대가만 제대로 지불해주세요. 헌법에 보장된 노동3권, 확실히 지켜주세요. 깡패 사서 '구사대' 같은 거 만들지 말고, "바른 윤리"? 아흐, 괜찮아요. "젊은 벗들", 대충 타락하세요. 인생 즐기세요. 우리 욕 안 해요. 여러분 사생활에 관심 없어요. 제발 당신들이 만든 '법'이나 지켜주세요.

"젊은 벗들!" 이제 "전세금을 낼 수 없어(⋯) 변두리로 쫓겨나"는 "이웃들"이 있음을 알죠? "빈부격차"가 사라지도록 "최선의 노력을 다해야" 하는 것도 아시죠? 그럼 우리 언젠가 다시 만나게 될 거예요. "소외된 이웃"이 있는 현장에서. 거기서 우리 만나요. 함께 일해요. 그리고 그때에는 "해변으로 도망가고 싶"다는 팔자 좋은 소리 안 하셨으면 좋겠어요. 적어도 바이러스들은요, 그런 식으로 안 했어요. 그 더위에 뙤약볕 아래 김맸어요. 신분 감추고 공장에서 일하느라 연락 안 되는 바람에 홀어머니 임종도 지켜드리지 못해 평생 한이 된 바이러스도 있어요. 그런데도 바이러스들은 티 안 냈어요.

우리보다 잘 하시리라 믿어요. 약속하신 거죠? 믿는 분들이니 자기가 한 말 정도는 지키실 거예요. 그죠? 마침 『레드 바이러스』 455쪽에 "젊은 벗들" 사진이 실려 있더군요. 얼굴 기억해둘게요. 나 전화 끊어요. 그 날 봐여~어.

p.s.

아, 김지하 씨가 "많은 격려와 조언" 해주셨다구요? 운동권이 "십년 후에 먹을 양식" 준비하신다는 그 분 말이죠? 파니스 안젤리쿠스~♬ 요즘 집회장에서 좀처럼 뵐 수가 없어서 그러는데, 혹시 "격려와 조언" 하러 거기 나타나시거든, 말 좀 전해주세요. '그 양식, 너 다 먹어'. 그리고 영'생'하시라구요. Pax vobiscum.

도미니앙기부스

신부님, 안녕하시렵니까?

신부님 코미디, 여기 독일 땅에서 정말 잘 봤어요. 어~ 신부님, 한 연기 하시대요.

몇 년 전 그 '주관적 간첩' 꽁트 정말 캡이었어요. 얼마나 웃었는지 몰라요. 저뿐 아녜요. 여기 베를린에서도요. 신부님 인기 왕 좋아요. 스타예요. 북괴에 포섭돼서 신부님을 암살하러 왔다가, 신부님의 인품에 감동 먹어 다 털어놓고 자수했다구요? 그럼요. 사랑의 힘 무섭죠. 그 악독한 빨갱이 간첩의 굳은 마음까지 스르르 녹여버리잖아요. 얼마나 혹독한 훈련을 받았겠어요. 얼마나 철저한 세뇌교육 받았어요. 테러 공작원인데. 하지만 "밀봉교육"도 사랑 앞에서는 힘을 잃는 법, 신부님 인품에 감화되어 그냥 무너지고 말았다구요? 그럼요. 어디 신부님 영靈발 당하겠어요?

주님의 안기부

근데요, 그 조연도 한 코미디 하대요. 그 사람 되게 웃겨요. 구체적으로 간첩질한 게 없담서요? 근데도 자기가 간첩이라는 거예요. 가령 제가 옆집 아저씨 자동차가 탐나, 훔치고 싶었다고 해봐요. 물론 저는 금방 뉘우치고 아저씨한테 가서 고백했어요. 그런데 아저씨, 날 경찰서에 데려가 자수시키시는 거예요. 이 학생 잠깐의 실수로 차를 훔치고 싶어했지만 깊이 뉘우치고 있으니, 선처를 바란다고. 그럼 경찰 아저씨들이 뭐라 그럴까요? 이러지 않을까요? '얘들, 또라이 아냐?' 이게 정상이겠죠? 근데 그 경찰 아저씨들, 글쎄, 기자 불러다 기자회견 하는 거예요. 세상에. 정말 웃기죠? 듣자하니 그 조연 배우 여기 독일 살던 분이래요. 교포들 사이에선 양지마을 지향한다는 모某기관의 장학생으로 소문났대요. 헛소문이겠죠?

"하나님의 안기부"라 하셨다면서요? 왜 그러셨어요? 그 말 듣고 저요, 천당 가고 싶은 생각 뚝 떨어졌어요. 하나님도 안기부가 필요하세요? 왜요? 제가 듣기론 하나님은 전지전능하시다던데. 전지全知는 모든 걸 다 아신다는 뜻이에요. 맞아요. 하나님은 우리 마음 좍 뚫어다 보고 계셔요. 제가 무슨 생각하는지 X-레이처럼 투시하셔요. 그런데 왜 하나님이 안기부가 필요하실까요? 신부님 통해 정보수집할 일이 있으신가 보죠? 세상에 하나님도 모르시는 정보가 있어요?

신부님, 믿음을 가지세요. 신부님이 그런 일 안 하셔도 하나님, 우리 마음 다 알고 계세요. 모르시는 게 없어요. 믿으세요. 반석 같은 믿음을 가지세요. 의심 많은 도마가 되지 마세요.

서강대 총장을 맡고 있던 박홍 신부는 '하나님의 안기부'를 자처하며 운동권을 주사파로 몰고 전국에 공안정국을 불러 왔다.(『한겨레신문』 1994년 7월 20일)

하긴, 과거에도 신부님 같은 분들이 계셨어요. 신부님이 더 잘 아실 거예요, 교회사에 관해서는. 어떤 사람들은 신부님이 지금 하고 계시는 일을 '마녀사냥'이라고 부르는 모양이에요. 그거 무식한 소리예요. 몰라서 하는 소리예요. 신부님, 신경쓰지 마세요. 신경 뚝 끄세요. 신부님이 어디 '마녀사냥' 같은 거 하실 분인가요? 그거 '마녀사냥' 아닙니다. '이단사냥'이지. 이 둘은 달라요. 좀 달라요. 그건 다음 기회에 얘기하기로 하고, 오늘은 먼저 '이단사냥'에 대해서 알아보기로 해요. 왜 그렇게 끔찍한 일이 벌어질 수 있었을까요?

주님의 개

성聖 도미니크에 대해서 들어 보셨겠죠? 훌륭하신 분이죠. 신부님처럼 그 분도 악마의 꾐임에 빠진 영혼들을 구하느라 일생을 바치셨어요. 그 공으로 성자가 되셨어요. 아시죠? 도미니크라는 이름이 무슨 뜻인지. 주主를 의미하는 'domini'라는 말에 개犬를 의미하는 'cane'가 합쳐져서 이루어진 말이래요. 말하자면 '주님의 개'라는 뜻이죠. 이분 어머니가 이분을 가졌을 때 꿈을 꿨는데 커다란 개가 입에 횃불을 들고 나타났대요. 그래서 이름을 그렇게 붙였다나요? 믿거나 말거나.

하지만 이분의 뜻을 기리기 위해 우리들이 만든 도미니크 교단의 깃발에는 정말로 개가 횃불을 물고 있는 모습이 그려져 있어요. '주님의 개.' 좋죠?

우리가 '주님의 개'가 되어 무슨 일을 했는지 아세요? 프랑스 남부에 알비라는 곳이 있어요. 거기 살던 애들이 교황님 말씀

스페인 종교재판소의 깃발. 주님의 개가 횃불을 입에 물고 있다.

잘 안 들어요. 교황님이 불러다 친히 접견도 하고 그랬는데도. 그래서 화가 나신 교황님이 이놈들 '이단'이라고 선언해버렸어요. 그리고 세속의 왕들에게 이 이단들을 처단하라고 명령했어요. 그리고 이 군대에 '십자군'이라는 이름을 붙여 주었어요. 하지만 왕들이 어디 또라인가요? 갸들 까졌어요. 그러니까 한 나라의 '오야' 해먹죠. 갸들이 미쳤다고 제 돈 들여 전쟁하겠어요? 그래서 교황님이 약속해주셨어요. 니들이 정복한 땅, 니들 다 먹어. 그랬더니 갸들이요 신이 나서 군대를 몰고 가 다 죽여버렸어요. 이 악마의 새끼들, 씨까지 말려버린다고 아기들까지 죽였어요. 몇 만이 죽었대요.

그리고 그 땅에 사상문제전문 종교재판소를 설치했죠. 그리고 주교와 사제님들에게 교구내 이단들을 색출하라 명령했어요. 하지만 신부님들이 어디 사람 맘 속 꿰뚫어보는 재주가 있겠어요? 본인이 털어놓기 전에는. 그래서 이때부터 '고해성사'가 신도의 '의무'가 되었대요. 비슷하죠? 신부님도 고해성사 통해 정보수집 하잖아요. 고해성사 안 하면 이단으로 의심받았어요. 하지만 이때만 해도 션찮았어요. 주교와 사제님들이 어디 자기의 양들 보호하고 싶지 않았겠어요? 지금도 빨갱이 싸고 도는 신부님들 있죠? 그때도 그랬어요. 주교님들은 '이단 사냥'에 별 관심 없었어요. 중세 초엔 주교님들이 교황하고 맞먹었대요. 그런 좋은 추억이 있는 분들이 미쳤다고 교황님 홀로 잔치에 장단 맞춰 드리겠어요? 그러니 교황님 맘이 얼마나 답답하셨겠어요. 누구 없나?

바로 이때 어디선가 홀연히 들려오는 개소리. 바우바우, 완완, 멍멍……. 유럽 각지에서 우리가 교황님 도와드리러 달려간 거예요. 우리들은요, 탁발수도승이라 해서 죽은 사람 장례 치러주고 기도도 해주며 그 댓가로 받은 돈 먹고 살았어요. 가끔은 사제님하고 누가 장례미사 치를 권리가 있는지를 놓고 싸우느라 시체를 매장 않고 몇주 동안 썩히는 일도 있었지만, 뭐, 그런 일 있을 수 있는 거 아녜요? 그래서 우리랑 공식 교회조직은 별로 사이 안 좋았어요. 양떼를 놓고 경쟁했으니까요. 사제님들이야 교회라도 갖고 있죠. 하지만 어디 비빌 데 없는 우리 수사들 입장에서 보면, 찬밥에 도토리 되느니 교황님한테 붙는 게 좋지 않겠어요? 교황님도 그렇죠. 아무래도 우리들같이 "개"처럼 충성하는 사람들이 더 이쁘지 않겠어요? 그래서 종교재판권을 우리 도미니크 교단, "주님의 개"들이 넘겨받게 된 거예요.

정보망

신이 난 우리들, 멍멍 왈왈 그르릉 신명을 다해 일했어요. 타고난 재주 덕분에, 우리가 가는 곳마다 이단들이 줄줄이 적발되어 나왔어요. 당연하죠. 당시 수도원이란 데가 지금하고는 애초에 수준이 달랐어요. 지금은 앞뒤 꽉꽉 막힌 꽁생원들만 계시죠? 옛날엔 면책지대여서 그런지 죄짓고 도망친 사람들까지 온갖 재주꾼들이 다 모여들었어요. 재주도 다양했죠. 강도, 절도, 사기 등등. 이런 기술자들이 맘을 합치니 얼마나 일 잘 하겠어요. 안기부 뺨쳤어요. 어느 정도냐면요, 컴퓨터도 없고, 전화도 없고, 전기도 없던 그 시절에 우린 이미 '인터넷' 운용했어요. 유럽 대륙 한 쪽 끝에서 일어난 일, 우리 수도원 조직 통하면 며칠 안에 반대쪽 끝에서 알 수 있었어요. 끝내주죠? 이보다 더 끝내주는 정보기관 있으면 나와 보라 그러세요.

그 뿐인 줄 아세요? 사제님들이 갑갑하게 하루종일 사제관의 벽 속에 갇혀 지내며 미사만 드릴 때, 우리들은 민중들 속 깊이 파고들어갔어요. 선전선동했어요. 게다가 사제님들처럼 고상한 언어를 사용하는 게 아니라, 박홍 신부님처럼 쌍소리 섞어가며 씩씩거리며 민중들 언어로 얘기했지요. 그러니 사람들이 누굴 더 좋아하겠어요. 라틴어로 고상하게 썰푸는 "위선적 도덕주의자"요? 아님 우리처럼 솔직히 까놓고 막말하는 사람이요? 그러니 종교적 영향력 면에서 사제님들이 우릴 당해낼 수가 없었어요. 게다가 매일 양떼들과 섞여 지내다보니 우

린 뉘 집에 숟가락이 몇 갠지, 뉘집 새끼가 고잔지, 뉘집 딸이 안 처녀
지 좍 꿰고 있었어요. 모르는 게 없었어요. 안기부, 쩝도 안 돼요.

그때 유럽 사람들은 지금처럼 세련되지 못 했어요. 늙어 죽도록 글
자도 깨치지 못한 사람들이 대부분이었어요. 알파벳 스물네 자를 깨
치면 뭐합니까? 그때 어디 제 나라 말 썼나요? 죄다 라틴어 썼죠. 그
래서 되게 무식했어요. 이런 사람들 틈에 들어가 우리가 열나게 계몽
했어요. 틀린 말 안 했어요. 신부님하고 똑같은 얘기했어요. 이단은
악마다. 악마는 도처에 있다. 니네 동네에도, 니 친구 중에도, 니 가족
중에도. 맞는 말이죠? 그랬더니 그제서야 정신차리고 안보태세 갖추
더라구요. 눈을 부릅뜨고 서로 감시하더라구요. 사탄 들면 큰일 나잖
아요. 근데 그런 눈으로 돌아보니 정말 이상한 놈들이 한 둘이 아니었
어요. 뿔 달린 놈, 꼬리 달린 년. 그럴 때마다 잽싸게 공중전화로 달려
가 버튼 눌렀어요. 도도도(111), 도도레(112). 비슷하죠? 한국에도 뿔
나고 꼬리가 달린 미스 코리아가 있대매요? 한국 사람들, 참 미감도
괴상하죠. 그런 아가씨를 미의 여왕으로 뽑고⋯⋯.

『레드 바이러스』의 말씀대로 악마에 관한 한 "공안정국은 1년이 아
니라, 10년" 아니 영원히 계속돼야 해요. "마음에 틈이 생기면 마(악마)
가 들어"오는 법이니까요. 그래서 전 유럽에 공안정국 만들었어요. 그
랬더니 버릇없는 놈들, 언행에 조심을 하더라구요. 의심받기 싫었던
지. 미사에 몇 번 빠지면 이단이었어요. 뻔질나게 참여해도 이단이에
요. 수상하잖아요. 얼마 전 보수우익에도 간첩이 있는 거 밝혀졌죠?
같은 원리예요. 돼지고기 알레르기 있는 놈들, 열나게 조졌어요. 그
맛있는 소시지, 왜 안 먹어요? 무슬림이니까 안 먹죠. 널럴한 사회에

스트레스 좀 주니까, 나중엔 별 놈 다 나타나요. 신부님하고 기자회견한 그 '간첩' 있죠? 똑같은 놈 있었어요. 제 발로 우리한테 찾아와서는요. 자기가 사탄의 아들이라고 자수하는 거예요. 어떤 여자는요 글쎄 사탄과 오입을 했대요. 정액이 그득 찼대요. 동토(凍土)에서 온 빨갱이놈들 있죠. 그 놈들도 그럴 거예요. 자매님들, 잠자리에서 차가운 물 싸는 놈 신고하세요.

이때 사람 많이 죽었어요. 왜냐구요? 까짓 교리 몇 개 어긴 거 점잖게 타이르면 되지 않았냐구요? 모르시는 말씀이에요. 신부님, 아시잖아요. 공산당놈들 얼마나 지독한지. 이단들은 더 했어요. 사탄의 자식들이에요. 북괴 잠수함이요? 유도 아녜요. 사람들이 지켜보는데 사탄이 직접 나타나서 다 잡아놓은 이단들 빼내서 북으로 유유히 사라졌대요. 이런 놈들 그냥 놔둬요? 게다가 이 놈들 못된 짓 많이 했어요. 소에 젖 안 나오게 해 생업에 지장 주고요. 갓난아이 죽게 해 징병체제에 혼선 빚고요. 하늘에서 우박 내려 경제활동 교란하고요. 마차바퀴 고장내 기간산업 마비시켰어요. 심지어 생화학무기 이용해 테러활동까지 했어요. 불특정다수를 대상으로 페스트균 살포했어요. 이런 놈들 가만 놔둬요?

고문과 처형

근데 문제가 있었어요. 어느 교활한 여편네가 있었는데요. 이게 겁대가리 없이 기껏 미사에 나와서 싸가지 없는 발언을 하는 거예요. '이렇게 좋은 날 들판에 나가 일해야 하는데…….' 국가보안법 제4조

마녀를 심문하는 종교재판관.(1998년 6월 『슈피겔』 표지)

위반 맞죠? 틀림없죠? "제4는, 안식일을 기억하여 거룩히 지키라"(출 20:8). 사탄이 틀림없는데, 글쎄 이 년이 안 부는 거예요. 그렇다고 머릿속을 들여다볼 수는 없고. 심각한 기술적 문제에 봉착하게 됐어요. 어떻게 하면 머릿속의 생각을 밖으로 끄집어낼 수 있을까? 얼마나 답답했겠어요. 신부님, 그 심정 아시죠? 학계에, 종교계에, 정계에, 언론계에 빨갱이 5만 명이 득실득실거리는 게 눈에 빤히 보이시죠. "자유민주주의" 탈을 쓴 그 놈들, 어디 "가면" 벗습디까? 신부님한테 고해성사하고 털어놓습디까? '간첩'보다 더한 놈들이에요. 신부님 "인품"에도 감동 안 먹어요. 그러니 얼마나 답답하시겠어요. 그 심정, 저 이해해요.

그때 교황님께서 방법을 가르쳐주셨어요. 원래 이건 점잖은 기독교인들은 안 쓰던 거였어요. 하지만 악마가 창궐하는 판에 지금 찬 밥, 더운 밥 가리게 생겼어요? 그래서 과학기술 좀 이용했어요. 수력을 이용한 물고문, 화력을 이용한 불고문, 신장력을 이용한 몸 잡아늘이기. 요즘이랑 비슷하죠? 김근태 씨 글 읽어 보셨죠? 어쨌든 예나 지금이나 과학의 힘은 위대해요. 육체와 정신을 간단히 분리시켜요. 두 손에 오리발 꽉꽉 움켜쥔 녀석들도요 몸속에서 식도를 거쳐 구강을 통해

닭날개, 닭다리, 닭갈비, 처가집 양념통닭, 미제 켄터키 후라이드 치킨이 막 튀어나와요. 그리고 마지막엔 닭털과 함께 뭉쳐 뒀던 생각들이 하나 둘씩 '툭', '툭' 튀어나오는 거예요. 세상에 사탄조직과 접선을 했대요. 접선 장소에 나온 공작책임자는요, 염소의 몸에 고양이 머리를 하고 고약한 냄새를 풍기는 놈이었는데, 근데 이 때려죽일 놈들이요, 그놈 똥구멍에 키스를 하며 충성을 맹세했대요.

이런 놈들이 어디 혼자 다니겠어요? 이놈들 바이러스예요. 암세포예요. 남몰래 여기저기 돌아다니며 이상한 조직 만들고 다녀요. 근데도요, 이 녀석들, 그래도 자기 동지라고 싸고도는지, 이름을 안 부르는 거예요. 그래서 다시 기술자들에게 의뢰했죠. 그랬더니 잠시 후 고구마 줄기에 알토란 같은 고구마들이 주렁주렁 달려나오는 게 아니겠어요? 기가 막히죠? 이 고구마들 거둬다가 다시 과학기술연구소에 용역 줬어요. 그랬더니 최종 검사소견이요, 이 놈들 몸에서 뻗어나간 줄기에도 알토란 같은 고구마들이 다시 주렁주렁 걸려 있다는 거예요. 우린 그런 줄도 모르고 여태까지 이 사탄의 새끼들이 우글우글거리는 틈 속에서 살아왔던 거예요. 그러니 얼마나 놀라와요. 온 사회가 집단으로 경기驚氣를 일으켰어요. 집단 히스테리를 일으켰어요.

사상검증회

근데요, 그때나 지금이나 이런 말하면 안 믿는 놈들 있어요. 신부님도 아시죠? 어디 사람들이 신부님 말씀 믿으려고 합디까? '증거' 내놓으라 하죠? 그때도 의심 많은 도마들 있었어요. 그래서 걸려든 놈들

스페인에서 있었던 아우토다페(autodafe)

을 대중 앞에 세워놓고 공개적으로 사상검증해야 했어요. 아, 지금은
신문에서 한다죠? 그때는 신문이 없었어요. 그래서요 신부님들하고
수사님들이 동네방네 북 치고 장구 치고 다니면서요, 사람들 끌어 모
았어요. 몇 날, 몇 시에 어디서 주민위문공연 한다. 그때나 지금이나
사람들 늘 심심하잖아요. 게다가 당시에 어디 할리우드 영화가 있었
나요, 비디오가 있었나요. 그렇다고 『선데이서울』이 있었나요. 그러니
남녀노소, 강아지까지 신나서 벌떼처럼 몰려들었어요. 이걸 아우토다
페autodafe라 불렀어요. 요즘은 "사상검증 토론회"라 부른다매요?

　이렇게 직접 대중 앞에 끌고 나가 자기 죄를 고백시켜야 나중에 뒷
말 없어요. 밀실수사니 강압수사니. 근데 언제나 그렇듯이 독종들 있

잖아요. 회개할 기회 주는데도 끝까지 버텨요. 끝까지 잘 했대요. 이런 놈들은 산 채로 화형을 시켜버리는 거예요. 교회의 고결한 손에 피 묻힐 순 없잖아요. 그리고 이 놈들 유물론자라 육체를 불로 깨끗이 청소해줄 필요가 있어요. 요즘은 그냥 늙어 죽을 때까지 감방에 처넣는다며요? 이렇게 해놓으면 타죽기 싫은 놈들은 찍소리 않고 다 불게 돼 있어요. 고백한 놈들, 어떻게 했냐구요? 우리라고 뭐 피도 눈물도 없나요? 우리가 명색이 성직자 아닙니까? 뉘우치는데 용서해야죠. 그래서 특별히 목졸라 숨을 끊어준 다음에 태웠어요. 멋도 모르고 따라다녔던 졸개들요? 아흐, 평생 회개나 하며 살라고 호텔에 장기 투숙시켜줬어요.

신부님, 신부님, 우리들의 신부님. 근데요 우리가 정말 '주님'이 보내주신 '개'였을까요? 정말 우리 잘한 걸까요? 신부님. 우리 잘못한 거 하나도 없죠? 근데 왜 하나님은 우릴 이리 보내셨죠? 하나님 뜻은 알다가도 모르겠어요. 실내 온도가 너무 높아요. 1000°C. 그리고 신부님, 정말 하나님이 임명한 "안기부" 요원 맞아요? 신부님 정말 좋은 일 하시는 걸까요? 신부님께서도 빨간 악마 때려잡는 성덕을 쌓아 나중에 성인 되실까요? 어쨌든 나중에 한국교회사에 신부님 이름이 길이길이 빛나시기를 바래요. 상투스 바코누스 도미니앙기부스sanctus baconus dominiangibus. 聖 바콩 주님의 안기부.

호박 기독교

어느 교회사가는 "만약 기독교인들이 교회사를 공부한다면 아마 기독교인으로 남아 있을 사람은 아무도 없을 것"이라고 말했다. 마르크스는 '종교는 인민의 아편'이라고 했다. 하지만 그 모든 비난 속에서도 종교가 아직 살아 있다는 것은 나름대로 종교에 아직 사회적 순기능이 남아 있음을 말해준다. 거기에 종교의 진리성이 있다. 따라서 종교를 인민의 아편으로 만드느냐, 아니면 영혼을 치유하는 약으로 만드느냐는, 차라리 종교인들이 어떻게 하느냐에 달려 있다고 해야 할 것이다. 그래서 종교인에게는 신의 말씀을 구체적 사회현실에 올바로 적용하기 위한 지혜가 필요하다.

정치신학

실제로 과거에는 교회가 세속권력과 한패가 되어 민중을 억압했던

'하일 히틀러!'를 외치는 저 호국기독교인은 보르네봐써 주교와 세바스챤 주교다. 오른쪽 끝의 인물이 그 유명한 나치 선전상 괴벨스다.

불행한 역사가 있었다. 이를 교회와 세속권력의 화약和約, Konkordat이라 부르는데, 그 이상적 형태를 보려면 중세로 돌아가야 한다. 중세에는 '두 개의 칼'이라는 이론이 있었다. 신이 교회의 칼은 교회에게, 세속의 칼은 황제에게 주었다는 이론이다. 결국 교회든 세속이든 권력의 근원은 신성한 곳에, 말하자면 저 하늘에 계신 신에게 있다는 얘기다. 이중 '교회의 칼' 이론을 무력화시킨 것은 종교개혁이었고, 보통 왕권신수설이라 불려지는 '세속의 칼' 이론은 후에 민주주의 혁명 과정에서 황제의 목과 함께 단두대 밑으로 떨어진다.

'두 개의 칼'. 이 이론의 정치적 함의는 무엇일까? 첫째, 이 이론에 따르면 권력의 원천은 민중이 아니다. 권력은 신으로부터 나온다. 둘째, 따라서 권력은 신성불가침하다. 결국 민중은 찍소리 말고 교회 안에서는 교황에게, 밖에서는 황제에게 충성을 다 해야 한다는 얘기다. 이 '두 개의 칼 이론'에 따라 중세 유럽에서는 교황이 '교회의 칼'로 황

'그리고 모든 독일 가톨릭 신도가 이제 아돌프 히틀러를 이해하고 11월 12일에 표를 던질 것이다. "찬성"!'

제의 어깨에 신학적 축복을 내리면, 황제는 그 세속의 칼로 교황을 보호해주는 공생관계를 유지했다. 물론 두 개의 칼이 가끔 서로 부딪치기도 했지만, 민중에 대한 지배권을 유지한다는 점에선 어차피 양자의 이해가 일치했다.

이 봉건적 지배이데올로기는 결국 근대 민주주의 혁명으로 역사의 뒤안길로 사라지나, 그 후에도 가끔 변형된 형태로 되살아나기도 했다. 가장 최근의 예는 교황청과 나치정권 사이의 화약和約이었다. 이때 교황은 교만한 무신론자 집단 볼셰비키 정권을 치려는 히틀러의 침공 계획에 신의 축복을 내려주었고, 히틀러는 그 댓가로(?) 꼴보기 싫은 이교도들을 청소해주었다. 당시 교황청이 히틀러를 어떻게 생각했는지에 대해서는 의견이 분분하다. 하지만 적어도 독일의 가톨릭 교회가 히틀러를 '지도자'로 만드는 데에 한몫 했다는 것은 부정할 수 없는 사실이다. 어떻게 그럴 수가 있었을까?

이게 성직자들의 개인적 정치참여가 아니었다면, 거기엔 아마 신학적 근거가 있었을 게다. 당시 나치의 선거 포스터의 사진을 보면 어느 주교가 히틀러와 악수하는 장면이 나온다. 그 아래 이런 구절이 쓰여 있다. '히틀러, 나는 오랫동안 당신을 이해하지 못했습니다. 하지만 오랫동안 이해하려고 해보았습니다. 드디어 오늘 당신을 이해하겠습니다.' 도대체 이런 판단의 신학적 근거는 무엇이었을까? 히틀러가 신이 독일민족에게 보내주신 '민족의 영도자'라는 것이 아니었을까? 그래서 이 광대에게 '세속의 칼'을 건네준 게 아니었을까? 정말 어처구니없는 일이지만, 사실 이런 일은 언제 어디서라도 가능하다. 물론 우리나라에서도.

박정희교

파시스트 정치이론은 신학적이다. 당연한 일이다. 이들은 근대 민주주의 제도를 전복하고 전체주의적 독재정권을 세우려 한다. 이때 그들은 당장 정권의 정당성 문제에 부딪히게 된다. 가령 민주주의의 원리는 주권재민, 즉 권력은 국민으로부터 나온다는 데에 있다. 그래서 민주국가에서는 국민이 권력자를 교체할 권리를 갖는다. 또 민주사회에서는 국민이 권력의 행사를 감시하고 비판하고 때로는 참정권을 갖고 거기에 참여할 수도 있다. 하지만 이는 독재자가 받아들일 수 있는 게 아니다. 그렇다면 독재자는 자기 권력의 정당성을 어디서 찾

아야 할까? 그의 권력은 대체 어디서 나오는 걸까? 조갑제의 말처럼,

국가개조의 수단으로서의 총구의 역할

이렇게 무식하게 "총구"에서 나온다고 할 순 없잖은가. 그래서 이 정당성의 위기 속에서 파시스트들이 의뢰할 수 있는 유일한 이론적 원천은 앞서 말한 중세의 봉건 지배이데올로기, 즉 '두 개의 칼' 이론밖에 없다. 그리하여 그들은 정권의 정당성의 원천을 찾아 멀리멀리 타임머신을 타고 시간여행을 한다. '지도자의 권력은 신으로부터 나오며 따라서 신성불가침하다.' 바로 여기서 파시스트 정치신학은 사이비 종교가 된다. 이는 나라마다 다양한 형태로 나타난다. 일본처럼 천황을 신으로 섬기든지, 독일처럼 히틀러를 고대 게르만 종교의 사제로 만들든지. 우리 나라에서는 이게 "박정희교"라는 형태로 나타나고 있다. 조갑제 신도의 말이다.

대권의 수임자는 인간에 의해 결정될 수 없고 하늘에 의해 결정되어야 한다.

다음은 이인화 신도가 좋아하는 칼라일의 말이다.

세계는 신의 의지에 의해 움직이는데 신의 의지를 대행하면서 인간을 지배하는 자가 영웅이고

결국 이런 얘기다. 세계를 "움직이는" 것은 "신의 의지"다. '지도자'는 "신의 의지를 대행"한다. 그는 "인간을 지배"한다. 이 "지배"의 권리는 "하늘"이 내려주셨다. 전형적인 '세속의 칼' 이론이다. 여기에다 교회측에서 실제로 축복이라도 내려준다면 더할 나위 없이 좋을 것이다. 신께서 이 권력을 공식적으로 승인해주는 셈이 되기 때문이다. 조갑제가 이런 걸 놓칠 리 없다. 꽤 유명한 어느 목사의 기도다.

> 역사를 주관하시는 하나님! (…) 대통령이 외롭지 않도록 살펴 주십시오. 솔로몬의 지혜와 다윗의 용기를 대통령께 부어주십시오.

"솔로몬"+"다윗"=박정희. 앞의 둘은 신이 임명한 이스라엘 민족의 지도자, 박정희는 신이 임명한 민족의 지도자. 박정희와 친분이 있는 어느 여인의 얘기다.

> 저는 하나님이 우리를 위해 이런 지도자를 보내주셔서 감사하다고 기도를 했지요.

이런 걸 기쁜 소리, 복음이라고 부른다. 요한복음 3장 16절의 말씀이다. '하나님이 세상을 이처럼 사랑하사 독생자를 주셨으니 누구든지 저를 믿으면 멸망하지 않고 영생을 얻으리로다.'
이를 박정희교도들은 이렇게 표현한다.

> 지도자와 그의 천분을 알아보고 깊고 크고 참된 성실성으로 기꺼이

자신의 개인적 삶을 희생한 국민들은 상상을 초월한 경제 발전을 이룩하게 된다.

누구든지 저를 믿으면 물질의 축복을 백 배나 더해주신다는 말씀이다. 여인의 말은 계속된다.

> 선생님을 이 나라 영도자로 모시게 되니 기쁨과 두려움을 금할 길 없어

"기쁨과 두려움". 이 표현 속에서 영생을 주실 구세주를 맞는 "기쁨"과 심판자 예수에 대한 "두려움"의 모순적 결합, 즉 구세주를 맞는 전통적인 기독교적 감성이 오버랩된다. 종교적 외경畏敬의 감정이다. 신의 아들은 남다른 데가 있다. "시몬에게 이르시되 깊은 데로 가서 그물을 내려 고기를 잡으라. (…) 말씀에 의지하여 내가 그물을 내리리이다 하고 그러한즉 고기를 에운 것이 심히 많아 그물이 찢어지는지라"(눅 5: 4-6).

배경은 갈릴리 바다에서 모내기를 하는 김포평야로 바뀐다. 박정희의 시몬은 이렇게 말한다.

> 의장님이 오시는 데 맞추었는지 마침 비가 내렸습니다.

이러니 어찌 경외하지 않을 수 있겠는가. 실의와 절망에 잠긴 이스라엘 민족에게 드디어 구세주가 오셨다. 박정희 소년은 "다윗의 용기"

를 가지고 이제 탱크를 타고 서울에 입성한다.

박정희의 5·16 군사혁명은 (…) 당시 국민들과 지식인 사회의 열렬한
호응을 받았다.

예수가 나귀를 타고 예루살렘에 입성하는 장면과 비교해보라. "앞
에서 가고 뒤에서 따르는 무리가 소리질러 가로되 호산나 다윗의 자
손이여 찬송하리로다."(마 21:9).
이어서 성서는 예수가 행한 온갖 기적을 나열하고, 박정희교도들은
한강의 기적을 얘기한다. 하지만 이 영광의 순간에조차 신의 아들은
이미 자신의 운명을 의식하고 있다.

그리고, 그럼에도 불구하고 자신의 길을 걸어갔다.

예수처럼.
"아버지여 할 만하시거든 이 잔을 내게서 지나가게 하옵소서. 그러
나 나의 원대로 마옵시고 아버지의 원대로 하옵소서"(마 26: 39).
이어서 최후의 만찬.
"예수께서 곧 한 조각을 찢으셔다가 가룟 시몬의 아들 유다에게 주
시니 조각을 받은 후 곧 사탄이 그 속에 들어간지라"(요 13: 26-27).
사탄이 몸 속에 들어가면 어떤 효과가 나타나는지 궁정동 최후의
만찬에 있었던 한 여인은 이렇게 전한다. "박정희를 향하여 다가오는
김재규의 눈"은

인간의 눈이 아니라 미친 동물의 눈이었다.

예수를 배신한 유다는 그 죄책감에 이성을 잃고 만다.
"때에 예수를 판 유다가 그의 정죄됨을 보고 스스로 뉘우쳐 (…) 은을 성소에 넣고 물러가서 스스로 목 매어 죽은지라"(마 27:3, 5).
궁정동의 유다도, 박을

사살한 뒤부터는 자신이 저지른 엄청난 상황의 무게에 눌려 지리멸렬한 행동을 보이게 된다. (…) 자신을 쫓아오는 죽은 박정희의 그림자로부터는 탈출할 수가 없었던 것이다.

죽는 순간에도 박정희는 의연하다. 울부짖는 두 여인을 바라보며

'난 괜찮아. ??? ??'

예수도 외려 슬퍼하는 여인들을 위로했다.
"예루살렘의 딸아 나를 위하여 울지 말고"(눅 23:28).
신의 아들은 유다를 원망하지 않는다.

박정희는 (…) 원망 같은 것도 하지 않았다.

예수도 자기를 배반한 민중을 원망하지 않았다.
"아버지여, 저들을 사하여 주옵소서. 자기들이 하는 것을 알지 못함

이니이다"(눅 23:34).

호산나를 부르며 그를 맞았던 민중은 왜 그를 배반했을까? 구세주를 알아보지 못했기 때문이다. 그래서 예수를 조롱하고 그에게 "침을 뱉"었던 것이다.

봉기한 민중들은 그것을 수치스럽고 혐오스런 '폭정'이었다고 규정한다.

신의 아들을 조롱하고 십자가에 매단 민중은 이제 자책감에 빠져든다. 박정희와 친분이 있었던 어느 목사의 말이다. 조갑제는 물론 이를 놓치지 않는다.

하나님이 주신 종을 우리 민족이 바로 받지 못하고 죄를 지었습니다.

아멘. 이로써 우리 민족 전체는 예수를 못박은 눈먼 유대인이 된다. 정진홍은 점잖게 "이제는 우리가 고백할 차례"라며 분위기를 잡는다. 뭘? 신의 아들을 성토했던 우리가 이제

회개의 고백, 죄의 고백

을 할 차례라는 것이다. 목사님도 우리 민족에게 반성을 촉구하신다.

반성해야 합니다.

자, 신도 여러분 회개합시다. 어떻게 할까요, 목사님? 옷을 찢으며 통성기도를 할까요?

신의 아들

지금까지 우리는 하나님이 주신 두뇌를 고이 아끼느라 사용하지 않는 몇몇 종교인들의 아첨이 파시스트 정치신학에서 어떻게 활용되고 있는지 보았다. 사이비 종교에서는 종종 교주를 신의 둘째아들로 내세우곤 한다. 예수가 맏아들, 교주가 둘째아들이라는 것이다. 여기서 다시 성경을 인용해야겠다.

"하나님이 세상을 이처럼 사랑하사 독생자를 주셨으니".

성서의 기록자는 하나님의 아들이 "독생자"라고, 말하자면 외아들이라고 분명히 못박아 두고 있다. '외아들'이란 말은 '둘째아들'의 존재 가능성을 원천적으로 배제한다. 따라서 세속의 권력자를 "하나님이 주신 종"이라든지, "신의 의지"의 "대행"자라든지, "하나님이 보내주신" "지도자"라는 말로 형용하는 것은 분명히 비非기독교적인 행위다. 신의 아들은 오직 한 분, 신의 의지를 대행한다고 자처할 수 있는 분도 오직 한 분이시다. 예수 그리스도. 그러니까 기독교인들은 '박정희교'의 거짓 선지자들의 농간에 놀아나지 않는 게 좋겠다. 우리는 주의 종從일지언정, 결코 독재자의 종이 아니다.

굳이 "역사를 주관하시는 하나님"께 나라를 위해 기도하고 싶으면, "솔로몬의 지혜와 다윗의 용기"를 대통령이 아니라 무엇보다도 국민에게 "부어주십시요"하고 기도할 일이다. "솔로몬의 지혜와 다윗의 용기를" 가진 국민은 독재자라는 금송아지 없이도 맡은 일 잘 하고, 좋은 심부름꾼 뽑아 좋은 나라를 만들게 되어 있다. 그게 민주주의다. 그리고 역사가 입증하듯이 민주주의는 효율적이다. 그 어떤 독재정권보다도. 어떤 정치가를 지지하든지 그것은 개인의 자유다. 하지만 제발 귀하고 귀한 책, 성경책 뜯어서 파시스트 신학을 치장하는 포장지로 사용하지 않았으면 좋겠다.

호박통 기독교

조갑제는 "호국 기독교"를 얘기한다. 그럴 듯하게 들린다. 기독교인이 애국자가 되는 게 왜 나쁘겠는가? 하지만 이런 교활한 파시스트 선전에 속지 말라. 성경에 이르기를 뱀처럼 지혜로우라 했다. 이 말로써 조갑제는 한국의 기독교인들을 충실한 파시스트로 만들려 한다. "호국 기독교"란 결국 "호국"을 위해 존재하는 기독교라는 뜻이다. 그리고 "실천하는 국가주의자" 조갑제의 유일신은 "국가"다. 결국 전능하신 기독교의 신을 자기의 우상, 즉 "국가" 아래 종속시키겠다는 얘기다. 그리고 이 "국가"란 늘 그렇듯이 특정 정권, 특정한 권력자를 가리킨다. 즉 기독교의 신을 자기들에게, 말하자면 파시스트 정권과 파시스트 지도자의 필요에 맞게 길들이겠다는 얘기다.

1970년대에 일부 기독교회가 반정부 투쟁에 앞장서자 박정희는 서구적인 가치관을 추종하는 풍조를 개탄하면서 '국적 있는 종교'로서의 신라 불교의 정신을 여러 번 강조했다.

즉 박정희 정권에 반대하는 것은 "서구적 가치관을 추종하는" 반反민족적 행위, "국적" 없는 반反국가적 "풍조"라는 것이다. 이 문장을 잘 뜯어보라. '반反박정희=반反정부=반反국가=반反민족', 즉 박정희=국가라는 얘기다. 따라서 "호국 기독교"란 결국 박정희를 비호護하는 기독교, 호박통護朴統 기독교라는 의미가 된다.

국가를 모든 것 위에 올려 놓는 파시스트 국가주의자들은 종교 역시 국가를 위한 수단으로 악용한다. 가령 일제도 마찬가지의 논리를 펴며 기독교인들에게 신사참배를 강요했다. 이때 일부는 강요에 못 이겨, 혹은 별생각 없이 국가(=일본)에 충성을 바쳤고, 많은 사람들은 그리스도를 따라 순교의 길을 택했다. 그리고 이제 우리는 이중 어느 것이 올바른 그리스도인의 길이었는지 안다. 국가주의자들은 국가는 길이요, 진리요, 생명이라고 믿는다. 하지만 우리는 그렇지 않다는 것을 알고 있다. 가령 국가주의자들의 지배하에 있던 군국주의 일본과 나치 독일에서, 국가는 거대한 감옥이요, 뻔뻔한 거짓이요, 잔혹한 죽음이었다. 그때도 많은 기독교인들이 "호국 기독교"의 이념에 따라 신을 배반했다.

> 신라의 원광법사는 불교의 자비정신에 위배해 가면서까지, 화랑도의 신조인 세속오계를 만들면서 '산 것을 죽임에는 가림이 있어야 한다'는 항목을 끼워 넣었다.

국가(=독재자)를 위해서라면 "사랑"이나 "자비정신에 위배해 가면서까지" "살생"할 준비를 갖춰야 한다는 얘기다. 이런 생각으로 독일의 사제들은 침략전에 나가는 나치들에게 축복을 내려주었고, 친위대에 복무했던 가톨릭 교도들은 "국가"(=히틀러)가 명하는 대로 이교도인 유대인들을 학살했다. 물론 다 그랬던 건 아니다. 뮌헨 출신의 어느 가톨릭 청년은 친위대 영장을 받자 징집을 거부하고 형장의 이슬로 사라져갔다. 부모에게 보낸 편지에서 그는 신을 버릴 수 없어 목숨을 버리기로 했다고 썼다. 이제 우리는 어느 행위가 신의 눈에 합당할지 안다. 그리고 진정한 "힘과 용기"가 무엇인지도. 신이 그리스도인에게 주시는 힘과 용기는 파시스트 돌대가리들의 근육자랑이나 제 뱃때기나 가르는 깡다구와는 질이 다른 것이다. 조갑제는 말한다.

원광은 중이기 이전에 신라 사람이다.

풀이하면, '너희들은 기독교인이기 이전에 한국 사람'이라는 얘기다. 웃기는 얘기다. 우리는 '한국 사람이기 이전에 먼저 인간이고, 인간은 어디까지나 하나님의 자녀'다. 내가 만약 독일에서 태어났다면 나는 독일 사람이고, 일본에서 태어났다면 일본 사람일 게다. 한국에서 다른 곳으로 입양을 가는 경우에도 마찬가지다. 하지만 어느 경우에도 나는 하나님의 자녀다.

왜 이런 말을 할까? 간단하다. 조갑제는 "자위적 목적"이라면 "침략전"도 불사해야 한다는 소위 "전쟁광"이다. 만약 당신의 국가가 "침략전"을 해서 이웃의 형제들을 죽이려 한다고 하자. 이때 그리스도인은 실존적 선택 앞에 서게 된다. 아우슈비츠의 나치 병사들, 난징의 일본 병사들, 80년 광주의 국군 용사들처럼 소위 "국가"라는 이름의 권력자의 명령에 따를 것인가? 아니면 '네 이웃을 네 몸처럼 사랑하라'는 그리스도의 명령에 따라 살생을 거부할 것인가? 즉, 국가라는 이름의 금송아지를 따를 것인가? 아니면 나의 양심을 통해 말씀하시는 신의 명령에 따를 것인가? 조갑제의 "호국 기독교"는 여기에 분명한 대답을 준다. '죽여라.' 기독교인인 당신의 대답은 무엇일까?

파시스트 거짓 선지자들은 "호국 기독교"를 떠들며 신을 자기들 발 아래 놓으려고 한다. '박정희교'를 만들어 유포하고, 700억 들여 신전을 짓고, 복음서를 베끼고 있다. 그리스도의 생애를 전하는 복음서는 예수 그리스도의 부활의 장면으로 끝난다. 박정희의 일생을 그리는 파시스트 복음은 과연 어떻게 끝날까? 과연 죽은 박정희도 죽음의 권세를 이기고 무덤에서 살아 나올까? 과연 우리의 신은 누구일까? 박정희라는 이름의 우상? 아니면 세상을 창조한 야훼? 국가주의자들의 대답은 분명하다. "호국 기독교"! 그럼 기독교인들의 대답은 무엇일까? 둘 다? 그럴 수는 없다. 기독교의 신은 질투하는 신이라는 걸 잊지 말라.

임무는 임무

최근 독일의 주간지 『슈피겔』에는 재미있는 기사가 났다. 기자가 어느 노인을 인터뷰했다. 그의 거실 벽에는 십자가가 걸려 있다. 십자가에 달린 예수가 굽어보는 방안에 한 사내가 쇼파에 앉아 있다. 그는 지금 비디오로 〈쉰들러 리스트〉를 보고 있다.

사람 분류하는 저 장면, 정말 똑같은데. 세부까지 다 정확해. 정말 저 랬어.

이어서 말한다.

유대인들은 장작처럼 쌓여서 숯덩이가 되었지. 근데 그 녀석들이 잘 안 타더라고. 하지만 그건 기술적 문제였고, 물론 해결할 수 있었지.

십자가에 달린 예수상 밑에서 자기들이 이 "기술적 문제"를 어떻게 "해결"했는지 태연히 늘어놓는다. 수감된 유대인들로 하여금 타오르는 동료들의 시체더미 주위에 홈을 파게 만들고, 거기에 타오르는 시체에서 흘러 나오는 기름기가 고이면, 그걸 국자로 퍼서 다시 시체 위에 붓게 한다는 거다. 의학박사 한스 뮌히 씨다. 강제수용소의 의사로서 유대인들을 상대로 생체실험을 했던 그 분의 변. 가이사의 것은 가이사에게.

임무는 임무지.

어떻게 "사람재료"에 세균주사를 놓을 수 있었을까? 그의 대답이다.

안 그러면 토끼한테나 해야 되잖아.

부엌에서 이 얘기를 듣던 그의 부인이 견디다 못해 소리를 지른다.

조국을 빛낸 자랑스런 독일인 한스 뮌히 박사. "선과 악, 범죄와 위업은 고정된 진리가 아니다." (이인화)

오, 하느님. 내가 독일인이라는 게 얼마나 창피한지.

박사님의 대꾸.

응, 난 안 창피해.

이 자랑스런 독일인, 이 파시스트 괴물이 바로 "호국 기독교"인다. 방 안에 십자가를 걸어 놓고 이 자는 지금 자기가 예수를 못박은 유대인들에게 복수를 해주고, 좋은 재료를 써서 자연과학의 발전에 이바지하고, 나아가 "국가"가 명한 "임무"를 완수함으로써 애국을 했다고 믿는 모양이다.

실천하는 국가주의

조갑제는 우리 나라가 "침략전을 해 본 경험이 없는 희한한 역사를 가지고 있다"는 희한한 생각을 하는 "국수주의자"다. 자기가 "전쟁의 본질"을 이해하는 "1류 지식인"이라 자랑하는 "전쟁광"이다. 전 사회를 "군대식 경영방식"으로 조직하려드는 군국주의자다. 대권의 수임자는 "하늘에 의해 결정"된다고 믿는 파시스트다. 소위 "국가"의 이름으로

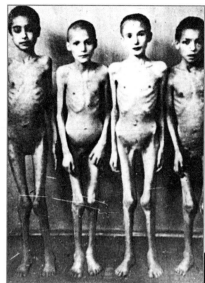

아우슈비츠의 생체실험으로 악명 높은 멩겔레 박사와 그의 희생자들. 이들은 어린이들까지 생체실험의 도구로 삼았다. "목적이 일정하게 실현되었다면 (⋯) 수단에도 상당한 합목적성이 있다."(이인화)

인권을 비웃는("인권 좋아하시네") 자칭 "실천하는 국가주의자"다. "군대식", "박정희식"으로 "이異민족을 꼼짝 못하게 다스리"고픈 아류 제국주의자다. "몽골" 유전자의 우수성을 선전하는 황색 인종주의자다. 그리고 이 모든 허접쓰레기를 일본에서 수입해다 매일 300만 부씩 불려 팔아먹으며, "신新몽골족" 일본 우익과 함께 대동아공영권을 꿈꾸는 네오 친일파다. 이런 자가 떠드는 "호국 기독교"가 뭘 의미하는지 이제 분명해졌을 게다.

얼마 전 인터넷을 통해 일본의 극우파들과 논쟁을 한 적이 있다.(독자들 중 몇 분은 이 논쟁을 지켜보았다는 얘기를 들었다.) 그 중 한 녀석에게 마루타로 유명한 731부대에 관해 물었더니, 이렇게 대답했다.

국가안보national security를 위해서라면 생체실험할 수 있는 게 아니냐.
우리만 했냐?

그러면 쓰냐고 했더니, 우리더러

위선자

랜다. 박정희 비판한다고 "위선적 도덕주의"자로 몰아붙이는 조갑제
랑 똑같다. 종군위안부 문제에 대해서는,

일본군 병사들의 봉급의 30배에 해당하는 돈을 받았던 매춘부였다.

박정희가 "단골작부" 끼고 다닌 걸 자랑스레 얘기하는 조갑제의 논
법과 닮았다. 난징대학살에 대해서는,

그런 일도 있었냐? 민간인복으로 변장한 군인들을 색출·소탕한 적은
있다고 들었다.

『월간조선』은 계엄군이 "시민군에게 당했다"고 한술 더 뜬다. 자기
가 '종군위안부'를 데려다 위안소를 차려줄 정도로 부하들에게 잘 해
주었다고 자랑한 나까소네 전 수상을 '전범'으로 처벌해야 하지 않냐
고 했더니,

오늘 흡연이 법적으로 금지된다고 어제의 흡연자까지 처벌해야 하나?

전두환·노태우 처벌하겠더니 '그럼 이성계도 처벌해야 하나?'고 반문하는 『조선일보』의 호박통護朴統들을 연상시킨다. 이게 바로 사물을 "선과 악의 기준"이 아니라 "국가"와 "안보"를 기준으로 바라보는 우익 파시스트들의 멘털리티다. 자기들의 "국가"를 위해서라면 "수단과 방법을 가리지 않"고 무슨 일이든 저지를 소위 "실천하는 국가주의자"들의 멘털리티다. 이들이 "호국 기독교" 어쩌구 하며 기독교인들에게 애국자가 될 자격을 준다고 너무 좋아하지 말라. 이 나라 기독교인들의 머리를 자기들 것처럼 '호박통'으로 만들어놓겠다는 속셈일 뿐이니까.

06

그들만의 근대화

박태지와 아이들

　박정희가 나폴레옹? 박정희 쿠데타는 정치학적으로 분명히 '혁명'이 아니라 '반동혁명'이다. 전 사회를 병영화하려 했던 파시스트 쿠데타를, 왜 이들은 굳이 "근대화 혁명"이라 부르고 싶은 걸까? 음운혼동에서 비롯된 언어학적 현상일까? 가령 이들이 사는 지방의 사투리에선 가끔 모음구별이 안 돼, '근대화'가 '건대화'로 발음된다. 근데 이번에 나는 이들에게서 이제까지 알려지지 않은 새로운 음운현상을 발견하고 막 언어학계에 보고할 준비를 하고 있다. '군대화軍隊化'를 '건대화近代化'로 발음하는 독특한 현상이다.

　"혁명가" 박정희가 등장했을 때 전국은 열렬히 환영하는 분위기였다고 한다. 조갑제는 당시 미국방첩대의 설문조사 결과를 인용하고, 이인화는 장준하 선생의 5·16 환영 논설을 인용한다. 박정희가 예루살렘에 입성하는 예수 그리스도였다는 얘기다. 근데 좀 이상하다. 이렇게 5·16을 열렬히 지지했던 장준하 선생이 왜 금방 반反박정희로 돌아섰을까? 왜 국민들의 민심이 그렇게 홱 돌아섰을까? 정신나가서? 변덕이 심해서? 혹시 거기에 어떤 이유가 있지 않을까?

쿠데타로 권좌에 오른 박정희는 국민들에게 '혁명'을 약속했다. 박홍이 '레드'라 부르는 우리들이 하려고 했던 것과 똑같은 일을 하겠다고 약속했다. '민족' '민주' '민중' 혁명. 몰라서 그렇지 우리 모래시계들이 '삼민투'를 건설했을 때, 사실 우리는 박정희 대통령 각하의 유업을 고스란히 계승하려 했을 뿐이다. 물론 박정희는 알 수 없는 이유에서 채 1년도 안 되어 자기의 혁명이념과 공약을 고스란히 배반했지만, 우리는 그러고 싶지 않았다. 그게 차이라면 차이랄까.

어쨌든 혁명 초기에 박정희가 국민들에게 얼마나 거창한 약속을 했는지 알아 보기 위해, 여기서 카메라를 장충체육관 특설 무대로 옮겨, 독자 여러분께 혜성처럼 나타난 댄스뮤직 그룹 '박태지와 아이들'의 공연을 라이브로 중계해 드리겠습니다. 현장 나와 주세요.

민족혁명

와~. 팬들의 환호성 속에 무대에 등장한 검은 선글라스의 박태지 오빠. 마이크를 그러잡고 아이들과 함께 곧바로 화려한 댄스와 랩을 시작한다.

과거의 항일투사나 순국열사에 대해선 무관심할 수 있어도 현재의 집권자에 대한 추종과 아첨은 버릴 수 없었던 것이 우리 민족의 나쁜 근성이야이 야이 야이 야이 야. 와~ 오빠. 맞아요. 친일파놈들, 권력 잡아, 온갖 영광, 다- 보고, 고-생한 항일투사, 찬-밥-신-세, 세, 세. 이게 말이 돼요? 우리 이 "나쁜 근성" 제발 버리기로 해요.

한국 민주주의는 과거 반봉건적 지도세력(자유당, 민주당의 기간이 된 해방귀족, 지방토호, 양반) 그대로 놓아두고 운영하려고 한 데 실패의 원인이

있어써써……. 와~ 오빠. 우리 친일파 청산해요. 맞아요. 이 써글 놈들이 민주주의까지 좀 먹잖아요. "양반문화" 이문열, "지방토호" 이인화, 친일파 두둔 『한국논단』, 몽땅 퇴출해요. 그리고 그거 끝나면 내친 김에 일본군, 만주군 했던 오빠도 웬만하면 자기청산 해요. "할복자살" 좋아하잖아요.

민주혁명

다시 무대에 등장한 오빠. 다음 곡의 제목은 '민주혁명'. 무대에 불이 들어오면 중앙에 스포트라이트를 받으며 한 손에 마이크를 들고 고개를 푹 숙인 오빠의 모습이 나타난다. 잔잔한 전주가 흐르면서, 그의 독백이 이어진다.

우리는 다른 민족에 못지않은 좋은 헌법을 가지고 있다.

맞아요. 근데요. 그 "좋은 헌법" "파괴하는" 게 "도덕성의 표출"이라는 정신나간 어린이가 있어요. 휴전선 텅텅 비워 두고 총 들고 뛰쳐나와 이 "좋은 헌법" 파괴한 놈들도 있었어요. 그리고 이 놈들 죽어도 처벌 못한다는 신문사가 있어요. 나쁜 어린이들이죠? 참, 근데 오빠는 왜 그 "좋은 헌법" 깼어? 왜 '유신'했어?

자기를 확립한다는 것은 자율성과 자발성을 확립한다는 것 / 진정한 자유는 먼저 개인의 자유에서 출발 / 우리는 개인으로서 정부 (⋯) 에서 다스려 지배해주기를 바라지 말고, 스스로 다스려야 할 것

꺅, 오빠. 멋-있-어. 근데 조갑제 어린이는요, 글쎄 오빠 이름 팔아서 국민들을 "군대식으로" "꼼짝 못하게" 다스려야 한대요. 성격도 이상하죠? "군사문화의 효율성에 길들여"지는 게 좋은 거래요. 우리가 자기들 같은 줄 알아요. 국민이 어디 멍멍 갠가요? "길들"이게, 그죠?

민주주의는 몇 사람의 지도자 (⋯) 에 의해 가능한 것이 아니라

와우, 오빠. 어쩜 그렇게 옳은 말만 골라서 해? 그럼요. "군림 지배가 아니라 종복"으로 일해야죠. 그럼요. 대통령이 별 건가, 따지고 보면 우리가 세금 내서 봉급 주는 심부름꾼이에요. 우리 말 안 들으면 우리 봉급 안 줄 테야. 그러니 잘 하세요. 근데요, 이인화 어린이는요, 대통령이 막 "인간을 지배"해도 된대요. 정신나갔죠?

사람 위에 사람 없고 사람 아래 사람 없다.

꺅! 오빠. 몰라. 멋져. 근데요, 글쎄 이슬만 먹는 예쁜 입으로 "자기보다 높은 권위를 인정"하라며 무시무시한 "권위"주의 이데올로기 선전하는 정신나간 아가씨가 있어요.

우리 사회에 엄연히 존재하고 있는 여러 가지 차별과 불평등은 전근대적인 봉건적 요소임은 두말할 필요도 없다.

오빠, 오빠, 이문열 오빠 주책 좀 말려 줘요. "차별과 불평등" 없으면 글쎄 지구가 망한대요. 이 찌그러진 오빠의 얘기, "전근대적인 봉건적 요소"라는 거 "두말할 필요" 없겠죠?

근대적 민주주의에서 인간평등 사상을 빼버린다면 (…) 공기 빠진 고무공

옵빠, 나 어떡해~. 가부장제, 팔아먹는, 똘반, 어린이들, 각하, 말씀, 새겨들어요. 평등 없는 민주주의, 쭈글, 쭈글, 공기 빠진 고무공.

유폐된 반도 속에서 강력한 전제하에서 억눌려온 민중들은 (…) 자포자기하고 미신, 점, 사주, 참위설讖緯說에 의탁

오빠. 모~올라. 이인화 어린이 "신화" 써먹고, 진형준 어린이 "아기

장수" 운운하며 도참설 퍼뜨리고, 똘반 어린이들 박정희교 "미신" 숭
배하는 거 으떻게 알았어, 응?

반공의 미명하에 국민의 탄압을 합리화

고우! 고우! 고우! 오빠~, 어쩜 좋아. 나 오-줌 쌌어. 근데 오빠 '막
걸리 반공법'이란 게 있었대매? 그게 뭐야? 막걸리 섭취→혈중알콜
농도 상승→혈압 상승→안면 적화赤化→빨갱이?

부정선거로 헌법 질서를 교란하고(…)

go, go, go, yeah! 오~빠~. 짜릿해. 근데 이거 누구보고 하는 얘기
야? 오빠 얘기야? 오빠, 왜 체육관선거 했잖아. 아,『조선일보』에서 왜
한자 섞어 쓰자고 하는 줄 알아? 그때 어느 띨빵한 놈이 오빠 이름 한
자로 잘못 써서 국론분열시켰잖아. 한자만 알았어도 100% 찬성인데,
99.9가 뭐야. 지저분하게.

자당의 정강정책은 국리민복에 부합하지만, 타당他黨의 그것은 반국가적 반민족적이라는 견해를 갖게 된다.

오~빠. 으떻게 알았어~? 아직도 자기랑 생각이 다르면 '반국가, 반
민족' 분자로 찍어 남의 얼굴에 막 빨간 색칠하는 분위기야. 좀 말려
줘. 오빠. 무서워.

민주주의는 (…) 상호의 타협과 관용을 통한 사회적 안정 속에서 이루어지는 것

그러게 말예요. 우리 말이 그 말이에요. "타협"도 안 하고 "관용"도 없는 못된 사람들이 있어요. 사제가 선무당이 되어 사람을 잡아요, 글쎄.

민중혁명

공연이 무르익어 갈수록 팬들의 환호성은 높아만 가고, 드디어 이 공연의 하이라이트, '민중혁명'의 순서. 붉은 깃발을 휘날리며 등장한 우리의 박태지 오빠.

한국사의 주인공은 잠자고 있었다.

옳소! 옳소! 인터내셔널. 민중이여, 해방의 깃발 아래 서라. 역사의 참된 주인……

역사의 창조자인 한국 민중은 집권적 관인적 토지 소유제 하에서 반半 농노적 지위에 처해 있었고, 봉건제의 신분제의 장벽은 '민중의 해방'을 불가능케 해온 것이다.

꺄~악. 옵빠. 나 어떡해. 기절하고파. "민중의 해방"? 우리 당장 그

거 해요. 오빠~.

그러므로 지금까지의 역사는 왕조중심사관, 사대사관에 의해서 엮어
졌고, 진정한 민중사관의 형성을 보지 못했다.

꺄~아아아악. 오빠. "민중사관"? 학교에서는 여적까지 '태정태세문
단세……' "왕조중심사관" 가르쳐요. 우리 당장 "민중사관" "형성"해
요. 그거 해요.

사람은 누구를 불문하고 생존권이 있다. 그러나 남의 생존권을 침해하
면서까지 자기 생존권을 펴려고 하는 태도

오~옵빠. 맞아요. 전태일 오빠가 왜 죽었겠어요? 제 성질 못 이겨
서요? 또 김경숙 언니 왜 당사에서 떨어졌겠어요? 만유인력 땜에요?
아녜요. "자기 생존권을 펴려고" "남의 생존권을 침해"했던 못된 사람
들 때문이었어요. 근데 오빠, 왜 이 못된 놈들 뒤 봐줬어?

머지않은 장래에는 국민의 기본권의 하나인 생존권이 완전히 보장될
수 있는 복지제도가 실현되어야 할 것이다.

옳소, 옳소! 이제 우리 "생존권" 정도는 "완전히" 보장해주기로 해요.
"복지제도" 당장 실현해요. 36년 흘렀으면, 이제 할 시간도 됐잖아요.
근데 이게 아직 잘 안 돼요. 박홍 신부님하고 남용우 목사님은 가진

자들에게 '하나님의 사랑'에 호소하면, 자진해서 가진 걸 막 내놓는대
요. 하하하. 여러분 전도합시다. 예수를 나의 주로 믿어, 성령과 피로
써 거듭나니…… 다음은 싱어송 라이터 박태지 오빠의 자작시 낭송.

> 돌아가는 기계 소리를
>
> 노래로 듣고
>
> 땀을 흘리라
>
> (…)
>
> 불란서 시집을 읽는
>
> 소녀야
>
> 나는, 고운
>
> 네
>
> 손이 밉더라

　나도 밉더라. 오빠~. 시면 시, 노래면 노래, 정말 못하는 게 없네.
근데 오빠. "불란서 시집을 읽는" "고운" "손"의 "소녀"가 아니라, 왜 엉뚱
하게 "돌아가는 기계소리를 노래로 듣고" "땀을 흘"렸던 동일방직 여
공들한테 똥물 뿌렸어? 거름 먹고 잘 자라라구?

> 이와 같이 특수층의 손에 놀던 권리와 주도권을 농민, 어민, 노동자, 소
> 시민 사회로 이행하게

　Oh, yeah! power to the people! 파워 투 더 피플. 오빠, 비틀즈 존

레논 같애. 우리 얘기가 그거야. 근데 왜 오빠는 "혁명가"고, 우리는 "레드"야?

전체 국민의 1% 내외의 저 특권지배층의 손을 보았는가. 고운 손은 우리의 적이다. 보드라운 손결이 얼마나 우리의 마음을 할퀴고 살을 앗아간 것인가?

꺄~아아아아악! 오빠, 쌕시해. 아~ 할퀸 내 "마음"의 찰과상. 아~ 뜯긴 내 "살"점의 창상. 근데, 그러는 오빠가 왜 "전체 국민의 1%"도 안 되는 재벌한테 "특권" 줬어?

우리는 이제 그러한 정객에 대하여 증오의 탄환을 발사하여 주자.

어머머머머. 오빠, 지금 무슨 소리 하는 거야, 폭력혁명하자는 거야? 쑝쑝쑝, 두두두두, 다다다다, 드르르르륵, 피융 피융??? 오빠, 총 쏘지마. 무서워. 우리 그런 거 안 할래. 사람 다치잖아. 그럼 못써. 우리 그냥 말로 해.

영원히 그들이 우리를 부리는 기회를 다시는 주지 말자. 이러한 자각, 이러한 결의, 이러한 실천이 있는 곳에 비로소 경제도 재건되고, 정치도 정화되고, 문화도 발전되고, 사회도 건전하고, 종교도 승화되는 것이다.

오빠, 멋쟁이. 그래요. 우리 그 사람들한테 "우리를 부리는 기회를 다시는 주지 말"기로 해요. 그래야 "경제도 재건되고, 정치도 정화되고, 문화도 발전되고, 사회도 건전하고" 나아가 "종교도 승화"될 거예요. 우리, "그들", 그 써글 놈들 "영원히" 퇴출해버리기로 해요.

독재의 종말

공연이 끝나고 난 뒤 텅 빈 객석을 보셨나요? 그 많던 팬들은 어디로 가고, 실망한 관객들에게 야유를 받는 배우는 홀로 무대에 서서 쓸쓸히 이런 독백을 하죠.

여하한 형태의 독재이든 그 종말을 너무도 잘 안다고 자부할 수 있는 나

왜 오빠는 자신의 혁명이념을 처음부터 끝까지 고스란히 배반했을까요? 이렇게 "독재"의 "종말"을 "잘 안다고 자부"하던 오빠가 왜 사서 자멸의 길을 걸었을까요? 정말 알 수 없는 노릇이에요. 어쨌든 그 화려했던 무대 위엔 이제 썰렁 썰렁 썰렁하게…… 정적만이 남아 있죠. 고요만이 흐르고 있죠. ♪

대한국민학교 우익 똘반 어린이 여러분. 우리보고 "회개"하고 "반성"하고 "고백"하라구요? 보세요. 정작 회개하고 반성하고 고백할 사람이 누군지. 제 말 하나도 안 지켰잖아요. 죄다 배반했잖아요. "혁명가"가 이래도 되는 거예요? 제가 내세운 이념, 제 입으로 했던 공약, 이렇게

무참하게 무시해도 되는 거예요? 이게 성공한 혁명이에요? 어쨌든 똘반 어린이 여러분, 10·26 진심으로 축하해요.

여하한 형태의 독재이든 그 종말을 너무도 잘 안다고 자부할 수 있는
나

나나나 나-나, 나나나-, 헤이 쥬드……

개발독재

한국 경제? 정말 많이 발전했다. 그래서 외국에서 사람이 오면 꼭 그걸 확인받고 싶어한다. 우리 어때요? 이만하면 잘살지 않습니까? 많이 발전했죠? 일부 한국인들. 학교에서 100점 맞고 돌아와 사람들에게 칭찬받으려는 어린애 같다. 비디오 아티스트 백남준 씨가 이 우스운 질문에 명답을 남겼다. ―그 정도 시간이 흘렀으면, 이 정도는 살아야죠.

대체 왜 이런 걸 묻는 걸까? 독일에 놀러 오신 한국 사람들. 길에서 현대자동차 대리점을 발견하고는 감격해서 그 앞에서 기념촬영을 한다. 길에서 티코를 발견하고는 캠코더로 녹화를 한다. 발로 뻗어가는 국력을 확인하고자 길거리의 건물은 안 보고 길바닥에 주차해놓은 차들 중 한국제를 찾느라 바쁘다. 왜 그럴까? 누가 이들을 이렇게 만들었을까?

자동차. 한국 경제력의 상징? 박정희는 80년대에 마이카 시대를 열겠다고 약속했다. 이 약속을 굳게 믿고 이인화는 자기가 차를 산 게 박정희 덕이라고 굳게 확신한다. 하긴 피죽도 못 먹던 사람들이 자동차를 굴리게 되었으니 감격할 만도 하다. 사람들은 이를 '한강의 기적'이라 부른다. 이게 외국에서 우리의 경제 성장을 가리키기 위해 사용하는 표현이라 하는데, 정작 외국에선 별로 들어볼 기회가 없다. 어쨌든 우리의 경제 성장을 "기적"이라 부르기로 하자. 이 "기적"이 대체 어떻게 가능했는가?

유교자본주의

아시아 경제 성장의 비결을 설명하는 논리로 '유교자본주의론'이란 게 있다. 이 이론의 뿌리를 파고 들어가면 막스 베버로 거슬러 올라간다. 막스 베버는 서양에서 자본주의가 발전할 수 있었던 원인으로 프로테스탄트의 정신을 든다. 말하자면 근면과 절약을 강조하는 기독교 윤리가 자본주의가 작동하는 데에 필요한 최초의 자본 형성, 즉 원시적 축적에 결정적 역할을 했다는 것이다. 따라서 그는 기독교 문명이 없는 지역에선 자본주의 발전이 불가능하다고 보았다. 근데 웬일인지 아시아에서 경제 발전이 일어났다.

원래 막스 베버의 뒤집어진 논리는 이때 이미 폐기되었어야 한다. 기대하지 않았던 아시아의 경제 발전. 하지만 이를 설명하기 위해 거꾸로 가는 몇몇 학자들은 아시아에서도 서양의 기독교 비슷한 것을 찾으려 했다. 그리고 마침내 하나를 발견했다. 유교. 말하자면 유교적 도덕이 아시아 경제발전을 일으킨 원동력이었다는 것이다. 그 유교적

일본, 실패한 모델.(1998년 6월『슈피겔』의 표지)

윤리란 바로 위계적 사회질서, 가부장제 이데올로기 등을 말한다. 가령 회장님을 아버지로 모시고, 자기를 죽이고 회사라는 대가족에 희생하는 아시아 노동자들의 봉건적 충성심이 바로 경제 성장의 원동력이었다는 얘기다.

실제로 일본이 무서운 속도로 팽창을 하던 시절, 유럽에서도 일본붐이 일어났었다. 리콴유가 큰소리치던 것도 이 시절이었다. 유럽의 기업가들에게 일본은 그야말로 천국이었다. 세계 어느 나라의 노동자가 저렇게 밤낮을 가리지 않고 충성을 다한단 말인가? 유럽의 기업주들이 이 노동시스템(가령 도요타)을 유럽에 도입하려 했으나, 이 실험은 결국 실패로 끝났다. 세상에 일본의 노동자들처럼 자기 생활을 죽여가며 회사에 충성할 사람은 아무도 없었기 때문이다. 외려 노동자들에게 커다란 반발과 불안감만 심어주었을 뿐이다. 우리도 장래에 혹시 저 모양이 되는 게 아닌가?

이런 일본식 경영에 군대문화까지 곁들인 한국 기업들이 가끔 물의를 일으키는 이유도 바로 여기에 있다. 가령 삼성은 동독지역에 공장을 세우고, 노동조합을 허용하지 않겠다고 했다가, 신문에서 연일 얻어 맞고 빈축만 산 일이 있었다. 그때 주위에서 들은 말. '너희 나라에는 노동조합이란 거 없니?' 또 대우가 프랑스의 톰슨을 인수하려다 실패한 것도 프랑스의 노동자들이 아시아에 대해 가진 이런 깊은 문화적 불신감 때문이었다. 제 나라 노동자들을, 소위 '아시아적'으로 일하게 만들 수는 없다는 것이다.

굿바이 재팬. '다이이치'의 회장 노자와. "시장(市場)이 자신의 판단을 내렸다."

한때 일본 경제는 잘 나갔다. 세계를 정복할 듯이 보였다. 『슈피겔』지는 일본 경제가 급속하게 팽창할 수 있었던 원인으로 '재태크'라는 것을 꼽았다. 이런 거다. 가령 기업이 은행에서 돈을 빌려 부동산을 산다. 부동산 사재기 열풍이 생기면, 땅값이 배로 오른다. 그러면 이를 다시 은행에 담보로 잡혀 두 배의 대출을 받는다. 말하자면 부동산투기를 통해 은행대출금이 졸지에 두 배로 뛰는 것이다. 이 불어난 대출금으로 대형 공장을 짓고, 공격적으로 세계시장 공략에 나선다. 그러니 경제규모가 풍선처럼 늘어날 수밖에 없다는 것이다.

하지만 땅값이 마냥 오르는 건 아니다. 어느 선에서 땅값은 주춤했다가 급속도로 하강하기 시작한다. 그러면 이제 역도미노 현상이 일어난다. 이번에 도산한 '다이와은행'의 경우에도 거액을 대출해 땅을 샀던 야쿠자 조직이 땅값 하락으로 빚을 못 갚아 발생했다는 것이다. 어쨌든 이렇게 '유럽은 끝났다'고 큰소리치며 팽창하던 일본 경제가 위기에 빠지자, 유럽인들은 한편으로는 안도의 숨을 내쉬면서, 다른 한편 이제 '사요나라, 니뽄' 하면서 은근히 즐거워하는 눈치다.

'다이이치' 회장이 은행의 파산선언을 하다가 울음을 터뜨리면서 니뽄의 신화가 깨졌다. 그와 함께 한때 진지하게 가설 취급을 받았던 '유교자본주의론'이란 것도 이젠 비웃음의 대상이 되고 있다. 이번 경제 위기에서 드러났듯이 소위 위계질서를 중시하는 유교적 윤리가 노동자들의 창의력을 압살하고, 인맥과 혈연 중심의 유교적 인간관계가 외려 경영의 투명성을 저해하는 부패의 온상임이 분명해졌기 때문이다. 이와 함께 오랫동안 아시아를 지배해온 가부장 독재자들의 역할에도 심각한 의혹이 제기되고 있다. 과연 저들이 정말 아시아 경제 성장의 주역이었을까?

물론 '유교자본주의'의 변종인 '개발독재론'도 재검토를 요구받고 있다. 조갑제는 이게 "학계의 정설"로 굳어져 가고 있다고 우기는데, 그것은 단 한 번도 학계에서 "정설" 취급을 받아본 적이 없다. 어느 경제학자가 아시아의 경제 발전이 위대한 독재자의 덕이라고 주장하는가? 이름 좀 밝혔으면 좋겠다. 생각을 해보라. 경제 발전이 위대한 지도자의 덕이라면, 아시아의 경제 발전이 있었던 시절 아시아 각국은 우연히도 동시에 위대한 지도자를 갖게 되었다는 얘기가 된다. 이를 어떻게 설명할 것인가? 우연의 일치? 한국이 IMF 관리체제로 들어갔을 때, 『슈피겔』지는 특집기사에서 한국 경제 성장의 진짜 원인으로 세 가지를 꼽았다.

① 높은 교육률 ② 높은 저축률 ③ 높은 투자율

위대한 지도자 얘기는 없다. 한마디로, 아시아 용들의 경제 성장의 원인도 특별한 데에 있었던 게 아니다. 알고 보면 성장의 비결은 유럽이나 그 밖에 급속한 경제 성장이 있었던 다른 지역과 똑같다고 한다. 이게 바로 자본주의 법칙의 일반성이다. 결국 경제개발에 가부장적 독재가 한몫했다는 건 허구이며, 외려 그 독재로 인한 부정부패, 고비용 저효율의 경제구조가 아시아 경제 위기를 불렀다는 얘기다.

개발독재?

자, 이제 하나하나 따져보자. 첫째, 경제 성장의 견인차 역할을 한 높은 교육률에 대해 생각해보자. 과연 박정희가 우리 교육시켜 주었던가? 그 많은 세금을 걷어서 그가 국민들에게 무상교육시켜 주었던가? 우리는 국민학교 때는 육성회비, 중고등학교 때는 등록금과 보충수업비, 대학교 때는 비싼 입학금과 등록금을 내야 했다. 거기에 엄청나게 들어가는 사교육비. 우리를 공부시킨 건 박정희가 아니라, 우리를 상아탑에 보내기 위해 '우골탑'을 쌓은 우리 부모들이었다. 박정희는 열심히 공부해야 할 학생들에게 쓸데없는 거 외우게 하고 군사훈련이나 시켰다.

둘째, 높은 저축률. 이인화의 표현대로 "산업역군이라는 입에 발린 소리를 들어가며" "쥐꼬리 같은 봉급"을 받아서 아껴쓰며 저축을 했던 게 누구였던가? "많지 않은 월급에 비해 술을 과하게 마시"느라 "월급이 나오자마자 (…) 봉투째 단골술집 여인한테 갖다" 주다가 돈 걱정 없는 대통령이 되어서는 아예 외화를 주고 "시바스 리갈"을 사다

마셨던 박정희였던가? 아니면 수백억 챙겨 외국으로 튄 "수문장" 중앙정보부장이었던가? 아니면 혁명을 팔아 부정축재를 했던 유신본당들이었던가?

셋째, 높은 투자율. 그게 박정희 덕일까? 생각해보라. 외국의 기업이나 은행에서 독재자의 인격 보고 투자하는가? 독재자와의 친분 때문에 돈을 꿔주는가? 아니다. 그 나라의 투자가치, 그 나라 국민들의 자질을 보고 결정한다. 또 박정희는 일본 돈을 끌어왔다. 하지만 조갑제가 얘기하듯이 박정희가 일본에 눈을 돌린 건 미국이 견제하려 들었기 때문이다. 따라서 그가 독재를 하지 않았으면, 급히 서두르라 실리도 명분도 못 챙긴 굴욕적인 한일협약은 하지 않았어도 된다는 얘기다. 그의 독재가 아니었더라면, 우리는 훨씬 더 유리한 조건에서 일본과 여유 있게 협상할 수 있었을 게다. 보라, 그 닭짓 하느라고 '보상' 문제, 그냥 얼렁뚱땅 끝나지 않는가.

박정희는 조국 근대화를 위한 원대한 계획을 갖고 있었다고 한다. 하지만 조갑제도 인정하듯이 '경제개발 5개년계획'은 민간정부에서 이미 수립해놓았던 것이다. 이거 박정희의 아이디어가 아니었다. 혹자는 그때의 혼란상을 얘기하며, 박정희가 경제 발전을 위해 필요한 사회질서를 회복했다고 말한다. 웃기는 얘기다. 그때 우리 국민들이 박정희 쿠데타를 묵인했던 것은 바로 '더 이상의 혼란과 무질서는 용납할 수 없다'는 생각들을 하고 있었기 때문이다. 이미 국민들 사이에는 질서회복을 바라는 공감대가 형성되어 있었다. 그때 문제는 어떤 질서냐 하는 것이었다. 파시스트적 위계질서냐, 아니면 평등한 민주적 질서냐.

박정희는 평등한 민주적 질서를 약속했다. 반드시 "민주주의를 제 궤도에 올려놓"겠다고 했다. 국민들은 그의 이 거짓 약속을 믿고, 그의 쿠데타를 묵인했고, 그가 이 약속을 깨자 곧바로 국민불복종 운동에 들어갔던 것이다. 앞에서 우리는 그가 얼마나 뻔뻔하게 국민을 속였는지 보았다. 그가 내세운 혁명공약과 혁명이념 중 그가 배반하지 않은 게 있던가? 그가 18년 동안 우리 사회 모든 영역에 깊숙이 심어 놓은 비효율적인 파시스트적 군사문화. 이를 청산하는 데에 앞으로 엄청난 시간과 비용이 들 것이다.

천분인식의 법칙

그럼 이제 우리 똘반 학동들이 한국의 경제 발전을 어떻게 설명하는지 보자. 너무나 획기적인 이론들이라 노벨 경제학상을 받을 만하다. 이인화의 해법은 천분인식의 법칙이다. "지도자의 천분을 알아보고" "깊고 크고 참된 성실성으로 기꺼이 개인적 삶을 희생"하면 "상상을 초월한" 경제 발전이 된다는 것이다. 『월간조선』의 설명은 "위대한 우정"론이다. "박정희와 후지노(미쓰비시 상사 前 사장)의 위대한 우정", 이 "두 사람의 의기투합이 한국 근대화의 초석을 놓았다". 박정희 자신의 해법. "오늘날의 일본을 일으켜 세운 것은 국수주의자들의 기백이라네. 우리는 일본 국수주의자의 기백을 배워야 하네". 압권은 조갑제의 "비교우위"론이다. 한국인이 가진 비교우위는 "기술"도, "지성"도, "교양"은 "더더구나" 아니라 "전쟁체험"과 "군사문화"라고 한다.

조갑제가 박정희 전기를 쓰는 건 이 때문이다. 위인전을 통해 "지도자의 천분"을 알아보고 "국수주의자"의 "기백"을 배운 국민들은 지도자가 쌓은 "우정" 덕에 꿔온 돈을 가지고 "군대식으로" 조국을 "일으켜 세"울 수 있다고 믿기 때문이리라. 위인전 하나에도 실은 이런 심오한 경제학적 이유가 있다. 이게 이들의 수준이다. 조국이 경제 위기를 맞자, 이들이 무엇을 하고 있는가? 동네방네 태극기를 뿌리고 다니며 헐레벌떡 "다시 뛰자"고 낡아빠진 70년대식 캠페인을 재탕한다. 집집마다 시도 때도 없이 태극기를 달면 경제가 다시 산다고 믿는 모양이다. 경제 다시 살리는 지름길은 바로 이 국가주의 "미신"부터 버리는 데에 있다.

박정희 똘마니들은 "천재"이며 "영웅"이었던 박정희가 우리 민족을 다 먹여 살린 것처럼 얘기한다. 박정희는 18년을 권좌에 있었다. 그리고 그가 죽은 다음에도 우리는 다시 정신없이 18년을 달려왔다. 그래서 도달한 곳이 겨우 경제주권을 외국에 빼앗기는 IMF 체제다. 한자문화권에 있는 아시아의 용들, 즉 한국·대만·홍콩·싱가포르 중에서 따지고 보면 한국의 1인당 국민소득이 제일 낮다. 또 IMF에 목이 매인 유일한 국가이기도 하다. "신의 의지의 대행자", "천재"이자 "영웅"이 만들어낸 그 잘난 경제구조를 가지고 우리는 왜 이 꼴이 되었을까?

사실 18세기에 영국이 중국에 왔을 때, 팔아먹을 물건이 별로 없었다고 한다. 그래서 기껏 아편을 팔았다는 것이다. 근대적 군사제도 빼면 막 산업혁명을 시작한 영국의 생산력이란 게 중국보다 별로 나을 바 없었다는 거다. 한자문화권에 속한 이 나라들과 당시 서구의 생산력의 차이는 도저히 메울 수 없을 정도로 절대적인 것이 아니었다는 얘기다. 따라서 이들 나라가 서구를 빠른 속도로 따라잡는 건 당연한 일이다. 독재자가 가졌다는 괴상한 "천분" 때문이 아니다. 아무리 독재를 해도 개발새발 못 사는 나라들 얼마든지 있다. 제3세계에 우글우글한 이들 독재자의 면면을 살펴보면, 73명 중에서 73등을 한 박정희 뺨치는 뛰어난 "천재"들 얼마든지 있을 게다.

문명충돌론

'아시아적 가치는 있는가?' 이렇게 물으면 난 뭐라고 대답해야 할지 모르겠다. 대체 '뭐가 있냐'는 질문일까? 원컨대 제발 이렇게 뭉뚱그리지 말고 자기가 '아시아적 가치'라는 말로써 구체적으로 어떤 '가치'를 의미하는지 분명히 해주기를 바란다. 어쨌든 이 '아시아적 가치'라는 말이 한동안 '동아시아 담론'이니 뭐니 하는 것과 관련해 많이 거론된 걸로 알고 있다. 일부 멍청한 좌파들도 이 남의 잔치에, 즉 우익 잔칫상에 끼어 들러리를 서주었던 것으로 기억한다.

소위 '동아시아 담론'을 이루는 여러 텍스트의 바탕에는 동서양 문화를 대립시키는 묘한 문명충돌론이 깔려 있는데, 극우파들에게서 이 문명충돌은 군사적 충돌의 가능성까지 포함한다. 문명충돌론의 바탕에는 서구에 대한 열등의식을 동양우월의식으로 바꿔 놓으려는 유치한 보상심리가 깔려 있다. 도대체 왜 자위를 할까? 우리 아시아는 5000년 이상의 역사를 가졌다. 그 중에서 한 100~200년쯤 서양에 뒤질 수 있는 거다. 열등의식 가질 거 하나 없다. 억지로 우리가 벌써 서양보다 낫다고 얘기할 거 하나 없다. 차라리 깨끗하게 뒤떨어져 있음을 시인하고, 하나하나 차근차근 배워가는 게 그 차이를 줄여 나가는 데에 더 도움이 된다.

얼마 전 인터넷을 하면서 나는 "민주주의"라는 말이 욕이 아니라 칭찬으로 쓰이는 나라는 아시아에서 그나마 한국밖에 없다는 인상을 받았다. 왜 그럴까? 가령 싱가포르의 한 우익 또라이는 날이면 날마다 서구 민주주의가 'demoCrazy'라 비난하는 글을 써댔다. 서구 문명은 야만이며 몽땅 썩었다는 것이다. 정말 누가 미쳤는지 모르겠다. 일본 우익 또라이도 한국놈들은 뜻도 모르면서 "민주주의" 좋아한다고 비아냥댔다. 사이버 대동아공영권을 결성해 귀축영미와 사이버 전쟁을 하려는데, 거기에 한국 사람들이 잘 안 끼어드니까 삐져서 그러는 거다.

이 한심한 경향이 아시아의 일반적 추세를 반영하는 것이라면 어쩌면 아시아의 미래는 민주주의의 가치를 소중히 여기는 한국에 있을지도 모르겠다. 나는 우리 나라가 아ﷺ제국주의로 나아가 조갑제 말처럼 "다른 민족을 꼼짝 못하게" 만드는 걸 바라지 않는다. 36년 동안 제국주의의 피해자가 되어 그게 나쁘다는 것을 체험한 우리가 왜 그 짓을 다른 민족에게 하는가? 나는 우리 나라가 민주화의 모범으로서 아시아 민중들에게 우리의 민주화 경험을 전해주고 그들의 민주화 운동을 지원함으로써 인권을 존중하는 민주적 아시아를 만드는 데에 주도적 역할을 하기를 바란다. 그리고 그 공으로 아시아 민중에게 사랑받는 민족이 되었으면 좋겠다.

아시아의 우익 또라이들이 문명충돌론과 황색 인종주의를 선전하는 것은, '아시아가 우월하다'는 입에 발린 소리로 국민을 황홀하게 도취시켜 놓고 은근슬쩍 서구의 민주주의와 인도주의를 배척하고 이로써 자기들의 가부장독재를 영구히 지속시키려는 속셈에서다. 민주주의, 인도주의, 자유, 평등, 인권. 이는 한갓 서구만의 가치에 불과한 게 아니다. 그것은 동시에 전인류의 보편적 가치다. 그 어떤 우익 파시스트 또라이도 이보다 더 나은 가치를 제시하지 못했고, 못하고 있으며, 앞으로도 못할 것이다. 동양의 좋은 전통들은, 이 인류 보편의 가치들을 지키면서도 얼마든지 계속 이어갈 수 있다.

개발독재론

지금 우리 사회에서 이인화·조갑제가 떠드는 그 웃지 못할 고약한 농담들이 진지한 담론의 행세를 하는 것은, 소위 "개발독재론"이라는 이데올로기가 대중들 머리 속에 깊이 뿌리 박혀 있기 때문이다. '그래도 박정희가 경제개발 하나는 하지 않았냐' '적어도 박정희 때에는 경제가 성장했는데……'. 소위 개발독재론은 경제학적 현상이 아니라 어디까지나 정치학적 현상이다. 즉 경제학 이론이 아니라 정치이데올로기라는 얘기다. 재미있는 것은 심지어 박정희의 독재를 비판하는 몇몇 지식인들까지 이 미신에 사로잡혀 있다는 것이다. 그래서 신이 난 조갑제.

박정희에 대한 높은 평가와 여론이 아래로부터 올라가서 사(士)자 계급에 속하는 이들에게까지 영향을 끼치고 있다.

어떤 정신나간 선비("士")들이 그러는지 모르겠지만, 이름 좀 가르쳐

주었으면 좋겠다. 아직도 우리 나라에서 많은 사람들이 이게 "후진국의 근대화 과정에서 거의 정설로 증명"되었다는 미신을 믿고 있는 모양이다.

가령, 자유주의자 강준만의 경우를 보자.

강준만은 박정희의 독재는 비판하되, 그가 한국의 경제개발에서 발휘한 공로는 인정해줘야 한다고 말한다. 이렇게 말함으로써 그는 싸움 한 번 제대로 안 하고 우익 파시스트들에게 고지를 그대로 내준다. 강준만은 박정희 독재를 비판한다. 하지만 우익 파시스트들에 따르면 그 독재가 경제 발전의 견인차였다고 한다. 그걸 강준만은 인정해준다. 독재가 경제 발전을 위해 불가피한 것이었다면, 왜 강준만은 박정희 독재를 비판하는가? 그에게는 지극히 무력한 카드 한 장만 달랑 남아 있다. '독재의 피해자들이 시퍼렇게 살아 있는데 그 독재자를 예찬하는 것은 인간에 대한 예의가 아니다'라는.

고마운 말이다. 하지만 독재의 피해자들, '예의' 바라고 민주화 운동한 거 아니다. 우리 모래시계들, 그런 '예의' 안 받아도 하나도 안 섭섭하다. 이런 말 듣고 우익 파시스트들이 감동하리라 믿으면 큰 오산이다. 가령 『조선일보』에선 신나서 이 말을 인용한다. 왜? 이로써 이들이 암시하고자 하는 것은 이거다. '박정희 비판자들이 하는 얘기를 들어 보라. 고작 이 수준이다'.

또 홍세화 씨의 논리를 보자. "오늘날 한국에서 '잘 산다'라는 말 속에 '올바르게 산다'는 개념이 들어갈 틈은 전혀 없는 듯합니다. 박정희의 '잘 살아보세' 철학이 불러온 놀라운 결과에 넋을 잃고 '목적이 모든 수단을 정당화시키는' 박정희의 철학을 좇아 (…)".

맞는 말이다. 하지만 이렇게 얘기하면 이인화 좋아한다. 신나서 인용을 해가며 인심 써서 그 "심정적 진리에" 십분 "공감"까지 해주고, 천방지축 까불며 제 할 얘기 다 한다. 까놓고 '목적이 수단을 정당화시킨다'고 믿는 파시스트들에게 넌 왜 '목적이 수단을 정당화시킨다'고 얘기하냐고 따지는 꼴이다. 우익 파시스트들에게 '예의' '도덕' '정신적 가치', 이런 거 전혀 중요한 게 아니다. 우리에겐 그게 논증적 힘을 가질지 몰라도, "힘과 용기"가 전부인 그들에게 그건 한갓 "위선자"의 무력한 "명분론"에 불과한 것이다.

누가 만들어 냈는지 불분명한 그 "개발독재론"이란 게 얼마나 엉망진창인지 보여주는 것은 어려운 일이 아니다. 세상에 독재가 효율적이라면, 왜 독재국가들이 죄다 망해야 했을까? 독재는 고비용 저효율의 사회구조를 만든다. 효율적인 것은 독재가 아니라 민주주의다. 이는 상식이다. 이거 밝히는 거 어려운 일이 아니다. 외려 문제는 박정희가 퍼뜨린 이 미신이 아직까지 대중들의 머리 속에 깊이 뿌리 박혀 있다는 것이다. 그리고 바로 이 미신이 극우파들이 무럭무럭 자라나는 토양이 된다. 이들이 "동아시아의 서사적 전통" 어쩌구 하면서 신화, 도참설("아기장수"), 영웅전, 위인전, 대중문화 등을 동원해 대중의 지적 수준을 자기들 수준에 잡아매어 놓으려 바둥거리는 건 바로 이 때문이다.

새로운 변명

박정희 모델이 천문학적 액수의 외채와 경제파탄으로 끝난 지금,

우리 사회가 한껏 부푼 꿈의 세계에서 냉엄한 현실의 세계로 철수한 지금이야말로, 대중에게 이 미신의 허구성을 보여줄 수 있는 좋은 기회다. 실제로 '천분인식의 법칙' '기백 배우기의 법칙' '박-후지노 우정의 법칙'으로 상징되는 '개발독재론'은 지금 난처한 상황에 처했다. 박정희 모델은 주저앉고 말았다. 이 위기를 맞아 우익들은 구렁이 담 넘어가듯 이 테제를 수정했다. 가령 이렇게. 박정희까지는 참 잘했다. 독재를 했기 때문에 경제가 발전했다. 근데 그 후에 우린 경제구조를 개혁해야 했다. 하지만 그 순간에 우리는 이 과제를 우리가 소홀히 했고, 그래서 이런 위기가 온 것이다. 박정희는 다 잘했다. 그 뒷사람이 못한 거다. 가령 역사 바로세우기 한다고 설쳤던 김영삼……. 웃기는 얘기다.

먼저 경제 위기의 원인들을 보라. 어디서 비롯되었는가? 그 원인들은 박정희식 개발모델에 뿌리를 두고 있다. 둘째, IMF 사태가 없었다면 과연 박정희가 살아 있던들 자발적으로 개혁을 했을까? 당연히 그럴 리 없다. 셋째, 경제주권 빼앗기고 나서 정부에서 긴급하게 밀어붙이는 개혁조차도 빅딜이 스몰딜이 되는 등 저항에 부딪히고 있다. 저항하는 자들이 누구인가 보라. 그런데 진작 개혁을 했어야 한다고? 그 시점이 과연 언제였을까? 그리고 그때 이분들 뭐하고 계셨을까? '이제 독재 그만 합시다.' 이러고 있었을까? 개혁에 저항하는 수구세력들의 이데올로기를 이론적으로 뒷받침한 게 누구였더라? 근데 왜 이제 와서 딴소리를 하는 걸까?

자, 이제 아직 정신 못 차린 이 극우 파시스트들 퇴출 좀 합시다. 정작 퇴출해야 할 것은 애꿎은 노동자들이 아니라, 개혁에 조직적으로 저항하는 앞뒤 꽉꽉 막힌 수구세력들이다. 지금까지 우리는 이들의 머릿속이 얼마나 뒤죽박죽 엉망진창인지 보았다. 그 머리를 가지고 이들이 이제까지 "엘리트" 행세를 하며 우리 국민들을 "지도"하여 "길들"이겠다고 나선다. 심지어 21세기도 자기들이 끌고 나가겠다고 침을 흘린다. 영웅전 읽고 감동 먹는 그 머리로 말이다. 정말 시각공해, 청각공해다. 물론 이런 "순수한 바보"들 어느 나라에나 있다. 여기 독일에도 한 3퍼센트 정도 있다. 그거 못 말린다. 부모도 못 말린다. 며느리도 못 말린다. 근데 우리 나라에선 그 증세가 지나치게 심하고 그 수도 너무 많은 것 같다.

인조인간 머신X

한국에서 '근대성' 혹은 '모더니티'라는 용어는 현재 (…) 중심의제가 되고 있다. 이것은 근대의 종언을 선언하면서 대두한 포스트모더니즘이 '정말 우리에게도 근대는 끝났는가' '우리에게 근대화란 무엇이었는가'라는 (…) 의문들을 발생시켰기 때문이다. (…) 현대의 근대성 논의가 구체적인 분석으로 발전하는 것이 아니라 점점 추상적인 개념과 개념의 공방으로 후퇴

이인화의 말이다. "정말 우리에게도 근대는 끝났는가?" 이인화에 따르면 우리 사회에서는 박정희가 "봉건적 잔재를 완전히 격퇴"하고 근대화를 완성시켰다고 한다. 결국 우리의 근대화는 끝났다는 얘기다. 그러므로 이제 우리 포스트모던 하자는 얘기다. 내지는 우리가 포스트모던 하게 된 게 박정희 덕이란 얘기다. 웃기는 얘기다.

대학에서 "교수"씩이나 하고 있는 이인화. 영웅들이 "구체적"으로 살

아움직이는 무협지만 읽다보니 "추상적인 개념과 개념의 공방"에는 익숙하지 않은 모양이다. 현재 "인문과학 및 사회과학"에서 무슨 "공방"이 벌어지고 있는지, 알아듣게끔 무협지 수준으로 내려가 "구체적"으로 설명해주겠다. 가끔 교수 되느라 바빠서 교양 쌓는 걸 깜빡 잊은 사람들이 있다. 괜찮다. 본디 배움에는 때가 없는 것이다.

근대적 주체

포스트모더니즘에서 물고 늘어지는 건 '근대적 주체'라는 개념이다. '근대적 주체'란 유럽에서 르네상스와 함께 탄생하여, 시민혁명을 통해 권력을 잡은 후, 이제 완숙기에 들어가 있는 "주체"를 말한다. 포스트모더니즘에서 '주체의 죽음'을 얘기하는 건, 이 근대적 주체가 노쇠현상을 보이고 있다는 진단에서다. 이 근대적 주체를 뛰어넘는 새로운 유형의 주체가 가능하냐 하는 문제는, 처리능력이 딸려 고생하는 이인화의 머리를 위해 생략하기로 하자. 근대적 주체란 어떤 주체인가? 이 주체의 특징을 분명히 드러내기 위해 이를 다른 유형의 주체, 가령 봉건적 주체와 한번 비교해보자.

봉건적 주체는 공동체의 부속품이다. 그는 가족공동체, 마을공동체, 국가공동체, 교회라는 신앙공동체에 함몰되어 있다. 이를 세 측면으로 나누어 보자. ① 봉건적 주체는 판단의 주체가 아니다. 그는 가정과 국가와 교회에서 가르치는 것을 그대로 수용하여 자신의 세계관으로 삼는다. 그는 무비판적이다. ② 그는 행위의 주체가 아니다. 그의 모든 행위는 자발성에 의해서가 아니라, 그를 둘러싼 공동체의 명령에 의해 규제된다. 본질적으로 그의 행위는 그의 밖에 존재하는 어떤 권위의 명령에 복종하는 행위다. 그는 타율적이다. ③ 봉건적 주체는 미감美感의 주체가 아니다. 봉건적 주체는 미적 판단도 개인이 아니라 집단적으로 한다. 그는 감정적 선동에 쉽게 넘어가며, 집단적으로 감동하기를 좋아해, 툭하면 눈물바다·울음바다를 연출한다. 그는 촌스럽다.

이 봉건적 주체의 대립물로 형성된 근대적 주체는 공동체에서 해방된 자율적 개인이다. ① 그는 자율적 판단의 주체다. 데카르트가 제 몸의 존재까지 의심했을 때, 이로써 그는 모든 생각을 의심에 붙이고 오직 자기 힘만으로 확실성에 도달하려 했던 것이다. 근대적 주체는 이렇게 비판적이다. ② 그는 자율적 행위의 주체다. 그는 명령에 따라 움직이지 않는다. 오직 자기 자신의 준칙에 따라 행동한다. 그는 스스로를 규율한다. 그래서 자율적이다. ③ 그는 개인적 미감의 주체다. 그는 집단감정에 휩쓸리지 않고 자신의 개인적 호오好惡의 감정에 따라 세계를 느낀다. 그는 개별적이다. 칸트의 세 비판서를 생각해보라. 『순수이성비판』은 자율적 판단의 주체, 『실천이성비판』은 자율적 행위의 주체, 『판단력비판』은 자율적 미감의 주체의 확립을 지향한다. 이게 바로 근대의 기획이다.

근대적 인간형

근대적 주체란 한마디로 자율적 개인을 가리키며, 근대화란 이렇게 비판능력을 갖춘 자율적 개인을 확립하는 것이다. 내 생각엔 박정희도 적어도 표면적으론 여기에 반대하지 않았던 것 같다. 가령 그는 자기가 약속한 소위 "근대화 혁명"의 목표를 이렇게 밝혔다.

> 문제는 언제나 제도 자체에 있는 것이 아니라 그 제도를 구성하고 운영하는 개인에게 있는 것이다. 또한 민족운명의 공동체라 하더라도 역시 민족의 구성요소는 개인이다. (…) 우리가 차제에 '인간개조'를 부르짖고 민족적 자각을 요청하는 소이도 바로 여기에 있다.

그 어떤 것보다 중요한 것은 바로 근대적 주체, 근대적 개인의 확립이다. 근대화 혁명의 성패가 바로 여기에 달려 있다는 얘기다. 그리하여 그는 이렇게 주장했다.

> 자기를 확립한다는 것은 자율성과 자발성을 확립한다는 것 / 진정한 자유는 먼저 개인의 자유에서 출발 / 우리는 개인으로서 정부 (…) 에서 다스려 지배해주기를 바라지 말고, 스스로 다스려야 할 것

하모. 줄줄이 옳은 말이다. 물론 이 자율적 개인들은 서로 의견이 불일치할 수가 있다. 이때 누군가가 "힘과 용기"를 가지고 '내 생각만이 절대적 진리'라고 우길 수 있다. 물론 근대적 주체는 이런 깡패를 용납하지 않는다. 모든 개인은 그가 남에게 부여하는 것만큼의 발언권만 갖는다. 그래서 박정희의 말대로,

> 근대적 민주주의에서 인간평등 사상을 빼버린다면 (…) 공기 빠진 고

무공

이 된다. 그럼 개인들 사이에 존재하는 이견의 해소는 어떻게 해야 하는가? 박정희는 그 해법을 갖고 있다.

민주주의는 상호의 타협과 관용을 통한 사회적 안정 속에서 이루어지는 것.

하모. 줄줄이 옳은 말이다. 그런데 앞에서 보았듯이 박정희는 웬일인지 이 자유민주주의 신조를 하나도 빼지 않고 모두 배반했다. 왜 그랬을까? 알 수 없다. 어쨌든 그가 제 말을 배반하고 결국 "인간"들을 어떻게 "개조"했는지 보자. 과연 이들을 근대적 주체라 부를 수 있을까?

인조인간 머신X

먼저 박정희가 얘기하는 "인간개조"란 철저하게 파시스트적 발상이란 걸 얘기해 둔다. 말하자면 봉건적인 타율적 방식으로 근대의 자율적 주체를 만들겠다는 그의 발상 자체가 이미 前근대적, 아니 反근대적 발상이라는 것이다. 이렇게 그 자체 내에 자기모순을 품고 있기에 그것은 실패할 수밖에 없었던 거다. 가령 이인화가 말하는 "실제로 존재했던 것으로서의 근대성"이 어떤 건지, 즉 박정희가 "개조"한 인조인간들이 구체적으로 어떤 모습이었는지 보자. 이 분야의 권위자는 조갑제다. "몽골적 인간형"인 한국인은

① 위대한 과업을 수행하도록 운명지워진 인간이라는 확신을 갖고 있다.

박정희의 한국인은 이렇게 어떤 알 수 없는 이유에서 자기가 "위대한 과업을 수행"해야 한다고 "확신"하는 인간이다. 아무 생각 없이 주위들은 대로 자기가 "민족중흥의 역사적 사명을 띠고 이 땅에 태어났다"고 믿는 무비판적 주체(?)다.

② 한국 사회 전체가 의무, 희생, 책임감에 기초한 군사문화의 효율성에 길들여진 가운데

인조인간 머신X는 "군사문화의 효율성에 길들여진" 인간형, 스스로 다스리지 못하고 남의 명령을 받아 움직이는 행위기계, 즉 타율적 주체다.

군대식 규율로 질서

가 잡힌 몰인격적 주체다. 그러면서 동시에

소수에 의한 다수의 지배

를 용인하는 봉건적 주체다.

소수의 인원으로 다수를 꼼짝 못하게 끌고 가는 노하우

를 가진 크고 작은 히틀러들에게 "꼼짝 못하"는 비굴한 주체다.

강력한 지도력을 가진 사람이 나타나면 무서운 응집력을 보이다가도 그런 지도력이 사라지면 순식간에 흩어져버리는

개미새끼들, 그래서 늘 "강력한 지도력을 가진" 가부장이 필요한 미성숙한 어린애들이다.

③ 인간과 인간의 교감에 예민하게 반응하여 마음이 서로 통하면 수학적으로 설명할 수 없는 엄청난 힘을

내는 집단적 "교감"의 주체들, 즉 정서마저도 집단에 함몰된 미성숙한 미감의 주체. 이런 주체들은 차이코프스키를 들으면서도 기껏

범인은 항상 천재에게 감사하며 살아가야 하는 존재

라고 감동하는, 미적 자율성이 결여된 타율적 감성의 주체다. 어떤 알 수 없는 이유에서

한국인으로 남아 있으려는 이런 본능적 부름

이 귀에 들린다는 괴상한 샤머니즘적 존재다. 술만 마시면

> 어느새 적극적·공격적·예술적 인간으로 돌변하여 떠들고 싸우며 노
> 래하며 춤

추는 비합리적·몰이성적·집단적 몰아沒我, 집단적 망아妄我의 디오니
소스적 주체(?)다. 누구를 닮았겠는가? 신이 제 형상대로 인간을 창조
했듯이, 이 인조인간들도 "인간개조" 기술자 박정희를 닮았지. 술만 마
시면 그는

> 곧잘 팬티차림으로 주저앉아 격식과 체면도 벗어던진 채 먹고 마시고
> 춤추곤 했다. (…) 취하면 아무나 부둥켜안고 볼에 침이 묻을 만큼 입
> 을 맞추는 버릇이 있었다.

몽골족 반자이

이게 과연 "근대적 주체", "바람직한 근대적 인간형"이란 말인가? 이
런 주체들은 종종 자기와 민족, 자기와 국가를 구별하지 못한다. 그
의 정체성은 항상 국가적 정체성, 민족 정체성에 함몰되어 있다. 그래
서 늘 나라 자랑을 하고, 누가 나라를 비판하면 막 자기 자존심이 상
하고, 다른 개인들에게 늘 자기처럼 한국인으로서의 정체성을 가지라
고 주제넘은 충고를 한다. 그리고 자기랑 똑같은 정체성을 갖지 않은
사람에게서는, 그 사람이 국민으로서 4대 의무를 다하고 있든 안 하

든 초법적으로 국적을, 말하자면 한국인이 될 자격을 박탈해버린다.

한국인으로 남아 있으려는 이런 본능적 부름, 이것을 촌스럽다고 생각하면 한국인으로서의 정체성을 상실하기 쉽다.

자기들처럼 "촌스럽"지 않은 자는 한국인이 아니라는 얘기다. 대체 무슨 권리를 가지고 그러는 걸까?

한국인이 가진 비교우위는 기술도 아니고 지성도 아니고 교양은 더더구나 아니다.

한국인을 특징짓는 것은 "기술도 아니고 지성도 아니고 교양은 더더구나 아니"라는 것이다. 조갑제는 이런 "기술"도, "지성"도, "교양"도 없는 인조인간 머신X가 세계에서 가장 우수한 종자라고 선전하고 다닌다. 그의 말에 따르면 한국이 "세계에서 가장 앞서 있는 분야"는

거대한 기업조직을 장악하여 효율성을 극대화시킬 줄 아는 생산관리 기술이 바로 오늘날 한국이 세계에서 가장 앞서 있는 분야인 것이다. 생산관리 기술의 요체는 소수의 인원으로 다수를 어떻게 부리느냐 하는 인간경영기술이다.

이 파시스트적 인간경영술이 "효율성을 극대화"시킨다는 것이다. 이렇게 찬양을 하다니, 그는 우리가 어떻게 "세계에서 가장 앞"설 수 있

었는지 궁금해한다.

한국인이 어떻게 이런 경영기술을 체득했느냐 하는 것은 경영학자들의 논쟁거리이기도 하다.

어느 멍청한 "경영학자들"이 그걸 "논쟁거리"로 삼고 있는지 참 궁금하다. 이름 좀 밝혔으면 좋겠다. 어쨌든 조갑제는 "논쟁" 한 번 해보지 않고 이미 해답을 갖고 있다.

기자는 큰 전쟁을 치러 본 경험과 군대생활의 경험, 그리고 몽골족으로 타고난 천성이 결합된 때문이 아닌가 추측한다.

"몽골족의 타고난 천성"이란 게 결국 군대를 이루어 전쟁하는 천성을 가리키니, 결국 전쟁을 겪고 군대생활하면서 얻은 독한 마음이 한국이 "세계에서 가장 앞서"는 "경영기술"을 갖게 했다는 것이다. 웃기는 얘기다.

근데 왜 그 선진적 경영기술을 갖고 한국의 기업들은 IMF 관리체제를 불렀는가? 너무 "효율적"이어서? 외국 경제전문가의 분석에 따르면, 그런 전투적·공격적 경영을 하는 한국 기업들이 일단 태극기를 꽂고 보자는 식의 애국적 경영 때문에 타국의 기업들에 비해 수익률이 엄청 떨어진다고 한다. 합리적 경제논리 대신 이상한 국가주의 미신을 내세우니 비효율이 발생하는 건 당연한 일이다. 그래서 몇몇 한국 기업은 수익률이 거의 제로(0)에 가깝다며, 어떻게 그럴 수 있는지 대단히 신기해한다. 또 대마불사의 신화로 부채비율이 자산의 네 배에 달하는 경영구조를, 프랑스의 한 신문은 이솝 우화 속의 황소가 되고픈 개구리에 빗대어 풍자했다.

조갑제. 그럼 장래의 한국 경제는 어떤 길로 나가야 한다는 얘길까? 물론 몽골전사들의 "비교우위"를 살려야 할 게다. 그런데

> 한국인이 가진 비교우위는 기술도 아니고 지성도 아니고 교양은 더더구나 아니다.

그동안 한국 경제의 성장은 "기술"이나, "지성"이나, "교양"의 덕이 아니라, 한마디로 박정희가 도입한 파시스트적 "군사문화" 덕이라는 얘기다. 이 비교우위가 몽골족의 유전자에서 유래한 것이니, 앞으로도 군대식으로 대열을 지어 무無기술, 몰지성, 몰교양의 길로 열심히 군가를 부르며 구보를 하자는 얘기다. 태극기 휘날리며 "다시 뛰자".

파시스트 전쟁기계

이렇게 모든 일을 "군대식 해결방식"으로 처리하려 드는 파시스트적 주체. 이런 게 박정희 "인간개조" 사업이 만들어낸 인조인간 머신 X의 모습이다. 우연히 이런 파시스트적 주체를 시각적으로 형상화한 작품을 발견했다. 그림을 보라. 나치가 권력을 잡고 전국을 병영화하던 시절 위기감을 느낀 어느 화가가 부상하는 나치들의 인상을 형상화한 그림이다. 보라. 똑같지 않은가? "플루타크 영웅열전" 선전하며,

사회를 "군대식"으로 조직해서 모든 일을 "군대식 해결방식"으로 처리해야 한다고 주장하는 『조선일보』의 이상적 인간형, "이성과 합리성" 없이 "극단으로" 치닫는 "힘과 용기"만 가진 "군인"적 인간형. 바로 저 모습이다. 근데 저 괴물이 과연 근대적 주체의 모습이란 말인가?

다시 앞에서 거론한 인조인간 머신X의 특성을 보라. 그리고 이를 그 앞에서 얘기한 봉건적 주체와 비교하면 똑같다는 것을 알 수 있다. 이것이 파시스트 "인간개조" 사업의 결과다. 파시스트들은 늘 과거로 돌아가려는 괴상한 복고취향이

〈눈먼 권력〉, R. 슐리히터, 1937. 이게 바로 조갑제가 그리는 인조인간 머신X의 모습이 아닐까?

있다. 파시스트적 주체는 봉건적 주체다. 여기에 파시스트 혁명의 반동성이 있다. 물론 양자 사이에는 한 가지 차이가 있다. 후자와 달리 파시스트 주체는 기계화되어 있다는 것이다. 누군가 버튼을 누르면 아무 생각 없이 징-하고 돌아가는 타율적인 전쟁기계, 인조인간 머신X, 이게 바로 박정희 "인간개조" 사업의 산물, 박정희의 소위 "근대화 혁명"이 생산해낸 인간형이다. 이게 과연 근대적 주체인가?

이인화는 말한다.

박정희의 근대화는 어느 한 사람의 노예상태를 다른 사람의 완전한 인간적 발전을 위한 수단으로 용납하는 우리 사회의 봉건적 잔재를 완전히 격퇴시켰다.

"완전히 격퇴"? 낯짝 하나 안 바뀌고 이렇게 뻔뻔한 거짓말을 한다. 박정희가 격퇴시키지 못한 사람이 아직도 최소한 한 사람 남아 있다. 멀리서 찾을 거 없다. 이인화의 스승, 이문열이다.

남편은 (…) 여성이 자신을 바쳐 기꺼이 그 수단이 되고 싶은 존재

만약 이인화가 '여성=사람'임을 인정한다면, 지금 이문열이 "여성"이라는 "사람"을, 남편이라는 "다른 사람의 인간적 발전을 위한 수단으로 용납"하고 있음도 인정할 게다. 따라서 이인화가 박정희의 유업을 계승할 마음이 있다면, 당장 스승님 찾아가서 벨을 누르고 문이 열리거든 "우리 사회의" 이 "봉건적 잔재"를 당장 "격퇴"해버릴 일이다. 그것도 "완전히". 연장 필요하면 내가 빌려주겠다.

인간개조

자, 이제까지 우리는 박정희 "주체사상"의 세 요소, 즉 소위 "근대화 혁명"의 세 가지 분야인 "사회개조" "자연개조" "인간개조"가 어떻게 실

패했는지 보았다. 그런데 왜 저들은 그를 "근대화 혁명가"라 부르는 걸까? 간단하다. 내가 이제까지 보여준 것처럼 이 파시스트 인조인간들의 두뇌 속이 워낙 엉망진창이라 똥오줌을 못 가려 그런 거다. 그런 머리를 가지고 뭘 하겠다고 나서니 다리가 무너지고 백화점이 주저앉고 경제가 파탄이 나는 거다. 마지막으로 결함투성이인 이 인조인간들의 결함 있는 두뇌를 다시 정상으로 돌려놓는 몇 가지 방법을 소개하는 것으로 이 글을 마치겠다.

똘반 어린이 여러분. 먼저 내 글을 찬찬히 읽어보라. 어린이 여러분이 저지른 오류들을 일일히 지적해놓았으니, 천천히 생각하면서 하나하나 교정하라. 먼저 A=~A, A≠A와 같은 명백한 syntax mistake들의 원인을 추적하여 교정하는 것부터 시작하라. 이어서 '쿠데타'를 '혁명'이라 부르고, '악'을 '선'이라, '친일'을 '성숙'이라고 부르는 semantic mistake를 교정하라. 사전을 참고하면 도움이 될 게다. 물론 버그를 잡는 작업은 상당히 괴롭고 힘든 작업이다. 언제나 그렇듯이 원인을 찾는 게 가장 큰 문제인데, 원인은 내가 이미 일일이 지적해놓았으니 고치는 건 별로 어렵지 않을 게다.

이게 어려운 사람들에게는 좀더 근본적인 해결책을 권한다. 먼저 dos와 windows를 구하라. 그리고 사용하고 싶은 소프트웨어를 구하라. 바이러스에 감염되었을지도 모르는 복제품이 아니라 꼭 정품을 구입하기를 권한다. 구했으면, 두뇌의 컴퓨터를 켜고, 먼저 dos prompt로 들어가라.

C:\ 상태에서

format c:

를 타이프한 다음, 가볍게

⏎

키를 누르라. 약간 시간이 걸리니 조바심내지 말고 기다렸다가,
format이 끝나면 운영 프로그램을 install한 다음, 이어서 hwp를 설치
하라.

만약 그래도 스크린에 헛소리가 뜨거나 스피커에서 '삑사리'가 나
거든, 그건 하드웨어적인 문제니, 나도 더 이상 돕지 못한다. 그건 "우
정 어린 구타로" "끈끈한 인간관계"를 맺는 버릇에서 비롯된 것으로,
군인적 유형의 두뇌에 흔히 있는 결함이다. 이렇게 "끈끈한 구타라는
피부접촉이" 낸 "예기치 않은 효과"는 소프트웨어적 해결을 기대할 수
없다. 사용자의 취급 부주의로 인한 결함이라 애프터서비스도 불가
능하다. 그러니 그냥 현세를 포기하고 존재를 윤회의 사슬에 맡겨 조
용히 내세를 기대할 일이다. 나무아미타불, 관세음보살. 극락왕생, 원
왕생. 똑똑똑똑똑⋯⋯.

무궁화꽃이 피었습니다

'무궁화꽃이 피었습니다.' 내가 이 놀이로 시간을 죽이던 시절엔 텔레비전이 귀했다. 우리 동네엔 한 집밖에 없었다. 그래서 저녁이 되면 동네 꼬마들이 몽땅 그 집으로 쳐들어가 넋을 잃고 입을 헤 벌리고 상자 속을 멍하니 들여다보곤 했다. '얘들아, 엄마가 기다리시겠다.' 친구 엄마가 눈치를 줘도, 우리는 '아뇨. 우리 엄마 안 기다려요' 하고 과감하게 무시하고 계속 봤다. '배고프지 않니? 밥 먹어야지' 하면, 배가 꼬르륵거려도 '아뇨, 안 고파요' 하고 의연하게 봤다. '이제 집에 가라'고 직설적 표현이 나올 때까지 악랄하게 앉아서 봤다. 재수 좋은 날에는 만화영화 끝나고 저녁 뉴스 끝나고 연속극까지 신나게 봤다.

그 시절은 프로레슬링의 시대였다. 경기가 있는 날이면 온 동네 꼬마들이 그 집에 모여 들었다. 소리 소리를 지르는 우리가 못마땅한 듯 어른들은 '야, 그거 다 쇼래. 짜고 하는 거래' 했다. 하지만 우리에게 프로레슬링은 허구가 아니었다. 저게 어떻게 허구란 말인가. 박이 터지고, 피가 흐르는데……. 우리에게 '거칠은 사각의 정글 속'에선 우리가 사는 세계처럼 '오늘도 비바람이 몰아쳐' 오고 있었다. 그것은 냉엄한 현실이었다. 냉정한 승부의 세계였다. 가끔은 조국의 명예가 걸린 민족적 현실이었다. 국가대항전, 특히 일본과의 싸움은 민족자존심을 걸고 결코 양보할 수 없는 경기였다. 그래서 일본과의 경기가 있는 날이면, 우리는 한민족의 일원으로서 마땅히 담당해야 할 몫의 응원과 함성을 텔레비전 상자 속에 집어넣어 경기장으로 보냈다.

언제나 그렇듯 일본놈들은 늘 야비하다. 반칙을 한다. 그런데 이상하게도 심판이 이걸 보고도 안 말린다. 그럼 링 밖의 관중들이 '우-' 하고 야유를 보낸다. 텔레비전 상자 밖의 우리들이라고 다르지 않았다. '우-' 그러면 심판은 관중석을 향해 몸을 돌리고 관중들에게 자제를 요청한다. 간악한 쪽바리가 이 순간을 놓칠 리 없다. '때는 요때다' 하고 빤스 속에서 흉기를 꺼내 김일 선수의 머리를 때린다. 순간 텔레비전을 보는 우리의 손은 일제히 그 범죄의 현장을 찔렀고, 입에선 다급한 절규가 터져 나왔다. '심판! 심판! 뒤, 뒤, 뒤, 반칙! 흉기!'

심판이 몸을 돌리면 물론 흉기는 이미 빤스 속으로 사라진 뒤다. 끓어오르는 분노는 심판에게 돌아갔다. '저 병신 새끼, 쪽바리한테 돈 먹었나?' 그래도 정의는 승리하는 법. 잠시 멈칫하던 우리의 호프 김일 선수, '더럽고 치사한 악당들에게 정의의 펀치를' 퍼붓는다. 로프반동, 이단옆차기, 쓰러진 놈을 일으켜 헤드록……. 와와와, 경기장 안팎에서 함성이 터져 나온다. 하지만 이것도 잠시. 간악한 쪽바리, 다시 흉기를 꺼내 든다. 물론 이때 심판은 우연히 관중들 자제시키느라 바쁘고 있다. '우-, 우-, 우-' 우리가 국보처럼 아끼던 김일 선수의 머리에 피가 흐르고, 우리 가슴엔 그 피보다 더 붉은 적개심이 흘렀다. 아, 우리의 김일, 그냥 저렇게 쓰러지고 마는가.

하지만 저 절망적인 상황 속에서도 우리는 그를 굳게 믿었다. 그는 우리의 기대를 저버린 적이 한 번도 없잖은가. 아니나 다를까, 드디어 그토록 기다렸던 김일 선수의 원자폭탄이 터진다. 흉기에 맞아 찢어져 피투성이가 된 그 머리. 하지만 그는 이를 조국에 바치기로 했다. 박치기, 박치기, 박치기…… 원폭을 맞은 상대는 의식을 잃고 링 위에 힘없이 쓰러지고, 그 위로 온 힘을 다해 싸운 김일 선수의 탈진한 몸이 포개진다. 힘차게 바닥을 치는 심판의 카운트 소리, 원! 투! 쓰리! 땡땡땡땡땡. 이겼다. 승리다. 일본을 이겼다. 아, 이 감격. 이 카타르시스. 국민 여러분, 드디어 사각의 정글에 무궁화꽃이 피었습니다. 기어이 피고야 말았습니다. 이때쯤이면 우리 꼬마들의 눈엔 언제나 그렁그렁 포도송이만한 눈물이 맺혀 있었다.

무궁화꽃이 또 피었습니다

『무궁화꽃이 피었습니다』. 이 책이 밀리언셀러였단다. 정말 우리나라 독자들, 끝내준다. 언젠가 이곳에 놀러온 사촌형. 이 책을 읽고 큰 감명을 받았다고 했다. 기가 턱 막혔다. 그는 독실한 크리스천이다. 세상에, 크리스천이. 왜 사람들은 핵폭탄이 터지는 소설에 '감명'을 받는 걸까? 히로시마의 참상을 보지 못해서 그러는 걸까? 아니면 보고도 그걸 쌤통이라고 생각하는 걸까? 히로시마 희생자들의 모습을 제대로 묘사하기엔 내 필력이 따르지 못한다. 그들은 제국주의 일본의 신민이지만, 그 이전에 우리와 똑같은 인간들이다.

왜 핵을 찬양할까? 왜 이 대량학살 무기를 찬양하는 소설이 밀리언 셀러가 될 수 있었을까? 원래 우리 민족성이 잔인해서? 그렇지는 않을 게다. "침략전을 한 번도 해본 적이 없는 희한한 전통"을 가진 민족이니까. 그럼 왜 그럴까? 작가의 필력이 뛰어나서? 그런 것 같지도 않다. 작가의 문장력은 3류 소설가 수준이다. 구성이 탄탄해서? 그렇지도 않은 것 같다. 찬찬히 뜯어보라. 개연성 없는 만화적 구성이다. 그럼 왜 이 소설이 베스트셀러가 되었을까?

아마 일본이 미워서 그랬을 거다. 사실 일본 사람들 우리한테 나쁜 짓 많이 했다. 그리고 아직까지도 반성 않고, 망언을 늘어놓으며 독도 내놓으라고 뗑깡 부린다. 그럴 땐 정말 나도 밉다. 아마 일본을 향한 한국인들의 이 뿌리 깊은 증오가 그 소설의 대중적 인기의 비결이었을 게다. 하지만 그래도 되는 걸까? 과연 문학을 이용해 이웃에 대한 적개심과 증오를 부추겨도 되는 것일까? 그리고 이렇게 아무 생각 없이 대량학살무기의 사용을 찬양해도 되는 걸까? 만약 정부에서 핵개발하겠다고 나선다면, 우리 나라 사람들은 어떻게 할까? 길바닥에 나와서 태극기를 흔들까?

그 소설을 쓴 작가를 탓하고 싶지 않다. 민주사회에는 예술창작의 자유가 있다. 그가 제 자유를 누리는데 그걸 내가 왜 비난한단 말인가. 어차피 그런 쇼비니스트들은 어느 나라에나 있다. 우리 나라에도 한둘쯤 있는 거, 전혀 이상한 일 아니다. 정작 문제는 이 쇼비니스트적 소설을 졸지에 밀리언셀러로 만들어버린 우리 사회의 분위기다. 핵전쟁을 찬양하는 소설이 베스트셀러가 되는 나라는 전세계에 대한민국밖에 없을 게다. 그래서 난 차라리 이런 소설을 읽고 감동을 먹는 독자들을 비난하기로 했다. 나는 이를 '야만'이라 비난한다. '애국자들' 물론 방방 뜰 거다. 하지만 야만은 어디까지나 야만이다.

애국자? 웃기는 소리다. 원폭의 희생자. 그들은 바로 이런 유의 소설을 읽고, 파시스트들에게 충성했다가 저 모양이 된 거다. 허구와 현실을 구별 못하는 일본의 소위 '애국자', 국가주의자 파시스트들은 제국민들에게 귀축영미에 대한 불타는 적개심과 뜨거운 애국심을 고취해 결국 국민을 저 모양, 저 꼴로 만들었다. 저게 애국인가? 희생자들이 히노마루를 흔들며 전쟁터로 내보낸 젊은이들. 총 한번 변변히 쏴보지 못하고 굴 속에서 화염방사기에 타 죽고, 참호에서 총구를 목에 대고 집단자살하고, 태평양의 섬에서 굶어죽다가 심지어 사람을 잡아먹기까지 했다. 이게 애국인가?

극일?

극일? 웃기는 얘기다. 이런 유의 고꾸민쇼세츠國民小說야말로 전형적인 일본적 현상이다. 사실 『무궁화꽃이 피었습니다』(이하 『무궁화꽃』)는 일본문화, 거기서도 가장 수준 낮은 우익 또라이들의 허접쓰레기 문화를 수입해다가 한국에서 해적판을 만들어 팔아먹은 거다. 한동안 일본에도 이런 유의 소설들이 유행했다. 가령 『타이헤이요센소太平洋戰爭』라는 소설은 미국과 일본의 가상전쟁 시나리오다. 물론 '우리 나라' 일본이 이겨, '나쁜 나라' 미국 본토에 상륙해 미국놈들이 부당하게 수용소에 보냈던 일본계 시민들을 해방시킨다는 얘기다. 말하자면 이 만화 같은 소설로 2차대전 때 당한 분풀이하며 딸딸이 치는 거다.

이런 소설을 읽으며 도취감에 빠져드는 멍청한 일본인들. 지금 전세계의 비웃음을 사고 있다. 얼마 전 개봉된 전범 도조를 영웅으로 만든 영화 〈푸라이도〉도 전세계의 비난과 함께 비웃음을 받았다. 자, 그럼 『무궁화꽃』은 어떨까? 일본 사람들이 이 소설이 대한민국에서 밀리언셀러가 되었다는 얘기를 들었다 하자. 어떤 반응을 보일까? ①번 '아이, 무서워'? 아닐 게다. 그럼 ②번 '우리, 반성합시다'? 아니다. 정답은 ③번이다. '조센징사마, 지금 소설이노 가꼬 딸따리노 치눈 거시무니까? 우하하하……'

실제로 이 소설을 읽고 어느 일본인 기자가 쓴 감상문이 『월간조선』에 실린 적이 있다. 가끔 튀어나오는 몇 가지 주책없는 발언만 빼고 줄줄이 옳은 말이었다. 소설 『무궁화꽃』에서는 한국 경제가 발전하여 한국이 강력한 경쟁자로 등장하자 일본이 위기감을 느껴 먼저 울산공업단지를 폭격하는 것으로 전쟁이 시작된다. 여기에 대해 그 일본인은 이렇게 코멘트했다. '솔직히 말해 우리는 한국을 경쟁상대로 생각하지 않는다.' 우리, 지금 망신당한 거다. 이 주관적 '애국자'들이 객관적으로는 이렇게 국민들 허락도 없이 제 조국을 망신시킨다.

『무궁화꽃』을 읽고 사람들은 '마침내 일본을 극복했다'는 주관적 착각에 빠졌을 것이다. 손 좀 봐주고 싶지만 그 막강한 경제력 앞에서 어쩔 도리 없이 답답해하던 차에 얼마나 신나는가. 하지만 과연 그럴까? 정말 극일을 했을까? 웃기는 얘기다. 그 극일은 허구의 세계에서 이루어졌음을 잊지 마라. 소설책을 덮는 순간 그들은 다시 냉엄한 현실로 되돌아와야 한다. 물론 이 누추한 현실이 싫은 자들은 다시 비슷한 유의 소설을 찾아 읽으며 자꾸 멋진 허구의 세계로 도피할 것이다. 이런 소설에는 이런 마약효과가 있다. 그리고 바로 그렇게 주관적 도취상태에 빠져 허우적대는 것 자체가 실은 '망가漫畵'의 나라 일본에 정신마저 내주는 것이다.

국수주의

『무궁화꽃』의 이데올로기를 어떻게 볼 것인가? 먼저 이는 정통 극우 이데올로기와는 좀 구별되는 독특한 현상이다. 한국 극우파들은 대개 친일적 경향을 띠고 있기 때문이다. 거기엔 몇 가지 이유가 있다. 먼저 한국 극우의 이데올로기의 뿌리가 과거 일제 똥구멍을 핥아 먹던 친일파들에 있고, 둘째 이들이 꿈꾸는 이상사회가 바로 일본과 같은 꼴보수 네오파시스트적인 사회이고, 셋째 이들은 한민족이 일본 민족과 함께 앞장서 아시아 대륙에 대동아공영권을 이루어 백인들과 한번 겨뤄 보겠다는 황색 인종주의자들이기 때문이다. 따라서 이들은 '형님' 일본에 대단히 호의적일 수밖에 없다. 따라서 일본을 핵공격하는『무궁화꽃이 피었습니다』의 국수주의는 한국의 정통 극우노선에선 좀 벗어난 것이다.

다른 한편, 이 소설에서는 남한이 미국의 방해로 독자적 핵개발에 실패한 뒤 남북 합작으로 핵을 완성하고, 훗날 일본의 한반도 침공에 맞서 남한 대통령과 북한 주석이 합심해 핵을 사용하게 된다. 이념을 초월한 남북의 이 민족주의적 합작 역시 한국 극우파들의 그 극성스런 반공주의 감정에는 현저히 위반된다. 또 민족보다 국가를 우위에 놓는 이들의 국가주의 이데올로기와도 잘 맞지 않는다. 따라서 우리나라의 극우파들 역시 이 소설을 읽으며 아마 당혹감을 느꼈을 것이다. 『월간조선』에서 용케도 이 소설을 비판한 쓸 만한 글을 받아준 것도 어쩌면 이 때문이었는지도 모르겠다.

『무궁화꽃』의 이데올로기는 소위 '대립적 민족주의'에 속한다. 대립적 민족주의란 이웃 나라를 천적으로 설정해놓고 증오하는 국수주의의 일종으로, 가령 구舊유고슬라비아에서 벌어진 상호 학살극은 바로 이 대립적 민족주의의 극성스런 예로 볼 수 있다. 어쨌든 이 소설로써 우리는 김구로 대표되는 '해방적 민족주의', 박정희-이승만의 '통합적 민족주의', 최근 한국 극우파의 아제국주의적 '팽창적 민족주의'와 나란히, 이제 또 다른 민족주의를 갖게 되었다. '대립적 민족주의'. 대체 왜들 이럴까?

일본. 물론 문제 있다. 하지만 '일본'은 하나의 동질적인 실체가 아니다. 일본이라는 나라는 사상과 이해를 달리하는 다양한 집단들이 어우러져 만들어진 사회다. 우리 나라에도 가지가지 사람 다 있다. 거기에도 전범 참배하러 신사에 가는 정신 나간 사람들이 있는가 하면, 과거를 뉘우치고, 후손에게 올바른 역사를 가르치고, 제 정부를 상대로 국가주의 이데올로기와 싸우는 사람들이 있다. 우리에게는 우리 문제아가 있고, 거기에는 거기의 문제아가 있다. 한국의 극우파들 때문에 한국인 전체가 욕먹을 수 없듯이, 이 파시스트 잔당들 때문에 일본인 전체를 싸잡아 미워할 수는 없는 일이다. 그리고 핵폭탄은 사람을 구분하지 않는다.

애국적 핵

그리고 이건 내가 우연한 기회에 직접 들은 얘기다. 누구라고 밝히기엔 좀 곤란한 직업을 가진 사람이다. 이 사람 얘기를 들어보니 한국의 우익들 중 일부는 북한이 핵개발에 성공하길 바라는 모양이다. 왜? 그 논리를 들어 봤더니 이런 거다. 어차피 북한은 다 망해가는 나라. 통일이 되면 그 핵무기는 결국 남한 것이 된다. 얼마나 좋은가? 욕은 공산당이 다 먹고, 핵무기는 우리가 먹고. 핵이 있으면 국제사회에서 위세를 좀 부릴 수 있지 않은가. 뭐, 이런 생각이다. 국수주의자들의 상상력이 어느 지경에까지 이르러 있는지 알 수 있다. 하긴 『무궁화꽃』의 상황과 비슷하지 않은가?

최근 인도와 파키스탄이 핵실험을 했다. 하지만 이 두 나라, 아무도 존경하지 않고, 진지하게 봐주지도 않는다. 다수가 절대빈곤에 허덕이는 그 나라의 국민들. 핵개발 축하하느라 거리로 쏟아져 나와 손에 손에 국기를 들고 열광적으로 흔들어댔다. 이를 바라보는 세계인의 반응. '그 돈 있으면 밥이나 사먹지.' 이 나라 정치가들, 핵실험하면서 국민들의 안전엔 전혀 신경을 안 쓴다. 그래서 실험장 부근 주민들이 방사능에 그대로 노출된 상태라 한다. 이 사람들 원자병에 걸려서도 조국을 위해 그렇게 열렬히 길바닥에 나와 국기를 흔들어댈까?

김 주석, 핵폭탄 하나

대중적 성공을 바탕으로 이 소설은 심지어 영화화되기까지 했다

핵탄두 모형을 만들어 시가행진을 하며 핵개발을 자축하는 파키스탄 국민들.

한다. 그 일본인 기자도 가서 봤다고 한다. 그 영화를 보며 관중들이 키득키득 거리며 웃었다고 하니, 그나마 다행이다. 근데 그 기자에 따르면 관중들이 웃은 건 영화의 줄거리가 웃겨서가 아니란다. 마침 남한 대통령 역을 맡은 배우가 평소에 박정희를 존경한다는 이덕화였기 때문이란다. 하긴 이덕화가 대통령으로 나오면 좀 웃길 것도 같다. 재밌잖은가. 그 장면이 어땠을까? 덕화 오빠, 심각한 표정을 짓고 남북 핫라인 쪽으로 걸어간다. '하아―.' 잠시 고뇌. '할 수 없지.' 굳은 결단. 전화기를 턱 들고, '김 주석, 핵폭탄 하나, 부―탁, 해―여~'

슈~웅. 이렇게 날아간 핵폭탄. 원래 동경 한복판에 팍 떨어져야 마땅하겠지만, 어찌 그럴 수 있겠는가. 우리 백의민족, 한민족, 자고로

1945년 히로시마에 피어오른 버섯구름. 핵전쟁을 찬양하는 나라는 아마 전세계에서 한국밖에 없을 것이다.

평화 사랑하기로 소문난 민족이 어찌 그런 야만적인 짓을 하겠는가. 우리는 쪽바리들하고는 종자가 다르잖은가. 그래서 그 폭탄, 한민족의 평화주의를 입증하느라 점잖게, 인도적으로, 평화적으로 일본의 어느 무인도에 떨어진다. 이어서 '쾅' 하는 굉음과 함께 극장의 화면엔 뭉게뭉게 버섯구름이 피어오르고, 돌비 시스템으로 돌아가는 스피커에선 장중한 음악이 흘러나온다. '동해물과 백두산이 마르고 닳도록……' ♬

　사실 일본에서 보복으로 날아올 핵폭탄 몇 개면, 동해물 금방 마르고, 백두산 순식간에 닳아요. 하지만 소설에서도, 영화에서도 이런 얘긴 안 한다. 그럼 어디 팔리겠는가? 그래서 이 소설 팔아주느라 일본은 핵폭탄을 안 갖고 있기로 결의하고 그냥 항복하기로 한다. 생각 같아선 확 군대를 몰고가 전국을 쑥대밭으로 만들고 싶지만, 우리 백의민족, 한민족, 자고로 평화 사랑하기로 소문난 민족이 어찌 그런 야만적인 짓을…… 우리는 쪽바리들하고 종자가 다르지 않은가. 그래서 간악한 쪽바리들에게 그냥 "거룩한 용서"를 베풀어준다. '다음부터 조심해'. 순간 영화를 본 관중들 중 적어도 몇 명의 눈에는 닭똥 같은 눈물이 그렁그렁 열렸을 게다. 아, 카타르시스…… 국민 여러분, 드디어 스크린에 버섯구름이 피었습니다. 우리의 무궁화꽃이 기어이 피고야 말았습니다.

이 소설을 읽던 날, 난 이상한 꿈을 꾸었다. 잠실 올림픽 스타디움. 사내들이 잔뜩 모여 있다. 하늘엔 대형 태극기가 애드벌룬에 걸려 나부끼고, 관중석엔 수십만의 여자들이 손에 손에 무궁화 꽃가지를 들고 열광적으로 환호한다. '우리들은 대한건아, 늠름하고 씩씩하다……♪' 이윽고 여성 합창단의 장중한 애국가가 울려 퍼지자 운동장의 남자 선수들, 바지의 혁대를 풀고 지퍼를 내리더니 손으로 각자 제 우람한 물건을 꺼내 든다. 하늘을 향해 불끈 솟아오른 거대한 돌덩이가 수만 개. 핵탄두처럼 생긴 그 시뻘건 가죽버섯들의 위용! 이어서 운동장에 출발을 알리는 딱총 소리가 울려 퍼지고, 대한 남아들, 자랑스러운 버섯을 움켜쥐더니 일제히 흔들기 시작한다. 핵核, 핵核, 핵核 거리며.

07

'좌빨' 사냥

빨갱이 제조기

주사파가 득실글거린다. 마지막 한 놈, 최후의 한 년까지 철저히 색출해버리자. 모름지기 "반공에 관한 한 공안정국이라는 말 자체가 없어야 한다". 하지만 사상은 보이지 않는다. 들리지도 않는다. 어쩐다? 걱정할 거 없다. 사상이란 머리 밖으로 흘러나오게 되어 있는 법이니까. 사상이 말과 글이 되면, 볼 수도 있고 들을 수도 있다. 주위 사람이 하는 말을 주의 깊게 들으라. 주의 깊게 읽으라. 수상하면 신고하라. 연습을 해보자. 다음은 여기저기서 끌어모은 말들이다. 이 말을 한 자들 중에 주사파가 숨어 있다. 누굴까?

주사파를 찾아라

① 애틀랜터에서 북한 선수를 봤어요. 어렸을 땐 우리와 다른 사람인 줄 알았는데 우리랑 똑같더라구요.

② 주석님의 민족애와 조국애에 평소 경의를 갖고 있었는데

③ 알고 보면 이렇게 가까운 거리인데 마음의 거리는 북극보다 멀어요. 우리 마음의 거리부터 좁혀야겠어요.

④ 그 동안 일제하의 항일투쟁을 비롯하여 40년간 김 주석께서 북녘 땅을 이끌어 오시고

⑤ 마음을 열어요 (…) 마음이 하나 되면 통일은 어렵지 않아요.

⑥ (김 주석께서) 말씀하신 내용이 (…) 평소에 생각하고 기회 있을 때마다 밝혀온 바와 거의 같은 데 대하여 희망을 느꼈다.

⑦ 통일이 되면 수도는 어디가 될까요?

⑧ 평양에 와서 보고 주석님 지도하에 발전된 모습에 감명을 받았습니다.

⑨ 통일이 되면 나라꽃은 무엇일까요?

⑩ 조국과 민족을 위해 일해 오신 주석님

문제가 너무 쉬웠나? 과연 그럴까? 이 분야의 전문가인 『월간조선』 측이 제공하는 답안을 보자. 위의 언급들 중에서 주사파의 발언은 홀수, 즉 ① ③ ⑤ ⑦ ⑨ 다. 놀랐지? 왜? 주사파 집어내는 쪽집게로 유명한 조선학원 이동욱 선생의 정답 해설을 들어보자. 먼저 ①과 ③에 대해서.

'어렸을 때 (북한 사람들이) 우리와 다른 사람인 줄 알았는데 우리랑 똑같더라'는 대목은 납득할 수 없는 내용이며 (사상적으로) 문제가 있다.

이어서 ⑤가 주사파의 주장인 이유.

'마음을 열자'고 하는 것은 전쟁 가능성이 거론되는 남한 국민들에게 적과 아군의 개념 없이 민족만을 강조하는 셈이다.

마지막으로 ⑦과 ⑨가 용공이적 표현인 이유.

'통일이 되면 나라꽃이 바뀔 수 있고 수도 서울이 옮겨질 수 있으며 공휴일도 바뀔 수 있다'는 내용 등이 삽입돼 있어 논란이 되고 있다. 연방제 통일 아니고서는 불가능한 상황을 상정하고 있는 게 아니냐.

보라. 저 아름다운 말 뒤에도 이런 극악한 흉계가 숨어 있다. 자, 이제 이 놈들을 당장 잡아들이기로 하자. 누굴까? ①은 농구선수 우지원 ③은 미스 코리아 한성주 ⑤는 가수 이선희 ⑦과 ⑨는 MBC 라디오의 여성 나레이터다. 그리고 이들 배후에 숨어 있는 것은 바로 대한민국 통일원이다.

이 지문들은 통일원이 1997년 2월 초부터 5월 말까지 MBC 라디오와 텔레비전을 통해 광고한 통일 캠페인의 내용이라고 한다. 이렇게 방송망을 통해 전국을 시끄럽게 했던 이 주체사상 캠페인의 실무 책임자는 놀랍게도 통일원 장관, 그리고 이 지하 주사파 조직의 두목은 김영삼 전 대통령이었다.

즉흥적 자주외교

그럼 짝수의 지문은 뭘까? 속지 마라. 이런 걸 함정문제라 부른다. 다시 한 번 읽어 보자. 이번엔 축약을 하지 않은 원문 그대로다. 이런 말을 하는 사람은 결코 주사파가 아니다.

『조선일보』 이동욱 기자의 '막가파식' 선택에서 자유로울 수 있는 이는 과연 몇이나 될까?(『월간조선』, 1997년 7월호)

② 주석님의 민족애와 조국애에 평소 경의를 갖고 있었는데 이렇게 직접 만나 뵈니까 감개무량하고 뜨거운 민족의 정을 느낍니다. ④ 그 동안 일제하의 항일투쟁을 비롯하여 40년간 김 주석께서 북녘땅을 이끌어 오시고 그 동안 평양의 우뚝 솟은 의지를 보고, 이러한 발전을 위하여 심려해 오신 점에 대한 존경과 감사를 다시 드립니다. ⑥ (김 주석께서) 특사를 통하여 말씀하신 내용이 (…) 평소에 생각하고 기회 있을 때마다 밝혀온 바와 거의 같은데 대하여 희망을 느꼈다. (…) 주석님 같은 분이 계실 때에 직접 만나서 여러 가지 말씀을 들으시고 또 드리면 민족문제가 쉽게 풀리지 않겠는가 ⑧ 평양에 와서 보고 주석님 지도하에 발전된 모습에 감명을 받았습니다. ⑩ 조국과 민족을 위해 일해 오신 주석님이 또다시 건강하신 가운데 민족의 비극을 해소하고 번영을 가져오는 훌륭한 역할을 하시어 민족사에 길이 빛날 업적으로 이룩하시기를 바란다

기가 막히죠? 근데 분단의 장벽을 허물고 이 용기 있는 발언을 한 사람들은 누굴까? 이들은 "미국"의 "견제"를 뚫고, 외세의 간섭을 물리치고, 남몰래 지하에서 남북의 자주적 통일을 위해 일하는 통일의 숨은 일꾼들이다. "김일성과의 건곤일척의 승부를 꿈꾸면서 '언제 어디서든 좋다 일단 (…) 만나자'"는 화끈한 애국자들이다. 누굴까? 이 용감한 분들. 군이 주인공을 밝히자면, 여기서 ②④⑧은 장세동의 말이고, ⑥과 ⑩은 그 유명한 전두환의 말, 그리고 이 지문들은 다른 곳도 아니라 주사파 사냥으로 권위 있는『월간조선』의 기사에서 뽑은 것이다.

서슬 퍼런 5공화국 당시 국민들이 '통일' 얘기하는 것을 철저히 금지시켜 놓았던 그 자들이, 자기들은 이렇게 국민들 몰래 평양으로 밀사를 파견해 6공으로 넘어가서까지 북괴 고위층과 계속 "비밀채널"을 유지하는 위험천만한 일을 했다는 것이다.

안기부의 한 관계자는 전두환의 대북접촉에 대해 "全 전 대통령은 즉흥적이었다고 말할 수밖에 없다"고 평했다. 즉 통일문제에 관한 공개적인 논의도 없고, 국민적 합의도 전혀 없는 상태에서, 전두환과 그 똘마니들이 아무 생각 없이 "즉흥적"으로 북괴 고위층을 만나 제멋대로 "비밀채널"을 유지하고, 또 평양까지 달려가 맘껏 김일성을 찬양했다는 것이다.

허탈하지만, 국민 여러분, 우리 계속 주사파 사냥합시다. 근데 누굴 잡아넣을까요? 홀수요? 짝수요? 북괴를 "고무찬양"하는 건 누구일까요? 홀수요? 짝수요?

레드 헌트

미스코리아 한성주, 농구선수 우지원, 가수 이선희까지 빨갱이로 만들어버린 이 시대착오적 푸닥거리의 선무당은 『조선일보』의 이동욱이라는 자다. 이 자가 타깃으로 삼은 것은 외국어대 이장희 교수였다. 그가 쓴 『나는야, 통일 1세대』라는 책을 문제 삼았는데, 이 책이 처음 나왔을 때만 해도 도리어 『조선일보』(1995년 11월 24일자) 『민주평통』(1995년 12월 7일자) 등 보수적인 언론매체가 신간안내를 통해 좋은 책으로 소개했다고 한다. 알고 보면 『조선일보』도 '고무찬양'을 한 주사파다.

또 이동욱은 이 책이 〈김일성 장군의 노래〉 가사 전문을 비판 없이 그대로 소개했다고 트집을 잡았다. 그런데 『조선일보』에서도 1995년 5월 23일자 「얼마나 아십니까—북한 상식」 62편에는 〈김일성 장군의 노래〉 일부("장백산 줄기줄기")와 북한의 '애국가'의 전문이 소개되어 있다. 한마디로 다른 사람이 하면 이적행위, 『조선일보』가 하면 "상식" 쌓기라는 거다. 이거 다른 데서가 아니라 『조선일보』에서 인용한다.

> 아침은 빛나라 이 강산은 금에 자원도 가득한 / 삼천리 아름다운 내 조국 반만년 오랜 역사에 / 찬란한 문화로 자라난 슬기로운 인민의 이 영광 / 몸과 맘 다 바쳐 이 조선 길이 받드세.

이런 짓 하는 극우파들은 몇 가지 해석학적 특징을 갖고 있다. 먼저 왕성한 상상력. 이 사건을 보도한 월간 『말』의 정지환 기자는 이를 이렇게 특징짓는다. "상상력은 시인이나 소설가의 영역이다. (…) 기자는 사실관계에 대한 객관적 규명을 통해 기사를 작성해야 하는 직업". 말하자면 현실과 허구를 구별하지 못하고 상상력으로 기사를 쓴다는 것. 둘째, "의도적인 인용과 생략". 즉 제멋대로 남의 텍스트를 이리저리 짜깁기한다는 것. 셋째, 이건 이번에 드러난 특징인데, 이들은 텍스트를 읽을 때 가치판단과 사실판단을 구별하지 못하고, 모든 것을 가치평가로 해석한다는 것이다.

이승만이 최대 희생자?

『월간조선』이 또 삑사리를 냈다. '우장창' 접시 깨는 소리를 냈다. 우종창이라는 자의 소행이다. "『월간조선』"에서 "차장대우"씩이나 받고 있는 이 자는 송두율 교수가 북괴 노동당 고위직이라고 주장했던 그 기사를 쓴 자다. 이 자가 이번엔 최장집 선생을 걸고 넘어졌다.

한국전쟁의 최대 희생자는 북한의 민중

이 문장의 진위는 과연 남한과 북한에서 민간인 희생자가 어느 쪽이 더 많았는지 확인해보면 과학적으로 판가름날 것이다. 참고로 말하면, 그 유명한 피카소가 그림까지 그려 남겼다. 파리의 피카소 박물관에 걸려 있다. 이 문장을 우종창은 가치판단으로 해석한 모양이다. 말하자면 그런 사실확인과 관계없이 한국전쟁에 있어 최대 희생자는 남쪽이라고 말해야만 한다는 논리다.

1. '희생자'라는 표현은 뭔가 '좋은 것'이다.('가해자'에 대비해)
2. 북한의 민중은 '나쁜 나라'다.
3. 정의상 '나쁜 나라'는 '좋은 것'을 가질 수 없다.
4. 그런데 최장집은 북한의 민중이 '희생자'라 말한다.
∴ 최장집은 빨갱이다.

OK. 그럼 이 문장이 원래 어떤 맥락 속에 들어 있었는지 보자.

북한에서의 사태는 더욱 나쁜 것이었다. 아마도 이 전쟁에서의 가장 최
대의 희생자는 북한의 민중임에 의심의 여지가 없다. (…) 이와는 대조
적으로 북한에서도 가장 큰 수혜자는 김일성 그 자신이었다.

김일성이 가장 큰 덕을 보고, 북한 민중이 가장 큰 피를 봤다는 얘
기다. 이런 말도 하면 안 되는가? 그러는 『조선일보』의 주장을 들어
보자. 정말 교활하다.

불법 기습남침을 당한 대한민국 국민과 이승만 정부가 가장 큰 피해자
이고 희생자이다.

웃기는 얘기다. 북한 민중에게 간접적 가해의 책임을 물을 경우, "대
한민국 국민"이 "가장 큰 피해자이고 희생자"라는 것은 인정된다. 하
지만 왜 "이승만 정부"가 피해자란 말인가? 북진통일하겠다고 큰소리
뻥뻥 치다가 녹음 테이프에 목소리만 남겨놓고 혼자 도망가며 국민에

게 서울 사수하라고 한강 다리 끊어버린 그 자가 왜 "피해자이고 희생자"란 말인가? 전쟁을 이용해 장기집권 해먹은 그 자가 왜 "희생자"란 말인가? 전쟁 나던 그 날 이승만은 뭘하고 있었을까? 조갑제의 말이다. '북진통일'을 할 절호의 기회가 왔는데,

오전 10시에 경무대에 들렀을 때 이승만 대통령은 경회루로 낚시를 간 뒤였다.

팔자 좋다. 전쟁 발발 5시간이 지나도록 낚시를 즐겼단다. 또 국민들이 "피"를 흘리며 싸우는 와중에 우리의 "국부"께서 얼마나 장한 짓을 했는지 보자. 조갑제의 말이다.

일선에선 우리 국군들이 피로 피를 씻는 고지전을 벌이고 있는데 임시수도 부산에선 집권연장을 꾀하는 이승만 대통령과 미국의 비호를 받는 야당세력이 권력투쟁에 열심이었습니다. 급기야는 이 대통령이 계엄령을 펴고 국회의원들을 국회로 잡아들여 와서 직선제 개헌안을 통과시켰습니다.

"일선에서 우리 국군들이 피로 피를 씻는 고지전을 벌이고 있는데", 참 잘하는 짓이다. 그런데 이런 자가 "가장 큰 피해자고 희생자"라고? 그렇게 얘기하지 않으면 빨갱이라고? 정말 웃긴다.

위대한 결단?

문제의 기사는 "6·25는 김일성의 역사적 결단"이라는 섹시한 표제를 달고 있다. 원문을 읽어보자.

① 김일성은 (…) 모든 대내외적 조건들이 압도적 우세에 있었다. ② 그의 우세에 대한 지나친 과신이 그를 전쟁을 통한 총체적 승리라는 유혹에서 헤어나올 수 없게 하였고, ③ 결국 그는 전면전이라는 역사적 결단을 내렸던 것이다.

①은 우파 학자들도 인정할 만한 당시 상황의 객관적 기술이다. ② 역시 '북침'을 얘기하지 않는 이상 누구나 다 인정할 사실이다. ③도 마찬가지다. 김일성이 '부분전'을 했단 말인가? 아니면 이승만이 '북침'을 했단 말인가? 근데 뭐가 문제라는 걸까?

"역사적"이라는 말 때문이다. "역사적"이라는 말에는 두 가지 뜻이 있다. 영어로 말하면 'historic'과 'historical'이다. 'historic'은 가치평가어로, 『조선일보』의 해석대로 "역사에 남을 만한 위대한"이란 뜻이다. 반면 'historical'은 최장집 교수가 의도한 대로 '역사에 관련된' 정도의 객관적 서술어다. 위의 글을 읽어 보라. "지나친 과신" "유혹에서 헤어나올 수 없게"와 같은 표현은 필자가 한국전쟁을 부정적으로 묘사하고 있음을 시사한다. 따라서 이 맥락에서 "역사적"이라는 말이 'historic'(=위대한)이 아니라, 'historical'(=역사의)이라는 의미로 사용되고 있음을 알 수 있다. 최장집 교수의 말에 따르면 '이후 한국사회에 지속적인 영향을 미친'이라는 뜻이다. 그런데 『조선일보』는 자의적으로 "역사적"이라는 말의 어의를 축소 해석해놓고 뗑깡을 부린다. 결국 이런 논리다.

1. "역사적"은 '좋은' 것("위대한 것")이다.
2. 김일성은 '나쁜' 놈이다.
3. 정의상 '나쁜' 놈은 '좋은' 것을 가질 수 없다.
4. 최장집은 김일성이 '좋은 것'을 가졌다고 말한다.
∴ 최장집은 빨갱이다.

자, 정작 한국전쟁을 찬양하는 게 누군지 보자. 정말로 한국전쟁 앞에 가치평가어로서 "위대한"(='historic')이라는 말을 붙이는 자가 있다. 근데 그 자를 『조선일보』가 키워주는 분위기다.

6·25전쟁은 (…) 박정희라는 영웅정신을 탄생시킨 가장 철학적인 사건이다. / 전통적인 의식과 전통문화적 가치, 그리고 그것의 지주적 기원에 결정적인 타격을 가한 것이 바로 6·25전쟁이다. 6·25 전쟁이야말로 서구의 나폴레옹 전쟁에 비견될 수 있는 '가장 무시무시하고 가장 위대한 귀족파괴자'였다.

이인화의 말이다. 한국전쟁은 "가장 철학적인 사건"이자, "나폴레옹 전쟁에 비견될 수 있는 (…) 가장 위대한 귀족파괴자"였다. 그럼 그 전쟁을 일으키기로 한 김일성의 결단은 어떤 결단일가? 결과적으로 "가장 철학적"이며 "가장 위대한"(=historic) 결단이 된다.

전쟁은 군대를 한국의 가장 크고 현대화된 조직으로 등장시켰다. 한국 사회를 1천년 이상 지배하였던 문민우위의 정치질서를 뒤바꿔 놓은 1961년의 5·16 쿠데타는 이런 사회적 변동을 반영한 것이다.

조갑제의 말이다. 6·25전쟁은 "1천년 이상 지배하였던 문민우위의 정치질서"를 뒤바꿔 놓은 역사적 사건이었다. 그렇다면 그 전쟁을 일으킨 김일성의 결단은 어떤 결단일까? 단군 이래의 최대의 역사적 사건을 만든 "위대한"(=historic) 결단이 아닐까?

왜 이들은 이렇게 6·25전쟁을 찬양하고 미화하는 걸까? 다 이유가 있다. 바로 국민들의 전쟁체험을 광신적 '반공' 이데올로기로 승화시켜 권력유지에 활용했던 게 바로 이들이기 때문이다. 그래서 이렇게 난리를 치는 거다. 여기서 역설적으로, 이들이 결과적으로 전쟁의 수혜자라는 사실이 드러난다. 즉, 과거 친일파들이 김일성이 일으킨 이 무모한 전쟁 덕택에 공짜로 '정통성'을 챙긴 후, "국가주의" 어쩌구 하면서 독재를 해먹는 좋은 명분을 얻었기 때문이다. 결국 죽어나는 건 남북한의 민중들이고, 정작 남북의 권력자들은 이 전쟁으로 덕을 보았다. 최장집 교수는 이 말을 하고 있는 거다. 틀린 말인가? 박정희의 말이다.

반공의 미명하에 국민의 탄압을 합리화하고, 부정선거로 헌법질서를 교란하고

결단

『조선일보』는 "결단"이라는 말도 가치평가어로 해석한다.

결단이라는 단어는 긍정적 의미가 들어가 있다. 지존파가 살인이라는
결단을 내렸다거나 히틀러가 유태인 학살이라는 역사적 결단을 내렸
다는 표현은 쓰지 않는다. (…) 결단이라는 말도 '위대한 것을 결심하
다'의 심리를 묘사할 때 쓰는 것이 보통이다.

웃기는 얘기다. "결단"이라는 말의 사전적인 뜻은 "의지를 확실히 결
정하는 것"이다. 어느 사전이 "결단"을 "위대한 것을 결심하다"로 정의
하는지 한번 제시해보라. 그건 사전辭典이 아니라 『조선일보』의 사전
社典에나 나오는 정의다. 제멋대로 주관적으로 해석해 지금 이 난리를
치고 있는 거다. 최장집 교수는 이어서 이렇게 말했다.

김일성의 오판을 유도하였던 요소는

그 "위대"하다는 "역사적 결단"이 "오판"이란다. 대체 "위대한 것을 결
심"하는 게 어떻게 "오판"이 될 수 있단 말인가? 해석학 전공한 이한우
기자, 한번 설명 좀 해보세요. 해석학의 기본원리 알죠? 일단 저자의
텍스트에 우선적 발언권을 주고, 이어서 텍스트의 각 요소가 '일관성'
을 갖도록 정합성을 부여해야 한다는 거. 지금 『조선일보』는 이 두 원
칙 모두 위반하고 있죠? 배운 사람이 거기서 한마디 해줘요. 최장집

교수 논문 "발췌" "정리"해서 우종창 뒷바라지나 하지 말고.

역사적으로 "위대한 것"을 하는 걸 흔히 "거사"라 부른다. 그래서 "지존파가 살인이라는" '거사'를 "했다거나 히틀러가 유대인 학살이라는' '거사'를 "했다는 표현은 쓰지 않는다." 그런데 조갑제의 말을 보라. 김재규는

> 각하를 제거해야지 하고 <u>거사를 결심</u>하고

"거사"는 "위대한 일"이라는 뜻이다. 따라서 군이 "위대한 것을 결심하다"는 말의 동의어를 찾는다면 외려 이 "거사를 결심"한다는 말일게다. 하지만 조갑제는 아무 문제 없이 국왕 시해자의 행위를 기술하는 데에 이를 사용하잖는가. 우종창 기자, 우째 이런 일이?

대체 이들은 왜 "결단"이라는 말을 가치평가어로 사용할까? 다 심오한 이유가 있다. 파시스트 철학에서 "결단"이란 '뭔가 좋은 것'이기 때문이다. 가령 이인화의 말을 들어 보자.

> 이것은 가치판단의 문제가 아니라 영웅적 확신의 문제이며 의지의 문제이다.

파시스트들에게 논리적으로 선·악을 따지는 "가치판단"은 "문제가" 안 된다. 문제는 "영웅적 확신"과 "의지"다. 즉 가치를 초월해 "영웅적 확신"을 가지고 '의지를 확실히 결정하는 것'(="결단")은 그 자체가 좋은 것이다. 이게 이들의 가치판단(?)이다. 그래서 파시스트들의 사전私

典 속에선 "결단"이 곧 "위대한 것을 결심하는 것"이 된다. 지금 이들은 자기들의 파시스트 사회방언sociolect을 가지고 멀쩡한 표준어로 된 텍스트에 폭행을 가하는 거다. 이런 논리다.

1. "결단"은 뭔가 '좋은 것'이다.
2. 김일성은 악당이다.
3. 정의상 악당은 '좋은 것'을 가질 수 없다.
4. 최장집은 김일성이 그 '좋은 것'을 가졌다고 말한다.
∴ 최장집은 빨갱이다.

뻔데기 IQ의 논증이다.

혁명적 민족주의

또 『조선일보』는 최 교수가 "좌파를 혁명적 민족주의 세력으로 미화"했다고 주장한다. 그럼 대체 『조선일보』는 당시 좌파를 어떻게 규정할까? '반혁명적 제국주의 세력'? 여기서 조갑제의 말을 들어 보자.

박정희가 사회주의에 관심을 일정하게 가졌다고 해도 그것은 당시 학생들이 그랬던 것처럼 <u>민족해방문제</u>와 관련해서였을 것이다.

왜 당시 지식인들은 "사회주의에 관심을 가졌을까?" 조갑제의 말대로 "민족해방문제와 관련해서"였다. 조갑제 기자 왈, 당시 좌파는 "혁명적 민족주의 세력"이었다는 얘기다. 그렇다고 조갑제가 지금 좌파를 "미화"하는가? 그런데 왜 같은 얘기를 최 교수가 하면 "미화"가 되는가? 그건 이들이 "혁명" 역시 가치평가어로 해석하기 때문이다.

혁명이란 용어는 (…) 善한 것에 해당하며, 반혁명은 惡하다는 이미지를 준다.

보라. 이 자들 빨갱이인 모양이다. 이게 이들의 IQ다. "혁명"은 객관적 기준과 명확한 정의를 가진 정치학적 용어다. 반면 혁명을 선으로 보느냐, 악으로 보느냐는 주관적 가치평가에 따라 얼마든지 달라질 수 있다. 가령 루이 16세에게 혁명은 선善이었을까? 왕당파들에게 러시아 혁명은 선이었을까?

혁명이 긍정적인 통념을 포함하지 않는다면 지식인들이 왜 4·19 의거를 혁명으로 격상시키고, 5·16 군사혁명을 쿠데타니 정변으로 격하시키는가?

정말 수준 이하다. 괜히 돌이냐? 그걸 모르니 돌이지. '근대화 혁명'이란 시민계급과 민중이 봉건잔당과 결탁한 전제자를 타도하고 근대적 민주주의를 수립하는 것이다. 따라서 봉건 지주세력을 기반으로 한 이승만 독재를 타도한 4·19는 '혁명'이고, 이를 뒤엎고 다시 "영남 남인"과 같은 지방토호들과 손잡고 전제군주가 된 박정희의 쿠데타는 정치학적으로 '반동혁명'이다. 이건 '격상'이니 '격하'니 하는 가치판단의 문제가 아니라 객관적인 사실판단의 문제다. 조갑제의 말을 들어보자.

1961년의 5·16 쿠데타

5·16이 쿠데타란다. 그렇다고 그가 5·16을 "격하"하는 사람인가? 그럼 4·19는 무엇일까? 박정희의 말을 들어 보자.

4·19 혁명 당시, 학생들의 구호에 '기성세대는 물러가라' 하던 것

4·19가 "혁명"이란다. 여기에 무슨 문제 있나? 대체 뭐가 불만일까? '혁명'은 칭찬이나 욕과 같은 가치평가어가 아니라 객관적인 정치학적 용어다.

근대화 혁명

우종창은 또 한 번 우장창 와장창 난리를 친다. 그는 최장집 교수의 다음 언급이 문제가 있다고 믿는 모양이다. 상당히 재미있는 현상이다.

6월항쟁이 프랑스 대혁명에 비유될 수 있다면, 7~8월 노동자대투쟁은 1848년 혁명과 1910년대 말, 1920년대의 유럽의 정치국면에 비유될 수 있다.

이게 틀린 말이란다. 왜? 편집장님 믿고 그러는 거다. 조갑제 학자 (?)에 따르면, 근대화 혁명가는 박정희이기 때문이다. 기가 막힐 노릇 이다.

박정희와 그의 우상 나폴레옹의 생애를 비교하면 놀라운 유사성을 발 견할 수 있다. 박정희가 나폴레옹을 숭배하다가 그의 생애마저 복사 한 것이 아닌가 하는 생각이 들었다. (조갑제)

어떤 저능아가 (…) 나폴레옹을 비난할 수 있단 말인가. (이인화)

어떤 "저능아"가 박정희를 나폴레옹이라 부른단 말인가. 어느 미친 놈이 박정희를 나폴레옹이라 부른단 말인가. 박정희가 나폴레옹이 아니라고 하면 빨갱이란 말인가? 학계에선 1789년 프랑스의 민중봉기 를 "혁명"으로, 히틀러의 쿠데타는 "반동혁명"으로 규정한다. 이 정치 학적 정의에 따르면, 한국에서 근대화 혁명은 한국 민중의 민주화 운 동을 가리키고, 박정희의 쿠데타는 분명히 '반동혁명'에 들어간다. 그 런데 왜 『조선일보』는 이런 학문적 용어를 이데올로기적으로 오용하 는가? 왜 박정희 쿠데타를 "혁명"으로 뻥끼칠하는가? 우종창은 또 한 번 우장창 접시를 깬다.

혁명과 반혁명이 설령 가치중립적인 정치학의 용어라 할지라도 학문 적 배경이 얕은 사람들에게 '혁명은 좋고 따라서 혁명을 추구하는 좌 파도 좋은 것'이라는 인상을 심어줄까 우려되는 대목이다.

정말 정신 상태가 "우려되는 대목이다". 그런 "인상"을 받은 걸 보니, 우종창 기자는 "학문적 배경이 얕은" 모양이다. 그런데 왜 그 주제에 남의 "학문"에 시비를 거는가? 뭘 믿고? 또 그러는 『조선일보』는 왜 군이 박정희를 "혁명가"로 만드는가? 정말로 "혁명은 좋고 따라서 혁명을 추구하는 좌파도 좋은 것'이라는 인상을 심어줄까 우려되는 대목이다". "혁명"을 한 박정희는 "좌파"란 얘긴가? 지금 제정신이 아니다. 정리하면 이런 논리다.

1. "혁명"은 "善"이다.
2. 좌파는 "惡"당이다.
3. 정의상 "惡"은 "善"을 가질 수 없다.
4. 최장집은 좌파가 "善"을 가졌다고 말한다.
∴ 최장집은 빨갱이다.

우파는 근대화 혁명가?

결국 이 모든 해프닝이 "학문적 배경이 얕"은 나머지 "혁명"이라는 말을 이데올로기적 가치평가어로 사용하는 『조선일보』 기자들의 괴상한 언어습관, 파시스트 사회방언에서 비롯되었다는 얘기다. 이어서 말한다.

우파는 농지개혁과 같은 근대화 혁명을 반대한 것이 아니라 그런데 왜 '토지를 농민에게로'라는 빨갱이들의 구호가 먹혀 들어갔을까? 정말 우파가 "근대화 혁명"에 반대하지 않았을까? 조갑제의 말을 들어보자.

예컨대 우리 야당의 뿌리인 한민당은 지주 출신들이 많았는데 이승만의 농지개혁을 반대했습니다.

한민당은 분명히 남로당이 아닌 "우파"였죠? 근데 "농지개혁"에 반대했죠? 그럼 우파의 다른 한 축, 이승만의 똘마니들은 무슨 출신이었을까? "소작농"들이었을까? 박정희 대통령 각하의 말씀이다.

한국민주주의는 과거 반봉건적 반식민지적 지도세력(자유당·민주당의 기간이 된 해방귀족, 지방토호, 양반 등)을 그대로 놓아두고 운영하려고 한 데 실패의 원인이 있었다.

그들 역시 "반봉건적 반식민지적" "해방귀족, 지방토호, 양반 등"이었다. 즉 "지주 출신들"이었다. 이들 역시 토지개혁에 찬성할 이유가 하나도 없었다. 그러니 이리 미루고 저리 미루다 남로당이 준동하니까, 그제서야 부랴부랴 그것도 무상이 아닌 유상으로 분배한 거다. 물론 그 시간이면 재주 좋은 놈들 재산 처분하기엔 충분했다. 어차피 할 거, 처음부터 확실하게 무상분배 했다면, 무지한 농민들이 졸지에 빨갱이가 되어 비참하게 죽을 필요는 없었을 게다. 그럼 불쌍한 박정희의 형도 목숨을 부지했을 게다. 그게 잘한 짓인가? 조갑제의 말을 들어보자.

소작농 출신의 가난한 이 학생이 마르크스와 레닌을 강 건너 불 보듯
하고 있을 수는 없었을 것이다.

이게 그때의 분위기다. 박정희네 집뿐 아니다. 그때 대부분의 사람
들은 "소작농"이었다. 근데 "우파"라는 이름의 "반봉건적 반식민지적
지도세력"이 "근대화에 반대한 것이 아니라"고? 박정희 대통령 각하의
말씀이다.

한국민주주의는 과거 반봉건적 반식민지적 지도세력 (…) 을 그대로
놓아두고 운영하려고 한 데 <u>실패의 원인</u>

각하 왈 그 자들을 제거하지 않고 "그대로 놓아두"었던 게 "한국 민
주주의"의 "실패의 원인"이라고 한다. 그런데 그 자들이 "근대화 혁명"
에 반대하지 않았다고? 그럼 왜 박정희 쿠데타는 "혁명"인가? "근대
화"에 반대하지 않고 멀쩡히 찬성하는 사람들을 몰아낸 게 왜 "혁명"
일까?

김일성은 민족주의자?

"김일성은 열렬한 민족주의자". 여기서도 이들은 '민족주의자'라는
말을 가치평가어로 해석한다. 이건 사실판단이다. 김일성의 정치적

성향은 사회주의보다는 '민족주의'에 가깝다. 가령 주체사상은 마르크스주의라기보다는 괴상한 민족주의 이데올로기다. 그러니까 김용옥 같은 사람이 감동 먹는 거다. 또 김일성의 활동을 보자. 그는 졸개 몇 명 이끌고 가끔 주재소를 습격하곤 했다. 이것 역시 전투적 민족주의자의 투쟁방식이지, 사회주의자의 그것은 아니다. 또 김일성이 제대로 된 사회주의적 교양을 쌓았다는 얘기도 못 들었다.

민족주의에는 여러 가지 종류가 있다. 나치도, 일제도, 후세인도, 카다피도, 김일성도, 모택동도 민족주의자일 수 있다. 민족주의에 대한 주관적 가치평가는 물론 달라질 수 있다. 가령 조갑제도 김구의 민족주의를 민족지상주의라 비판한다. 근데 뭐가 문젠가? 결국 『조선일보』의 논리는 바로 이거다.

1. "민족주의"는 '좋은' 것이다.
2. 김일성은 나쁜 놈이다.
3. 정의상 '나쁜' 놈은 '좋은' 것을 가질 수 없다.
4. 최장집은 김일성이 그걸 가졌다고 말한다.
∴ 최장집은 빨갱이다.

또 그가 "민족통일의 사명감"을 갖고 있다고 말하면 왜 안 될까? 그러니 전쟁까지 일으킨 게 아닌가. 여기서도 이들은 "사명감"을 가치평가어로 해석한다. 당연하다. 파시스트들은 "사명감" 빼면 시체니까. "사명감"은 개나 소나 다 갖고 있다. 나치도, 스탈린도, 극우파도, 주사파도. "민족통일의 사명감"은 우익만 가질 수 있는 건가? 북한 애들은 못 갖는 건가? 그 "사명감"을 각자 다른 방식으로 이해하고 실천할 뿐, 주관적으로 "사명감" 느끼기는 남이나 북이나 피차 마찬가지다. 결국 이런 논리다.

1. 사명감은 '좋은' 것이다.
2. 김일성은 '나쁜' 놈이다.
3. 정의상 '나쁜' 놈은 '좋은' 것을 가질 수 없다.
4. 근데 최장집은 김일성이 그걸 가졌다고 말한다.
∴ 최장집은 빨갱이다.

김일성의 "민족주의"를 가치평가적 의미로, 즉 칭찬으로 사용하는 건 정작 이런 경우다.

주석님의 민족애와 조국애에 평소 경의를 갖고 있었는데 / 그 동안 일제하의 항일투쟁을 비롯하여 40년간 김 주석께서 북녘땅을 / 조국과 민족을 위해 일해 오신 주석님

『월간조선』에 실린 장세동과 전두환의 말이다. 여기 이 맥락에서 "주석님의 민족애와 조국애" 어쩌구 하는 말은 분명히 가치평가어로 사용되고 있다. 그러니까 "경의"를 가질 이유가 되는 거다. 둘째, "일제하의 항일투쟁" 어쩌구 하는 것도 김일성이 실제로 한 일에 비하면 과분한 칭찬이다. 군이 이런 찬양을 할 필요가 있었을까? 외교적 이유에서? 그럼 외교적 이유에서 '김일성 조문'을 주장하던 사람들은

왜 빨갱이일까?

기습남침?

한국전쟁의 원인을 나름대로 한번 구성해보겠다. 물론 이는 우리가 학교에서 교과서로 배운 것과는 좀 다르다. 하지만 난 이게 한국전쟁에 대해 더 많은 걸 설명해준다고 본다. 가령 『조선일보』에서는 6·25가 "기습"이라고 주장한다. 근데 그게 그렇지 않다. 박정희의 말이다.

> 우리는 남침 징후를 6개월 전에 예측했었다. 그러나 이 판단서를 믿으려 하지 않았다. 군수뇌부, 정부당국, 미국고문단 모두가 설마 하고 크게 관심을 표시하지 않았다.

이걸 두고 조갑제는 미군측이 "정보판단"의 실수를 했다고 하는데, 조갑제 자신이 다른 곳에서 이를 뒤집는다.

> 1950년 3월 맥아더 사령부는 북한이 전쟁준비를 하고 있다는 것을 알았다.

그렇다면 6·25는 "기습"이 아니라, 예견된 전쟁이었다는 얘기다. 그럼 이들이 이를 알면서 아무 조치도 취하지 않은 건 어떻게 설명해야 할까? 이들이 미리 조치를 취했다면 한국전쟁은 막을 수 있지 않았을까? 근데 왜 아무 일 안 했을까? 기가 막힌 노릇이다. 주변에서 이런 끔찍한 일이 벌어지는데도 정작 당사자인 남북의 민중들은 아무것도 모르고 있었던 거다.

게다가 미군은 중공군이 개입하리라는 정보도 미리 입수해놓고 있었다고 한다. 38선을 돌파하면 중공군이 자동개입한다는 것을 알고 있었다는 거다. 근데 그걸 애써 무시했다고 한다. 왜?

맥아더가 그 정보를 애써 무시한 것은 만주를 공략하고 싶었기 때문일 것이다. 전략적으로 볼 때 만주를 중국이 장악하는 것은 자유진영에 불리하다고 판단했을 것이다. 맥아더는 이 기회를 놓치지 않고 일거에 만주로 북상하고 싶었을 것이다.

조갑제가 전하는 얘기다. 그렇다면 "맥아더가 그 정보를 애써 무시한" 동기를 뭐라 불러야 할까? "만주를 공략하고 싶"은 마음을 뭐라 불러야 할까? 이런 걸 "공격적 팽창주의의 발로"라 부르면 안 되는가? 그럼 『조선일보』 기자들, 더 좋은 명칭을 지어주시기 바란다. 이 표현 역시 우종창은 가치평가어로, 즉 도덕적 판단으로 해석한 모양이다. 결국 이런 논리다.

1. 팽창주의는 나쁜 것.
2. 소련만 가질 수 있는 것.
3. 미국은 가질 수 없는 것.
4. 근데 최장집은 미국이 그걸 가졌다고 말한다.
∴ 최장집은 빨갱이.

대체 IQ가 몇일까? 38? 어쨌든 조갑제에 따르면, 미군과 한국군은 중공군이 개입할 것을 뻔히 알면서 38선을 돌파했다. 결국 그건 맥아더라는 "정치군인"의 군사적 야심과 이승만이라는 정치가의 정치적 야심이 만들어낸 사건이라는 얘기다. 맥아더는 말한다.

군사상의 추적권은 승자의 당연한 권리입니다.

어차피 이승만도 평소 북진통일을 주장하던 차였다.

대한민국 국군은 삼팔선을 넘어 즉시 북진하라.
　　　　　　　　　　　　　　　—1950년 9월 30일 대통령 이승만.

그리하여 이 끔찍한 전쟁은 2년이 넘게 더 지속되었다. 얼마나 많은 사람이 죽었겠는가? 이게 과연 잘한 짓일까? 모두가 이걸 잘한 짓이라 믿어야 할까? 또 그렇게 안 믿으면 빨갱이일까? 어쨌든 이런저런 여러 가지 정황을 종합적으로 놓고 볼 때, 한국전쟁의 원인을 나는 이렇게 본다.

미국은, 소련의 팽창과 중국의 공산화로 유라시아 대륙이 붉게 물들어가는 것을 막기 위한 합법적 군사개입의 명분을 한반도에서 찾으려 했고 바로 이때 맹동분자 김일성이 한민족을 함정으로 끌고 들어갔다.

어떤가? 말하자면 "합법적 군사개입의 명분"을 찾고 있던 미국과, 맹청하게 거기에 넘어간 "맹동분자" 김일성이 합작으로 일으킨 게 바로 한국전쟁이다. 이것 역시 『조선일보』는 가치판단으로 해석할까? 이것도 "수정주의"적 견해일까? 이것도 빨갱이의 견해일까? 놀라지 마시라. 유감스럽게도 이건 내 얘기가 아니다. 다른 사람도 아닌 대한민국 "우익 인사들"의 견해이다. 이를 "남침방기설"이라 부른다고 한다. 조갑제의 말이다.

좌파들이 주장하는 북침설이나 남침유도설은 이미 낡은 학설이 되어버렸다. 최근 들어 정일권, 연정 같은 우익 인사들이 주장한 것은 '남침방기설'이라 불릴 만하다.

한마디로, 당시 미국은 전쟁의 징후를 포착하고도, 또 전쟁이 임박했다는 정보를 갖고 있으면서도 "합법적 군사개입의 명분"을 찾느라 아무 조치도 취하지 않고 마냥 기다리고 앉아서 그냥 "남침"을 "방기"했다는 것이다. 『조선일보』 기자들, 이 "우익 인사들"의 "주장"이라도 교과서에 실읍시다. 어때요? 우리는 학교에서 이런 거 안 배웠어요. 이런 거 안 가르쳐요. 미국도, 남한도, 자다가 뒤통수 맞은 거라고만 가르쳐요. 왜 거짓말 가르쳐요? 여기서 최장집 교수의 얘기를 들어보자.

'38도선의 군사적 긴장고조가 전쟁으로 발전할지도 모른다는 정보보고에도 불구하고, 미국정부가 태연하게 기다릴 수 있는 여유를 가진 것은 먼지가 가라앉기를 기다리는 자세, 즉 전쟁이 실제로 발발했을 때 이에

대응할 수 있다는 자신감에서 나온 것일 수 있다.'

도대체 양자 사이에 무슨 차이가 있단 말인가? 『조선일보』 기자들, 그 차이를 한번 설명해보라. 외려 최장집 교수 쪽이 훨씬 더 점잖다. 최장집 교수가 "북침설"을 주장하는가?

우리는 6월 25일 새벽 4시반경 북한이 38도선으로부터 선제공격을 감행 하면서 한국전쟁이 개시되었다는 사실을 의심하지 않는다.

보라. 아니잖는가. 그러면 수정주의('남침유도설')를 주장하는가?

경직된 냉전논리와 수정주의적 이론이 가지는 문제점들을 극복하려는 제3의 시각이 필요하다.

봐라. "제3의 시각"을 주장하는 거다. 근데 뭐가 문제일까? 온 국민 이 자기들처럼 "냉전논리"를 가져야 한다는 걸까? 대체 이 자들이 무 슨 권리로 그런 걸 요구하는 걸까? 『조선일보』가 모든 국민에게 강요 하는 입장은 이런 거다.

불법 기습남침을 당한 (…) 이승만 정부가 가장 큰 피해자이고 희생자 이다.

우하하하. 6·25전쟁으로 피 본 건 남북의 민중이었다. 두고두고 득본 것은 남북의 지배층이었다. 그리고 이를 사주한 미국·소련·중국은 본전치기 장사했다. 이승만 정권은 절대로 피해자가 아니었다. 얼마나 재미 좋은 장사였으면 아직도 그 전쟁을 조갑제·이인화가 입에 침이 마르도록 찬양할 정도다.

민중

우종창은 별 거지 같은 것을 가지고 다 시비를 건다. 이를테면 이런 거다.

최 위원장의 논리에서 빈번하게 등장하는 용어가 <u>민중</u>이다.

그런데? 뭐가 문제라는 걸까?

학자의 성향을 파악하는 데 있어 판단기준 중의 하나는 그 학자가 사용하는 용어일 것이다.

말하자면 "민중"이라는 말을 "빈번하게" 사용하는 걸 보니 빨갱이라는 얘기다. 자, 그럼 이건 어떤가?

한국사의 주인공은 잠자고 있었다. 신라 골품제하의 귀족이나 고려, 이조의 양반 관인층은 (…) 새로운 <u>민중적 지도세력</u>의 대두를 저해해 왔음을 볼 수 있다. <u>역사의 창조자인 한국민중</u>(농민들)은 집권적 관인

적 토지 소유제하에서 반농노적 지위에 처해 있었고 봉건제 신분제의
장벽은 <u>민중의</u> 해방을 불가능케 해온 것이다. 그러므로 지금까지의 역
사는 왕조중심사관, 사대사관에 의해서 엮어졌고 진정한 <u>민중사관</u>
의 형성을 보지 못 했다. 농민반란, 이시애의 난, 정여립의 난, 홍경래의
난, 동학민란 등 <u>민중항거</u>의 역사는 포도록捕盜錄에나 기록되고

박정희 대통령 각하의 말씀이시다. 이 짧은 문단에 "민중"이라는 말
이 다섯 번이나 나온다. 그리고 이 말이 어떤 맥락에서 쓰이고 있는
지 보라. "민중적 지도세력" "역사의 창조자인 한국민중" "민중의 해
방" "민중사관" "민중항거" 등. 박정희는 이런 말 해도 되지만, 다른 사
람은 안 된다는 얘긴가? 우종창 기자. 그 말이에요? 우종창 우장창
와장창?

전문가들의 견해

마지막으로 이 문제에 관해 전문가들의 견해를 들어 보자. 먼저 한
국정치학회 회장 백영철의 견해다.

『월간조선』의 기사는 사실과 동떨어진 왜곡보도로 최장집 교수 개인에
대한 살인행위다. 최 교수는 6·25전쟁 등 한국현대사에 대한 전통주의
와 수정주의적 견지를 넘어 사실에 입각한 균형감각을 강조해 온 한국
의 대표적 학자다.

다음은 보수적인 입장을 가진 것으로 알려진 인천대 김학준 총장의 말이다.

최 교수의 논문은 지난 96년 발간돼 이미 학계에서 그 성과를 인정받은 것이다. 『월간조선』의 기사는 논문의 전체를 무시한 채 구절과 단어를 가지고 전체 의미를 왜곡했다. 언론이 표피적으로 왜곡된 사실로써 인신공격을 가하는 것은 최 교수를 정치적 희생양으로 삼으려는 게 아닌가 의심스럽다.

마지막으로 역사학계의 입장이다.

최 교수는 김일성이 한국전쟁을 일으키고 권력을 장악해 가는 과정에서 참다운 민족국가 수립에 걸림돌로 작용한 인물이라는 시각을 견지해 온 학자다. (…) 『월간조선』의 글은 내 입장에 동의하지 않으면 철저히 다른 편이라는 학술적으로나 상식적으로 납득하기 어려운 시각을 보이고 있다.

물론 지식인들이 이렇게 나온다고 『조선일보』가 개과천선하지 않는다. "유비무환". 이런 때를 대비해 대응논리를 갖고 있기 때문이다. 바로 파시스트 반反지식인론이다. 조갑제의 말이다.

한국의 주자학적 지식인들처럼 비난 비판 매도 부정의 논리 개발에 그 능력을 극대화하고 있는 이들은 지구상에 달리 없을 것이다.

그래서 나도 "유비무환", "한국의 주자학적 지식인"이 아닌 "주자학"과 전혀 관계없는 외국 지식인의 말을 준비했다. 외국에서는 이 문제를 어떻게 볼까? 인디아나 대학에서 동아시아학을 하는 마이클 로빈슨의 평이다.

> 나는 한국학을 연구하는 학자로서 최근 최장집 교수의 연구업적을 두고 논란이 일고 있는 것을 인터넷을 통해 확인하고 쓴웃음을 짓지 않을 수 없었다. (…) 이런 반학술적 논쟁은 한국사회의 편협성과 경직성을 국제 학계에 널리 알려 국가 이미지를 훼손하는 심각한 부작용을 부를 것이다. 한국사회는 이런 가십거리를 더 이상 양산해서는 안 된다.

한마디로 『조선일보』의 "실천하는 국가주의"자들, 그 극성스런 애국자들이 심지어 "한국학을 연구하는" 외국인들에게 "쓴웃음을 짓"게 하고, "한국 사회의 편협성과 경직성을 국제학계에 널리 알려 국가 이미지를 훼손"하는, 웃지 못할 "가십거리"를 "양산"하고 있다는 얘기다. 한마디로 이 애국자들이 나라망신시켰다는 거다. 그럼 빨갱이 최장집은 어떤 놈일까? 마이클 로빈슨의 말이다.

> 그의 연구는 충분한 자료 탐색, 객관적 분석과 치밀한 논리 전개 등으로 한국정치에 관한 논의를 국제수준으로 끌어올렸다.

보라. 지금 누가 애국을 하고, 누가 망국적 작태를 하고 있는지.

빨갱이 제조기

이제까지 극우 파시스트들의 해석학적 증상을 보았다. 이들은 사실판단과 가치판단을 구별 못하고, 객관적 학문용어를 몽땅 주관적 가치판단의 표현으로 읽는다. 그 결과 최장집은 늘 빨갱이가 된다. 이를 좀 일반화하여 논리식으로 형식화하면 다음과 같다.

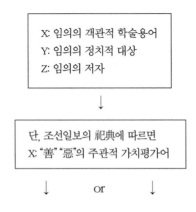

이게 바로 '조선제빵'이 자랑하는 '빨갱이 제조기'의 내부구조다. 누구라도 이 극우파들과 다른 생각을 가진 사람은 'Z'가 되어 저 괴상한 논리기계 속에 들어가 머리에 쇠뿔 두 개를 달고, 엉덩이에 꼬리를

부착당하고, 온 몸에 새빨간 뺑끼칠을 당할 수가 있다. 거짓말이 아니다. 조갑제의 말이다.

> 대한민국을 구성하는 기본 요소들인 반공, 우익, 국가를 경멸하는 사람들 중에는 친공, 좌익, 반국가 세력이 있습니다.

이게 대한민국 "반공"주의자, "우익" 극성파, "국가"주의자들의 수준이다. 이 자들 좀 보라. 자기들이 "대한민국을 구성하는 기본 요소"란다. 국가대표란다. 양정모·황영조 선수란다. 웃기고 자빠졌다. 꼭꼬댁 꼬꼬 닭짓을 하면서 우리에게서 "경멸"할 권리까지 박탈한다. 자기들 "경멸"하면 "친공" "좌익" "반국가세력"이란다. 지금 협박하는 거다. '우리 우습게 보지 마. 우리 우습게 보는 놈 빨갱이야.'

『조선일보』의 조갑제, 우종창, 이동욱, 이한우 기자. 제가 분명히 얘기할게요. 난 당신들 하는 짓거리 "경멸"해요. 나 당신들 우습게 봐요. 우스운 걸 어떡해요. 저 "반국가 세력" 맞죠? 신고하세요. 전화번호는 도도도. 요금 무료예요. 한완상, 이장희, 송두율 그리고 최장집. 우종창 기자, 이동욱 기자. 다음 타깃은 누구예요? 이한우 기자, 수고했어요. 먹고살기 힘들죠, 그쵸? 해석학 공부해서 다음은 누구 책 "발췌"해서 "정리"할 거예요? 편집장님(조갑제)이 누구 조지래요?

가치론적 세계관

이렇게 파시스트 세계관은 가치론적이다. 영웅전과 무협지만 읽는 이 학동들의 머릿속에선 늘 선과 악의 세계사적 결전이 벌어지고 있다. 이것이 이들의 세계다. 이런 똑같은 세계관의 역사적 유례를 찾으려면 500~600년 전 서양의 중세 말로 돌아가야 한다. 중세인들도 세계를 그런 방식으로 파악했다. 이들도 과학적 명제를 가치판단으로 해석했다. 가령 '지구가 태양 주위를 돈다'는 과학적 명제를, 이들은 사회질서를 무너뜨리는 반사회적·반국가적·반교회적·비도덕적 발언으로 읽었다.

당시에도 광신적 이데올로그들이 학문적 저서들을 검열하곤 했다. 이들의 텍스트 읽기에는 독특한 점이 있다. 즉 자기들의 주장을 일단 '도그마'로 확보한 다음에, 거기서 조금이라도 벗어나면 '사탄의 생각'이라는 딱지를 붙이는 거다. 남의 텍스트를 읽을 때, 그들은 거기서 뭔가 배우기를 원하지 않았다. 그 텍스트의 오류를 꼼꼼히 지적하며 비판할 생각도 없었다. 이들의 유일한 관심사는 그 텍스트가 자기들이 가진 도그마와 차이가 나는지 여부였다. 거기서 조금이라도 차이가 난다고 판단되면, 이들은 그 텍스트에 사탄의 딱지를 붙였다. 그러면 그 책들은 장작더미 위에 던져졌다. 물론 저자도 함께.

주위 환경에 단세포적으로 반응하며 살아가는 대한민국 극우파들도 마찬가지다. 이들은 세계 속의 모든 사건을 '우리'/'적'이라는 도식으로 읽는다. 물론 『조선일보』에 다니는 '우리'는 '좋은 나라'고, 그 신문 안 읽는 자들은 당연히 '나쁜 나라'다. 이들은 '우리=국가'라고 생각하며, 매일 아침 일찍 일어나면서 '우리 나라 좋은 나라'라고 굳게 믿는 새나라의 어린이들이다. 따라서 자기들은 곧 국가며, 그것도 '좋은 나라'며, 그러니까 자기들에 반대하는 자는 '나쁜 나라', 즉 "반국가분자"라는 거다. 모든 학적 개념을 '나쁜 나라, 좋은 나라'의 가치판단의 표현으로 해석하는 버릇은 바로 이 유치한 소아병적 경향에서 비롯된다.

신고합니다

『월간조선』 기자 양반들, 기뻐하세요. 제가 진짜 용공 빨갱이 좌익 이념논객 학자를 하나 발견했어요. 때려잡으세요. 가까이에 있어요. 같은 건물에서 일해요. 『조선일보』 논설위원 류근일이라고 아시죠? 이분이 만학을 해서 논문을 썼대요. 박사학위 논문이래요. 제목은 『권위주의 체제하의 민주화 운동 연구: 1960-70년대 제도 외적 반대세력의 형성과정』. 어떤 책인지, 이 책을 읽은 강준만 교수의 얘기를 들어봅시다.

이 책은 에르네스토 라클라우, 샹탈 무페, 앤서니 기든스 등과 같은 <u>서양 좌파 이론가들의 이론과 방법을 긍정적으로 차용하고</u> 있어 쓴웃음을 짓게 만든다. 천하의 극우 칼럼니스트도 논문은 칼럼과 다르다고 믿는 걸까?

근데 이런 용공분자가 『조선일보』의 "주간"이라면서요? 더군다나 "유명한 이념논객"이라면서요? 이 용공분자를 『조선일보』에서는 이렇게 칭찬했다면서요?

정치를 공부하고 보고 평하는 데 생의 대부분을 바친 류 주간은 유명한 이념논객으로서의 날카롭고 재기에 찬 면모가 체취에까지 묻어나는 사람이다.

그러는 주제에 정말 웃기고 자빠졌다.

몽골기병대

국민 여러분. 드디어 몽골기병대의 공격이 시작되었습니다. 빰빠라밤. 우리의 몽골족이 "5대륙에 다 진출한 이런 진취성과 힘의 배경은 무엇일까?" 궁금하죠? 물론 "말에 의한 기동성"에다 "이 종족의 강인한 체력도 한 몫을 했"답니다. 오, 자랑스런 징기스칸의 후예들. "말발굽 소리가 들려오는 초원의 야성으로 돌아가자는" 이들은 과연 누구인가? 짠. 봅시다. 먼저 유럽대륙을 장악한 몽골전사.

박성조 騎士

두그닥 두그닥 두그닥. 독일에서 달려온 박성조 騎士. 히히히히힝. 어, 우리 대학 교수네요? 랄랄라. 베를린자유대학이래요. 할로, 할리 할리 할리, 할리, 할로. 반가워요. 『조선일보』의 그 기사 너무 잘 쓰셔서 여기 학생들 다 보라고 학교에 게시할 생각이에요. 그래도 되겠죠?

독일에서 공직자가 되려면 가혹할 정도로 검증을 받아야 한다. 이 작업은 국가기관과 언론기관의 중요한 임무이다. 국가기관에서는 헌법수호청Verfassungsschutz(독일 국내 담당 정보기관)이 이 일을 맡는다.

"헌법수호청". 좋죠? 거기서 주로 뭐합디까? 나치 잔당 색출하는 일이죠? 파시스트 잔당 때려잡는 일이죠? 제 말이 그 말이에요. 우리나라도 그거 만들면 어때요? 그럼 『조선일보』 당장 문 닫을 거예요. 그죠? 나치랑 똑같은 얘기 하잖아요. 파쇼독재 하자잖아요.

검증의 기본 목표는 독일의 민주주의에 완전히 상응하는지 않는지를 조사하는 것이다.

랄랄라. 우리 『조선일보』도 한번 해볼까요?

서구민주주의에 맞설 수 있는 자주적 정치제도 (…) / 자유민주주의와 같은 외래사상 (…) 에 반기를 든 (…) 이승만, 박정희 같은 자주, 실용 노선의 인물들

섹시하죠? 이 얘기들 한국의 "민주주의에 완전히 상응"하나요? "자유민주주의"에 "맞"먹겠대요. "반기"를 들겠대요. 이 따위 얘기하면 헌법수호청에서 뭐라 그럴까요? 또 이건 어때요? "성공한 쿠데타는 처벌할 수 없다". 헌법수호청이 당장 동태 감시에 들어가죠? 헌정을 파괴한 독재자 찬양하면 어떻게 되죠? 근데 『조선일보』 막 찬양하잖아요.

박성조 교수님, '헌법수호청'이 진짜 하는 일은 왜 다 빼놓으셨죠?(『조선일보』, 1998년 11월 6일)

나라 살린 "국가 엘리트"래요. 이건 어때요. "실천하는 국가주의". 섹시하죠? 또 이건 어때요? "헌법을 파괴하는 것도 고도의 도덕성의 표출일 수 있다". 한국판 칼 슈미트죠? 독일에선 이런 삑사리 하면 당장 감옥 가죠? 『조선일보』에서 바로 이런 걸 주장해요. 우리도 막 집어넣읍시다. 막 자릅시다.

　　독일에서는 국가기관과 자신의 사상을 적당히 숨겨가면서 공직자가 되는 것도 상상할 수 없는 일이다.

　　그럼요. 지금 수상이 된 슈뢰더의 사상은 뭡니까? 좌파사상이죠? 듣자하니 사민당 학생조직 "젊은 사회주의Junge Sozialisten"에서 정치활동을 시작했대요. 골수래요. 이 "젊은 사회주의자"가 20년 동안 "자신의 사상"을 철저히 숨겼던 모양이죠? 수상까지 올라간 거 보니. 어떡하죠? 독일 공산화돼서. 유럽대륙 3분의 2가 공산화됐잖아요. 박 교수님, 보트 피플 되려나?

좋아요. 우리도 이 참에 독일처럼 공직자들 철저하게 전력 캡시다. 김종필, 과거에 좌익이었대요. 아직 공식적으로 전향 안 했대요. 사상 검증합시다. 또 민족을 배신했던 친일파들과 그 사상적 똘마니들, 전력을 캐서 검증합시다. 근데요, 『한국논단』과 『조선일보』가 반대해요. 어쩌죠? 또 헌정파괴범에게 협력한 3공, 5공의 잔당들도 전력을 몽땅 드러내 단죄합시다. 그것도 『조선일보』가 반대해요. 어쩌죠? 교수님, 우리 할 바엔 독일식으로 철저하게 합시다. 이 자들 사정없이 공직 박탈합시다. 사회에서 축출합시다. 여적까지 반성 않고 "유신본당"이라며 외려 뻐기는 자들, "박정희교"니 뭐니 사이비 종교 만드는 자들, 독일처럼 본때를 보여줍시다.

필자도 국립대학의 교수이기 때문에 학자이면서 공무원으로서 검증 과정을 거쳐야 했다.

하지만 헌법만 준수하면 독일에선 좌파도 교수 하죠? 대학에서 좌파 교수들도 멀쩡히 강의하죠? 또 좌파도 수상이 되죠? 장관이 되죠? 심지어 공산당 후신도 의회에 의석이 있죠? 과거 6·8세대가 만든 정당도 여당이 되죠? 결국 중요한 것은 헌법수호 의지죠? 근데 그 헌법 깨는 게 잘한 것이라고 주장하는 자들이 있어요. 누구겠어요? 『조선일보』지.

반면 '과거의 파시스트들이 좀 잘못했어도 경제를 발전시키고, 국력을 강화하고, 사회를 안정시킨 공이 있지 않느냐?' 이렇게 주장하면 어떻게 되죠? 학계에 발도 못 디디죠? 작살나죠? 『조선일보』에선 바로 그 짓 하고 있어요. 또 "동양적 정치이념" 운운하며 그걸로 서구의 자유민주주의와 대결하겠대요. 독일에서 '게르만적 정치이념'을 운운하며 "서구 자유민주주의"와 대결하겠다고 얘기하면 어떻게 되죠? 작살나죠? 또 "인권 좋아하시네", 이런 얘기하면 어떻게 되나요? 랄랄라. 정치학 교수님이시니 잘 아실 거예요. 『조선일보』 독자들에게 가르쳐주세요. 그런 사람들, 독일 사회가 어떻게 다루는지.

키징거 전 총리, 뤼프케 전 대통령, 필빙거 전 마덴뷔르템베르크 주지사 등의 나치 관련 행적을 파헤치고 여론의 판정을 받게 한 것도 모두 『슈피겔』지 등 언론의 역할이었다.

교수님, 박정희는 친일파였대요. 반공주의자들 상당수가 일제 앞잡이였대요. 진작 사상검증을 할 걸 그랬어요. 『조선일보』 뭐하는지 모르겠어요. 이런 거 안 캐고. 사상검증은 언론의 임무라면서. 또 박정희는 빨갱이였대요. 김종필도 좌익이었대요. 박정희는 미국까지 가 그 기록을 없애려 했대요. 『조선일보』는 뭐하는지 모르겠어요. 이런 거 안 캐고. 또 우리 나라 의원나리들 중 혹시 과거에 헌정파괴범에 협력한 사람들 없을까요? 물론 하나도 없겠죠? 만에 하나 혹시 있다면, 독일식으로 철저하게 드러내야겠죠?

근데 교수님, 최장집 교수는 전력이 뭔가요? 혹시 아세요? 박정희처럼 남로당 군책이었나요? 아니면 유신본당이나 전두환 똘마니들 같은 파시스트였나요? 아니면 『조선일보』처럼 파쇼 정권에 아부하며 협력했나요? 그 분 과거에 무슨 일 하셨대요? 혹시 아세요? 독일에서 이런 분도 사상검증 하던가요?

두번째, 최장집 위원장의 논문은 과연 대한민국의 정통성과 6·25전쟁을 해석하는 데 있어 문제가 있는가, 없는가.

그건 교수님의 개인적 판단이에요. 그걸 공적 기준으로 착각하면 안 되겠죠? 민주주의 국가에서 말이에요. 자기 의견이 절대적 진리라 우기는 건 파쇼죠? 학문세계에 들어오면 교수님도 발언권 딱 한 장 갖는 거예요. 더도 덜도 말고. 그런데 교수님은 최장집 교수의 책 읽어 보셨나요? 한국 정치학계 전문가들에 따르면 아무 문제 없다던데, 그리고 제가 봐도 그 정도면 세계 어느 곳에서든 아무 문제없어요.

그리고 한 마디. 독일에서 반공교육 하던가요? 언론이 빨갱이 사냥하던가요? 광신적 반공에 동의 안 한다고 반국가분자 되던가요? 좌익이라고 잡아 가두던가요? 반공법 있나요? 국가보안법 있나요? 사상전향제 있던가요? 전향 안 한다고 야만적으로 사람을 3,40년씩 독방에 가둬 놓던가요? 극우파들이 수상후보들 TV카메라 앞에서 사상검증한다고 지랄하던가요? 왜 이런 얘긴 안 하세요? 그리고 사상전향제, 명백한 위헌이죠? 왜 이런 얘긴 안 하세요? 또 언론이 독재자를 찬양하던가요? 1조2000억 해먹는 자들 두둔하던가요? 왜 이런 얘기

안 하세요? 한국에서 지금 일어나고 있는 그 코미디. 독일 사람들한테 얘기하면, 뭐라 그럴까요? 잘 하는 짓이라 그럴까요? 왜 이런 얘긴 안 하세요?

교수님, 우리 이 참에 그거 만듭시다. "헌법수호청". 저는 독일에 와서 5년을 살았는데, 이 말과 관련된 사건들은 죄다 네오나치, 파시스트들 얘기였어요. 우리 이거 만듭시다. 그러잖아도 저 상당히 부러워했어요. 우리한테도 이런 게 있으면, 랄랄라, "자유주의" 부정하고 "민주주의" 부정하는 『조선일보』 파시스트들 영원히 퇴출할 텐데. 다시 한 번 물을게요. 문제가 된 최장집의 논문. 그리고 『조선일보』와 『월간조선』의 기사들. 이 두 가지를 두고 독일의 헌법수호청에 사상검증(?)을 맡긴다고 합시다. 독일의 헌법수호청은 누구를 잡아넣을까요?

교수님, 인연이 닿으면 오다가다. 학교에서 한 번 뵙죠. 제가 『조선일보』 사상 분석해 놓은 자료 드릴게요. 입이 딱 벌어지실 거예요. 『조선일보』의 세계관, 누가 봐도 오리지날 나치 이데올로기 맞죠? 근데 그게 이곳 독일의 보수주의자들의 세계관입니까? 독일의 보수주의자들도 그런가요? 그거 여기선 네오나치들이나 하는 얘기죠? 네오나치들도 헌법수호청 무서워 이리저리 어렵게 돌려서 하는 얘기죠? 『조선일보』처럼 까놓고 그런 얘기 못 하죠? 왜 이런 얘기 안 하세요?

송복 戰士

국민 여러분, 박홍 제2탄입니다. "용기있는 지식인" 연세대학교 송복 교수랍니다. 로시난테를 타고 위기에 빠진 구국의 간성을 구하려 신촌골에서 원군으로 득달같이 달려오셨답니다.(PC통신에 보니 『조선일보』 송희영 부장의 친절한 소개 글이 있더군요.)

오늘 아침 송복 연세대 교수께선 『조선일보』에 언론은 최 위원장의 사상을 검증할 권리가 있다고 썼습니다.

대단하죠? "용기있는" 분이에요. 사상을 검증한다? 교수님. 그거 어디서 배우셨어요? '자유민주주의 사회에서 사상을 검증해도 된다.' 누가 그러던가요? 아담 스미스요? 칼 포퍼요? 어때요. 교수님 사상도 한번 이 참에 검증해보는 게? 『조선일보』에서 제공하는 도장㉦! 이마에 달고 다니세요. 나는야, 자랑스런 검증필 교수. 한국정치학회에서 항의 성명을 냈더니, 기껏 하는 소리가

그것이야말로 지극히 감성적이고 비지성적일 뿐 아니라 흔히 보는 매카시 수법의 하나인 것이다.

누가 "매카시"라구요? 어머머머. "흔히 보는 매카시 수법"? 어디서 "흔히" 보셨어요? 우리 나라에서 "흔히" 그 "수법" 쓰는 신문이 어느 신문이에요? 그 짓 잘 하기로 자타가 공인하는 유명한 신문 있죠? 『조선일보』라고. 교수님. 이렇게 말씀하셨죠?

개인 최장집 교수에 대해서는 그 누구도 왈가왈부할 수 없고, 해서도

안 된다. 학자에게는 학문의 자유가 있고, 사상의 자유가 있다. / 문제
는 (···) 공인 최장집 교수이고, 그 교수의 공인으로서의 검증이다.

그래요? 그럼 이동욱이 이장희 교수에 대해서도 "왈가왈부할 수 없
고, 해서도 안 된다"는 얘기죠? 그죠? 근데 이동욱. 결국 난리를 쳤
죠? 왜 그런대요? 참 이상한 성격이죠? 그때 이장희 교수가 무슨 "공
인"이었나요? 아니죠? 근데 송복 교수님은 그때 어디서 뭐하고 계셨어
요? 『조선일보』 성토하고 계셨나요?

정치학회의 성명처럼 마녀사냥이나 다름없는 무분별한 규탄을 해서
는 안 된다.

허, "마녀사냥" 하는 게 누군데요? 교수님, 발 내리세요. 왜 이렇게
힘든 자세로 다니세요? 팔로 걷지 말고 다리로 걸으세요. 점점 닮아
가시나봐요. 하긴, 물구나무선 자들하고 얘기하려면 자기도 물구나
무를 서는 수밖에. 국민 여러분. 이거 굳이 코멘트 안 해도 되겠죠?

물론 글 전체로 봐서는 문제 삼지 않아도 된다.

인정하시죠? 근데 뭐가 문제예요? 몇 가지 표현 때문이죠? 박성조
교수도 내용이 아니라 "용어"와 "표현"을 문제 삼더군요. 결국 사상은
문제없는데 그걸 표현하는 방식이 문제다. 이겁니까? 이걸 말이라고
하십니까? 이어서 교수님의 논증이 나옵니다. 국민 여러분, 웃읍시다.

하하하. 들어 보세요.

① 학자는 용어에 엄격하고 세심해야 하는 것이다.
② 그런데 이 역시도 학자로서 최 교수에게는 문제될 것이 없다.
③ 오로지 공직자로서의 최 교수에 대한 검증의 문제로 시시비비가
될 뿐일 것이다.

이걸 논증이라고 하십니까? "용어에 엄격하고 세심해야 하는 것"은
"학자"다. 근데 그게 "학자"에게는 "문제될 것이 없다"? 하지만 "공직자"
에게는 그게 "시시비비"가 된다? 무슨 얘깁니까? 교수님 말씀대로 용
어에 "엄격하고 세심"해야 하는 건 "학자"입니다. "공직자"가 아닙니다.
그런데 그게 정작 "학자"에게는 문제가 안 되고, 거꾸로 "공직자"에게
는 문제가 된다? 이게 말이 됩니까? 뒤집혔잖아요. 이게 뭘 의미하겠
습니까? 교수님의 생각이 변태적이라는 얘기예요. 완전히 물구나무
서 있다는 얘기예요. 먼저 최장집 교수의 책은

물론 글 전체로 봐서는 문제 삼지 않아도 된다

고 하셨죠? 둘째, 문제가 있다면 "용어"인데, 거기에 주의할 사람은
"학자"라 그러셨죠? "공직자"가 아니라. 따라서 최장집 교수의 "용어"
선택에 만약 문제가 있다면, "문제 삼"아야 할 것은 "학자" 최장집이지
"공직자" 최장집이 아니겠죠? 이렇게 추론해야 정상이겠죠? 그죠? 근
데 교수님, 지금 누구를 공격하시는 거예요?

최장집 위원장 (최장집 교수가 아니라)

국민 여러분, 보셨죠? 이게 바로 이 자들이 언어를 이리저리 꼬아 가며 억지를 부리는 방식이에요. 교활하죠? 왜 그러겠어요? 정치적 속셈이 있는 거예요. 개혁의 발목을 붙잡으려고 연세대학에서 교수씩 이나 하는 이 양반이 이 따위 뻔데기 IQ 논증으로 민심교란하는 거예요. 그러면서 주제에 한 마디 더 해요.

학자는 학자다워야 한다.

그럼요. 좀 학자다우세요. 이게 뭡니까? 이걸 논증이라고 합니까? 국민을 좆으로 보는 겁니까? 국민 여러분, 이게 이 사건의 본질입니다. 학적 토론을 통해 해결할 문제를, 정치적 보복의 수단으로 활용하는 것. 이게 이 봉건 파시스트들이 하는 짓거리입니다. 기억해두세요. 송복이라는 이름도 꼭 기억해 두세요.

대체 검증을 한다면 누가 합니까? 누구 사상을 기준으로 할까요? 『조선일보』와 『한국논단』이요? 이들 눈에 빨갱이 아닌 사람이 어디 있습니까? 미스 코리아, 농구선수, 가수, 교수, 통일원 장관, 심지어 현직 대통령도 과거에 빨갱이였죠? 자, 기준이 뭘까요? 교수님은 한국정치학회를 신나게 규탄하셨죠? 그러니 이제 공정한 사상검증을 누구한테 맡겨요? 『조선일보』에요? 아니면 송복 교수님께요? 『조선일보』가 진리인가요? 교수님이 길이요, 진리요, 생명이십니까? PC통신에 오른 글을 보니,

송 교수는 오늘 아침 너무 많은 격려 전화가 걸려 와 집에서 사무실로
피신했다고 합니다.

여러분 보셨죠? 이게 이분들 IQ입니다. 교수님 머리가 참 안 돌아
요. 제가 한 수 가르쳐 드릴게요. 그럴 때는요. 살며시 전화코드를 뽑
아버리세요. 그럼 굳이 로시난테를 타고 "사무실로 피신"할 필요 없잖
아요. 하루 종일 그 "사무실"에서 뭐하셨어요? 제 말대로 하셨으면 집
에서 두 발 뻗고 랄랄라 비디오 보잖아요. 불쌍한 로시난테, 마굿간
에서 릴릴리 여물 뜯구요.

격려 전화 내용은 1백% '내가 할 말을 대신해 줬다'거나 '말 없는 다수
의 의견을 대변해줬다'는 것이었답니다.

저 뻔데기 논증에 설득돼서 99.9도 아니고 순도 "1백%" "격려전화"
를 받았대요. "말 없는 다수". 이 가설엔 한 가지 심각한 인식론적 문
제가 있어요. "말"이 "없"는데, 이분들 어떻게 자기들이 "다수"임을 알
수 있었을까요? 아무 "말" 안 하는데 어떻게 서로의 마음을 확인할
수 있었을까요? 희한하죠? 지-잉, 텔레파시? 재미있는 사람들이에요.
교수님, 그 분들한테 전해주세요. 이젠 "말"해도 된다구요. 박정희,
전두환 시대 끝났다구요. "말"해도 감옥 안 간다구요. 대한민국 민주
화됐어요. 교수님, 보셨죠? 독재의 여파. 이렇게 오래 가잖아요. 얼마
나 지독했으면 글쎄 "다수"면서도 민주화가 된 여적까지 정글 속에 숨
어 아무 "말"도 "없"이 지낸대요? 답답하지도 않은가 봐요. "말 없는

다수" 여러분, "말"을 하세요. "이제는 말한다". 저희는 『조선일보』처럼 온갖 더러운 수를 써가며 치사하게, 비열하게 남의 말 막지 않습니다. 이제 정글에서 나오세요. お-い, 出て來-い, 獨裁は終わった!

어쭈, 이한우 戰士

어, 나오는군요. 이한우 기자. 드디어 나오셨군요. 기다렸어요. "문화부 기자"라구요? 사상검증을 하는 야만적인 풍토에 얼어죽을 "문화부"가 왜 필요하대요? 이 참에 '문화론'이나 하나 쓰세요. '사상검증문화론' 내지는 '검열문화' 이한우 著, 어때요? 어떤 논리를 펼까? 무척 궁금했는데 상당히 실망스럽네요. 고작 그거예요? 흥미진진한 논쟁을 기대했는데, 유감스럽게도 그럴 수준이 안 되나 봐요. 아직도 이해를 못 했어요? 정말 몰라서 그러는 거예요?

어느 나라에서 감히 언론 따위가 시민들의 사상을 검증합니까? 독일이요? 5년 동안 독일에 살면서 그런 경우 한 번도 못 봤어요. 그 교수님, 언제적 얘기하는 건지 모르겠어요. 나치 애들 전력 캐는 걸 사상검증이라 부르시는 모양인데, 그래서 쫓겨난 건 죄다 『조선일보』랑 똑같은 얘기하는 파시스트들이에요. 독일은 우리랑 달라요. 우린 친일파 하나 못 잡았잖아요. 파쇼독재에 협력했던 자들 그냥 놔두잖아요. 독일에선 파시스트들 철저하게 전력 캐서 단죄했어요. 왜 그러겠어요? 그게 다 과거에 민주주의를 널럴하게 한 결과 나치들이 헌정을 뒤엎어 히틀러 파쇼독재를 했던 그 끔찍한 경험 때문이에요. "헌법수호청", 우리 나라도 그거 있었으면 좋겠어요. 우리도 민주주의 널럴하게 하면 안 됩니다. 독하게 해야 됩니다.

> 이번 사태의 대립은 보수와 진보의 대립이라기보다는 전체주의적 광기
> 의 발로

이게 틀린 말이라는 거죠? 정신 차리세요. 60년 전 발광하던 나치
들이 하던 얘기 재탕하지 말고. 제발 수준 좀 높이세요. 이게 뭡니까?
우익하지 말란 얘기 아녜요. 하세요. 하려면 제대로 하세요. 말 되게
하세요. 다원성을 생명으로 아는 자유민주주의의 원리를 무시해 가
며 20세기가 끝나도록 쉰내 풀풀 나는 파쇼 이데올로기 선전하는 거.
이걸 뭐라 불러요. "전체주의적 광기"가 아니면? 좋은 명칭 있으면 추
천해 줘요. 여러 가지 있잖아요. "지랄"? "발광"? "발작"? 뭘로 할까요?
"선택"하세요.

> 솔직히 말해 최장집 교수가 좌파라 하더라도 주요 공직을 맡아서는 안
> 되는 이유가 어디 있는가.

이게 틀린 말이란 거죠? 공직은 『조선일보』 읽는 사람들만 맡아야
되나요? 시퍼런 사상검증을 한다는 독일에서도요. 좌파가 수상을 해
요. 장관직 몽땅 쓸어버렸어요. 좌파가 "공직을 맡아서는 안 되는 이
유"가 뭘까요? 설명해 보세요. 법철학적·정치철학적 관점에서. 상당히
궁금해요? 이거 정당화하는 데 성공하면 이한우 기자. 세계 법철학계
의 스타가 될 거예요. 해보세요. 이 참에 칼 슈미트를 능가하세요.

'조선일보 죽이기'? '조선일보 제몫 찾아주기'! (『조선일보』, 1998년, 11월 3일)

현대 자유민주주의에서는 어느 국가권력도 사상검증을 할 수 없다.

틀린 말이라는 거죠? 그러니까 파쇼지. 이건 고전적인 자유민주주의 원리예요. 이거 싫어요? 그럼 조용히 자유민주주의의 나라, 대한민국을 떠나세요. 떠날 때는 말 없이, 미련 없이, 아무도 안 말려요. 그리고 이렇게 코멘트 했죠?

학문과 사상의 자유가 억압당하고 있다고 주장하기 위해 모인 학자들이 학문과 사상의 자유를 만끽하고 있었다.

열불 터지죠? 李"국부" 같았으면 이 새끼들 죄다 특무대장 김창룡이한테 넘겼을 텐데, 朴"초인" 같았으면 죄다 중정에 넘겨 조질 텐데,

07 '좌빨' 사냥 457

좀"엘리트" 같았다면 삼청교육시켰을 텐데. 열불 터지죠? 약 오르죠? 메롱, 메롱, 깍-꾸. 정말 한심하다.

　　학자들이 학문과 사상의 자유를 만끽하고 있다.

　　이런 걸 '자다가 봉창 두드리는 소리'라고 해요. "문화부 기자"라서 사회면과 정치면에서 그동안 무슨 일이 있었는지 모르나 봐요.『조선일보』의 대내비對內秘인가 보죠? 쉬이, 제가 살짝 가르쳐 드릴게요. 아무한테도 얘기하지 마세요. 저한테 들었다고 하지 마세요. (실은 그동안 골 때리는 일이 있었어요. 그 신문사에 우종창이라는 분 있죠? 그 분이 최장집 교수보고 '빨갱이'랬어요. 세상에, 말도 안 되는 코미디죠? 당나라에나 있을 해프닝이죠?) 그래서 그 분들 거기 모여 『조선일보』 이놈, 학문과 사상의 자유 억압하지 마', 이 말 하려고 했던 거예요. 아셨어요? 기자라는 분이 취재 나가 분위기 파악도 못했나봐요.

초원의 결투

　　그리고 이것도 아무한테나 얘기하지 마세요. 혼자만 알고 계세요. (얼마 전에도, 이동욱인가 뭔가 하는 사람이 이장희 교수님보고 빨갱이라고 그랬대요.) 대체『조선일보』, 뭐가 불만이래요? 왜 "학문과 사상의 자유를 억압"한대요? 자기들이 뭔데? 주제넘게? 그러는『조선일보』의 사상은 어떤데?
　　징, 징, 징기스칸……. 초원에서 들려오는 야성의 소리『조선일보』

의 몽골전사들, 불패의 영장 조갑제 장군의 지휘 아래 개가죽 투구를 쓰고, 허리에 육포를 차고 이 사람, 저 사람, 엄한 사람, 피웅 피웅 활을 쏘아대며 두그닥, 두그닥, 두그닥, 히히히히히힝. 이분들이 탄 몽골 산 준마. 몽골말들이라 이름들이 좀 이상하네요.

'이장희는 빨갱이다아아' 함성을 지르며 득달같이 달려드는 이동욱(昱) 騎兵의 말 → 昱騎之馬.

'최장집은 빨갱이다아아아' 고함을 지르며 미친 듯 돌진하다 급기야는 힘이 빠져 결국 우리 전투마의 말발굽에 깔리고 마는 가련한 우종창 기자의 말 → 足下之馬.

이 꼴을 보고 분기탱천, 『조선일보』 덕에 '학자들이 학문과 사상의 자유를 만끽하고 있다아아아'고 삑사리하는 몽골의 사오정 이한우 전사의 말 → 可不之馬. 말도 안 되는 줄 알면서 왜 그랬을까.

제 병졸들이 죽어 나자빠지는 것을 본 조갑제 장군. 자리를 박차고 일어나 말에 오른다. 턱을 가볍게 떨며 지긋이 아랫입술을 물더니 적개심에 이글이글 불타오르는 눈초리로 힘차게 말을 몰아 돌진을 한다. 혈혈단기, 肉탄으로 적진을 향해 突진하는 조甲제 장군의 말. 그 이름 장하고도 장하도다 → 肉甲突之馬.

그마저 장렬히 戰死하면 이로써 전투 끝. 왜? 아, 그건

강력한 지도력을 가진 사람이 나타나면 무서운 응집력을 보이다가도 그런 지도력이 사라지면 순식간에 흩어져버리는 초원의 한 원리

때문이지. 지휘관을 잃자, "강력한 응집력을 보이"던 몽골전사들 "순

식간에 흩어져버리"고 랄랄라 콧노래를 부르며 흩어지는 잔당을 뒤쫓는 우리의 용감한 추적용 군마→逃亡歌之馬.

전사자로 뒤덮인 몽골벨트에 지아비를 잃은 몽골여인들의 구성진 곡성이 울려퍼지면, 오열하는 이들 앞에 터벅터벅 다가서서 말 없이 전사한 몽골전사들의 유해를 내려 놓는 우리의 수송전용마, 그 유명한→鬱之馬.

그리하여 은은히 울려퍼지는 장중한 '전쟁 레퀴엠'. 울지마-하, 울긴 왜 울어-허, 그까짓 거 미련 때문에……

戰士들은 戰死, 준마들은 포획. 국민 여러분, 『조선일보』가 "말 없는 다수"들을 "대변"하게 된 건 이 참혹한 패배 이후부터래요. 준마를 모두 잃고 기껏 히히히힝 "말[馬] 없는 다수"를 대변하게 되었대요.

이한우 기자, 여태 농담하신 거죠? 논쟁할 수준이 안 돼서 딱 그 수준에 맞춰 응답해 드렸어요. 나 전화 끊어-여. 담에 또 봐여어. 에이 슬슬 재미없어진다. 그쪽, 인물 없어요?

광신

무비판적, 무반성적인 믿음이라는 의미에서 나는 이를 전근대적 멘털리티로 본다. 아직 우리 사회에는 봉건성이 남아 있는 모양이다. 종교적·정치적 광신주의가 위세를 떨치고 있는 것을 보니 말이다. 하긴 서구에서도 그것을 벗는 데 수백 년의 시간이 걸렸다. 근대의 서막이라는 르네상스와 종교개혁이 시작된 지 수백 년이 지난 후에도 여전히 "계몽주의" 타령을 했으니. 또 그렇게 계몽이 이루어진 현대의 서구에서도 나치와 스탈린주의가 보여주듯이 한순간에 그 계몽의 성과를 뒤엎고 광신에 빠져든 것을 볼 때, 그걸 벗는 게 그리 쉽지 않은 모양이다.

과거 중세에는 예수를 십자가에 매달 때 로마 병정들이 몇 개의 못을 사용했는가를 놓고, 정통과 이단의 신학논쟁이 있었다. '3개설'과 '4개설'의 대립이다. '3개설'에 따르면 예수의 벌린 양팔에 각각 하나,

그리고 두 발을 포개서 커다란 대못을 하나, 이렇게 총 3개의 못이 사용되었다고 한다. 반면 '4개설'에 따르면, 예수의 양발을 포개지 않고 박았기 때문에 총 4개의 못이 사용되었다는 거다. 더 과격한 자들도 있었다. 이들은 '아니다. 못은 두 개였다. 못은 두 손에만 박고 발은 밧줄로 묶었다'며 과격한 '2개설'을 제시했다. 이게 얼마나 중요한 문제인가? 그래서 서로 피 튀기게 싸웠다.

중세냐 현대냐

"실용"을 목숨처럼 안다는 『조선일보』. 지금 이거 하는 거다. 생각해 보라. 그들은 최장집 교수의 '정책'을 비판하는 게 아니다. 그게 뭔지도 아직 모른다. 또 자기들 나름대로 합리적 '대안'이 있는 것도 아니다. 먼저 안案이 있어야 대안代案도 있지. 한마디로 아직 존재하지도 않는 '정책'에 대해 쓰잘 데 없는 시비를 걸어 이 위기에 국론을 분열시키고 국력을 낭비하고 있는 거다. 남한테 그거 못하게 하는 이 자들도 자기들이 필요하면 이렇게 맘껏 국론을 분열시킨다. 이들은 대한민국이라는 수도원에서 교리의 정통성을 수호하는 호르케들이다. 이들은 자기들의 신앙이 정통이라고, 절대적 진리라 확신한다. 그래서 다른 사람들의 신앙은 사탄숭배가 된다. 이 광신.

하긴 광신이 어디 우익들만의 일인가? 한때 대학가엔 주사파들이 들끓었다. 언젠가 그 중 하나가 어디서 구했는지 『김일성 장군 항일투쟁사』를 읽어보라고 내게 권했다. 읽어 보니 난리가 났다. 무협지도 그런 무협지가 없다. 그런데 그걸 역사적 사실로 믿는 모양이다. 그때

나는 대학을 다니는 인텔리들이 어떻게 합리적 판단능력을 잃고 그런 만화책을 역사책으로 간주할 수 있는지 이해할 수 없었다. 하긴, 정도 차이인지도 모르겠다. 그러는 나 역시 한때 마르크스를 하나님으로 알고 지냈으니까. 그때 우리 사이에서도 '이단'(소위 '수정주의')이니 '정통'이니 하며 쓸데없는 논쟁을 하곤 했었다.

자유주의자들은 '광신'이라는 말을 종종 우익 파시스트들과 좌익 전체주의자들을 특징지우는 데에 사용하곤 한다. 그러는 자기들은 유일하게 '광신'에서 벗어나 있다는 듯이. 웃기는 얘기다. 이들에게도 종종 섬기는 우상이 있다. '시장'이라는 이름의 우상이다. 최근 어디선가 자칭 리버럴리스트라는 사람이 '대학의 비리를 없애려면 대학도 주식회사로 만들어야 한다'고 말하는 걸 들은 적이 있다. 주식회사에는 비리와 횡포가 있을 수 없다는 얘길까? 이런 철딱서니 없는 믿음도 광신에 속한다. '시장'의 논리를 광신하면 이렇게 자유주의도 얼마든지 천박해진다.

종교도 마찬가지다. 2년 전 잠시 귀국한 길에 어느 교회에 갔더니 마이클 잭슨이 사탄이라며 내한공연을 반대하는 서명을 받고 있었다. 듣자하니 어떤 광신도들은 서태지를 악마라 불렀다 한다. 다른 교회에 갔더니 옆의 신도가 자기 동네에 있는 절간이 없어지게 해달라고 기도를 한다. 다른 교회에 갔더니 목사님의 말씀이 '길바닥에 십자가 메고 다니며 소음 일으키는 사람들이 문제는 좀 있지만 그래도 믿음 하나는 끝내주지 않냐'며 아예 신도들에게 권하신다. '여러분, 우리 광신도가 됩시다, 광신도가 됩시다.' 오, 주여! 환장하겠어요.

가끔 이런 막연한 느낌이 든다. 우리 나라 사람들의 멘털리티에는 광신에 빠지기 쉬운 어떤 요소가 있는 게 아닐까? 가령 전통적으로 내려오는 어떤 샤머니즘적 열정 같은 거 말이다. 이 열정 자체는 가치 중립적인 것이다. 그건 좋은 것일 수도 있고, 때론 나쁜 것일 수도 있다. 어쨌든 이 샤머니즘적 열정 때문에 이데올로기든, 종교든, 문화든 우리 사회에 들어오면 그렇게 쉽게 광신적으로 변하는 게 아닐까? 알 수 없다. 어쨌든 만약 그렇다면, 그건 근대적인 비판적·합리적 이성이 아직 우리들의 머리 속에 확고히 뿌리내리지 못했다는 한 가지 증거일 수 있다.

광신의 이론

'광신'이란 대체 무엇일까? 헤어Hare라는 철학자가 광신주의에 대한 연구를 남겼다. 그는 광신주의의 종류와 특징 및 대책 등을 연구하여 여러 저서를 썼다고 하는데, 몇 가지 문제점을 빼면 참고할 만하다. 거기서 그는 광신주의의 특징을 이렇게 열거한다.[*]

광신자는

> • 김영진, 「광신주의에 대한 철학적 진단과 처방 - R.H. Hare의 이론을 중심으로」, 『철학과 현실』, 1991년 겨울. 이 글에서 열거하는 광신주의의 특징을 서술의 필요에 따라 약간 순서를 바꾸었다.

① 한 이상을 갖는다.

② 그 이상을 이데올로기와 결합시킨다.

③ 그 이상을 절대화한다.

④ 그 이상의 실현을 위해 타인과 자신의 이익까지 무시한다.

『조선일보』의 극우파들은 어떨까? 광신주의자로 볼 수 있을까? 이 기준에 따라 살펴보자. ① 그들은 '팍스 몽골리카'의 이상을 갖고 있다. 그리고 ② 그 이상을 냉전논리, 반공 이데올로기, 국가주의 파쇼 이데올로기와 결합시켜 ③ 그것을 절대화한다. 근데 ④에 문제가 있다. 이들이 그 이상을 실현하려고 다른 사람들의 이익을 짓밟는 건 맞다. 가령 한완상 교수, 이장희 교수, 송두율 교수, 최장집 교수의 예. 근데 과연 이들이 제 이상의 실현을 위해 자기의 이익을 포기할까? 가령 누군가가 이들에게 "나라가 잘 되야 나도 잘 된다"며 "국가"를 위해 재산을 내놓으라 요구하면, 우리의 "실천하는 국가주의"자들, 국가에 흔쾌히 재산을 헌납할까? 아니면 "국가주의"자 노릇 포기할까? 어느 쪽일까?

이 이론을 전개하는 헤어 교수에 따르면, 재미있게도 광신자인지 아닌지를 판별하는 논리적 '공식'이 있다는 거다. 이런 거다. 나치에게 이렇게 물었다 하자. '만약 당신이 나치가 아니라 유대인이라면, 그래도 당신을 죽이는 것이 옳다고 생각합니까?' 이때 '예'라고 대답하면 광신자고, '아니오'라고 대답하면 광신자가 아니라는 거다. 실제로 오스트리아에 살던 어떤 유대인은 나치즘을 받아들여 결국 제 목숨을 끊었다고 한다. 확실한 광신자였던 모양이다. 그럼 대한민국 극우파들은 어떨까?

가령 조갑제에게 이렇게 물었다 하자. ⓐ 만약 당신이 우익이 아니라 공산주의자라면, 그래도 당신을 70이 넘도록 평생 감옥에 가둬 놓는 것이 옳다고 믿겠습니까?

사상의 자유를 보장하는 대한민국 헌법과 의견의 다원성을 존중하는 자유민주주의의 원칙을 무시해 가면서까지 여전히 사상전향제를 고집하고 있는 대한민국 우익들. 여기에 대체 뭐라고 대답할까? 다음은 조갑제의 소설에서 인용한다. 박정희의 말이다.

> 부산사태 같은 것이 또 생기면 내가 발포명령을 내리겠다. 자유당 때는 최인규나 곽영주가 발포 명령을 내렸다가 사형되었는데 대통령인 내가 내리는데 누가 나를 사형시킬 수가 있겠는가. 그러자 옆에 있던 차지철은, 캄보디아에서는 3백만을 죽여도 까딱없는데

"발포명령을 내리겠"단다. 대통령은 그 짓을 해도 "사형시킬 수" 없댄다. "3백만을 죽여도 까딱없"댄다. 조갑제가 존경하는 "국가 엘리트들"이 부마사태를 보면서 다정하게 나눈 대화라고 한다. 이게 "국가주의"자들의 멘털리티다.

여기서 내가 조갑제에게 이렇게 묻는다 하자. ⓑ 만약 당신이 "국가주의"자가 아니라 우연히 부산에서 시위를 하는 시민이라면, 그래도 당신에게 발포하는 게 옳다고 생각하십니까?

뭐라고 대답할까? 궁금하다.

다시 『조선일보』의 기자들에게 물어 보자. ⓒ 만약 당신들이 "국가주의자들"이 아니라 우연히 80년 광주에서 시위를 하던 시민이라면, 그래도 당신들을 사살하는 게 옳다고 생각하십니까?

뭐라고 대답할까? 궁금하다.

1998년 11월호 『월간조선』의 목차를 보니 이런 구절이 보인다. "반공소년 이승복의 '난 공산당이 싫어요'에 조작론을 제기한 세력, 사실

의 공세 앞에서 퇴각하다". 『조선일보』. 빅토리. 신이 났다. 이름을 보니, 이동욱. 하하하. 또 당신이야?

이동욱 기자. 질문이 있어요. ⓓ 만약 당신의 아들이 이승복이라면, 당신 아들에게 공산당을 보거든 입이 찢어져도 "공산당이 싫어요"라고 외치는 "반공소년"이 되라고 가르치는 게 옳다고 생각하십니까?

바로 그 기사 아래 김홍수라는 분이 쓴 기사가 눈에 띄는군요. "생존 울진, 삼척 무장공비들의 증언. '협조 안하면 양민이라도 죽이는 게 행동수칙'".

김홍수 씨, 질문 있어요. ⓔ 만약 당신의 아들이 이승복이라면, 당신 아들에게, "협조 안 하면 양민이라도 죽이는" "행동수칙"을 가진 "무장공비들"을 만나더라도 "협조"를 거부하고 "죽"으라고 가르치는 게 옳다고 생각하십니까?

이 물음들에 '예'라고 대답하면 이들은 광신자고, '아니오'라고 대답하면 위선자 아니면 정신분열증 환자일 게다. 나는 이들이 '예'라고 대답하리라 믿어 의심치 않는다. 왜? 이들은 국가를 위해서라면 제 한 몸 초개같이 버릴 준비가 된 "실천하는 국가주의"자들이기 때문이다. "국력과 국익의 강화"를 위해서 "사익의 추구"를 과감히 포기할 공명정대한 "국가 엘리트"들이기 때문이다. 가령

신라장군 품일은 16세 된 아들 관창을 적진으로 돌격, 전사케 하여 신라군의 사기를 올렸다.

고 말하는 조갑제 씨가, 또 이런 훌륭한 분을 편집장으로 모시고 있

는 이동욱, 김홍수 씨가 "반공"이라는 대의 앞에서 자기들 자식만 예외로 삼겠는가? 조갑제 씨, 이동욱 씨, 우종창 씨, 김홍수 씨, 그죠? 내 추측이 맞죠? 댁의 자녀들 그렇게 가르치고 계시죠?

죽어라, 죽어라, 용감하게 죽어라.
입이, 찢어져도, '콩사탕은 싫어'라?

광신주의 퇴치법

마지막으로 헤어 교수는 "광신주의는 사상의 다원성을 인정하는 자유주의와 대립된다"고 말한다. 그렇다면 "사상의 다원성을 인정"하지 않는 대한민국 우익 광신자들은 자유민주주의를 신봉하는 대한민국과 "대립된다"는 얘기다. 그럼 도대체 이 광신도들의 횡포에 대한민국은 어떻게 대응해야 할까? 헤어 교수는 이런 대책을 제시한다.

첫째, 대개 광신은 신념이나 이데올로기를 무비판적으로 받아들이는 자세에서 비롯된다. 따라서 국민들에게 사실을 사실대로 알게 하고, 모든 것을 따져 보게 하는 비판적 도덕교육을 실시해야 한다.

극우파들은 대중의 의식수준을 자기들 수준에 묶어 두려고 갖은 애를 다 쓴다. 반反지식인 캠페인을 펴면서, 대중들의 무비판성을 칭찬한다. 심지어 "아기장수" 운운하며 도참설까지 퍼뜨린다. 따라서 이런 미신을 타파하려면, 대한민국은 국민들에게 "모든 것을 따져 보게 하는 비판적 도덕교육을 실시해야 한다".

둘째, 광신자들은 선전에 능하다. 이들의 선전은 교묘한 논리적 오류와 의도적인 언어의 오용으로 가득차 있으므로, 언론의 자유를 통해 국민들에게 정확한 정보를 제공하고, 국민들이 '명확한' 사고를 통해 올바른 판단을 내릴 수 있게 도와줘야 한다.

이들의 선전은 교묘한 오류논증과 의도적 언어오용으로 가득차 있다. 가령 "성공한 쿠데타는 처벌할 수 없다"는 논리를 보자. 일상언어의 '~할 수 없다'는 표현은 보통 두 개의 의미를 갖는다. ㉠ '~할 수 없다'[can not] ㉡ '~해서는 안 된다'[may not]. 물론 성공한 쿠데타는 처벌할 수 없다. 왜? 쿠데타란 곧 '무력으로 정권을 잡는 행위'고 그게 성공했다면 범인들이 정권을 잡았다는 얘기니까. 무력으로 정권 잡은 자를 어떻게 처벌한단 말인가?

따라서, ㉠ "성공한 쿠데타는 처벌할 수 없다"는 참이다.

하지만 이게 참이라는 사실에서 『조선일보』는 이런 결론을 끄집어낸다. 따라서, ㉡ '성공한 쿠데타는 처벌하면 안 된다'도 참이다.

웃기는 얘기다. ㉠이 참이라 해서 곧 ㉡까지 참이 되는 건 아니다. ㉠과 ㉡은 두 개의 다른 문장이다. 이런 걸 논리학에선 '애매구의 오류'라 부른다. 『조선일보』, 야바위하는 거다.

또 "그럼 이성계도 처벌하란 말인가?"라는 논리. 쿠데타를 일으킨 이성계를 처벌할 수 없듯이, 쿠데타를 일으킨 전두환도 처벌할 수 없다는 논리다. 뺀데기 IQ의 논증이다. 생각해보라. 이게 맞다면 우린

인신매매도 처벌할 수 없다. 왜? 그럼 노예를 부렸던 플라톤과 아리
스토텔레스도 처벌하란 말인가? 노예를 사서 거느렸던 조지 워싱턴
을 처벌하란 말인가? 제 가족을 죽인 자도 처벌할 수 없다. 왜? 계백
장군도 처벌하란 말인가? 파시스트 선전은 이런 식의 오류로 가득차
있다. 따라서 대한민국은 국민들이 이런 데 현혹되지 말고 "'명확한'
사고를 통해 올바른 판단을 내릴 수 있게 도와줘야 한다".

　　셋째, 광신주의에 대한 관용의 한계를 정하는 것이다. "따라서 남의 이
　　익과 이상을 짓밟는 나쁜 의미의 광신주의에는 관용의 원리가 적용될
　　수 없으며 또 적용되어서도 안 된다."

　　훌륭한 처방이다. 이게 중요하다. "남의 이익과 이상을 짓밟는 나쁜
의미의 광신주의에는 관용의 원리가 적용될 수 없으며 또 적용되어서
도 안 된다". 따라서 20세기에 이단사냥이라는 푸닥거리로 남의 이익
과 이상을 마구 짓밟는 '지존일보' '월간막가'의 기자들에게, 대한민국
은 더 이상 "관용의 원리"를 적용해서는 안 된다. 참으면 안 된다. 어떡
할까? 『조선일보』의 류근일 "주간"이 대책을 가르쳐준다.

　　신문사 내부의 세대교체나 자정운동이 (…) 중요합니다.

　　『조선일보』가 "자정운동"을 할 것 같지 않다. 또 "세대교체"도 불가
능하다. 왜? 조갑제의 말이다. "아무리 민주주의가 좋은 제도라고 해
도 (…) 신문사에서 편집국장을 선거로 뽑는 것은 무리이고" 거기다

"장기집권"까지 가능하다니까. 그럼 어떻게 해야 되나? 류근일의 "개인적" 견해를 들어보자.

제 개인적으로는 고소 운동을 벌이는 것도 중요하다고 봅니다. 특히 오보로 인한 명예훼손을 용감한 시민들이 고소를 해서 재정적인 망신을 시키는 것을 적극 권장하고 싶습니다.

맞다. 이거다. 대한국민 여러분, 우리 "고소"하는 "용감한 시민"이 됩시다. 그래서 『조선일보』에 "재정적인 망신"을 줍시다. 그럼 저는 옆에서 열심히 『조선일보』에 '논리적' "망신"을 주겠습니다. 우리 그렇게 합시다. 여러 가지 "망신" 줍시다. 다양하게 줍시다. 마구마구 줍시다. 그게 바로 애국하는 길입니다.

'자본' 예찬

가장 큰 비판은 그 사람의 이상을 비웃어주는 것이다.(니체)

여러분, 빅 뉴스가 있어요. 저도 특종 하나 했어요. 이렇게 말하면 아마 깜짝 놀라실 거예요. 세상에 조갑제 씨도 마르크스를 읽었대요. 『공산당선언』을 읽었대요. 『자본론』을 읽었대요. 그것도 반공 이데올로기가 극성을 부리던 1960년대 초반에 말예요. 몰래. 가슴이 "두근두근"했대요.

기자는 아주 어릴 때 공산주의에 관심을 가졌다. 고등학교 1학년 때 (…) 트로츠키는 곧 나의 우상이 되었다. 고서점에서 산 영어책 속에 『공산당선언』의 원문이 소개되어 있는 것을 발견하고는 가슴을 두근두근 거리며 (…) 밤새워 읽던 기억, 그리고 대학 1학년 때 도서관 서가에서 썩고 있던 일본어판 『자본론』을 찾아내 '잉여가치론'을 읽다가

햇볕 드는 창가에서 잠이 들었던 1960년대 초반의 일

놀라셨죠? 조갑제가 "창가에서 잠이 들었"을 때, 밖에서는 이런 일이 벌어지고 있었대요. 조갑제 씨의 말이에요.

> 민주당 정부는 1961년 봄에 (…) 반공법을 강화하고 데모 규제 법안을 만듭니다. 이를 국회에 내니 민주당 구파 출신 야당(신민당)은 (…) 장면 정권이 미워서 이 법안을 악법으로 규정하여 반대합니다. (…) 야당 입장에선 좌익보다도 여당이 더 미웠던 모양입니다.

그럼요. 당파적 이익을 초월해 빨갱이를 때려잡았어야죠. 그 "강화"된 "반공법" 통과시켰어야죠. 그죠, 조갑제 씨? 이 대목에서 질문 하나 할게요.

만약 그때 『자본론』을 (…) 읽다가 햇볕 드는 창가에서 잠이 들었던" 조갑제 학생의 어깨를 우연히 곁을 지나던 경찰이 흔들어 깨웠다면, 투철한 반공투사 조갑제 씨는 자신을 "반공법" 위반으로 처벌하는 게 옳다고 생각하십니까?

'예'라고 하면 광신주의자이고, '아니오'라면 위선자겠죠?

또 그렇게 감옥에 간 조갑제 학생이 형기를 마치고 나오려는데, 반공주의자들이 양심수 조갑제더러 "트로츠키"를 "우상"으로 삼지 않겠다는 각서를 쓰지 않으면 풀어줄 수 없다고 전향을 강요한다면, 그게 옳다고 생각하십니까?

'예'라고 하면 광신주의자, '아니오'라면 위선자겠죠? 그죠? 어느 쪽

이에요? 하긴, 아무럼 어떻습니까. 지금 하려는 얘기는 그게 아닌데.

자본 예찬

"국가주의"하면 경제가 다시 산다구요? 조갑제 씨. 국가주의는 1880년 프랑스에서 발생해 나치 독일, 군국주의 일본, 무솔리니 이탈리아에서 나라 망친 이데올로기예요. 그거 '욕'이래잖아요. 그거 한다고 경제가 다시 살겠어요? 조갑제 학생. 그때 깜박 "잠"이 드는 바람에 『자본론』을 다 못 읽은 모양이에요. 아니면 잠결이라 내용 파악을 제대로 못 했던지. 이런 괴상한 얘기를 하는 걸 보니. 몰라서 그렇지, 사실 마르크스는 자본주의 예찬자였어요. 입이 마르도록 자본주의 칭찬했어요. 괜히 그것보다 더 좋은 거 만들려다 망한 거예요. 여기서 제가 마르크스주의적으로 자본 예찬해볼게요.

박정희 모델이 잘 나갈 줄 알았죠? 그게 "세계에서 제일 앞선" 줄 알았죠? 그래서 곧 팍스 몽골리카의 시대가 올 줄 알았죠? 일본 애들도 그렇게 믿었어요. 전세계가 팍스 야파나가 될 거라 큰소리 뻥뻥 쳤어요. 근데 어때요? 일본 경제의 무서운 성장, 거품이었죠? 풍선이었죠? 퐁 터졌죠? '스미마셍, 스미마셍' 굽신 굽신 절하면서 은행 파산선고를 내리던 그 자리에서, 다이이치의 회장님께서 눈물을 질질 짜며 이런 명언을 남겼어요.

시장이 자기의 판단을 내렸다.

그걸 이제야 깨달은 모양이에요. 옳은 말씀이에요. 박정희도 마찬가지예요. 그의 위대한 "지도력"도 '시장의 논리'를 이길 수는 없어요. 조갑제 씨가 온 나라가 따라 배우고 있다고 자랑했던 박정희 모델도 시장의 논리를 이길 수는 없었어요. 그래서 IMF가 온 거예요. 이게 자본주의예요. 위대하죠? 그래요. 자본은 위대해요.

시장은 가차없이 판단을 내려요. "국가주의"요? 시장이 판단을 내리면요, "국가주의" 아무 소용없어요. 자본은 국적이 없대요. 박정희와 후지노의 "위대한 우정"이요? 자본은 '우정' 같은 거 몰라요. 피도 눈물도 없어요. 이윤밖에 몰라요. "지도자의 천분"이요? 자본은 하늘도 안 무서워해요. "거인"이요? 순식간에 난쟁이 만들어요. "위인"이요? 졸지에 병신 만들어요. 인도네시아의 박정희, 위대한 수하르토 장군 보세요. 병신 돼서 쫓겨났죠? "국수주의자의 기백"이요? 자본이 깡다구 무서워하는 줄 아세요? 다이이치 은행에서 돈 빌려다 땅투기한 야쿠자 애들 보세요. 그 "기백" 갖고 홀딱 망했죠? 그게 자본이에요. 그게 시장이에요.

"군대경험"이요? 자본 앞에선 "방위" 정진홍, 현역 조갑제 똑같애요. 평등해요. 자본은 병역필 도장에 관심 없어요. 능력에만 관심이 있어요. "전쟁체험"이요? 자본이 전쟁 무서워하는 줄 아세요? 제 몸 불릴 기회예요. 미련하게 "체험" 쌓느라 서로 죽고 죽이는 놈들만 병신이지. 돈 버는 놈 따로 있어요. "몽골유전자"요? 자본은 인종차별 안 해요. 보세요. 그 유전자 가진 몽골전사들, 졸지에 실업자 됐죠? "팍스 몽골리카"요? 자본이 어디 "몽골벨트"에 묶여 있을 놈인가요? 자본엔 국경이 없어요. 마구 넘나들어요. 자본은 자유를 좋아해요. 그래서 '자유'주의잖아요. 팍스 캐피탈리카.

"영웅"이요? 자본 앞에선 꼭두각시예요. "인물"이요? 인물 많다는 일본. 지금 어느 인물이 자본 앞에서 인물값 합디까? "국가 엘리트"요? 자본은 "이념"으로 사람 차별 안 해요. 자본은 공정해요. "애국심"이요? 자본은 그런 검증할 수 없는 거 안 믿어요. 애국 안 떠드는 사람 어디 있습니까? "대의를 추구하는" 사람이요? 답답해라. 그건 당신들 "대의"지 자본의 "대의"가 아녜요. 자본이 추구하는 "대의"는 "국가"가 아녜요. 자본의 유일한 "대의"는 높은 이윤율이에요. 자본은 그것만 따라 다녀요. 그걸 아셔야 해요. 그래야 "국가"도 살릴 수 있어요.

자본이 봉인가요? 머리를 쓰세요. 자본은 미련한 놈, 미련한 나라 그냥 도태시켜요.

박정희, 최명길, 등소평, 칭기스칸, 그리고 일본 명치유신시대의 엘리트 무츠 무네미츠 이야기

그럼요. "이야기". 좋죠. 자본도 가끔 기분전환을 위해 "이야기"를 읽을 필요가 있어요. 그 잘난 위인들의 재롱을 보며 스트레스 해소할 수 있잖아요. 우하하하하하 우하하하하.

팍스 몽골리카?

"기술도 아니고 지성도 아니고 교양은 더더욱 아니"라구요? 미련한 소리예요. 자본이 얼마나 세련되었는데요. 자본이 미쳤나요? "기술"도 없고, "지성"도 없고, "교양"도 없는 놈한테 가게? 자본은 그런 미련한 백성 홀딱 배반해요. 기냥 지옥으로 보내요.

IMF. 아시죠? "인간경영술"이요? 자본은 그런 거 필요없대요. 그런 거 없는 다른 나라 기업들 멀쩡히 잘 돌아가요. 더 잘 돌아요. "소수에 의한 다수의 지배"요? 지금이 어느 시댑니까. 요즘 자본은 세련돼서 독재 싫어해요. 보세요. 독재하던 나라들. 몽땅 망했죠? 이거 이인화라는 학동이 한 말이죠?

자본주의는 보다 공정한 국가적 인간의 이해 아래에 종속되어야 한다.

그 국가적 인간은 (…) 군부 엘리트

자본이 이 말을 들었대요. 우하하하하하하하. 나를 "종속"시킨대. 누가? "영남 남인"들이. 우하하하. 조선시대 양반들이? 우하하하. 누구한테? 우하하하 "국가적 인간"한테. 우하하하. 어떤 놈이래? 우하하하. "공정한" 놈이래. 우하하하. 뭐하는 놈인데? 우하하하. "군부 엘리트"래. 우하하하. 아이 무서워. 우하하하. 아이 무서워.

대동아공영을 꿈꾸며, 우하하하, 국한문 혼용하는, 우해해해, 『조선일보』를 위해, 우하하하, 우리 漢字 섞어서 웃자. 右下下下.

國家主義에 피 본 窮民 여러분, 우리 함께 웃어요. 右害害害. 大韓民國 右翼 다 죽었나 봐요. 右骸骸骸. 人物 참 없죠? 渴渴渴渴. 썩어 빠졌죠? 右朽朽朽朽. 머리에 뭐가 들었을까요? 右虛虛虛. 구국의 간성 다 무너졌어요. 右墟墟墟. 우익들, 어쩐대요. 右何何何. 걱정이에요. 바둑아, 核核核, 너도 웃자. 蒙蒙蒙. 뼉다귀 줄게. 骨骨骨. 바둑아. 蒙蒙骨骨 蒙骨 蒙骨. 그래도 애들 꿈 하나는 야무지지? 夢夢夢(yes).

여러분, 拍手~. 蛙?(嶺南方言). 開口狸들이 노래를 한대요. 愚~蛙! 무슨 노래? 思美蛙曲? '그때 그 開口狸'? 에이, '아부지~아부지~' 右淚淚淚 蛙淚淚淚 하려고? 아니, 즐거운 노래. 에이, 또 嶺南 讚蛙歌? '蛙이리 존노, 蛙이리 존노'? 아니, 멋있는 노래. 蛙右, 蛙愚! 무슨 노래? 활 잘 쏘는 東夷族이 부르는 몽골의 노래 ─ 蒙-骨-夷-歌!

부-탁-해-여. 憂右愚蛙~. 拍手~ 錯錯錯, 錯錯錯, 錯錯錯錯, 誤yeah! 拍手, 蒙骨夷歌! 박수 몽골리카, 팍스 몽골리카. "東洋的 魂"으로 武裝한 조갑제 오빠, 舞臺 위로 뛰어나와 관객을 향해 외친다. 萬

人唱歌(=애부리바디 싱어송)!

珍, 珍, 珍奇獸干……♫

右! 下! 右!

何?

08

변태하는 극우

뉴라이트의 배후는 박정희

"일제의 식민지배가 한국의 축복"이란다. 저런 가학적 발언을 하고도 무사할 수 있다니 놀랍다. 독일 같았으면 벌써 법적으로는 구속당했을 사안. 한승조 교수는 제 발언을 "공론화하자"고 주장한다. 미안하지만 한 교수는 논의할 주체가 아니라, 민주노동당의 논평대로 "정신감정의 대상"이다. 문제는 보건복지부. 노인복지를 어떻게 했기에 나이 든 중환자를 저 지경이 되도록 방치했단 말인가.

다들 한 교수의 망언을 성토하는 가운데, 극성스러운 몇 분이 그를 옹호하고 나섰다. 자유시민연대 임광규 변호사에 따르면 한 교수의 발언은 "색다른 견해"일 뿐이다. "한 교수님의 글 중에서 배워야 할 것이 많다"는 군사평론가 지만원 씨. "조선이 먹힐 짓을 해서 먹힌 것"이란다. 『월간조선』 조갑제 사장은 "친북이 친일보다 더 악질"이라는 특유의 뚱딴지로 물타기를 한다. 물 좀 더 붓는다고 똥물이 생수 되나?

이번 사태의 핵심에는 '박정희'가 있다.

이번에 전국민의 반대편에 외로이 서 있는 세 분을 보자. 망언을 한 한승조, 그의 망언을 두둔하는 지만원, 옆에서 물타기 하는 조갑제. 세 분 다 유명한 박정희 찬양론자다. 이는 우연이 아니다. 실제로 한 승조 교수와 그의 동지(?)들은 모두 박정희교 신자들이다. 그들의 생 각은 이런 것이다. '우리 민족은 자립할 능력이 없다. 박정희 아니었으 면 지금도 보릿고개를 넘을 게다. 박정희가 더러 잘못한 것도 있지만 경제발전을 이룬 것은 사실. 따라서 우리는 그에게 감사해야 한다. 그 런데도 친일청산 운운하며 외려 그를 욕보인다. 이런 배은망덕이 어디 에 있는가. 이게 우리 나라 사람들의 국민성인 모양이다……'

한국의 보수우익에게 박정희는 '아버지'와 같은 존재. 문제가 된 한 승조 씨의 망언도 실은 노무현 정권의 과거사 청산 작업을 비방하는 가운데 나왔다. 과거사 청산의 핵심에 놓인 인물이 박정희가 아닌가?

대한민국 우익의 정체성 그 자체인 박정희를 옹호하려다가 결국 그 의 친일까지 옹호하게 되고, 그러다가 아예 친일파 전체를 민족에게 "축복"을 가져다준 사람이라 주장하게 된 것이다.

이번 사건은 일부 보수우익의 정신상태가 어느 정도로 징그럽게 망 가져 있는지 충격적으로 보여주었다. 저들은 저런 사람들이다. 어떻게 보면 '자살골'인데, 왜 이렇게 무리한 짓을 한 것일까? 그것은 저들이 지금 느끼는 고립감과 위기감의 표현일 뿐이다.

한때는 권력의 핵심에서 나라를 좌지우지하던 분들이 이제는 저 변방으로, 거기서도 가장 끝자락으로 밀려났다. 그러자 죽기 전에 마 지막으로 발악을 한 번 해보는 것이다. 조선, 중앙, 동아마저도 이제 는 이들과 거리를 둔다. 이들이 『조선일보』를 향해서까지 "배신자"라고 하는 것은 그 때문이다. 이들이 느끼는 고립감이 어느 정도인지 알 수 있다.

이들의 행태는 자멸 직전의 사이비 종교를 닮았다. 사이비 종교를 믿는 이들은 교단 밖의 사회 전체를 사탄의 왕국으로 본다. 한승조 같은 분들에게는 대한민국이 악의 제국, 386 주사파가 통치하는 공산치하다. 그들의 극단적 언행은 이 착란증에서 나온다. 사이비 교단은 누군가 자기들의 비리를 파헤치러 접근하면 필사적으로 저항한다.

보수우익들은 자기들의 죄악을 드러내려는 사회의 접근을 막기 위해 필사적으로 된다. 그러다가 땅 위에 더 이상 설 자리가 없다고 느끼면, 사이비 교단은 어떻게 하던가? 집단자살. 지금 보수우익들도 이데올로기적 자살을 집행하는 중이다.

식민과 독재

이미 칼럼과 방송에서 지적했듯이, 어떤 면에서 한승조는 그저 박정희 추종자로서 제 논리에 충실했을 뿐이다. 박정희 옹호론자들의 논리를 보자.

① 한국 국민은 스스로는 발전을 할 능력이 없다. 자기들끼리 당파싸움이나 했다. 그래서 박정희가 독재를 해가며 국민성을 개조해 경제발전을 이루었다. 따라서 국민들은 박정희에게 감사해야 한다. 그런데 감사는커녕 청산을 하잔다. 그것은 국민성의 문제다.

이 논리는 우리가 평소에 많이 듣는 것이다. 심지어 김훈 같은 멀쩡한 소설가까지 태연하게 이런 헛소리를 하면서도 얼굴을 안 붉히지 않는가.

일본 우익의 논리를 보자.

② 조선 민족은 스스로는 발전을 할 능력이 없다. 자기들끼리 당파 싸움이나 했다. 그래서 일본이 식민지배를 해 민족성을 개조하고 근대화를 했다. 따라서 조선인들은 일본에 감사해야 한다. 그런데 감사는커녕 보상하란다. 그것은 민족성의 문제다.

논리적으로 분석을 해보면 앞의 것과 정확하게 동치임을 알 수 있다. 그래서 한승조 교수는 자연스럽게 ①에서 ②로 넘어갈 수 있었던 것이다. 사실 ①을 받아들이게 되면, 논리필연적으로 ②라는 결론으로 나아갈 수밖에 없다. 친일 망언 하는 사람들이 모두 유명한 박정희 찬양론자라는 것은 우연이 아니다. 그것은 논리적 필연이다.

그런데 재미있게도 ①은 아무리 얘기해도 무리 없이 넘어가는데, ②를 얘기하면 여기저기서 강한 반발이 들어온다. 도대체 어떻게 된 일일까? 한승조 교수는 이걸 이해할 수 없는 거다. 이때 이들은 머릿속으로 ①을 받아들이는 사람들이 ②를 받아들이지 못하는 것은 쓸데없는 '민족감정' 때문이라고 생각하게 된다. 이게 바로 일본이 개조하려고 했던 조선의 민족성이며, 박정희가 개조하려 했던 한국의 국민성이다. 이제라도 이것을 뜯어고쳐야 한다. 여기서 일제가 퍼뜨리고 다녔던 '인종차별'의 논리가 60년 만에 다시 리바이벌하는 것이다.

바로 이 대목에서 한 교수가 극우잡지에 기고하는 한일 우익 야쿠자 동맹이 맺어진다. ①이든 ②든 망언의 출발점은 '조선민족은 스스로 일어설 능력이 없다'는 부당전제다. 이를 역사학에서는 '식민사관'이라 부른다. 여기서 '박정희 아니었다면 보릿고개를 못 넘겼을 것'이라는 생각이 식민사관의 연장임이 드러난다. ②와 같은 발언을 안 들으려면, 그 토대가 된 ①부터 극복해야 한다. 친일파들의 행적을 파헤치는 것만으로는 부족하다. 더 중요한 것은 우리들의 의식에 남아 있는 식민사관의 흔적을 청산하는 것이다.

민족성과 국민성

①과 ②의 논리를 보면 둘 다 동일한 부당전제 위에 서 있음을 알 수 있다. 바로 '조선민족은 스스로 근대화할 능력이 없다', 혹은 '한국민은 스스로는 경제발전을 할 능력이 없다'는 민족자조론이다. 이게 얼마나 잘못된 생각인지는 굳이 이 자리에서 늘어놓을 필요가 없다. 일본이 자신의 잘못을 정당화하려면, 조선민족은 무능해야 한다. 박정희가 자신의 잘못을 정당화하려면, 한국 국민은 한심해야 한다. 바로 이 때문에 한승조·지만원·조갑제류가 일제 국군주의자들이나 퍼뜨리고 다니던 파쇼 이데올로기를 이 땅에서 옹호하고 나선 것이다.

오죽 못났으면 이광수와 같은 선각자들이 조선인들의 민족성을 개조하자고 얘기했겠는가? 오죽 한심하면 가쓰라-태프트 조약을 맺을 때 조선인들은 한심하니 일본보고 문명화시키라고 얘기했겠는가. 오죽하면 위컴 사령관이 한국인의 근성을 들쥐에게 비교했겠는가. 이렇게 박정희를 정당화하려다 보니 일제의 식민지배를 변명하게 되고, 그것을 다시 정당화하려다 보니 맛이 간 '민족자조론'을 펴게 되는 것이다.

한승조, 지만원에 앞서 이미 조갑제는 오래 전에 조선왕조 500년을 온통 암흑으로 묘사하는 식민사관을 주장한 바 있다. 얼마나 못났으면 일본에 먹혔겠느냐. 그렇게 한심하게 살던 조선인들을 구한 것이 바로 박정희라는 것이다. 이렇게, 대한민국의 극우는 제 논리 하나 갖추지 못해 생각마저 일본 극우의 생각을 그대로 물려받아 쓰고 있다. 한승조가 일본 극우잡지에 기고한 것은 한일 두 나라의 조폭들이 하는 민간교류(?)의 장면과 하나도 다르지 않다. 일본의 오야붕이 니뽄도를 하사하면, 한국의 조폭 두목이 무릎 꿇고 칼을 받잡지 않던가.

일본 극우파들이 신났다. 러시아 대신 통치해줬으니 감사하란다. 꼴통들에게 한 마디. '히로시마와 나가사키의 원자폭탄이 아니었다면, 일본은 항복하지 않았을 것이고, 전쟁이 일본 본토로 연장됐다면, 아마 수백만이 죽었을 것이다. 그런 의미에서 원자폭탄은 일본의 축복이었다.' 내가 이렇게 말하면 기분이 좋을까? 그렇다면 받아라, 원자福탄을!

가학성과 피학성

가쓰라-태프트 조약을 맺으며 미국에서 한 망언을 듣고 지만원 씨는 분노하기는커녕 외려 우리보고 '반성'하란다. 한국 국민이 들쥐라는 어느 꼴통의 비하 발언에 항의하기는커녕 외려 우리보고 '반성'하란다. 그의 말대로 한국의 국민이 들쥐라면, 망명 안 가고 거기 붙어사는 한승조·지만원·조갑제 씨는 뭘까? 쥐벼룩, 진드기, 쥐 회충쯤이 되려나?

우익은 '가학적'이다. 독일 네오 나치의 어느 록밴드는 즐겁게 유대인 여자를 살해하는 내용의 노래를 만들었다. 일본 우익은 어떤가?

아시아의 여러 나라들 괴롭혀 놓고도 서국 제국주의로부터 해방시켜 주었으니 감사하란다.

그런데 한국의 우익은 어떤가? 재미있게도 이들은 '자학적'이다. 일본 우익이 가죽옷 입고 채찍질하면 그거 맞아가며 오르가즘을 느낀다. '헉헉, 더 때려주세요.' 세상에 자학적인 우익도 있던가? 이 모순을 해결하기 위해 지만원 씨는 졸지에 "코스모폴리탄"이 되어야 했다. 하지만 국가와 민족의 편협한 민족주의를 벗어버린 최초의 코스모폴리탄은 이미 있었다. 이완용의 을사5적들.

"몇 명의 위안부를 데리고 다니며 반일감정이나 조장하고……." 개인의 인권보다 중요한 것이 한일동맹인 모양이다. 이 스마트한(?) "코스모폴리탄"은 만약 제 어머니, 제 부인, 제 딸이 일본군의 위안부로 끌려갔어도 똑같은 얘기를 할까? 한 가지 분명한 것은, 적어도 이 열린 "코스모폴리탄"은 그런 상황에 처해도 "몇 명의 위안부를 데리고 다니며 반일감정이나 조장"하고 다니지는 않으리라는 것. 게다가 "일본은 공산주의에 반대하는 나라입니다." 그런 나라의 군대에 복무했으니 그 어찌 가슴 벅찬 일이 아니겠는가. 그것은 가문의 영광이요, 집안의 경사일 게다. 경사났네, 경사났어.

북한 대 한·미·일 동맹

보수우익은 한미일 동맹으로 북한을 고립시켜 붕괴시키려 해왔다. 하지만 냉전의 붕괴, 중국의 개방, 북한의 위기, 남한의 발전, 그리고 남북의 접근과 더불어 한반도와 국제정세는 급격히 변했다. 이에 따라 보수우익이 오랫동안 견지해왔던 이 전략도 점점 현실적 적합성을 잃어가고 있다. 북한은 더 이상 남한에게 정치적, 외교적, 군사적 위협이 되지 못한다. 그 결과 과거에는 목숨줄처럼 여겨졌던 한미일 동맹이 점차 빛을 잃어가는 중이다. 오랫동안 그걸로 먹고 살아온 보수우익이 이 변화 앞에서 존재의 위기를 느낄 수밖에.

이번에 나타났듯이 보수우익들은 제 국민을 "들쥐"로 비하해 가면서 미국에 대해서는 무제한의 신뢰를 보낸다. 지만원은 '미국은 워낙 인권을 존중해서 식민지를 가질 리 없다'고 말하지 않던가. 워낙 미국을 믿다 보니 미국이 필리핀을 식민지로 갖고 있었다는 엄연한 사실조차 부정하는 것이다. 나아가 그들은 제 민족을 무능하고 한심한 족속으로 비하하면서 정작 제 조국을 침략한 일본은 입에 침이 마르도록 칭찬한다. 그도 그럴 만한 것이 식민지 시대에 그들은 일본을 주인으로 섬기다가 해방 후에는 반공의 깃발 아래 살아남아 미국을 상전으로 모시고 살아왔기 때문이다.

친일파들은 국제정세를 간파하고 "때를 기다린" 선각자로 간주하고, 독립운동가들은 "빈 라덴과 같은" 테러리스트로 묘사하며, 일본은 "좋은 나라, 공산주의에 반대하는 나라"로 간주하는 시각. 이것은 저 만주 벌판에서 독립군 때려잡던 일제 관동군의 시각과 정확히 일치한다. 대한민국 보수우익은 원래 이런 분들이다. 기회만 주어진다면 이들은 또 다시 사명감을 가지고 제 나라, 제 민족을 팔아먹는 짓을 서슴없이 저지를 게다.

도착중 환자들

지만원이야 "먹힐 짓을 해서 먹혔다"고 하지만, 실제로 먹힐 짓 한 게 누군가. 제 나라를 일본에 들어 바친 이완용이요, 황군의 장교가 되어 일제의 앞잡이 노릇하던 박정희요, "우리 민족은 안 된다"는 자조에 빠져 친일의 붓을 놀렸던 이광수다. "먹힐 짓을 해서 먹혔다"고 하지만, 실제로 먹힐 짓 하고 있는 게 누군가. 일본이 야스쿠니 신사를 참배하고, 독도 문제를 걸고, 교과서 문제 일으키며 우경화의 길을 걷는 이 시점에 기껏 '우익'하겠다며 똥오줌도 못 가리고 일본 극우파 앞잡이 노릇이나 하는 한승조·지만원·조갑제가 아닌가.

먹힐 짓은 자기들이 해왔고, 또 지금도 하고 있으면서, 몸 바쳐 독립운동한 분들, 성실히 제 삶을 살아가던 민초들이 "먹힐 짓"을 했단다. 그럼 자기들은 뭘 했을까? 자기들은 냉철한 시각으로 국제정세를 간파하고 인도의 간디처럼 비폭력 무저항의 독립운동을 해왔다는 것이다. 이 정도면 도착증 환자라 불러야 할 것이다. 그나마 독립운동 한 분들이 없었으면 우리가 무슨 낯짝을 들고 독립국가를 세울 수 있었겠는가? 그래서 우리가 헌법 전문에 독립운동의 전통을 명시해놓고 있는 게 아닌가? 그리고 그것으로 국가의 정통성을 삼는 게 아닌가?

저들은 툭하면 김구 선생을 모독한다. 김구는 무식했고, 이승만은 식견이 있었다는 식이다. 그렇게 무식한 김구 선생은 분단될 경우 한반도에 전쟁이 일어날 것을 예상하고, "38선을 베고 넘어지겠다"고 했다. 그렇게 식견이 뛰어난 이승만은 뭐했는가? "전쟁이 나도 끄덕 없다, 치고 올라가 북진통일을 할 기회"라는 닭대가리 같은 얘기를 하다가, 막상 전쟁이 터지니 시민들 버려두고 저 혼자 수도를 빠져나갔다. 그 후에는 사사오입이라는 웃기지도 않는 방식으로 독재를 하다가 결국 제 국민의 손에 4·19로 쫓겨나지 않았던가. 그리고 우리 헌법에는 대한민국은 바로 이 4·19 정신을 계승한다고 나와 있다.

보수우익들이 지금 공격하는 것은 상해임시정부의 법통을 잇고, 4·19 민주혁명의 이념을 계승한다는 대한민국 헌법의 정신에 대한 공격이다. 왜 이들은 대한민국을 공격하는 것일까? 그것은 그들이 정신적으로는 다른 나라 국민이기 때문이다. 저들의 여권에는 대한민국이라는 도장이 찍혀 있을지 모르나, 저들의 머릿속에는 황국과 만주국의 도장, 거기에 곁가지로 미국의 시민권이 찍혀 있기 때문이다. 대한민국의 정체를 부정하며, 헌법 바깥의 언행을 하는 이 만주국민들을 어떻게 해야 할까? 일단 3개월 관광비자를 준 후 기간이 만료되면 점잖게 출국시켜버리는 건 어떨까?

방송 후기

요즘 개인적인 일로 정신없이 바빴다. 하루에 두세 시간만 자면서 꼬박 작업하면서 보낸 것이 열흘. 뉴스를 들여다볼 틈도 없었다. 그런데 갑자기 여기저기 방송사와 신문사, 잡지사에서 전화가 오는 게 아닌가. 특정 사안에 대해 전화가 이렇게 몰려오는 건 처음이었다. 게다가 의아했던 것은 정작 발언을 한 사람은 '한승조'인데, 저마다 내 토론 상대로 '지만원'의 이름을 거론하는 게 아닌가. 무슨 일인가 했다. 나중에 알고 보니 지만원 씨가 제 홈페이지에 올린 글에서 토론을 제

안하며, 내 이름을 거론한 모양이다.

지만원 씨가 자진해서 사지로 뛰어든 것은 나름대로 계산이 있어서일 것이다. 논쟁에서 지든 이기든 그에게는 남는 장사다. 저렇게 사는 분들은 나름대로 산법이 있다. 최선은 언론에 칭찬 듣는 것. 차선은 언론에 욕먹는 것. 최악은 언론에서 쌩까는 것, 즉 욕도 칭찬도 안하고 그냥 무시하는 것. 한승조·지만원·조갑제류의 보수우익은 더이상 언론에서 진지하게 다뤄지지 않는다. 이렇게 잊혀져가는 마당에 최선이 불가능하다면 차선이라도 택하는 게 합리적이지 않겠는가.

논쟁(?)이 2라운드로 넘어갈까? 듣자 하니 한나라당 원희룡 의원이 지만원 씨에게 토론을 제안한 모양이다. 지만원 씨야 이런 짓을 해도 자기 개인에게는 경제적으로 손해볼 일이 없겠지만, 보수우익 진영에는 그의 이런 개인 정치가 상당히 부담이 될 게다. 보수우익=한승조·지만원·조갑제. 얼마나 환상적인가? 솔직히 나도 한승조·지만원·조갑제의 이미지를 대한민국 보수주의자 전체에게 뒤집어씌우고 싶은 유혹을 안 느끼는 것은 아니나, 그건 반칙이다. 분명히 말하지만 한승조·지만원·조갑제는 대한민국 보수의 전체가 아니라, 가장 후진적인 층위를 대표할 뿐이다.

원희룡 의원이 지만원에게 토론을 제안한 것은 바로 보수와 극우 사이에 분명한 선을 그어두려는 시도로 보인다. 개인적으로는 긍정적으로 평가한다. 다만 우리 귀여운 원 의원이 '진중권과 지만원이 격조가 안 맞는다'며 살짝 내 속을 한번 긁어보시려고 한 것 같은데, 한 수 배우고 싶으셔서 가르침을 청하는 그 귀여운 제스처에 대꾸가 없어서야 인생이 별로 재미없어질 것 같다. 원 의원은 학교 다니시면서 늘 수석만 하시느라 '이빨 쌈치기'는 별로 못 해보셨을 게다. 그 맛을 살짝 보여드리겠다.

원희룡 의원이 정확하게 지적한 대로 진중권과 지만원은 애초에 '격' 안 맞는다. 지만원 박사는 역시 원희룡 의원 같은 분하고 격이 맞는다. 두 분이 그렇게 격이 잘 맞을 수가 없다. 그러니 논쟁은 서로 격조가 맞는 두 분께 맡겨두고, 나는 이쯤에서 우아하게 빠져나가 새 학기 강의준비나 해야겠다. 바통을 넘겨 드리며 한마디. 요리는 다 됐고 간만 맞추시면 된다. 내가 좋아하는 독일 인사말로 'Viel Spass!'(재미 많이 보셔)

추기.
그런데 개 잡고, 닭 잡는 일은 왜 나한테만 시키는 걸까? 짜증난다.

삼일절, 친일절 되다

왜 하루도 조용하게 넘어가는 날이 없을까? 뉴스 보고 한심해서 한마디 해야겠다. MB가 사고를 쳤다. 대통령이 되고서 처음 맞는 삼일절에 한다는 소리가 겨우 일본의 과거사를 묻지 않겠다는 얘기. "역사의 진실을 외면해서는 안 되지만"이라 단서를 달았지만, 그 단서는 "그렇다고 해서 언제까지 과거에 얽매여서는 안 된다"는 말로 가볍게 부정된다. 그 메시지가 뭘 의미하는지는 두뇌용량이 2MB만 되어도 알 것이다.

반성이 발목을 잡는다?

'역사의 진실을 외면하지 말고, 두 나라가 함께 미래로 나아가자.' 이것은 역대 정권의 공식적 입장이었다. 따라서 이번 삼일절 담화가 이런 것을 의미했다면, 별로 특별한 게 못 될 것이다. 하지만 이번 담화는 분명히 과거와는 다른 얘기를 하고 있고, 또 그렇게 보도가 되고 있다. 그 다른 점이란 뭘까? 그것은 결국 '역사의 진실을 묻는 것보다 미래로 나아가는 게 더 중요하다'는 것이다.

도무지 이 어법을 이해할 수가 없다. 미래로 나아가려면 마땅히 과거사를 반성해야 한다. 그런데 과거사를 반성하지 않겠다면, 그것은 함께 미래로 나아가지 않겠다는 뜻이다. 이게 제대로 된 어법 아닌가? 반성은 미래를 위해서 하는 것. 반성을 거부하는 것이야말로 퇴행이 아닌가. 그런데 MB 사전은 다르다. 그의 사전私典에 따르면, 오히려 과거사를 반성하라는 게 과거에 얽매여 미래의 발목을 잡는 짓이란다.

작년이던가? 미국 의회에서 '위안부 결의안'을 통과시켰다. 캐나다 의회에서도 비슷한 일이 있었다. 유럽연합 역시 일본이 과거사 문제에 대해 발뺌하는 것에 대해 공식적으로 비판한다. 그럼 북미와 유럽은 과거에 얽매여 미래로 나아가지 않으려고 저러는 걸까? 다른 나라 의회에서 위안부 결의안을 채택하는 마당에, 한국에선 대통령이라는 이가, 그것도 삼일절에, 버젓이 저런 발언을 한다.

'과거사에 얽매이지 말고 미래로 나아가자.' 어디서 많이 듣던 것 소리 아닌가? 맞다, 과거사 문제가 불거질 때마다 일본총리들이 하던 얘기다. 그들은 식민지배와 침략전쟁의 과거를 죄악으로 반성하는 게 아니라 영광으로 기억하려 한다. 이게 MB가 말하는 '미래지향적' 한일관계다. 기껏 대통령 시켜놓았더니, 자기가 대한민국 대통령인지, 대일본국 총리인지 헷갈리는 모양이다.

이게 실용인가?

일본이 세계에서 중요한 역할을 맡으려면, 과거를 분명하게 반성해야 한다는 게 국제사회의 상식이다. 역사교과서 왜곡을 앞세운 일본의 우경화는 주변국의 우려를 자아내고 있다. 이럴 때일수록 세계와 공조하여 일본의 우경화를 막는 게 한국외교의 전략적 목표 중의 하나가 되어야 한다. 그런데 MB는 지금 일본에 기대하지도 않았던 선물을 안겨버렸다. 대통령이 한 말이니 뒤집기도 어려워진 상황이다.

어느 멍청한 신문에서는 벌써 한국이 일본에 선물을 주었으니 일본도 무역역조를 해결하는 데에 성의를 보이라고 썰렁한 주문을 한다. 반성의 의무를 면해줬다고 일본이 우리한테 뭘 줄까? 반성의 요구를 포기했다고 일본에서 나랏돈 풀어 김을 더 사겠는가? 굴을 더 사겠는가? 도대체 무슨 실익을 얻는단 말인지. 게다가 선조의 고통이라는 게 어디 돈 몇 푼에 팔아먹을 고물인가?

일본을 몰라도 이렇게 모를 수가 없다. 불행히도 일본우익은 한국우익처럼 멍청하지가 않다. 무력을 동원하지 않는 한 가져갈 수 없는데도 독도문제를 지속적으로 제기하며 두고두고 우리를 괴롭히는 게 그들의 외교다. 설사 독도를 못 가져가도, 그것을 카드로 다른 것을 따낼 수 있기 때문이다. 저들은 부당한 요구도 집요하게 해대는데, 대한민국은 정당한 요구도 그냥 포기해버린다.

오사카에서 자기 탄생비 세워준다니 화답이라도 하자는 건가? 아무리 대통령이라 하더라도, 국민들이 그런 발언까지 할 권한까지 준 것은 아니다. 누가 그에게 선조의 고통을 모욕할 권리를 줬을까. 자기

임기야 5년으로 끝나지만, 한일관계는 그 후로도 계속될 문제. 과거사에 대한 반성과 그것에 대한 요구는 한일 두 나라의 미래를 위해서 절대로 포기해서는 안 되는 것이다.

'실용'이라는 말의 용법

일단 과거사는 돈 몇 푼 걸고 흥정할 그런 문제가 아니라는 점을 확인해두자. 설사 실용적 관점에서 본다 해도, 우리는 이렇게 묻지 않을 수 없다. 도대체 어느 나라 외교가 그토록 중요한 협상카드를 스스로 버린단 말인가? 일본의 외교를 보라. 36년간 동안 저지른 거대한 만행에 비하면 그저 에피소드에 불과한 북한의 자국민 납치 문제를 얼마나 집요하게 물고 늘어지던가.

그가 좋아하는 '실용'이라는 말의 어법은 이미 장관 인선과정을 통해 드러났다. 그것은 '공직에 도덕성은 필요 없다'는 뜻이다. 그 말은 땅투기, 위장전입, 논문표절 등 온갖 부덕한 방법으로 살아온 인생들을 변명하는 낱말이었다. 그 앞에 붙인 '일만 잘하면'이라는 표현은 그저 조건문, 한 마디로 입증되지 않은 사실의 가정법일 뿐이다. 일 잘한다는 사람들이 제 집 하나 못 짓는 것을 보라.

'실용'이라는 말로써 그는 일본의 부도덕까지 변명해준다. 경제적 실익만 준다면, 일본의 도덕성을 문제 삼지 않겠다는 얘기. 여기서도 '경제적 실익만 준다면'이라는 표현은 그저 조건문, 한 마디로 기약 없는 약속의 가정법일 뿐이다. 떡 줄 사람은 생각도 않는데, 김칫국부터 마시는 게 이명박 정권의 외교식성인 모양이다. 상대가 누군가? 외교

스타일 더럽기로 소문난 일본이 아닌가. 그런데 그런 게 통할까?

삼일절 담화는 BBK 김경준한테 사기 당한 것보다 더 멍청한 일이다. 그저 쓸데가 없는 정도가 아니라, 국익을 해치는 발언이다. 다른 날도 아니고 하필 삼일절에 그런 발언을 한 데서 어떤 조급증 같은 것을 느낄 수 있다. 국민에게 약속한 7%의 고도성장을 달성하는 데 어떤 식으로든 일본의 역할이 있어야 한다고 판단한 모양이다. 대한 항공 747기, 일본 관제탑에 비상급유 요청. '과거는 묻지 않겠다. 연료만 넣어달라. 로저.'

한일 우익동맹

사과를 면해주면 일본이 뭘 해줄까? 일본으로서는 이미 얻을 것을 얻었다. 그러니 따로 뭘 줄 이유도 없다. 사과를 면해준 게 고마워 박정희 시절처럼 원조라도 해준단 말인가? MB는 이런 것을 '실용'이라 부른다. 설사 그것으로 실용적 이득을 본다 해도 문제다. 일본이 바보가 아니라면, 그들이 베풀어줄 이익이란 과자 값 수준을 넘지 못할 게다. 근데 대한민국이 일본에 빌어먹는 거지냐?

이건 경제적 '실익'의 문제가 아니라 본질적으로 정치적 '이념'의 문제다. 한 마디로, 일한 동맹으로 북한을 고립시킨다는 냉전적 사고의 화석이다. 남북문제는 민족문제만이 아니라 국제문제라고 한 발언은, 한 마디로 남북관계보다 일한관계를 앞세우겠다는 의지의 표명이다. 여기서 명심해야 할 것은, 바로 그것이 또한 일본우익의 바람이고 염원이라는 것이다.

제 발로 걸어와서 제 민족의 문제를 해결해 달라고 하는 나라가 있다. 일본의 입장에선 얼마나 흐뭇하겠는가? 그런 것을 바로 '한반도에 대한 일본의 영향력'이라 부른다. 미국과 중국이야 남북한과 특수한 관계에 있어서 그런다 치고, 도대체 남북문제를 논하는 책상에 왜 일본을 앉혀야 할까? 그 이유를 모르겠다. 이건 실용이 아니라 냉전의 '이념'이며, 과거의 '관성'이다.

국민의 지지를 못 받는 독재정권은 미국과 일본의 지지를 받아야 했다. 그 대가로 한반도에서 두 나라의 이권을 보장해주었다. 명색이 우익이라는 자들이 제 나라 국익조차 못 챙겼던 것은 이 때문이었다. 지금이라고 다른가? 집권하자마자 일본의 국익부터 챙긴다. 북한을 향해선 미국 매파보다 한 술 더 뜬다. MB정권이 북핵 해결 없이 북한과의 관계개선은 없다고 외칠 때, 뉴욕필은 버젓이 평양에서 연주를 한다. 코미디가 아닌가?

뉴라이트 역사관

이번 담화의 바탕에 어떤 이념적 맥락이 느껴진다. 매우 추상적이고 애매하게 표현되어 있지만, 그 담화에는 MB의 당선에 기여한 뉴라이트 측의 역사인식이 일정하게 반영되어 있는 듯하다. 얼마 전 뉴라이트가 일으켰던 역사교과서 파동을 생각해보라.* 그들은 일본군 위안부가 실재했다는 증거가 없으며, 식민지배가 조선의 근대화에 기여했다고 주장한다.

• 뉴라이트가 왜곡으로 점철된 역사교과서를 만들었던 것은 그저 사적 취향의 발로가 아니라, 앞으로 학교에서 아이들에게 그것을 가르치겠다는 공적 제안이었다. 현 정권에서 이들이 이념적 사제의 역할을 하는 이상, 어떤 식으로든 자신들의 이념을 공적으로 관철시키려 들 것이다. 이는 물론 '실용'도 아니고 '선진'도 아니고, '후진'적 이념의 노출, 즉 정치포르노일 뿐이다.

역사 왜곡은 일본만? 한 뿌리에서 나온 일본 우익과 한국 우익이 역사 왜곡에 힘쓰고 있다. 뉴라이트 교과서는 역사 바로 세우기에 대한 우익세력의 이념적 반격이다.(『한국일보』, 2011년 11월 19일)

이 역시 한국우익의 형님이신 일본우익의 논리다.

이런 맥락에서 계속 신경에 거슬리는 게 담화 속에 든 "밝은 면"이라는 표현이다. 물론 지난 정권에서 했던 과거사 청산작업을 비판하는 구절로, 한마디로 과거에 친일과 독재를 했던 이들에게서 밝은 면도 좀 보자는 얘기다. 그런데 이게 몇 문장 뒤에서 바로 한일관계에 관한 언급으로 이어지면서 개운치 못한 고약한 뒷맛을 남긴다. 혹시 근세 한일관계에서도 '밝은 면'이 있었단 얘길 하고 싶었던 걸까?

예년과 현저히 달라진 이번 담화. 거기에는 일정하게 일본우익과 한국 뉴라이트가 공유하는 역사인식이 반영되어 있다. 문민정부, 국민의 정부, 참여정부에서 이루어졌던 역사 바로 세우기를 보며 그 동안 쌓여갔던 우익세력의 이념적 불만. 한국역사에 대한 그들의 이념적 반격이 '실용'이라는 간판으로 위장한 채 조용히 시작된 것이다.

아무리 우익이라도 그동안 민족문제는 함부로 건드리지 못했다. 독재자 전두환, 노태우도 못 했던 일을 MB는 취임 며칠 만에 전격적으로 해치워버렸다. '실용'이라는 마법의 주문 덕분이다. 불도저는 역시 업적도 빨리 세운다. 삼일절을 졸지에 친일절로 바꿔놓은 것. 2MB 정권의 첫 업적 되겠다.

건달 교수의 기도 영빨

　보수주의자들이 70년대 민주화 운동을 한 경력을 흔쾌히 인정해주는 경우가 가끔 있다. 소위 '전향'을 한 사람들이 이상한 얘기를 늘어놓을 때다. 그때는 그 삑사리에 찬란한 아우라를 주느라 보수주의자들도 70년대 민주화 운동을 신성한 배경으로 추앙해준다. 이번에 "건달 정부" 운운하는 상소리를 늘어놓은 안병직 교수의 경우도 마찬가지다.

식민지반봉건

　안병직 교수는 이제 와서 노무현 정권을 "민족주의적"이라 비난하지만, 운동권 일각의 민족주의적 성향, 흔히 NL이라고 부르는 흐름에 이론적 토대를 제공해준 당사자다. 그는 1970년대에 한국의 사회구성체를 '식민지반봉건사회'로 규정한 바 있다. 즉 한국은 미국의 식민지

이며, 그로 인해 자본주의화가 덜 된, 반쯤은 조선시대 같은 사회라는 것이다.

이런 그의 논리는 학문적으로는 이미 80년대에 폐기처분됐다. 물론 운동권 내에는 그의 이론을 그대로 믿고 따르는 이들이 여전히 많았지만, 그들 역시 워낙 이론 자체가 현실과 맞지 않자, '식민지반+봉건사회론' 대신에 '식민지반+자본주의론'을 들고나왔던 게 기억난다. '반봉건'이나 '반자본'이나 그게 그거인데, 워낙 식민지반봉건론에 대한 비판이 심하자 대중을 상대로 '조삼모사'의 해프닝을 벌인 것이다.

70년대 한국경제를 일제시대와 같은 '식민지반봉건사회'로 보는 것은 시대착오가 아닐 수 없다. 물론 그는 후에 부랴부랴 '중진자본주의론'이라는 것을 내놓았지만, 썰렁하기로 따지면 '식민지반자본주의론'과 온도차가 별로 안 난다. 그 후로 내가 들은 소식은 '낙성대 연구소'라는 것을 만들어, 한국 자본주의 발달에 일제의 식민지배가 기여했다는 것을 실증적으로 밝혀내는 데 몰두하고 있다는 거였다.

극단에서 극단으로

안 교수의 머리를 끝까지 사로잡은 것은, 한국의 자본주의가 외세 때문에 발전을 못한다는 민족주의 이념이었다. 그런데 '식민지'라는 한국에서 자본주의는 계속 발전하기만 하니, 어떡한단 말인가? 한국 사회를 부당하게 '식민지'라 규정을 해놓았으니, 그 속에서도 경제발전이 이루어진다는 사실이 그에게는 기적처럼 여겨질 수밖에 없다. 그 충격에 결국 우익으로 돌아선 모양이다.

'식민지반봉건'이라는 안병직 교수의 규정에서 도출되는 실천적 결론이 바로 반미자주화를 통한 근대화 노선이다. 상당수의 운동권은 이미 1980년대에 그 논리를 폐기했고, 나머지들은 늦어도 1990년대에 폐기했고, 지극히 적은 수의 사람들만이 아직도 그 믿음을 유지하고 있다. 흔히 NL 내에서 '주사파'라는 부르는 사람들이다. 그런 의미에서 '주사파'란 실은 안병직 교수의 이론에 취했다가 아직 술이 덜 깬 이들이라 할 수 있다.

그런 의미에서 안병직 교수의 '민족주의' 비판은 실은 자아비판인 셈이다. 자기비판을 남에 대한 비난의 형식으로 하는 것. 그게 제 양심을 지키는 안 교수의 독특한 방식이다. 하지만 그가 굳이 나서지 않아도 이미 '식민지반봉건론'과 '반미자주화' 노선은 오래 전에 파탄을 맞았다. 아울러 민족주의의 술에 취한 역사학계 일각을 비판하기 위해 조선의 발전에 일제가 기여했다는, '깨는' 소리를 할 필요는 없을 것 같다.

냉전으로 회귀

안병직 교수가 노무현정권을 '건달 정부'라 부를 자유는, 내가 그를 '건달 교수'라 부를 자유만큼 소중하다. 문제는 그 비판이 얼마나 건전한 논증 위에 서 있느냐 하는 것이다. 참여정부에 대한 안병직 교수의 비난은 '민족주의'와 '사회주의'라는 것으로 요약된다. 안 교수의 문제는, 1970년대 사회를 식민지반봉건 사회로 바라보던 옛날에도 그랬지만, 지금도 전혀 현실 감각이 없다는 데에 있다. 『문화일보』의 칼럼을 보니, 그가 뉴라이트 단체와의 인터뷰에서 이런 얘기를 했다고 한다.

> 김정일 정권을 그냥 두고 통일하자는 것은 남쪽이 김정일 정권 밑으로 들어가자는 것과 다를 바 없다. (…) 김정일을 원조해서 연명시키는 것은 북한 주민들의 고통을 심화시키는 것에 불과하다. (…) 김정일 정권을 포위해 붕괴환경을 조성하는 것이 최선이다. 붕괴 이외엔 현실적으로 다른 방법이 없다.

금강산 관광이 이루어지고, 개성공단의 경제협력이 계속되고, 남북 이산가족의 만남이 이어지고, 심지어 한나라당에서마저도 휴전선에 경제특구를 건설하자고 하는 상황에서, 아직도 이런 발언을 하는 이들도 있다. 이런 시각을 가지고 앞으로 대북관계에서 할 일은 전혀 없을 것이다. 게다가 그의 말대로 김정일 정권을 붕괴시켜 놓으면, 그 다음엔 어떤 사태가 벌어질까?

저 발언을 소개하는 『문화일보』의 칼럼에서 윤창중 논설위원*은 안 교수의 발언을 소개하며 이렇게 덧붙인다. "노 정권에 곡학아세하고 있는 후학들은 안 교수의 고언을 듣고 있는가. 노 교수의 이런 지성이 존재하는 나라엔 아직 희망이 있다." 그러는 윤창중 논설위원은 먼저 현대자본의 현정은 회장부터 금강산 사업 철수하고, "김정일 정권을 포위해 붕괴환경을 조성"하는 데에 협조하라고 촉구할 일이다.

> • 우리 모두가 이제는 너무도 잘 알게 된 바로 '그'다. 아랫도리가 한 일을 윗도리가 모르게 할지어다.

신자유주의

지금 서민들이 받는 고통의 핵심인 사회적 양극화를 보자. 그것의 원인은 역대 정권에서 추진해온 이른바 '신자유주의' 정책에 있다. '세계화'의 이름으로 이루어진 구조조정 과정 속에서 수많은 실직자가 발생하고, '고용유연화'라는 명분으로 비정규직 노동자들이 확산되고, 노동시장에서 퇴출당한 이들이 대거 음식점을 차리면서 자영업의 근간마저 흔들리고 있다. 그런데 여기에 어디 민족주의가 있고 사회주의가 있단 말인가?

사회적 양극화의 또 한 축은 농민 문제다. 농업정책만 해도 그렇다. 대한민국은 농업은 사양산업이 되어 농가는 부채에 허덕이고, 농촌은 몰락하고 있다. '우루과이 라운드'로부터 시작해서 최근의 쌀 협상 비준안에 이르기까지, 우리 농산물을 외국의 값싼 농산물의 공격으로부터 지켜줄 장벽은 이미 사라지고 없다. 쌀 협상 비준안을 서둘러 처리하는 정부여당의 모습에 어디 민족주의가 있고 사회주의가 있단 말인가.

게다가 대기업의 등살에 몸살을 앓는 중소기업 대책에 관한 노무현정권의 태도는 무엇인가? "권력은 시장에로 넘어갔다"는 것이 아닌가. 여기에 무슨 사회주의적 제스처가 있단 말인가. 대기업의 경우를 보자. 지금 민족주의를 외치는 것은 외려 재벌들이다. 재벌의 소유구조를 개혁하라는 요구에, 재벌들이 뭐라고 대답하던가. 그렇게 할 경우 경영권을 방어할 수 없어 우리 기업들이 줄줄이 외국 자본의 손에 넘어갈 것이라며, 자본의 국적성과 민족성을 강조하지 않던가.

우리 사회의 양극화는 경기회복과 더불어 해소될 수 있는 순환적 성격의 것이 아니다. 이는 이른바 '신자유주의'의 물결의 여파로 미국과 일본은 물론이고 서유럽도 앓는 전세계적 질병이다. 즉 서민의 삶의 위기는 안병직 교수가 노 정권이 가졌다고 비난하는 "민족주의와 사회주의"에 원인이 있는 게 아니다. 외려 그가 대안으로 제시하고, 정권이 충실히 실천하고 있고, 한나라당이라면 더 가열차게 실천할 "국제주의와 자유주의"의 필연적 결과다.

기도의 힘

사회적 양극화는 노 정권에서 기대하듯이 지표경기의 회복으로 해소될 수 있는 것도 아니고, 그렇다고 한나라당에서 내놓은 알량한 감세안 나부랭이로 해결할 수 있는 것도 아니다. 감세로 제일 많은 혜택을 받는 것은 강남 부유층인데, 지금 내수 부진이 부자들이 지갑 안 열어서 생기는 것도 아니고, 어차피 50% 이상의 국민이 면세점 이하로 사는 마당에 그게 내수회복에 별 도움이 될 것 같지도 않다. 그렇다고 지금 기업들이 돈이 없어서 투자를 못하는 것도 아니잖은가.

사회적 양극화, 사회의 고령화, 사회적 안전망 구축 등은 '비전'을 요하는 매우 중요한 문제다. 여야가 정쟁의 소재로 삼을 문제도 아니고, '뉴라이트'니 어쩌구 하며 소모적인 이념논쟁 속에 날려버릴 대상도 아니다. 한 정권의 교체와 상관 없이 일관되어야 할 장기적 전략을 수립하는 문제다. 이를 위해서는 초당적인 협력은 물론이고, 서구 몇몇 나라에서와 같은 '사회적 대타협'이 필요하다.

사고가 나지 않기를 기도할 뿐이다.

절망에 빠진 안병직 교수. 기도를 올리기로 한 모양이다. 가끔 시청 앞 광장에서 열리는 구국기도회에서 앞으로 안 교수가 애국 목사, 호국 장로, 안보 집사님들 더불어 나라를 위해 기도를 올리는 모습을 보게 될 모양이다. 이번에는 1997년 지금의 한나라당이 나라 말아먹었을 때처럼 "사고"가 나지 않도록, 부디 영빨의 출력을 한껏 높이시기를. 오, 주여, 우리를 구하소서. 할렐루야 아멘.

천국이 이미 그대들의 것이니라

유럽이 한국과 일본처럼 문화적 보수주의와 민족주의를 가진 국가로 변해야 한다.

노르웨이의 학살범 브레이비크가 범행 전 유튜브에 올린 동영상에서 한 말이다. 범행 전 친구에게 보낸 1518쪽의 성명서에서 그는 "한국과 일본은 유럽이 1950년대에 가졌던 고전적이고 보수적인 원칙들을 잘 대표하고 있다"며 "과학적·경제적으로 발전했고, 다문화주의와 문화적 마르크스주의를 받아들이지 않고 있다"고 말했다.

또 범행 세 시간 전에 올린 '2083 유럽 독립선언'에서는 페미니즘에 혐오감을 표현하며, "가부장제 회복이 서유럽의 대안이며 일본이나 한국 모델이 해결책"이라고 주장했다. 나아가 "2083년까지 유럽 각국을 극우 보수정권으로 교체한 뒤 이슬람 이민자들을 내쫓아야 하며, 중동 이슬람 국가들을 제압할 새로운 유럽을 탄생시켜 기독교 문화를 바로 세워야 한다"고 적었다.

테러의 배경이 된 것은 이주외국인에 호의적인 정책을 펴온 노동당의 청소년 캠프였다. 한마디로 조국 노르웨이를 좀먹는 좌익의 자식들을 일거에 청소해버리겠다는 생각이리라. "잔인하지만 필요한 일이었다"는 말은 그와 관련이 있을 것이다. 흥미로운 것은, 그가 이 피비린내 나는 잔혹극을 통해 2083년까지 이룩하려 한 이상사회가 하필 한국과 같은 나라였다는 사실이다.

박노자 선생이 거짓말을 했나, 왜 노르웨이 청년이 한국을 부러워할까? 이 느닷없는 한류(?)를 이해하기 위해 그의 멘털리티를 분석해보자. 범행 전후 그가 했던 언급을 종합하면, 그의 생각이 극우민족주의, 문화적 보수주의, 반反여성주의, 반反마르크스주의, 기독교 근본주의의 결합으로 이루어졌음을 알 수 있다. 간단한 검색만으로도 우리 사회에 이 다섯 가지 생각이 얼마나 팽배한지 확인할 수 있다.

'좌익척살'이라는 섬뜩한 이름으로 인터넷 우익사이트에 올라온 글들 중에는 그냥 '몰취향'으로 보아 넘기기에는 증세가 심각한 경우가 있다.

> 우익집권 때 전쟁 나면, 빨갱이를 척살할 최고 좋은 기회다. 남북 간 통일과 남한 내 좌익척결이라는 일거양득이기 때문이다. 따라서 남북한 간의 전쟁은 우익이 집권하고 있는 현재에 일어나야 한다.

그런 상황이 오면 이 자는 정말 그 짓을 저지를 것이다.

최근에는 기독교 근본주의까지 등장했다. 대형 교회 목사들이 다른 종교를 폄훼했을 때, 가령 김홍도 목사가 "인도네시아 쓰나미는 무슬림에 대한 하나님의 심판"이라고 망언을 했을 때, 다수의 교인들은 그 망언에 '아멘'이라고 화답했다. 바로 며칠 전에도 '나라와 교회를 바로 세우기 위한 국민운동본부'라는 곳에서 구국기도회를 열어 교회가 이슬람과 이단, 종북좌파에 맞서야 한다고 주장했다.

한편 군대나 여성과 관련된 문제만 터지면, 인터넷은 '꼴페미년'을 성토하는 골빈 마초들의 아우성으로 가득 찬다. 이건 이념 이전에 거의 한국적 사내스러움의 정의가 되어버린 듯하다. 게다가 도대체 한국의 이주노동자들이 무슨 대단한 특권이라도 누린다는 얘긴지, 아예 시민들이 나서서 이른바 '불법체류자'를 신고하는 섬뜩한(?) 일을 하는 시민단체까지 결성되어 있다.

다음은 '외국인노동자 대책 시민연대'라는 단체 사이트에 공지로 올라온 글.

전 유럽의 진보좌파 무리들과 이들과 이념, 인식, 언행을 함께하는 일부 유럽인들이 자행하는 유럽식 다문화 발광과 엄청난 숫자의 이슬람교도 유입의 실태가 어떠하길래 (…) '평화애호국'의 대표적 국가라고 하는 노르웨이에서 (…) 이런 엄청난 테러가 발생했는가?

100명 가까이 학살한 자의 심정을 이렇게 헤아려주는 목소리가 흘러나올 나라가 또 있을까?

이러니 한국이 부럽지 않겠는가. 극우마초근본주의자들에게 복이 있나니, 이 땅에선 천국이 이미 그대들의 것이니라. 아멘.

태극기와 애국가

'애국'이니 '구국'이니, 해방 전후사에나 등장할 법한 '딸國질'이 난무한다. 이 복고적 언어 취향은 주로 극우파나 주사파에게서 발견된다. 서로 못 잡아먹어 안달이 난 이 두 세력이 똑같이 '조국'을 사랑한다고 떠들어댄다.

사실 극우파와 주사파에게 '조국'이라는 말은 각기 다른 것을 의미한다. 전자에게 '조국'은 '국가체제'를 의미하고, 후자에게 '조국'은 '민족국가'를 의미한다. 결국 극우파나 주사파나 각자 제 '조국'에 극성스럽게 충성하는 셈이다.

극우파는 민족을 가리지 않는다. 그 국가의 주인이 일본이든 미국이든, 그들에게는 충성할 '국가체제'만 있으면 된다. 반면, 주사파는 체제를 가리지 않는다. 통일된 '민족국가'라면, 설사 그 국가의 체제가 봉건적 전체주의라도 무방하다. 주사파에서 전향한 뉴라이트가 '식민지근대화론'으로 일본의 식민주의를 긍정적으로 평가하는 것은 이와 관련이 있다. 주사파였다가 전향한 새누리당의 하태경 의원도 몇 년 전에 했던 친일 망언으로 구설에 오른 바 있다.

반면, 통합진보당 이석기 의원은 애국가를 부정하는 발언으로 세상을 짜증나게 했다. 뒤늦게 자신의 발언이 자유주의적 신념의 표현인 양 위장하나, 그 망언에서 우리는 분단된 나라의 반쪽을 결코 조국으로 인정할 수 없다는 그의 고집을 느낀다. 당권파의 이상규 의원은 〈백분토론〉에서 끝내 방청객의 질문에 대답하지 않았다. 개인에게는 사상과 양심의 자유가 있다. 하지만 공인, 특히 유권자의 뜻을 대의해야 하는 의원은 다르다. 그 자유를 누리고 싶다면 출마해서는 안 된다.

마찬가지 논리로 '친박' 의원들 역시 국가관을 검증받을 필요가 있다. 자연인으로서 그들은 쿠데타를 혁명이라 부를 권리를 누린다. 하지만 자유민주주의 헌정을 부정하는 그 생각을 가진 이들이 공인이 되는 일은 허용돼서는 안 된다. 극우파들은 자기들이 '자유민주주의 체제를 수호한다'고 외친다. 자유민주주의가 뭔지 알기나 할까? 자유주의는 각 개인에게는 국가도 침범할 수 없는 권리가 있음을 인정하는 것이며, 민주주의는 인민이 통치하는 인민주권의 체제를 가리킨다.

그런데 극우파는 사상과 양심의 자유를 부정하는 국보법으로 '자유주의' 신념을 파괴하고, 이승만-박정희-전두환, 대를 이어 독재정권을 찬양함으로써 '민주주의' 이념을 부정한다. 극우파야말로 자유민주주의의 진정한 적인 셈이다. 자유민주주의의 적이 외려 자유민주주의자 행세를 하니, 진보진영에서는 역편향으로 자유민주주의라는 말

자체를 냉소하는 경향이 있다. 하지만 진정으로 부정해야 할 것은 '자유민주주의'가 아니다. 극우파에 의한 자유민주주의의 '오염'이다.

극우파들은 진보진영에서 '대한민국'을 부정한다고 비난한다. 사실을 말하자면, 우리가 부정하는 것은 '대한민국' 자체가 아니다. 이승만이 세우고, 박정희가 살찌우고, 전두환이 구했다는 대한민국에 대한 당신들의 해괴한 '해석'이다. 헌법에 명시된 대로 대한민국은 독립운동의 정신으로 세워졌고, 몸 바쳐서 열심히 일한 민초의 노동으로 발전했고, 민주화 운동을 통해 군사독재의 사슬에서 구원받았다. 우리가 긍정하는 것은 바로 '이런' 대한민국이다.

태극기도 마찬가지다. 우리가 부정하는 것은 태극기가 아니라, 시도 때도 없이 태극기를 들라고 강요하는 억압적인 군사문화다. 강요되는 태극기는 국가의 상징이 아니라 특정한 정권, 즉 독재정권이 우리 입에 물린 재갈일 뿐이다.

우리가 부정하는 것은 조회시간에 억지로 부르던 애국가, 전두환을 연호하라고 억지로 들려주던 그 태극기다. 우리가 긍정하는 것은 1980년 금남로에 펼쳐졌던 그 태극기, 도청 광장에 울려 퍼지던 그 애국가다.

'일베충'과의 트윗질

새누리당의 일밍아웃

새누리당도 일밍아웃 했네요. 집권여당의 수준이
딱 '일베충'...

일베가 기승을 부리는 건 박근혜 정권의 출범과
밀접한 관련이 있습니다. 이명박이 시장보수라면,
박근혜는 이념보수이기 때문... 일베와 새누리당
은 악어와 악어새의 공생관계라 할 수 있죠. 일본
에서 자민당과 야쿠자 우익의 관계처럼...

• 일베+벌레[蟲]의 뜻
으로 '일간베스트 저장
소' 사이트의 이용자들
을 비하하는 말이지만,
일베 이용자 스스로도
별 거리낌없이 받아들
이는 데서 이들의 정신
건강 상태를 짐작할 수
있다.

일베는 새누리당의 무의식입니다. 사회적 검열에 억압된 금지된 욕
망이 익명성이라는 안전장치를 방패로 하여 맘껏 표출되는 거죠.

그러니 일베를 부추기는 논평이나 내놓는 거죠.

새누리당이 일베를 활용해 먹으려고 하는 중입니다. 그렇다면 새누리당에 마땅히 일베 이미지를 부여해야죠. 녀석들, 손 안 대고 밑 닦겠다는 심보. 걍 맨손으로 닦으세요. 어차피 악취나는 데에는 차이가 없으니.

베누리당... 좋네요. 앞으로 그렇게 불러드리죠. 당의 공식논평이 딱 일베 수준이니...

애국은 불한당의 마지막 피난처다

일베의 어느 초등교사, 과거 성매매 경험까지... 범법을 했다고 자랑했으니 일단 경찰 수사부터 받아야겠죠. 애들을 위해 파면해야 합니다.

자기가 가르치는 아이들이 '로린이'(로리타+어린이)로 보이는 사람은 잠재적 성폭력 가해자죠. 게다가 매매춘을 자랑하는 사람이니, 철저하게 사회에서 격리시켜야 합니다. 아울러 신상을 공개해서 우리 아이들에게 접근하지 못하도록 만들어야 하구요.

새뮤얼 존슨, "애국은 불한당의 마지막 피난처다." 이게 일베 현상을 정확히 요약해준다고 봐요. 평소에 저런 짓 하는 인간 쓰레기들이 그래도 자기들이 사회적으로 쓸모 있다고 강변하기 위해 마지막으로 내세우는 가치가 '애국'이죠.

일본의 극우는 스스로 '고미'(쓰레기)라 부르고, 한국의 극우는 스스로 '벌레'라 부르죠. 모종의 자포자기. 이를 만회하는 것이 "그럼에도 나는 애국한다"는 자부심(?)입니다. 그걸 걔들은 '일부심'이라 부르나 봅니다.

사실 걔들은 사회의 루저들입니다. 사회에서 따돌림 당한다는 피해의식이 강하죠. 이를 만회하기 위해 자신들이 사회의 주류, 혹은 사회의 절대다수에 강력하게 소속되고 싶어합니다. 그래서 사회의 가장 보편적 가치인 '애국'을 내거는 겁니다.

국가와 자신을 완전히 동일시한 후 자신들보다 잘 나가는 사람들을 반국가분자로 낙인찍어, 자신들이 평소에 당해왔던 따돌림에 대한 복수를 감행하려 하는 거죠. 그들의 폭력성은 실은 그들이 평소에 당해온 폭력의 반대급부일 뿐입니다.

주류에 대한 질투와 분노

일베 사이트를 없앤다고 일베 현상이 사라지는 거 아닙니다. 성별·소득·학력·국적 등의 이유로 타인을 차별하는 관행이 사라지지 않는 한, 일베 현상은 계속될 겁니다. 그나마 일베의 긍정적인 점은 익명성을 토대로 걔들한테도 발언권을 주었다는 점.

어디 가서 하소연할 데도 없는 애들이 그나마 평소에 받아왔던 억압과 차별의 울분을 맘껏 토로할 수 있도록 해준 게 일베입니다. 걔들, 그거라도 못하면, 살아가기 힘들 겁니다. 적어도 거기선 사회의 주류처럼 굴 수 있으니까.

그럼 고학력 인증샷은 진짜일까요? 더러 진짜도 섞여 있을 겁니다. 그게 대충 이런 현상입니다. 전방에 가면 북한 애들이 대남방송을 해요. "오늘 우리 쌀밥에 고깃국 먹었다." 저는 걔들이 '적어도 그날' 쌀밥에 고깃국 먹었음을 의심하지 않습니다.

일베 애들만이 아니라, 걔들 지갑 터는 인사들도 마찬가지죠. 그 분들의 특징은, 온갖 직함은 다 갖고 있는데 그중에서 쓸 만한 직함은 하나도 없다는 것. 그들 역시 주류에 속하지 못하는 원한을 주류에 속하는 이들에 대한 공격으로 분출하죠.

정상적인 사람들에게는 일베나 변모 씨의 잔혹성, 공격성이 잘 이해가 안 될 겁니다. 그들의 그 집요한 욕망이 어디서 나오는지 잘 생각해 보세요. 그 저변엔 어떤 트라우마가 있습니다. 그걸 제대로 치유하는 게 아니라 '야매'로 해소하려는 거죠.

제대로 된 처방이 아니니, 당연히 배척당하고 멸시당한 그 상처가

치유될 수가 없는 겁니다. 그래서 그게 실패하면, 자극과 공격의 강도를 높이는 거죠. 하지만 그 역시 실패할 수밖에 없고… 이것이 그들이 가진 공격 강박증의 원천입니다.

그걸 라깡은 '오토마톤automaton'이라 불렀죠. 거의 기계적 수준의 강박반복… 최근 변모 씨의 친노종북 드립이 거의 자동인형이 반복적으로 내뱉는 기계음으로 들리는 것은 그 때문입니다.

똥물 공격

'막장' 치닫던 일베, 광고 중단. 사필귀정이죠. 그래도 일베가 없어지는 데에는 반대합니다. 어차피 이 사회가 똥을 안 싸고 살 수 없다면, 똥은 똥통에 모여 있는 게 가장 쾌적하거든요.

SBS 토론에서 일베 애들이 자기들 깠다고 삐친 모양. 일베 어린이들, 오해예요. 서로 오해는 풀어야죠. 형의 타깃은 실은 너희들이 아니에요. 실은 일베라는 똥물을 뉴라이트, 국정원, 보훈처, TV조선과 채널A 위에 뒤집어 씌운 거죠.

이제 오해가 풀렸으면 형 미워하지 마라…
앞으로 형이 너희들 거론하거든, 너희들 미워서 그러는 게 아니라는 거, 알아줬으면 해요. 똥물은 공격의 목표가 아니라 공격의 재료일 뿐이에요. 잘 자, 내 꿈 꿔.

조갑제도 종북?

조갑제도 일베와는 선을 긋네. 변희재 대표는 어떤 실존적 결단을 내릴 것인가? 일베와 같이 가자니 사회적 생명이 끝나고, 일베와 척지자니 외톨이가 될 테고. 사느냐, 죽느냐 그것이 문제로다.

논객 생활, 우연한 계기에 조갑제를 비롯한 극우파들 씹는 걸로 시작했는데, 이제는 극우파인 조갑제마저 '종북'으로 몰리는 판이니... 민주주의를 위해 극우파랑도 연대를 해야 할 판. 코미디야 코미디.

삽질 대신 베질

종편에서는 5·18이 북한군의 소행이라는 노골적인 역사수정주의를 소개하고 있고, 일베에서는 반인륜적 댓글로도 모자라 행동으로 타인의 게시물을 파괴하고 있습니다. 그 배후에는 국정권의 공작이 있었던 것으로 드러나고 있고... 나라꼴, 가관이네요.

지금 나타나는 것은 이명박이 아니라 박근혜 현상입니다. 이명박과 그 추종세력들은 이념색이 강하지 않은 시장지상주의자들. 반면 박근혜와 그의 추종자들은 극우에 맞닿은 강한 이념색을 가진 국가주의자들이지요. 통치의 성격이 바뀐 겁니다.

'민주화'를 조롱의 의미로 사용하는 새로운 세대의 등장. 보수정권 6년만에 극우적 사유가 암암리에 젊은 세대의 정신세계에까지 침투했음을 보여주는 슬픈 징조다.(『경향신문』, 2013년 6월 3일)

극우의 준동은 박근혜의 집권에 따른 자연스런(?) 현상이죠. 제가 걱정했던 것도 바로 그 부분이었지요.

'삽질' 대신에 '베질'… 이명박정권이 전국을 공구리로 도배했다면, 박근혜정권은 전국을 일베로 도배하겠죠. 보훈처에서 〈임을 위한 행진곡〉을 건드리겠다는 발상을 하는 것도 같은 맥락에서입니다. 사회의 극우화… 박정희의 부활.

극우적 사유의 침투

전효성은 원인이 아니라 증상. 보수정권 6년만에 극우적 사유가 암

암리에 젊은 세대의 정신세계에까지 침투했음을 보여주는 슬픈 징조. 전효성 개인을 비난할 게 아니라, 우리 사회에서 이성의 실패를 한탄해야 할 일. 일본은 아베, 한국은 일베.

전효성의 발어, "민주화 시키지 않는다." 소속사의 해명, "민주적인 팀이라는 뜻". 합하면, 우리는 '민주화시키지 않는 민주적인 팀'. 이 모순어법은 그들의 정신상태가 분열증의 차원에 도달했음을 보여줍니다.

일베의 인간말종들이 설쳐도 그대로 방치하고, 심지어 국가기관인 국정원에서 기념품 나눠줘가며 격려까지 하니 이런 일이 벌어지는 겁니다. 거기에 일베 수준의 논객들을 등장시킨 종편의 저질 막장 방송…

전효성이 그나마 자신은 일베가 아니라고 발뺌하는 게 다행. 실제로도 별 생각 없이 여기저기서 주워들은 대로 그 말을 썼을 겁니다. 이는 인간말종 세력이 아직은 주변화되어 있음을 의미. 걔들이 주류에 들어오면, 일본처럼 아베정권이 들어서는 거죠.

5·18을 폭동이라 부르는 역사수정주의는 한국 보수 일각의 정치적 무의식, 프로이트식으로 말하면 정치적 이드죠. 그 욕망을 이성이나 의식의 검열 없이 분출하는 곳이 일베. 금지된 욕망이니 철 없는 애들 사이에 급속히 퍼지는 거구요.

정신질환

히틀러 일기 얘기 있죠? 총통의 일기가 발견되자 극우파들이 환호하죠. 근데 일기에 사용된 종이가 60년대 산으로 드러납니다. 정상인은 이 경우 일기가 위조라는 결론을 내리죠. 하지만 극우파는 다릅니다. "그럼 총통은 살아계시다!"

한국의 극우파도 마찬가지. 인턴 여대생이 경찰에 신고까지 하고, 청와대에서 경질까지 했다면, 정상인은 윤창중이 성추행을 했다는 결론을 내리죠. 극우파는 다릅니다. "그럼 인턴녀는 종북꽃뱀이다!" 극우는 정치적 입장이 아니라 정신질환입니다.

피해망상, 과대망상, 그리고 공상허언증... 이 사회 곳곳에 붉은 악마가 도사리고 있다는 피해망상, 그 놈들을 내가 때려잡아 조국을 구한다는 과대망상, 그리고 자기가 늘어놓는 허구가 사실이라고 믿어버리는 공상허언증. 이 세 가지 증상...

사회에서 억눌린 성적 욕망, 문명에 억압당한 폭력성을 '애국'이라는 허울 좋은 명분 아래 맘껏 표출하는 우익 판타지물... 그걸 통해 현실에서 자기들이 당하는 억압과 차별을 허구적으로 보상받는 거죠.

'원숭이 왕'_우익 똘반 학동들의 통찰력 형성을 돕는 책

여기 베를린 한글학교의 책장에서 학생들을 위한 교재를 찾다가, 우연히 우리 우익 똘반 학동들에게 꼭 권하고 싶은 책을 발견했다. 내가 지금까지 했던 모든 말이 바로 이 짧은 동화책 안에 고스란히 요약되어 있다. 이 책은 어린이 도서 출판으로 권위 있는 웅진출판사에서 발간한 것인데, 책의 뒷표지엔 철학자 윤구병 씨의 추천사까지 실려 있다. 거기에 따르면 이 책 "속에는 일관되게 하나의 세계관이 담겨 있는데" 이런 거다.

① 아이들에게 어려서부터 생명을 존중하고
② 사물을 과학적으로 인식하고
③ 이웃과 더불어 자유롭고 평등한 공동체적 삶 속에서
④ 행복하게 살 길을 일러주자는 것입니다.

이렇게 좋은 책이다. 내 "세계관"하고 정확하게 일치한다. 나도 바로 이 말을 하려고 했다. 즉 "전쟁" "할복" 좋아하는 소아병 환자들에게 ① "생명을 존중"하는 마음을 심어주고, "신화" "영웅전"으로 세계를 보는 학동들에게 ② "사물을 과학적으로 인식"하는 눈을 뜨게 해주고,

"상명하복"의 "군대식 위계질서"밖에 모르는 졸병들에게 ③ "자유롭고 평등한 공동체적 삶"을 누리게 해주며 ④ 심지어 "행복하게 살 길"까지 "일러주"고 싶었던 거다. 똘반 어린이 여러분. 영웅전, 위인전, 삼국지 같은 것만 읽지 마세요. 가끔 이런 책도 읽어요. 여러분도 얼마든지 "행복"할 수 있어요. "행복"하세요.

❖

어느 날 동물 나라에 원숭이가 나타났어요.

짠. 뭐하자는 걸까요? 이 자의 소행을 봅시다.

원숭이가 네 발 달린 동물들에게 말했어요.
"자, 봐. 나는 이렇게 두 발로 걷지.
그러니까 나는 너희들의 왕이 되어야 해."

우익 똘반 학동들이랑 똑같죠? 이걸 논증이라고 합니까? "두 발로 걷지"에서 어떻게 "왕이 되어야" 한다는 결론이 나오는 걸까요?

원숭이는 새들에게도 말했어요.
"자, 봐. 나는 이렇게 발을 넷이나 가지고 있어.
또 한 팔로 나무에 매달릴 수도 있어.
그러니까 너희들은 나를 왕으로 모셔야 해."

보세요. 또 논점일탈의 오류죠? "발을 넷" 갖고 있고 "한 팔로 나무에 매달"린다는 사실에서 어떻게 "나를 왕으로 모셔야 해"라는 결론을 *끄집어냅니까*. 웃기죠? 그런데도

원숭이는 왕이 되었어요.

그러니 동물 나라 꼴이 뭐가 되겠어요.

왕이 된 원숭이는 다른 동물들에게 못살게 굴 생각만 했어요.

뻔하죠. 그럼 무슨 생각을 하겠습니까? 보나마나죠. 우리가 이거 어디 한두 번 겪어봅니까?

원숭이는 네 발 달린 동물들에게 말했어요.
"너희들도 나처럼 두 발로 걸어야 해."

남들이 자기랑 다르다는 거, 그거 못 참죠? 우리 우익 똘반 학동들하고 똑같죠? 성격도 참 이상하죠?

원숭이는 새들에게도 말했어요.
"너희들도 날아서는 안 돼.
나처럼 걸어다니란 말야."

걸어다니든, 날아다니든, 왜 간섭합니까? 자기가 뭔데? 누가 봐도 잘하는 짓 아니죠?

동물 나라에 이상한 일이 벌어지기 시작했어요.
모두들 두 발로 걸어다녀야 했어요.
다들 모두 힘들어했어요.

당연하죠. 그게 어디 사는 거예요? 그래서

"난 날아갈 거야."
어느 날 아기 새 한 마리가 참지 못하고 하늘로 날아올랐어요.
원숭이는 잡으려고 했지만 소용 없었어요.

역시 어린 세대들은 다르죠? 동물 나라 '모래시계'죠?

"난 뛰어다닐 거야."
어느 날 아기 사슴 한 마리가 네 발로 뛰어 달아났어요.
원숭이는 잡으려고 했지만 소용 없었어요.

잘했죠? 그래서 어린이는 나라의 꽃이라고 하잖아요. 사슴이 뛰겠다는데 원숭이가 무슨 재주로 잡습니까? 또 잡으면 어쩔 겁니까?

이제 아무도 원숭이를 무서워하지 않게 되었어요.

거 봐요. 알고 보면 원숭이 별 거 아니에요. 원숭이는요, 재주나 부리게 하고, 바라보며 즐거워하면 돼요. 가끔 잘했다고 바나나 던져주면, 자기가 스타인 줄 알고 계속 재롱 떨어요. 재밌죠? 우익 똘반 학동들, "통찰력 형성을 돕는" 이 재미있는

이야기에서 느끼시는 바가 있었으면 합니다.

왜 이 책을 썼냐구요?

그게 이렇게 된 일이에요. 언젠가 이인화가 편집위원으로 있는 『상상』이라는 잡지에서 제게 원고청탁을 해왔어요. 서양미술에 나타난 '악마주의'에 관한 글을 써달래요. 그때 난 이런 건 줄 알았어요. 왜 있죠? 마이클 잭슨 악마 만들어 놓고 내한 공연 보이코트하시던 정신 나간 분들. 서태지 음반을 거꾸로 돌리면 악마의 메시지가 나온다고 미신 퍼뜨리던 광신도들이요. 저는 그 사람들 비판하는 맥락인 줄 알고 쾌히 승낙했어요. 그래서 도서관을 뛰어다니며 자료를 긁어모아 열심히 글을 썼어요.

근데 출판사에서 제게 참고로 그 잡지를 보내줬어요. 거기서 우연히 이인화의 글을 읽고, 내 글이 기구한 '운명'에 처한 걸 알게 됐어요. 글쎄 이인화 어린이가 박정희를 천재요, 영웅이요, 낭만주의적 악마로 만들고 있잖겠어요? 내 글이 본의 아니게 독재자를 찬양하는 맥락에 들어가게 된 거예요. 쪽팔리잖아요. 당장 출판사에 전화를 걸어 항의를 했죠. 반론 쓰겠다고 했어요. 원고는 약속한 것이니 보내주되, 입장을 해명할 지면을 달라고 했어요. 그랬더니 편집부에서 이인화한테 물어보더니 그러래요. 실어주겠대요. 그래서 써서 보냈죠. 근데 막상 원고를 보냈더니, 못 싣겠대요. 편집위원회에서 그렇게 결정했대요.

이 폭거가 이루어지던 그 현장에 이인화도 있었대요. 근데 글쎄 이 친구가 그 자리서 침묵을 지켰대요. 세상에. 이인화 어린이. 나는 어린이가 횡설수설 지껄이는 말이 몽땅 헛소리라고 생각해요. 난 그 헛소리에 동의하지 않지만, 적어도 어린이가 그 헛소리를 할 '자유'만큼은 열렬히 옹호해요. 누가 당신에게서 그 자유를 빼앗는다면, 나는 열심히 어린이 편 들어줄 거예요. 근데 어린이는 왜 그래요? 성격이 이상해요. 어린이는 '악'을 노래할 자유를 달라고 노래했죠? 악을 노래할 자유를 옹호하자며 내게 원고청탁까지 했죠? 그러는 어린이가 검열을 해요? 남의 노래할 자유를 빼앗아요?

그래서 내 원고는 결국 계간 『문학동네』에 실리게 되었어요. 그게 「박정희와 악마주의」라는 글이었죠. 근데 거기서도 원고의 일부를 삭제했어요. 『조선일보』를 비판한 부분 말예요. 물론 좋은 일은 아네요. 하지만 그냥 넘어가기로 했어요. 사실 전에도 한 번 비슷한 일을 겪은 적이 있거든요. 『조선일보』 대단하죠? 정말 웃겨요. 근데 이 일이 있기 전에 그 잡지에선 이왕 내친 김에 조갑제의 소설도 한번 씹으라고 제안했었어요. 그래서 작업에 들어갔었는데, 그것도 그 후 감감무소식이 되었어요. 이것도 난 이해해요. 그럴 수 있어요. 그래서 이때 쓴 원고(「죽은 독재자의 사회」)는 허공을 이리저리 돌고 돌다 결국 『인물과 사상』에 착륙하게 된 거예요.

근데 글을 쓰다 보니 너무너무 재미있더라구요. 우리 똘반 어린이들의 작문, 정말 걸작이에요. 작업하면서 얼마나 킬킬대고 웃었는지 몰라요. 그래서 쓰다 보니까 자꾸 연재를 하게 되고, 경상도 땅에서마저 잘 하는 짓이라고 국제전화로 격려가 날아오고, 또 10·26을 맞아

『조선일보』에 경사가 났다고 하니, 축하할 일도 있고. 그래서 아예 책으로 내자. 말하자면 처음에 열 받아서 시작한 일을 나중엔 재밌어서 계속하고, 그러다가 10·26을 맞아 축하하느라고 책이 한 권 됐다는 얘기예요. 그렇게 된 거예요, 일이. 어쨌든 작업하면서 재미있었어요. 유쾌했어요. 즐거웠어요.

❖

이인화의 글을 읽고 사실 전 쇼크를 받았어요. 대한민국 우익의 단순무식함이야 진작 알고 있었지만, 설마 이 정도라곤 생각 못 했거든요. 근데 이건 완전히 오리지날 파시스트 나치 이데올로기더라구요. 장난기가 발동하대요. 그래, 이 참에 한국 우익 이데올로기를 해부해 보자. 히히히. 그래서 대한민국 우익 개구리를 해부대 위에 살짝 올려놓고, 배를 한 번 따봤어요. 황소만큼 부풀었다 김이 샌 뱃껍질이라 주름이 많이 잡혀 있었어요. 그 늘어진 뱃껍질을 이리저리 헤집었더니, 금방 풀풀 썩은내 나는 내장들이 드러나더라구요. 정말 난리가 났어요. ① 국수주의 ② 군국주의 ③ 전체주의 ④ 몽골 인종주의 ⑤ 아류 제국주의 ⑥ 동양 우월주의 ⑦ 변태적 낭만주의…….

여기 독일에선 이 따위 얘기했다간 '위헌'으로 처벌받아요. "헌법을 파괴"하는 게 "도덕성의 표출"이라고 삑사리하면 당장 감옥 가요. 대한민국은 참 재미있는 나라예요. 글쎄 헌정파괴범들이 헌법의 수호자 노릇을 하고, 자유민주주의의 적들이 동시에 자유민주주의의 수호자 노릇을 해요. 웃기죠? 민주주의를 "외래사상"이라 배격하고, 사회를

"군대식"으로 조직하려 들고, 개인주의를 "도그마"라 부르며, 인간을 "순종"과 '잡종'으로 나누고, 해외에서 "약탈물" 얻기를 "동경"하고, 타他문화권과 "군사적 경쟁"을 떠드는 이 파시스트 개구리들이 글쎄 '자유민주주의'를 수호한대요. 이게 어찌된 일이에요? 누가 설명 좀 해주시겠어요?

어쨌든 뱃속을 이리저리 헤집다 제가 발견한 건요, 이 개구리들의 썩은 내장이 죄다 일본에서 들여온 폐기물이라는 것이었어요. 왜 그랬겠어요? 지 아버지 닮아서 그렇죠. 이 개구리들 혼자 생각하는 힘이 없어요. 그래서 지 아버지가 했던 생각, 지 아버지가 했던 짓, 그대로 흉내내는 거예요. 우습죠? 그 주제에 반백년 전에 유행했던 일제 군국주의 이데올로기를 가지고, 우리를 "지도"하겠대요. 자기들이 "1류"래요. 가소롭죠? 두뇌 용량이 10cc도 안 되는 주제에 말예요. 그거 가지고 어디 제 몸 하나 제대로 제어할 수 있겠어요? 보세요. 밥줄이 걸린 혀 하나 건사 못해 헛소리 삐약삐약 하잖아요.

이 개구리들 요즈음 신나서 개굴거리죠? 짜증내지 마세요. 어차피 역사의 쓰레기들이에요. 마지막 발악하는 거예요. 그냥 웃어 넘겨요. 이 개구리들이 하는 말 잘 들어보세요. 제 말 제가 뒤집고 좌충우돌 난리가 났죠? 그런데 그 용량 가지고 기자도 하고, 총장도 하고, 교수도 하고, 소설가 하고, 평론가 하고 다 해먹죠? 나라 경제가 왜 망했겠어요. 다리도 내려앉고 백화점도 주저앉는데, 왜 도로가 하늘론들 못 치솟겠어요? 왜 비행기가 산행을 하는데 여객선은 잠수를 못 하겠어요? 매사 이런 식이니까 그렇죠. 하지만 앞으로 우리 나라 좋아질 거예요. 그럼 이 개구리들 헤엄칠 물을 잃고, 모두 연예계로 떠날 거예요. 그럼 한국 코미디, 크게 발전할 거예요. 대본이 왜 필요해요? 그냥 카메라 들이대고 Q! 떠들고 싶은 대로 떠들라 그러세요. 그럼 그냥 코미디가 돼요.

개굴개굴 시끄러워서 일을 못 하겠다구요? 그게 다 애들이 크는 소리예요. 참으세요. 무식하게 작대기로 패지 마세요. 그럼 똑같은 놈돼요. 파시스트 개구리들. 점잖은 방식으로도 얼마든지 정신들게 해줄 수 있어요. 이렇게 하세요. 손으로 가볍게 뒷다리를 잡으세요. 그리고 머리 위로 뱅글뱅글 돌리세요. 더 빨리 돌리세요. 더 빨리. 그러다가 살짝 실수해서 놓치세요. 더도 말고 덜도 말고 딱 거기까지만 하세요. 그리고 보던 일 마저 보세요. 굴리던 경제 마저 굴리세요. 조국에 마저 이바지하세요. 찬란한 태양을 향해 하늘 높이 치솟아 오르다가…… 됐어요. 그 나머지는 만유인력의 법칙이 알아서 처리해줄 거예요.

근데 개구리들의 말에 속아 넘어가는 맹꽁이들이 있는 거 같애요. 그게 이런 얘기예요. 들어보세요. 박정희 어린이가 태어나기 열 달 전으로 돌아가기로 해요. 박씨 부부가 그 아기를 만들던 그 날, 그만 아버님이 일을 치르기 전에 곯아떨어지셨다면, 우리는 아직 '보릿고개'를 넘고 있을 거다. 이런 얘기예요. 무사히 일을 치르긴 했어도 만약 박정희 정자가 달리다 넘어져서 1등을 빼앗겼다면, 지금 우리는 서울 가려고 괴나리봇짐 싸 문경새재를 넘고 있을 거다. 이런 얘기예요. 또 박정희 정자가 1등을 했는데 만약 어머니가 조선간장으로 그 수정란을 간장졸임 만들었다면, 지금 제철소도, 시멘트 공장도, 정유소도 없을 거다. 뭐, 이런 얘기예요. 이거 믿어요?

다른 나라를 보면요, 위대한 지도자 없는데도 있을 거 다 있어요. 우리보다 더 잘살아요. 왜 그렇죠? 대신 위대한 지도자가 있었던 나라들은 어떤가요? 나치 보세요. 망했죠? 소련 보세요. 망했죠? 북한 보세요. 홀딱 망했죠? 터키 보세요. 별 볼일 없어요. 그리고 우리 나라 보세요. 경제주권 홀딱 IMF에 넘어갔잖아요. 그게 그런 거예요. 그러니까 '그동안 조국의 경제 발전이 가능했던 건 수십년 전 경상도 땅에 사는 어느 부부가 밤에 지나가던 기차 소리에 잠이 깨 서로 멋쩍은 듯 얼굴을 쳐다보다가 내친김에 일을 치른 덕분'이라는 얘기는 한마디로 미신이에요. 믿지 마세요. 내 얘기가 아녜요. 그 사람이 제 입으로 한 얘기예요.

우선 그, 자기 아니면 안 된다는 사고방식이 돼먹지 않았어요.

그럼요. 그거 "돼먹지 않"은 "사고방식"이에요. 대한국민학교 우익 똘반 어린이들, 각하 말씀 깊이 새겨 들으세요.

❖

여러분, '조국과 민족'을 위해 살려고 발버둥치지 마세요. 억지로 찾아서 애국하지 마세요. 걸핏하면 '국가와 민족' 떠드는 '애국자'들 있죠? 그 사람들, 우리보다 조국에 더 이바지하는 거 하나 없어요. 말잔치예요. 툭하면 '안보' 그러죠? 그렇게 걱정되면, 국가에 재산헌납하라 그래요. 방위성금으로 말예요. 어차피 북괴가 내려오면 그거 다 뺏

겨요. 빨갱이가 얼마나 나쁜 놈들인데요. 근데 매일 '북괴가 온다'면서 왜 그 재산 꽉 움켜쥐고 있대요? 재산 처분해 사글세 방으로 옮기고 그 돈으로 무기 사서 국가에 헌납하는 거예요. 얼마나 좋아요. 『조선일보』의 실천하는 "국가주의" 기자 여러분, 이거 하세요. 일제히 방위성금 내서 "50만 달러짜리" "이스라엘"제 "미사일" 사세요. 그리고 찍소리 못하게 김정일 "주석궁에다 겨냥"해 놓으세요. 그거 하세요. 우리 안 말려요. 세금 말고 여러분 돈으로.

여러분, 국가를 위해 살지 마세요. 자기를 위해 사세요. "실천하는 국가주의"자들요? 웃기지 말라 그러세요. 기회만 오면요 확 돌아설 거예요. 제 '국가와 민족'이 정작 위험에 처하면요. "힘과 용기"가 '정의'라 믿는 사람들이라 금방 용기있게, 정의롭게 "힘"센 국가 편에 붙어서 "국가주의" "실천"할 거예요. 이 개구리들 '애국' 혼자 하는 것처럼 설레발 떨죠? 그게 왜 그러겠어요. 다 이유가 있죠. '국가와 민족' 떠드는 그 사람들 한번 보세요. 얼마나 썩었는지. 아시죠? 가령 "구국"한다고 쿠데타 일으켜, 수고비로 1조2000억 챙긴 두 녀석. 그게 다 돈이 되니까 그러는 거예요. 바로 이런 '애국자'들이 나라 망치는 법이에요. 근데 『조선일보』에선 그 놈들 죽어도 못 잡아 넣겠다죠? 전두환이 이성계라죠? 거 보세요.

그래도 애국하고 싶다구요? 그럼 자기 맡은 일만 성실히 해요. 얼렁뚱땅 하지 말고 차분하고 꼼꼼하게. 그게 다 애국하는 길이에요. 역사를 움직이는 건 시끄럽게 쌈질이나 하는 영웅들이 아녜요. 영웅들보고 제발 이젠 만화책 속으로 들어가라 그러세요. 정말로 역사를 이끌고 나가는 사람들은요. 시끄럽게 티 안 내요. 조용히 자기 맡은 일만 해요. 이렇게 성실하게 살아가는 사람들의 노력이 합쳐져 자동차도 만들어지고, 배도 만들어지고, 고속도로도 만들어지고, 역사라는 것도 만들어지는 거예요. 그렇게 해서 역사가 만들어지면, 여태까지 제 몫 챙기느라 바빴던 그 "영웅"과 똘마니들, 그때서야 나타나 그게 다 자기들 덕이라고 우길 거예요. 자기들 얼굴이 TV에 더 많이 나왔다구요. 웃기죠? 보세요. 그러다 IMF 구제금융 사태가 오니까, 그건 또 국민들 탓이라죠?

더 애국하고 싶다구요? 그럼 권리를 행사하세요. 참정권 있잖아요. 정치 돌아가는 거 '나 몰라'라 하지 말고 비판하세요. 참여하세요. 의견 제시하세요. 그게 다 국가 발전의 밑거름이에요. 그 '애국자'들이 그런 거 하지 말래죠? 그건 자기들이 하겠다고. 웃기죠? 이분들 지능지수 보셨죠? 그 머리를 가지고 주제넘게 우리를 "지도"하겠대요. "길들"이겠대요. 이 사람들 말 듣고 길들인 개가 되어 살랑살랑 꼬리치지 마세요. 아부하지 마세요. 미련하게 전쟁하겠다고 빠딱 꼬리 쳐들지도 마세요. 박정희가 붙여준 그 꼬리, 떼어버리세요. 우리가 멍멍 바둑인가요? 회사든, 공장이든, 학교든, 사회 어느 곳에서든 과감하게 비판하고 참여하고 의견을 제시하세요. 민주국가의 국민에게 그럴 권리가 있어요. 그게 나라 살리는 길이에요. 그거 안 하니까 나라가 썩는 거예요.

더 '애국'하고 싶다구요? 그럼 이웃들 사는 꼴에 관심을 가지세요. 매일 '국가와 민족' 떠들면서 '우리는 한 핏줄, 한 동포, 한 민족'이라고 외쳐대는 그 사람들 있죠? 믿지 마세요. 구라예요. 툭하면 "운명공동체" 얘기하죠? 근데 이들이 언제 못 가진 "핏줄"들의 "운명"에 관심 가져줍디까? 못 가진 "동포"들 도와줍디까? 외려 가난한 "동포"들 쪽박 깨기에나 바빴죠. 한 "핏줄"이 돈 없어 병원에서 쫓겨나도 눈 하나 깜짝 안 해요. 한 "핏줄" 사이에 빈부격차가 늘어나도 신경 안 써요. 좋아해요. 근데 '한 핏줄, 한 동포, 한 민족'이라구요? 믿지 마세요. 그냥 조용히 우리 사회에 사회정의, 분배정의, 사회복지가 실현되도록 노력하세요. 그리고 우리 말이죠. 정확히 이 목표가 실현되는 그 만큼만 우리를 '공동체'라 부르기로 해요.

더 '애국'하고 싶다구요? 그럼 소수자에게 관심을 가지세요. 통계적 평균에서 벗어난다고 편견과 차별에 고통받는 사람들 있어요. 가령 동성애자들. 이분들 떳떳이 자기주장할 수 있게 해주세요. 사상이 다르다는 이유로 갇혀 있는 할아버지들. 당장 풀어주세요. 이거 위헌이에요. 종교적 이유에서 집총거부, 국기에 대한 경례 거부하는 사람들. 전과자 만들지 말고 다른 방법으로 국가에 의무를 다할 기회를 주세요. 가령 사회봉사 같은 거 있잖아요. 고생하는 외국 노동자들. 보호해주세요. 외국 사는 우리 교포 생각해서라도요. 또 화교들. 관심 가져주세요. 재일교포 차별당하는 건 유도 아니래요. 그리고 사형수들. 인간의 생명은 신神만이 거두어갈 수 있는 거예요. 어디 건방지게 국가가 그런 일을 해요? 전세계 대부분의 나라에서 이미 폐지됐어요. 민주주의는 다수라고 소수에게 깽판 부리는 거 아녜요.

더 애국하고 싶다구요? 그럼 휴전선 너머 동포들에게 관심을 가지세요. 제발 집어삼킬 생각만 하지 말고. 조갑제 씨 있죠? 대한민국 헌법에 따르면 북한은 남한 영토래요. 그래서 우리가 북한을 공격해 실지를 회복하는 건 헌법에 보장된 권리래요. 이분 말이 맞다면, 헌법상 북한 동포들도 우리 대한민국 국민들 맞죠? 그런데 이분들 무슨 짓 했습니까? 굶어죽는 북쪽의 대한민국 국민들에게 쌀 좀 보내려 했더니, 거기에 초 쳤죠? 그 쌀이 군량미가 된다나요? 요즘 쌀 갖고 전쟁합니까? 병자호란 합니까? 그러더니 요즈음은 쌀을 주되 조건부로 뭘 얻어야 한대요. 우리가 쌀 보낸 건 아무 조건 없이 인도주의적 원칙에서 보낸 거예요. 우리 돈 내서 우리가 보낸 거예요. 근데 뒷짐지고 있던 자기들이 무슨 권리로 거기에 대해 왈가왈부해요?

더 애국하고 싶다구요? 그럼 전세계에 전쟁으로 고통받는 어린이들, 굶어 죽어가는 어린이들, 지뢰에 불구자가 된 어린이들, 핵실험이나 원전사고로 방사능에 피폭된 어린이들 도와주세요. 경제가 아무리 어려워도 조금씩은 나눠 먹을 수 있을 거예요. 그리고 제발 몇몇 종교단체에서 그렇게 하듯이 그거 하면서 티 내거나, 선교의 기회로 악용하지 않았으면 좋겠어요. 아프리카에 봉사활동 갔다온 독일 친구가 거기서 한국 사람을 만났대요. 자기들은 병 고치느라 바빠 죽겠는데, 그 분은 하얀 집 지어놓고 신도 꼬시고 있더래요. 어떤 목사님은 학교 하나 지어주고 와서 온갖 잘난 척을 다 해요. 그게 어디 자기 돈인가요? 하나님 돈이지.

더 애국하고 싶다구요? 그럼 이웃나라 미워하지 마세요. 일본에도 좋은 분들 많아요. 우리 교포 권익 옹호해주고, 정신대 문제 해결을 위해 애쓰고, 제 정부 상대로 그릇된 역사교과서 고치느라 싸우고 있어요. 그런 분들하고 연대하세요. 수천 년 역사에서 몇십 년 뒤질 수 있어요. 열등의식 가질 거 없어요. 따라잡을 수 있어요. 기껏 일본 가서 한국문화 찾겠다고 하지 마세요. 왜 한국문화를 찾아 일본에 가요? 일본에도 고유한 문화 있어요. 가서 그걸 보세요. 일장기 불태우는 거 이제 그만해요. 남의 국기 소중한 것도 알아야죠. 일본에서 좋은 것만 배우세요. 꼼꼼한 장인정신, 투철한 직업의식, 세련된 미적 감각. 제발 '고꾸민쇼세츠'니 뭐니 허접쓰레기만 수입하지 말고. 그거 그 나라에서 제일 수준 낮은 또라이들이나 읽는 책이에요. 이런 책 베스트셀러 만들어주지 마세요.

더 애국하고 싶다구요? 그럼 우리 전통문화에 관심을 가지세요. 조상들이 만든 아름다운 유물이 '개발'이니 뭐니 해서 개발새발 깨져 나가고 있어요. 조상들의 미감을 되살려 계승하기로 해요. 길에서 마주치는 개량한복. 보기 좋더라구요. 스테인리스, 바이오 세라믹 대신 옛날 그릇들 이용해요. 얼마나 예뻐요. 근대화한다고 박정희가 마구 쓸어버린 농촌의 전통문화. 하나둘씩 복원해요. 전통문화 고스란히 보존하면서도 얼마든지 근대화할 수 있어요. 제발 전통문화 팔아 괴상한 거 리바이벌 하지 맙시다. 전통 속에서 기껏 '가부장제'니, '군사부일체'니, '암탉이 아리아 하면 오페라하우스가 무너진다' 이런 거 갖다 쓸 생각하지 말고요. 그런 전통은 쓰레기통 속에 던져버리세요. 그거 우리 것도 아녜요. 박정희가 만군학교에서 배워온 거예요.

더 애국하고 싶다구요? 그럼 교육에 관심 가지세요. 아이들을 하나의 인격으로 대해주세요. 제발 때리지 마세요. '사람은 때려도 된다'는 거 배워요. 공부 못한다고 차별하지 마세요. '세상은 2등을 기억해주지 않는다'? 안 기억해주면 어떻습니까? 그게 중요합니까? 100명이 있으면 1등은 하나지만, 안 1등은 99명이에요. 우리 사회를 이끌어갈 사람은 바로 이 99명의 아이들이에요. 소중한 존재들이에요. "꼴찌" 하면 어떻습니까? "꼴찌" 하고도 대통령 하잖아요. 그저 남 속이지 말고 성실하게 살라고 가르치세요. 그랬다면 그 "꼴찌" 대통령, 총 안 맞았을 거예요. 애들 옷차림에 간섭하지 마세요. 머리를 기르건 대머리를 하건, 빨갛게 물들이건 노랗게 물들이건, 냅둬요. 걔들 자유예요. 그거 간섭하는 거 인권침해예요.

경제 살리고 싶다구요? 그럼 우리 청개구리들이 말하는 것과 정반대로 하세요. "기술"을 개발하세요. 과학기술의 시대입니다. "지성"을 가지세요. "교양"을 쌓으세요. 그래야 천박해지지 않아요. "군사문화" 청산하세요. 그거 썩은 문화예요. 돈 들어요. 보세요. 1조2000억 들었죠? "가부장 독재" 청산하세요. 조선시댑니까? "인권" 존중하세요. 그래야 개인의 창의력이 살아나요. 그리고 한 맺힌 우리 개구리들 소원, 딱 한 가지만 들어주세요. 박정희 "무덤에 침을 뱉"어요.

'국부'라는 거 만들지도 마세요. '북진통일' 떠들다 전쟁나니까 자기는 낚시하다 말고 테이프에 목소리만 달랑 남겨두고 도망가면서 국민들보고 서울 사수하라고 한강다리 끊어버린 그 자가 '국부'라죠? 웃기지 말라 그러세요. 없는 '국부'가 어디 만든다고 생기나요? 없으면 없는 대로 살면 돼요. 국부 없어서 불편한 거 있어요? 왜 쓸데없이 돈 들여 흉상 만들어요? 그 흉물을 왜 국회에 갖다놔요? 의원나리들. 그거 혼자서 하세요. 흉상 만들어 안방에 모셔놓고 굿을 하든 떡을 치든, 그건 당신들 자유예요. 우리 안 말려요. 근데 왜 그걸 국회에 갖다놔요? 의사당이 당신들 안방인가요? 그런 거 하라고 뽑아줬어요? 국가 위기에 국회는 팽팽 놀리면서, 기껏한다는 짓이 그거예요?

'박정희교' 믿지 마세요. 굳이 믿고 싶으면 하나님 믿으세요. 부처님 믿으세요. 알라를 믿던지. 왜 그 좋은 종교 놔두고 하필 호랑방탕교를 믿어요? 기성종교는 신물난다고요? 그럼 자신을 믿으세요. 자기 능력을 믿으세요. 자기 판단을 믿으세요. 명령 내려줄 사람 없어도 혼자서 다 하실 수 있어요. 자의식을 가지세요. 그리고 이제 제발 마팍에 붙은 태극기 좀 떼어내요. 그거 시각공해예요. 얼마나 많던지 5만4235개까지 세다 말았어요. 그거 부적처럼 달고 다닌다고 경제가 다시 사는 거 아녜요. 애국자 되는 것도 아녜요. 그렇게 시끄럽게 애국심 고백하고 다닐 필요없어요. 나라 사랑 혼자 조용히 맘 속으로 하세요.

조국이 자랑스럽다구요? 그럼요. 나의 조국, 자랑할 이유 많죠. 수천 개도 넘죠. 근데 어때요? 막상 대려고 하면 하나도 생각 안 나죠? 그게 원래 그런 거예요. 한국인으로서 정체성을 가지라구요? 그럼요, 마땅히 그래야죠. 근데 그게 뭔데요? 잘 모르겠죠? 생각해본 적도 없죠? 그게 원래 그런 거예요. 여러분, 아무 생각 없이 이런 구호에 넘어가지 말고 항상, 합리적으로 생각하세요. 비판적으로 생각하세요. 국가관이 없다고요? 제가요? 언 놈이 그따위 소리해요. 조갑제요? 이인화요? 웃기지 말라 그러세요. 몰라서 그렇지 '국가관' 하면 저예요. 학교 다닐 때 별명이 '진국가관'이었어요. 저만큼 '국가관' 투철한 놈 있으면 나와 보라 그러세요.

국민이 고분고분하면 국가가 버르장머리가 없어진다.

동포 여러분. 여러분은 국가의 노예가 아녜요. 국가의 주인이에요. 잊지 마세요.